Kopiervorlagen für den Basketballunterricht

Sportiv
Basketball

von
Peter Krüsmann
Steven Clauss

Illustrationen von
Joachim Nusser

Ernst Klett Schulbuchverlag Leipzig
Leipzig Stuttgart Düsseldorf

Autoren

Peter Krüsmann, Gymnasiallehrer und Bundesligatrainer
Steven Clauss, Diplomtrainer und Bundesligatrainer

Inhalt

Vorbemerkungen 3
Systematik der Technikbögen 5
Systematik der Taktikbögen 6
Systematik der Praxisbögen 8
Aufgabenlösungen 11
Herstellung eines Kopierdeckers 12
Unterrichtsleitfaden 13
Technikbögen 18
Taktikbögen 65
Praxisbögen 100
Literaturverzeichnis 208

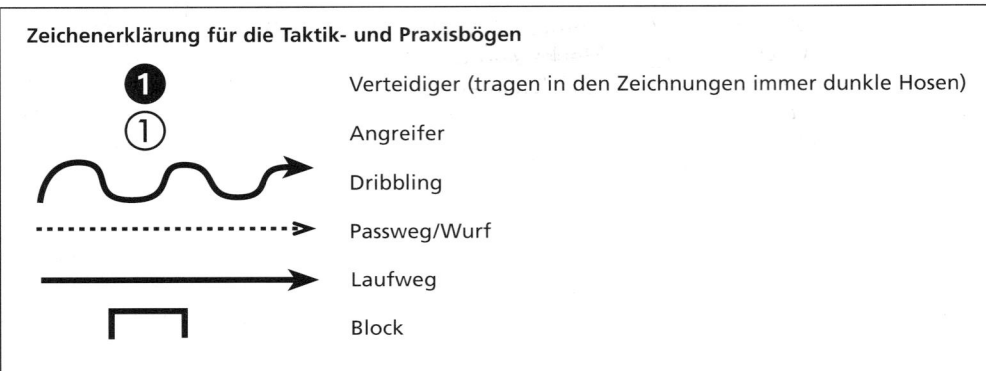

2., überarbeitete Auflage   A 2 5 4 3 2 1 | 2008 2007 2006 2005 2004

Alle Drucke dieser Auflage können im Unterricht nebeneinander benutzt werden, sie sind untereinander unverändert. Die letzte Zahl bezeichnet das Jahr dieses Druckes.
© Ernst Klett Schulbuchverlag Leipzig GmbH, Leipzig 1999. Alle Rechte vorbehalten.

Das Werk und seine Teile sind urheberrechtlich geschützt. Jede Nutzung in anderen als den gesetzlich zugelassenen Fällen bedarf der vorherigen schriftlichen Einwilligung des Verlages. Hinweis zu § 52 a UrhG: Weder das Werk noch seine Teile dürfen ohne eine solche Einwilligung eingescannt und in ein Netzwerk eingestellt werden. Dies gilt auch für Intranets von Schulen und sonstigen Bildungseinrichtungen.

Internetadresse: http://www.klett.de

Grafik: Joachim Nusser, Sonneberg/Thür.; Christian Pätzold, Castrop-Rauxel;
Ernst Klett Schulbuchverlag Leipzig GmbH, Leipzig
Layout: Wolfram Fritz
Satz: Arnold & Domnick, Leipzig
Druck: Druckhaus Götz, Ludwigsburg
ISBN 3-12-031540-0

1. Einleitung

Vor Ihnen liegt ein Buch, das den Pädagogen Übungsformen, Unterrichtsreihen, Spielreihen und Unterrichtshilfen zur Gestaltung, auch speziell differenzierter Unterrichtsstunden, an die Hand gibt.
Sie können aus den Angeboten die für Sie relevanten Einheiten genau für Ihre Unterrichtsgruppen auswählen. Praxisnähe hat in diesem Buch immer die erste Priorität.

> *Das Buch beantwortet Fragen wie:*
>
> *Wie soll ich methodisch in den Basketballunterricht einsteigen?*
>
> *Welche Übungs- und Spielreihen wende ich zu einem speziellen Thema an?*
>
> *Welche Übungs- und Spielreihen sind für welche Altersgruppe und Schülerzahl geeignet?*
>
> *An welchen Stellen im Gesamtthema sind Differenzierungen für meine Gruppe sinnvoll?*

Trotz Anlehnung an die Sportiv Bücher Volleyball, Badminton, Fußball, Tischtennis und Tennis ist dieses Buch »Sportiv Basketball« auch ein sehr persönliches. Es bringt Erfahrungen in Aus- und Fortbildung für Lehrer, in Aus- und Fortbildung von Trainern und Übungsleitern und Erfahrung in jahrelanger Arbeit mit Spitzenbasketballern und Jugendlichen mit ein.
Dabei sind wir überzeugt, dass ähnlich wie im Automobilsport (Formel 1 zu Serienfahrzeugen), auch Erfahrungen aus dem Spitzensport dem Schulsport neue Innovationen geben können.
Basketball die Sportart Nr. 1 in der Welt und an weiterführenden Schulen in Deutschland! Die Gründe hierfür sind mannigfaltig:

Basketball
- ist Trendsportart, weil keine Institution erforderlich ist (Freiplatz oder Hof),
- hat viele schnelle Erfolgserlebnisse,
- ist spielbar mit 2 bis 10 Personen,
- beinhaltet körperliche Aktivität,
- benötigt wenig Raum (kleines Feld hohes Ziel),
- ist preiswert,
- hat hohen Aufforderungscharakter,
- ist oft koedukativ,
- kann nach vereinfachten Regeln gespielt werden,
- ist ein sehr guter Ausgleichssport für Leichtathletik und Tennis,
- ist individual und teamorientiert,
- hat strenge Foulregeln,
- stellt hohe Anforderungen in Technik und Taktik,
- ist auch Behindertensport,
- hat hohen Geselligkeitswert.

Wir sind immer wieder gefordert, auf neue Situationen einzugehen und sie zu vermitteln. Trends erkennen, sie richtig einstufen und dann einbringen. Unser Fach heißt ja auch nicht mehr Turnen, sondern Sportunterricht, ein Unterricht der sich dem Zeitgeist anpassen soll, ihm wenn es geht sogar vorauseilen darf, sowie pädagogische Perspektiven vermittelt.
Basketball und Streetball, beides ist im Grunde bis zu den höheren taktischen Weihen identisch. Sie entsprechen im hohen Maße den modernen Entwicklungen im Sport. Wettkampf und freier Wettstreit, regelmäßiges Spielen im Vereinssport oder Nutzen von Freizeitmomenten auf Plätzen und in Hallen.
Für uns Lehrer, welche die Sportart oft nur in der Studienzeit intensiver (dadurch nicht unbedingt richtiger) kennen gelernt haben, ist es mitunter schwer bei vorhandenen didaktisch fachlichen und methodisch fachlichen Defiziten, den Unterricht über die einzelnen Jahrgangsstufen gezielt aufzubauen.
Im Augenblick gibt es gerade für den Schulsport wenig methodische Hilfen, die dem Lehrer Hinweise zum Verlauf, zu Schwerpunkten oder zu Grenzen gibt. Die meisten Fachbücher orientieren sich am Vereinssport und an den schon angestaubten Richtlinien (1980). Richtlinien, die mittlerweile schon 17 Jahre alt sind (mit Vorlauf 20 Jahre), können einfach dem Pädagogen keine methodische, wie fachlich didaktische Hilfe mehr sein. Sie wurden aus dem Vereinsbasketball übernommen, in bestimmte Einheiten gepackt, mit Zeichnungen unterlegt und dann dem Lehrer vorgesetzt, in damaliger Zeit durchaus sinnvoll.
Heute sind die Anforderungsprofile jedoch längst überholt. Vielmehr werden neue Zielsetzungen und Aufgaben für den Lehrer bindend gemacht. An dieser Stelle seien uns ein paar persönliche Gedanken erlaubt.
Schon bei den Richtlinien für den Sportunterricht in Nordrhein-Westfalen für die Sekundarstufe II kann man deutlich erkennen, dass ein Hinführen an die großen Spiele nur eine kleine Nebenaufgabe des Sportunterrichtes sein soll. Es geht danach mehr um das Schaffen von Bewegungsinteresse, Finden und Nutzen von Spielräumen, entwickeln neuer Spielideen und Bewegungsmustern. Die Schwerpunkte liegen in der Gesundheitserziehung, Vertiefung von theoretischen Kenntnissen und technischen Bewegungsabläufen, sowie beim schnellen reagieren auf Trendsportarten. Die Zeit der tatsächlichen Bewegung im Unterricht wird immer mehr reduziert.
Nicht nur dass es uns schwerfällt unter anderem ein Sportbuch zur Hinführung auf eines der großen Spiele zu schreiben, sondern wir sind tief betrübt, dass die Schule sich nur noch sehr bedingt als Zulieferer für den Vereinssport versteht. Dieser in Deutschland so wichtige gesellschaftspolitische Auftrag der Sportvereine: Gruppenerfahrungen machen; Freundschaften schließen; Wettkampferlebnisse erfahren; internationale Kontakte knüpfen; in ein soziales Gefüge eingebunden sein. Dieses geht alles verloren, wenn es für die Sportvereine immer schwieriger wird, Nachwuchs zu finden. Schon heute ist die Nachwuchsnot sehr groß, das betrifft nicht nur den über alles geliebten Fußball, sondern alle Sportarten.
Die Bedeutung des Sports wird auf die Gesundheitsebene, die auch wirklich wichtig ist, reduziert. Waren bei diesen neuen Entwicklungen auch Praktiker, tatsächlich unterrichtende Kollegen mit eingebunden? Zielen wir weiter in diese Richtung, dann stellt sich der Sport politisch selbst ins Abseits.

Vor Ihnen liegen Bildreihen als Kopiervorlagen um Bewegungsanalysen und Bewegungsvorstellungen zu vermitteln. Vorlagen zum selbstständigen Üben, zur Bewegungskontrolle und zur Bewegungskorrektur sowie eine Fülle von Spiel und Übungsreihen. Sie gehören sowohl in den technischen, taktischen, wie auch in den organisatorischen Bereich.

ULRICH FISCHER, UWE WOLFF und RACHMAT HIDAJAT, Autoren des Buches – »Sportiv Badminton« –, haben von einem »methodischen Steinbruch« gesprochen, aus denen sich die Pädagogen die Steine für das Haus zusammensuchen müssen. Im Prinzip möchten wir auch so verfahren, d.h. die gestalterische Freiheit den Lehrern überlassen, trotzdem sind wir sicher, dass unsere Vorschläge zu vorformulierten Reihen und Unterrichtsentwürfen (Seite 13 bis 17) eine Vereinfachung in der Unterrichtsgestaltung sein kann.

Beispiel:
Korbleger

Problemstellung:
Ich habe eine Jahrgangsstufe 6 mit 30 Schülern!

Welche Materialvoraussetzungen (Bälle, Körbe) sind gegeben?

Welche Lernvoraussetzungen (Vorerfahrung, Gruppenverhalten, Auffassungsvermögen) liegen vor?

Fragestellung:
Wie gehe ich vor?

Angebotsliste in der Quick Info Seite 13 durchlesen

Kopiervorlagen erstellen

Übungsreihen auswählen und kopieren (Möglichkeitsangebote auf den Seiten 14 bis 17)

Festigung durch Übungsreihe mit stärkerem Aufforderungscharakter

Innendifferenzierung durch alternatives Angebot

Kontrollbögen einsetzen (falls Schüler damit umgehen können)

Spielreihe aufstellen

Regelnotwendigkeiten vermitteln

Wettkampfformen einführen

---

2. Zielsetzung

Das Buch soll den Pädagogen Erleichterung verschaffen, einen besser strukturierten Unterricht durchführen zu können. Dabei dienen die Unterlagen dem besseren Verständnis der Sportart. Die Selbstständigkeit der Schüler im Unterricht soll durch diese Nachfolge der Arbeitskarten in erheblichem Maße gesteigert werden.
In der Summe wird Folgendes beabsichtigt:

1. Die Sportart leichter verstehen.
2. Organisatorische Problemlösungen finden (viele Bälle und viele Schüler mit hoher Bewegungsintensität oder wenig Bälle mit vielen Schülern und trotzdem hoher Bewegungsintensität).
3. Innendifferenzierung im Unterricht erleichtern.
4. Medieneinsatz zur Selbstverständlichkeit werden lassen.
5. Den Pädagogen von überflüssigen Aufgaben befreien.
6. Dem Pädagogen die Möglichkeit geben, im kontrollierten Unterricht gezielt auf einzelne Schüler und Probleme einzugehen.
7. Die kognitiven Lernziele häufiger ansprechen.
8. Die Eigenverantwortlichkeit der Schüler erhöhen.
9. Offenen Unterricht durch kooperieren und verständigen Wirklichkeit werden lassen.

3. Evaluation der Kopiervorlagen

Die Basketball-Kopiervorlagen sind in der Praxis ausschließlich unter den Gesichtspunkten Verständlichkeit, Layout, Verarbeitungszeit und Schwierigkeitsgrad der Aufgabenstellungen erprobt worden. Bezüglich der allgemeinen Bereitschaft der Schüler, mit solchen Materialien zu arbeiten, verweisen wir daher auf die in dem Band »Sportiv – Kopiervorlagen für den Volleyballunterricht« veröffentlichten Untersuchungsergebnissen (FISCHER/ EISENBERGER/ZOGLOWEK 1999, 6ff). Diese zeigen insgesamt, dass beim Einsatz der Praxisbögen mit einer guten Resonanz bei den Schülern gerechnet werden kann, bei den Theorie-Kontrollbögen mit einer ausreichenden, sofern sie sinnvoll in den Unterrichtsablauf integriert werden.

4. Hinweise zu den Bögen

Auswahl der Vorlagen

Die Auswahl der Vorlagen orientiert sich nur an Gebrauch und Nutzen für den Schulsport und findet seine inhaltlichen Schwerpunkte in den Richtlinien.

Sowohl die pädagogischen Perspektiven

a) Wahrnehmungsfähigkeit verbessern und Bewegungserfahrungen erweitern
b) Sich körperlich ausdrücken, Bewegung gestalten
c) Etwas wagen und verantworten
d) Kooperieren, wettkämpfen und sich verständigen
e) Das Leisten erfahren, verstehen und einschätzen

als auch das Bewegungsfeld »Spielen in und mit Regelstrukturen« findet sich in fast allen Angeboten wieder. Die Schüler erwerben

- Kenntnisse zur Realisierung des eigenen Sportvorhabens,
- Kenntnisse zum sportlichen Handeln im sozialen Kontext.

Der Einsatz der Kopiervorlagen ermöglicht:

- methodisch-strategisches Lernen und
- sozial-kommunikatives Lernen.

Durch die Vielzahl der im Basketball auftretenden individualtechnischen, individualtaktischen und gruppentaktischen Veränderungen in kurzen Momenten des Spielverlaufes, haben wir uns auf die wesentlichen Grundmuster und Möglichkeiten zu beschränken. Es war wichtig, die Schwerpunkte im technischen Bereich zu setzen und die taktischen Elemente in Kernteilen anzubieten, sonst aber fast unberührt zu lassen.
Der gesamte Bereich umfasst 40 Kopiervorlagen zur Technik und Regelkunde, 28 Vorlagen zur Individual- und Gruppentaktik, 12 Kontrollbögen und 2 Korrekturbögen, sowie 100 Bögen mit Übungs- und Spielformen. Vorangestellt wurden 5 Bögen zur Unterrichtsauswahl und Unterrichtsgestaltung. Das Buch endet mit 8 Bögen zur Turniergestaltung mit vielen Organisationstipps.
Sie sind alle so angelegt, dass Neueinsteiger und Fortgeschrittene sich lernprogressiv mit den Bögen auseinander setzen können.
Wir sind der Überzeugung, dass die hier vorgestellten Inhalte für den Schulsport in jeder Hinsicht genügen. Alle anderen Möglichkeiten würden den Rahmen dieses Buches sprengen und wären für den normalen Schulsport, ja selbst für Arbeitsgemeinschaften nicht von Bedeutung. Die taktischen Vorlagen sind sowohl für die Thematik 4. Abiturfach Sport, wie auch den Leistungskurs Sport mit Schwerpunkt Basketball völlig ausreichend.

5. Hinweise zu den Technikbögen

a. Erstellung

Die Bildreihen wurden anhand von Videoprints gezeichnet. Die für die Gesamtbewegung elementaren Abschnitte wurden aus einer Bewegungssequenz ausgekoppelt, neu geordnet und zu einer neuen Bewegungsfolge zusammengefügt. Durch diese neue Folge wurde natürlich die Anzahl der Bilder reduziert aber die wesentlichen Faktoren blieben sichtbar (unser Dank gilt der pädagogischen Hochschule Dortmund und dem Dozenten ULRICH FISCHER). Die Übungen wurden ausschließlich von Nationalspielern und Bundesligaspielern demonstriert.
Es wurden solche Spieler ausgewählt, deren Bewegungsabläufe den in den aktuellen Lehrbüchern aufgeführten Techniken nahe kamen.
Die Anordnung der einzelnen Phasen erfolgte dreidimensional von links nach rechts. Untersuchungen von u. a. DAUGS (1989) haben festgestellt, dass die Informationsverarbeitung von links nach rechts günstiger verläuft.
Nur bei drei Bildfolgen, nämlich den Korblegern (4/6, 4/7) rechts, dem Einhandpass (3/2) und der Powerbewegung (6/10, 6/11) rechts (technisch bedingt) verläuft das Bewegungsmuster in anderer Richtung.
Einige Techniken, die von besonderer Bedeutung sind, wurden in ihrer Bewegungsausführung auch frontal dargestellt. Die fotografisch zeichnerischen Darstellungen pro Seite schwanken zwischen 2 und 6 Bildern.

Die Beschreibung der Technik orientiert sich an der augenblicklich gebrauchten Terminologie, sowie an der in den letzten Jahren erschienenen Fachliteratur.
Den Technikbögen vorangestellt wurden eine Reihe von Regelbögen, die es dem Schüler ermöglichen, einen schnellen Einstieg in das Sportspiel zu finden. Dem Lehrer werden Möglichkeiten aufgezeigt, das Regelwerk zu reduzieren, um mit vereinfachten Regeln schon spielnah zu arbeiten. Sie geben weiterhin Informationen zum Anschreibebogen und zur Zeitnahme.
Ebenso finden sie den Technikbögen vorangestellt, einen Kopierdecker zur partnerweisen Bewegungskorrektur durch die Schüler und zur mentalen Vertiefung.

b. Aufbau der Technikbögen

Auf jedem Technikbogen finden sie oben links die Nummerierung und die jeweilige Beschreibung des technischen Elementes. Oben rechts ist ein freier Raum zur Einbindung des Kopierdeckers, wenn erwünscht.
Die Bildreihe ist immer ihrem zeitlichen Ablauf nach dargestellt (z. B. 1 Beginn und 5 Ende).
Unter die Bildreihen sind Schlag- oder Signalworte zur Verdeutlichung der einzelnen Bewegungsabschnitte gesetzt. Unter den Schlagworten finden Sie eine ausführliche Bewegungsbeschreibung der Abschnitte mit in Klammern gesetztem Bezug zu den Bildern.
Hervorzuhebende Merkmale sind kursiv gesetzt. Die zusätzlich zu den seitlich verlaufenden Bildreihen dargestellten frontalen Bildreihen sind nur mit den Signalworten unterlegt.

c. Systematik der Technikbögen

Regelwerk S. 18

R 1	*Spielfeld, Korbanlage und Ball*
R 2	*Das Regelwerk (1)*
R 3	*Das Regelwerk (2)*
R 4	*Das Regelwerk (3)*
R 5	*Fünf Spielschlüssel*
R 6	*Das Regelwerk (Kontrolle)*
R 7	*Fachbegriffe*
R 8	*Spielpositionen*
R 9	*4 clevere Gedanken*

Grundstellung S. 27

1/1	*Grundstellung defensiv (Verteidigungsstellung)*
1/2	*Grundstellung mit Ball und Sternschritt*

Dribbling, Stopp und Sternschritt S. 29

2/1	*Aufbaudribbling*
2/2	*Cross over (rechts und links)*
2/3	*Reverse Dribbling*
2/4	*Dribbling durch die Beine (von rechts nach links)*
2/5	*Parallelstopp (aus Rechtsdribbling)*

2/6	Schrittstopp (aus Links- oder Rechtsdribbling)
2/7	Dribbling, Stopp und Sternschritt (Kontrolle)

Pass   S. 36

3/1	Brustpass
3/2	Einhandpass (mit Verteidiger)

Wurf   S. 38

4/1	Ballhaltung und Wurfvorbereitung
4/2	Wurfvorbereitung (Kurvenbewegung der Hände)
4/3	Sprungwurf
4/4	Sprungwurf (frontal)
4/5	Positionswurf und Freiwurf
4/6	Korbleger über Kopf
4/7	Korbleger Unterhand
4/8	Babyhook
4/9	Der Wurf (Korrektur)
4/10	Der Wurf (Kontrolle)

Verteidigung und Rebound   S. 48

5/1	Verteidigerstellung (Schneiden unter dem Korb)
5/2	Defensiver Rebound (Strong Side)
5/3	Defensiver Rebound (Weak Side)
5/4	Centerverteidigung (Low Post)
5/5	Verteidigung (Kontrolle)

Freimachen und Ziehen   S. 53

6/1	Freimachen (Flügelposition)
6/2	Flügelbackdoor
6/3	Durchbruch nach Wurffinte
6/4	Durchbruchfinte
6/5	Durchbruchfinte (gegen Verteidiger)
6/6	Ziehen zum Korb (Nutzen der schwachen Seite)
6/7	Freimachen und Ziehen (Kontrolle)

Wurfauflösungen   S. 60

6/8	Sternschrittauflösung
6/9	Sternschrittauflösung (gegen Verteidiger)
6/10	Powerbewegung mit Spielbein rechts (gegen Verteidiger)
6/11	Powerbewegung mit Spielbein links (gegen Verteidiger)
6/12	Powerbewegung (Kontrolle)

6. Hinweise zu den Taktikbögen

a. Aufbau der Taktikbögen

Die 28 Taktikbögen beschäftigen sich mit Spielsituationen ab dem 2 gegen 2 aufwärts. Sie sind einfach gehalten und sollen dem Schüler einen taktisch geschulten Einstieg in das Spiel ermöglichen. Die Bögen sind in 2 Kategorien aufgeteilt: a) dreidimensionale Zeichnungen und b) Skizzenbilder. In beiden Fällen steht oben links die Nummerierung mit der jeweiligen Thematik. Sowohl unter den räumlichen Abbildungen als auch unter den Skizzenbildern finden Sie die Leiste mit den unterstützenden Signalworten. Unter die Signalworte sind Erläuterungen taktischer Zusammenhänge gesetzt. Hervorzuhebende Merkmale sind kursiv gehalten und der Bezug zu den Abbildungen in Klammern gesetzt.

b. Systematik der Taktikbögen

2 gegen 2 und 3 gegen 3   S. 65

Taktik 1	2 gegen 2 Give and Go
Taktik 2	2 gegen 2 Backdoor
Taktik 3	2 gegen 2 Direkter Block
Taktik 4	2 gegen 2 Indirekter Block
Taktik 5	2 gegen 2 Bekämpfung des direkten Blocks
Taktik 6	2 gegen 2 Bekämpfung des indirekten Blocks
Taktik 7	2 gegen 2 (Kontrolle)

Fast Break   S. 72

Taktik 8	Fast Break (1. Phase)
Taktik 9	Fast Break (2. Phase)
Taktik 10	Fast Break 2 gegen 1
Taktik 11	Fast Break 2 gegen 1 (Alternative)
Taktik 12	Fast Break 3 gegen 1
Taktik 13	Fast Break 3 gegen 1 (Alternative)
Taktik 14	Fast Break 3 gegen 2 (Teil 1)
Taktik 15	Fast Break 3gegen 2 (Teil 2)
Taktik 16	2 gegen 1 Unterzahlverteidigung beim Fast Break
Taktik 17	3 gegen 2 Unterzahlverteidigung beim Fast Break
Taktik 18	Schnellangriff
Taktik 19	Breakverteidigung (Kontrolle)
Taktik 20	Break (Kontrolle)
Taktik 21	Break (Korrektur)

Teamangriff   S. 86

Taktik 22	Balance auf dem Feld
Taktik 23	Spielpositionen
Taktik 24	»Motion Offense« Positionsangriff
Taktik 25	Offense gegen Mann-Mann-Verteidigung

| Taktik 26 | Offense gegen Ball-Raum-Verteidigung |
| Taktik 27 | Teamangriff (Kontrolle) |

Teamverteidigung S. 92

Taktik 28	Mann-Mann-Verteidigung (mannorientiert)
Taktik 29	Mann-Mann-Verteidigung (ballorientiert und aggressiv 1)
Taktik 30	Mann-Mann-Verteidigung (ballorientiert und aggressiv 2)
Taktik 31	Mann-Mann-Verteidigung (ballorientiert und aggressiv 3)
Taktik 32	Zonenverteidigung oder Ball-Raum-Verteidigung (Darstellung 2-1-2)
Taktik 33	Zonenverteidigung oder Ball-Raum-Verteidigung (defensiv und offensiv)
Taktik 34	Mann-Mann-Verteidigung (Kontrolle)
Taktik 35	Zonenverteidigung (Kontrolle)

7. Hinweise zu den Praxisbögen

a. Auswahl der Praxisbögen

Die Auswahl der Praxisbögen orientiert sich einzig und allein an den schulischen Gegebenheiten und ihren Anwendungsmöglichkeiten im Rahmen der Richtlinien. Sie sind nur bedingt für den Vereinssport zu gebrauchen. Diese 108 Bögen umfassen sowohl den Bereich der Technik in Angriff und Verteidigung, als auch den Bereich der Individualtaktik und Gruppentaktik. Der Schwerpunkt der Bögen liegt natürlich, da schulsportgerecht, im Bereich der Technik und kleinen Spielformen. Die Bögen weisen erhebliche Unterschiede in ihren Schwierigkeitsgraden auf. Selbst die innere Differenzierung eines Bogens durch Varianten verändert die Schwierigkeit. Die Bögen sind so angelegt, dass die vorderen Seiten (Seite 100 bis ca. 140) sowie die kleinen Spielformen (Seite 172 bis 184) ein geringeres Schwierigkeitsniveau besitzen, während die nachfolgenden Seiten schon gewisse Grundkenntnisse erfordern.

b. Aufbau der Praxisbögen

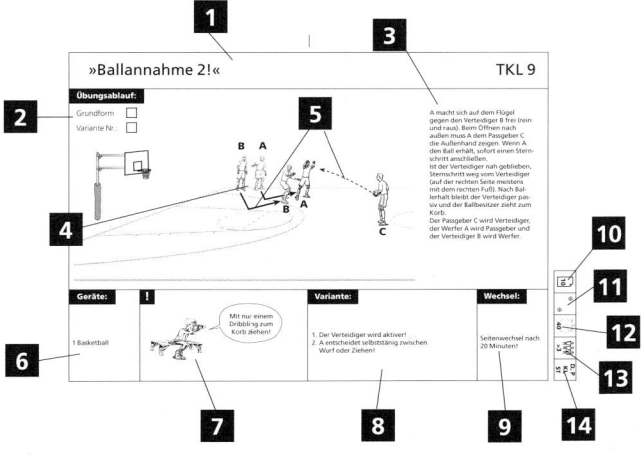

Im Folgenden wird mit Hilfe der Durchnummerierung zu dem oben abgebildeten Beispielbogen der Aufbau der Praxisbögen erläutert:

1. In der oberen Leiste wird das Thema und die Nummer der Systematik angezeigt.
2. Die Form der angebotenen Variante kann hier vom Lehrer angekreuzt werden.
3. Zur Verdeutlichung der Grafik ist immer eine kurze Beschreibung der Übungsform beigefügt.
4. Die Figuren in den Grafiken sind aus den Technikbögen entnommen, sie geben in einigen Fällen nicht die exakt genaue Position wieder. Sie sind in einigen Fällen zur besseren Erläuterung mit Buchstaben versehen. Gestrichelte Figuren bedeuten, dass eine Bewegungsveränderung stattgefunden hat.
5. Striche oder Pfeile deuten auf Lauf- und Passwege hin.
6. In dieser Rubrik sind die minimalen Geräteanforderungen festgehalten.
7. Der Minibasketballer vermittelt Informationen an die Schüler, welche für die Ausführung von unterstützender Bedeutung sind.
8. Die Alternativen zur Grundform sind nur anwendbar, wenn man auch die Grundform gelesen hat. Sie sind in erster Linie für eine Innendifferenzierung geeignet.
9. Hier wird der Übungswechsel entweder nach Zeit oder Übungsfolgen festgelegt.
10. Eine hier eingesetzte Zahl verweist auf eine spezielle Erläuterung zu dieser Übung an anderer Stelle.
11. Hier erfolgt die subjektive Einschätzung der Übungs und Spielformen ihrem Schwierigkeitsgrad nach. Sie beruht auf langjähriger Erfahrung der Autoren. Die Einschätzung erfolgt durch 1–4 Sternsymbole.

✱	Dies ist eine reine Anfängerübung für Schüler, die die Technik neu lernen.
✱ ✱	Technisch einfache Übung für den Anfänger, die Grundkenntnisse in der Technik erfordert.
✱ ✱	Die Technik sollte beherrscht werden und taktische Bewegungsmuster sollten weitgehend angewandt werden können.
✱ ✱ ✱ ✱	Die Übungs- oder Spielformen sind von größerer Komplexität. Sie erfordern technische Fähigkeiten, Spielwitz und taktisches Verständnis.

12. Die kognitive Verarbeitungszeit der Schüler. Im technischen Bereich war unabhängig von den Vorkenntnissen die Bearbeitungszeit bei Anfängern und Fortgeschrittenen nahezu gleich. Im Bereich der taktischen Elemente wich die Bearbeitungszeit stark voneinander ab.
Je mehr Vorkenntnisse der Schüler besitzt, desto kürzer ist die Bearbeitungszeit. Deshalb ist es im takti-

schen Bereich oft sinnvoller, wenn der Unterrichtende die Arbeitsblätter einführt.
13 Die Anzahl der an der Übungs- oder Spielform beteiligten Schüler.
14 Abkürzungen zu den einzelnen Technikelementen.

c. Einsatz der Praxisbögen

In erster Linie verwendet man die Arbeitsblätter »Praxisbögen« für den Stationsbetrieb. Sie können auf A3 vergrößert werden, auf den Boden gelegt oder an den Wänden angebracht werden. Eingeschweißte Bögen sind selbstverständlich über mehrere Jahre haltbar.
Die Schüler sind nach Personenzahl und Übungscharakter auf die einzelnen Stationen verteilt. Nach dem Durchlesen des Bogens, beginnen die Schüler zu üben. Der Lehrer durchläuft die einzelnen Stationen, hat Zeit zur Korrektur, Hilfestellung und Verstärkung. Nachdem alle Schüler die erste Übung umgesetzt haben, unterbricht man den Übungsbetrieb und lässt jede Gruppe ihre Station demonstrieren. So können bei Stationswechsel die Bögen schneller umgesetzt werden.
Die Durchführung einer Spiel- oder Übungsreihe mit vielen Schülern kann in einer Spielfeldhälfte ablaufen, während in der anderen Hälfte eine Gruppe leistungsstärkerer Schüler mit unterschiedlichen Praxisbögen selbstständig übt oder spielt.

d. Systematik der Praxisbögen

Abkürzungen der Praxisbögen	
UL	Unterrichtsleitfaden
R	Regelkunde
T	Technik
GT	Gruppentaktik
SF	Spielform
BG	Ballgewöhnung
D	Dribbling
P	Pass
ST	Stopp, Sternschritt
KL	Korbleger
W	Wurf
RB	Rebound
M	Mann-Mann-Verteidigung
Z	Zonenverteidigung
SA	Schnellangriff
KOM	Komplexe Spiel- oder Übungsform die verschiedene Techniken erfordert

Bezeichnung — Titel — Schwierigkeitsgrad — Technik(en)

Technik – Ballgewöhnung   S. 100

| TBG 1 | »Ballgewöhnung 1!« | ✻ | D |
| TBG 2 | »Ballgewöhnung 2!« | ✻ | D, P, W |

Technik – Dribbling   S. 102

TD 1	»Dribbling ohne Gegner!«	✻	D
TD 2	»Dribbling ohne Gegner mit zwei Bällen!«	✻✻	D
TD 3	»Dribbling im Zickzack mit Gegenverkehr!«	✻✻	D
TD 4	»Dribbling im Halbfeld mit Behinderung!«	✻✻	D
TD 5	»Aufbaudribbling!«	✻	D
TD 6	»Dribbelparcours!«	✻✻	D
TD 7	»Dribbling mit Partner und zwei Bällen!«	✻✻✻	D
TD 8	»Teamdribbling!«	✻✻	D
TD 9	»Dribbling mit passivem Gegner!«	✻✻	D, P
TD 10	»Dribbelfinten!«	✻✻	D, P

Technik – Passen und Stoppen   S. 112

TP 1	»Das einfache Passen!«	✻	P
TP 2	»Pass- und Laufkontinuum!«	✻✻	P
TP 3	»Passen am Kreis!«	✻✻✻	P
TP 4	»Passen und Laufen am Zonenrand!«	✻✻	P
TST 1	»Stoppen (Parallel- und Schrittstopp!«	✻✻	D, ST
TST 2	»Verbindung von Stopp und Sternschritt!«	✻✻	ST

Technik – Korbleger   S. 118

TKL 1	»Einstieg Korbleger!«	✻✻	KL, P, D
TKL 2	»Korbleger aus 1 Dribbling!«	✻✻	KL, P, D
TKL 3	»Korbleger durch den Kreis!«	✻	KL, D
TKL 4	»Korbleger im Kontinuum 1!«	✻✻✻	KL, P, D
TKL 5	»Korbleger im Kontinuum 2!«	✻✻✻	KL, P, D
TKL 6	»Korbleger im Kontinuum 3!«	✻✻✻	KL, P, D
TKL 7	»Passen und Korbleger im Kreis!«	✻✻✻	KL, P, D
TKL 8	»Ballannahme 1!«	✻✻✻	KL, P, D, ST
TKL 9	»Ballannahme 2!«	✻✻	KL, P, D, ST
TKL 10	»Sternschritt mit Bedrohung (Ziehen-Wurf-Passen)!«	✻✻	KOM
TKL 11	»Sternkorbleger im Kontinuum«!	✻✻	KL, P, D
TKL 12	»Criss Cross (Achterlauf)!«	✻✻	KL, P
TKL 13	»Criss Cross und 2 gegen 1 zurück!«	✻✻✻✻	KOM

Technik – Wurf   S. 131

TW 1	»Einstieg Wurf!«	**	D, ST, W
TW 2	»Wurfautomatik!«	**	P, W
TW 3	»Reise um die Welt!«	**	P, W
TW 4	»Wurfspiel 21!«	**	RB, P, W
TW 5	»Auswerfen!«	***	RB, P, W
TW 6	»Kontinuum mit Wurf aus Parallel- oder Schrittstopp!«	***	P, W, D
TW 7	»Sprungwurf aus einem Dribbling!«	**	W, D

Technik – Rebound und Komplexübungen   S. 138

TRB 1	»Rebound und Timing!«	**	RB
TRB 2	»Aussperren!«	**	RB
TRB 3	»Das Reboundspiel!«	***	RB, D, P, W
TK 1	»Komplexübung zur Bewertung der Technikelemente!«	***	KOM
TK 2	»Basketballzirkel Station 1 und 2!«	**	W, D, RB
TK 3	»Basketballzirkel Station 3 und 4!«	**	P
TK 4	»Basketballzirkel Station 5 und 6!«	**	RB, KL, D
TK 5	»Basketballzirkel Station 7 und 8!«	**	W, D, RB

Gruppentaktik – 1 gegen 1   S. 146

GT 1	»Entscheidungshandeln im Spiel 1 gegen 1!«	***	KOM
GT 2	»1 gegen 1 aus dem Dribbling!«	***	KOM
GT 3	1 gegen 1 aus der Ballübergabe (»Check«)!«	***	KOM
GT 4	»1 gegen 1 aus dem Zuspiel!«	***	KOM
GT 5	»Einstieg Give and Go!«	***	KOM
GT 6	»Einstieg Backdoor!«	***	KOM
GT 7	»1 gegen 1 plus 1 (1 zusätzlicher passiver Angreifer)!«	***	KOM
GT 8	1 gegen 1 plus 2 (2 zusätzliche passive Angreifer)!«	***	KOM

Gruppentaktik – 2 gegen 2 und 3 gegen 3   S. 154

GT 9	»Eingeschränktes 2 gegen 2!«	***	KOM
GT 10	»Einstieg direkter Block!«	****	KOM
GT 11	»Einstieg Gegenblock!«	****	KOM
GT 12	»Über die Nase gehen und durchgleiten!«	****	KOM
GT 13	»Blockverteidigung Übernehmen (»Switch«)!«	****	KOM
GT 14	»2 gegen 2 mit Blocken und Abrollen plus 1!«	****	KOM
GT 15	»2 gegen 2 mit indirekten Blocks und Abrollen plus 1!«	****	KOM
GT 16	»2 gegen 2 mit indirekten und direkten Blocks plus 2!«	****	KOM
GT 17	»3 gegen 3 mit indirekten und direkten Blocks plus 1!«	****	KOM
GT 18	»3 gegen 3 auf einen Korb (Streetball)!«	****	KOM
GT 19	»3 gegen 3 im Kontinuum!«	****	KOM

Taktik – Fast Break   S. 165

SA 1	»Fast Break 2 gegen 0!«	**	KOM
SA 2	»Fast Break »2 gegen 1!«	***	KOM
SA 3	»Fast Break 2 gegen 1 im Kontinuum!«	***	KOM
SA 4	»3 gegen 0 hin und 2 gegen 1 zurück im Kontinuum!«	****	KOM
SA 5	»3 gegen 2 hin und 2 gegen 1 zurück im Kontinuum!«	****	KOM
SA 6	»3 gegen 2 im Kontinuum!«	****	KOM
SA 7	»3 gegen 2 plus 1 im Kontinuum!«	****	KOM

Spielformen Technik   S. 172

SFD 1	»Kastenball!«	*	D, P
SFD 2	»Autoscooter!«	*	D
SFD 3	»Memorydribbling!«	**	D
SFD 4	»Brückenwächter!«	**	D
SFD 5	»Fangen und Befreien!«	**	D
SFD 6	»Verzaubern!«	**	D
SFD 7	»Bälle stehlen!«	**	D
SFD 8	»Bälle auf 4 Feldern stehlen!«	**	D

SFP 1	»Nummernpass!«	✷	P
SFP 2	»Zehnerpass!«	✷✷	P
SFPD 1	»Turmspiel!«	✷✷	D, P, W
SFPD 2	»Hütchenspiel!«	✷✷	D, P, W
SFPD 3	»Hütchenspiel über die Schnur!«	✷✷	D, P, W

Spielformen Taktik S. 185

SFPD 4	»3 gegen 3 mit Anspieler!«	✷✷	KOM
SFPD 5	»Freies Spiel 3 gegen 3 mit Anspieler!«	✷✷✷✷	KOM
SFZ 1	»Zonenverteidigung 3 gegen 2!«	✷✷✷	KOM
SFZ 2	»Zonenverteidigung 4 gegen 3!«	✷✷✷✷	KOM
SFZ 3	»Teamarbeit in der 2-1-2-Zonenverteidigung!«	✷✷✷✷	KOM
SFZ 4	»Spiel 5 gegen 5 mit Zonenverteidigung!«	✷✷✷✷	KOM
SFM 1	»4 gegen 4 auf einen Korb!«	✷✷✷✷	KOM
SFM 2	»4 gegen 4 auf einen Korb positionsgebunden!«	✷✷✷✷	KOM
SFM 3	»5 gegen 5 auf einen Korb mit Dribbling!«	✷✷✷✷	KOM
SFM 4	»5 gegen 5 auf einen Korb!«	✷✷✷✷	KOM
SFM 5	»Mixed-Spiel 5 gegen 5!«	✷✷✷✷	KOM
SFM 6	»5 gegen 5 mit Mann-Mann-Verteidigung!«	✷✷✷✷	KOM
SFM 7	»3 gegen 3 gegen 3!«	✷✷✷✷	KOM
SFM 8	»5 gegen 5 Schnellangriff!«	✷✷✷✷	KOM
SFM 9	»5 gegen 5 Bonus-Schnellangriffsspiel!«	✷✷✷✷	KOM

Arbeitsblätter mit Organisationshilfen S. 200

ORG 1	»Streetball – Spielregeln!«
ORG 2	»Turnier Doppel KO mit 8 Mannschaften!«
ORG 3	»Turnier mit 4–5 Mannschaften«
ORG 4	»Organisation eines Turniers oder Streetballevents 1!«
ORG 5	»Organisation eines Turniers oder Streetballevents 2!«
ORG 6	»Organisation eines Turniers oder Streetballevents 3!«
OGR 7	»Vorlage 1 Memorydribbling!«
ORG 8	»Vorlage 2 Memorydribbling!«

e. Hinweise zu einzelnen Praxisbögen

S. 103 TD 2
Wenn die Schüler sich bewegen, muss der Lauf sehr langsam und mit weichen Richtungswechseln durchgeführt werden. Der vorlaufende Schüler achtet auf den freien Weg.

S. 105 TD 4
Wenn die Wettkampfform durchgeführt wird, muss man das Feld je nach Schülerzahl kontinuierlich verkleinern (12 in den 3-Sekunden-Raum, 7 in den Sprungkreis, 4 in den halben Kreis).

S. 108 TD 7
Aus Sicherheitsgründen müssen alle verlorenen Bälle schnell aufgelesen werden.

S. 110 TD 9
Die Paare folgen im Abstand von ca. 5 m aufeinander. Den Handwechsel unbedingt vor der Fahne durchführen. Auf dem Rückweg im Korridor Seitenlinie – Wand mit kurzen Pässen zum Ausgangspunkt zurückkehren.

S. 113 TP 2
Die Grundstellung kann in einem Drittel des Volleyballfeldes beginnen. Hinweise: Der Ball kommt von links, geht nach rechts und man tauscht die Position immer mit dem gleichen Spieler.

S. 118 TKL 1
Methodische Hilfsmittel: Auf den Boden mit Kreide gemalte Fußabdrücke. 2 Füße parallel als Ausgangsstellung, dann die Fußabdrücke links, rechts, links. Neben den ersten Fuß links kommt ein Kreis für das Dribbling. Wenn man sich aus Gummi Fußabdrücke mit L und R vorfertigen lassen kann, sind diese zur häufigen Verwendung natürlich noch besser.

S. 119 TKL 2
Hier kommt es besonders auf das Timing an. B beginnt mit dem Dribbling, wenn A gerade den Korbleger durchführt. E geht zum Rebound, wenn B mit dem Dribbling beginnt.

S. 121 TKL 4
Alle Spieler laufen eine liegende Acht. Jeder Spieler bleibt immer, sowohl beim Korbleger als auch beim Rebound auf seiner Seite.

S. 126 TKL 9
Der Angreifer bewegt sich langsam in Richtung Korb, um dann explosiv zum Ballerhalt nach außen zu springen. Dies kann in einer L-, oder V-Bewegung geschehen.

S. 129 TKL 12
Folge deinem Pass und schneide hinter dem Spieler mit Ball in die Außenspur. Laufe in einer Art Schlangenlinie. Die Bewegungen der drei Spieler werden zum Zopf.

S. 138 TRB 1
Übung 1: Der Abstand des Werfers zur Wand sollte höchstens 2,5 m betragen. Den Ball im leichten Bogen an die Wand werfen.
Übung 2: Der Rebounder sieht zuerst den Werfer an, dreht sich mit dem Wurf um und holt den Rebound.

S. 141 TK 1
Nach Ballerhalt immer eine Korbbedrohung darstellen (Sternschritt-Face).

S. 173 SFD 2
Durch Pfiff erhöht oder verlangsamt der Lehrer das Dribbeltempo.

S. 180 SFP 1
Die Passentfernung soll nicht größer als 5 m sein.

S. 183 SFPD 2
Wichtig bei allen Spielformen: Wir brauchen keinen Schiedsrichter. Der Verteidiger sagt Foul, wenn er die Arme oder Hände des Ballbesitzers berührt.

S. 187 SFZ 1
Die defensive Bewegung muss zuerst mit langsamen Pässen erlernt werden.

S. 192 SFM 2
Bei positionsgebundenen Spielen soll auch immer auf beiden Angriffshälften agiert werden.

Aufgabenlösungen

R 6 – Das Regelwerk (S. 23)
Aufgabe 1:

Falsch	Richtig
5 Sekungen	8-Sekunden-Regel verletzt
4 Sekunden	3-Sekunden-Regel verletzt
3 Freiwürfe	hier 2 Freiwürfe
5 Mannschaftsfouls	7 Mannschaftsfouls
7 Fouls	5 Fouls
4 Spieler	mann darf auffüllen
automatisch den Ball	Rebounder oder Einwurf
20 Sekunden	24-Sekunden-Regel
in die eigene Hälfte	Rückspielverbot
3 Sekunden	gilt nur für den Angreifer
Last Shake	Fast Break
Dumping	Dunking
Foul zählt nicht mehr	es gibt einen Freiwurf
100 Punkte erreicht	Abpfiff nach 40 Minuten

Aufgabe 2: Dunking; Fast Break
Aufgabe 3: a, b, c
Aufgabe 4: 3 Sekunden, 5 Sekunden, 8 Sekunden, 24 Sekunden, 1 Minute, 10 Minuten
Aufgabe 5: a) 5 Sekunden, b) 8 Sekunden, c) 24 Sekunden, d) 3 Sekunden, e) 1 Minute, f) 40 Minuten

2/7 – Dribbling, Stopp und Sternschritt (S. 35)
Aufgabe 1: nein
Aufgabe 2: nein
Aufgabe 3: nein
Aufgabe 4: gestreckt; nach unten geklappt; Fingerspitzen; Handballen
Aufgabe 5: a und d
Aufgabe 6: nein
Aufgabe 7: ja
Aufgabe 8: tief; Fußballen; Standbein; Flex-Position
Aufgabe 9: links; rechts; Flex-Position
Aufgabe 10: c und d

4/10 – Der Wurf (S. 47)
Aufgabe 1: 5, 2, 6, 3, 1, 4
Aufgabe 2: ja
Aufgabe 3: 4, 2, 1, 5, 3, 6
Aufgabe 4: 5, 4, 1, 3, 6, 2
Aufgabe 5: b und d
Aufgabe 6: ja
Aufgabe 7: a und d
Aufgabe 8: nein

5/5 – Verteidigung (S. 52)
Aufgabe 1: 3, 1, 6, 2, 5, 4
Aufgabe 2: ja
Aufgabe 3: 3, 4, 2, 5 1
Aufgabe 4: 2, 4, 5, 1, 3
Aufgabe 5: a und c
Aufgabe 6: ja
Aufgabe 7: b und c
Aufgabe 8: nein

6/7 – Freimachen und Ziehen (S. 59)
Aufgabe 1: ja
Aufgabe 2: nein
Aufgabe 3: Backdoor
Aufgabe 4: ja
Aufgabe 5: b und c
Aufgabe 6: nein
Aufgabe 7: b und d
Aufgabe 8: B und D

6/12 – Powerbewegungen (S. 64)
Aufgabe 1: nein
Aufgabe 2: ja
Aufgabe 3: Powerwürfe
Aufgabe 4: ja
Aufgabe 5: 4, 1, 5, 2, 3
Aufgabe 6: a und c
Aufgabe 7: 4, 3, 1, 2
Aufgabe 8: 4, 2, 3, 1
Aufgabe 9: rechts

Taktik 7 – 2 gegen 2 (S. 71)
Aufgabe 1: 5, 2, 6, 1, 4, 3
Aufgabe 2: ja
Aufgabe 3: 4, 2, 6, 5, 1, 3
Aufgabe 4: b und c
Aufgabe 5: ja
Aufgabe 6: nein
Aufgabe 7: b und c

Taktik 19 – Breakverteidigung (S. 83)
Aufgabe 1: nein
Aufgabe 2: ja
Aufgabe 3: ja
Aufgabe 4: 2, 1, 5, 3, 4
Aufgabe 5: ja
Aufgabe 6: a und b
Aufgabe 7: b und c

Taktik 20 – Break (S. 84)
Aufgabe 1: 3, 1, 4, 2
Aufgabe 2: nein
Aufgabe 3: a und d
Aufgabe 4: 2, 4, 3, 1
Aufgabe 5: A und C
Aufgabe 6: 4, 1, 3, 2
Aufgabe 7: ja

Taktik 27 – Teamangriff (S. 91)
Aufgabe 1: ja
Aufgabe 2: nein
Aufgabe 3: a und d
Aufgabe 4: 1, 2
Aufgabe 5: a, b und d
Aufgabe 6: 5, 1, 6, 2, 4, 7, 8, 3
Aufgabe 7: ja

Taktik 34 – Mann-Mann-Verteidigung (S. 98)
Aufgabe 1: b, c, e
Aufgabe 2: a, c, e
Aufgabe 3: b, c, e
Aufgabe 4: a, b, c, d, f

Taktik 35 – Zonenverteidigung (S. 99)
Aufgabe 1: b, c, e, f
Aufgabe 2: a, c, d, f
Aufgabe 3: b, d, f
Aufgabe 4: b, c, d, e

Herstellung eines Kopierdeckers
für gegenseitige Bewegungskorrekturen und mentales Üben

Durch Einkopieren der Texte auf dieser Seite in die Technikdarstellungen werden aus den Blättern Anleitungen für gegenseitige Bewegungskorrekturen (Text A einkopieren) bzw. mentales Üben (Text B einkopieren). Durch die Herstellung eines Kopierdeckers erleichtern Sie sich die Arbeit beim Kopieren der Schülerblätter:

1 Kopieren Sie sich diese Seite.
2 Schneiden Sie Text A und B auf der Kopie möglichst eng aus.
3 Kopieren Sie den jeweiligen Text auf eine Overheadfolie (A4 Querformat) in die obere rechte Ecke.
4 Zum Herstellen der »neuen« Arbeitsblätter verwenden Sie diese Folie als Kopierdecker.

Text A zur gegenseitigen Bewegungskorrektur

Stellt euch hinter den Übenden! Beobachtet für mehrere Durchgänge nur Teilbewegungen!

Orientiert euch an den Signalworten und den entsprechenden Einzelbildern!

Nach Beobachtung aller Teilbewegungen die Übung unterbrechen und dem Partner mitteilen, was euch aufgefallen ist und was er verbessern muss.

Nur ein oder zwei Hinweise geben, die euch wichtig erscheinen.

Danach versucht der Partner die Tipps umzusetzen.

Text B zum mentalen Üben

Schau dir die Bildreihe genau an.

Ist dir klar, welche Signalworte zu welchem Bild gehören?

Schließe deine Augen und führe die Bewegung in Gedanken aus.

Sprich dabei die Signalworte, eventuell auch verkürzt.

Nimm Spannung in der entsprechenden Muskulatur auf.

Merke dir Schwierigkeiten bei der Vorstellung der Bewegung.

Beseitige Schwierigkeiten mit Hilfe deiner Mitschüler oder des Lehrers.

© Als Kopiervorlage freigegeben. Ernst Klett Schulbuchverlag Leipzig GmbH, Leipzig 2000

»Quick Info!«

UL 1

Dieses Arbeitsblatt dient Ihnen zur schnellen Orientierung der Praxisbögen an die von Ihnen zu berücksichtigenden Rahmenbedingungen (**z. B.: welche Klassenstufe, wenig Bälle, über 25 Schüler**)

Klassen	Technik		Taktik		Spielformen	
	5 und weniger Bälle	5 und mehr Bälle	5 und weniger Bälle		5 und weniger Bälle	5 und mehr Bälle
Stufen 3–6	Seite: 100, 101, 102, 103, 104, 105, 106, 107, 117, 118, 119, 138, Seite: 127, 139	Seite: 100, 101, 102, 103, 104, 105, 107, 109, 111, 112, 116, 117, 132, 133, 138, Seite: 120	Seite: 150, 151, 185, 186		Seite: 174, 180, 181, 182, 183, 184, 194, 195, 196, Seite: 185	Seite: 172, 173, 175, 176, 177, 178, 179
Stufen 7–10	Seite: 102, 103, 104, 105, 106, 113, 121, 127, 128, 135, 138, 140, Seite: 108, 110, 114, 115, 122, 123, 125, 126, 137, 139	Seite: 102, 103, 104, 105, 111, 132, 133, 138, 149 Seite: 110, 120, 141, 146, 147, 148, 150, 151	Seite: 149, 165, 166 Seite: 141, 146, 147, 148, 150, 151, 167, 185, 186		Seite: 176, 178, 180, 181, 183, 184, 195, 196 Seite: 185, 186, 191, 193, 194	
Stufen 11–13	Seite: 113, 121, 128, 134, 135, 137 Seite: 114, 120, 123, 124, 129, 139	Seite: 133, 142, 143, 144, 145, Seite: 111, 136	Seite: 140, 147, 149, 153, 165, 166 Seite: 141, 147, 148, 150, 152, 153, 154, 155, 156, 157, 159, 160, 161, 162, 163, 164, 167, 168, 169, 170, 171		Seite: 195, 196 Seite: 187, 188, 189, 190, 191, 192, 193, 194	

Alle grau unterlegten Seitenzahlen sind auch für Klassen über 25 Schüler geeignet.

© Als Kopiervorlage freigegeben. Ernst Klett Schulbuchverlag Leipzig GmbH, Leipzig 2000

»Lehrerleitfaden oder Orientierungshilfe Stufe 5!« UL 2

4 Doppelstunden Basketball

Aufbau der Thematik Basketball über Passen oder Dribbling mit Vorkenntnissen in kleinen Ballspielen, Dehnen, kognitive Phase, fokussierende Impulse und Reflexion einbringen

Start mit Thematik Passen

	Blatt
»Ballgewöhnung 2!«	TBG 2
Brustpass	3/1
»Das einfache Passen!«	TP 1
»Pass- und Laufkontinuum!«	TP 2
»Nummernpass!«	SFP 1
»Kastenball!« (nur passen)	SFD 1
»Ballgewöhnung 1!«	TBG 1
Aufbaudribbling	2/1
»Dribbling ohne Gegner!«	TD 1
»Dribbling im Zickzack mit Gegenverkehr!«	TD 3
»Dribbelparcours!«	TD 6
»Kastenball!« (nur passen)	SFD 1
»Zehnerpass!«	SFP 2
Sternschritt	1/2
»Verbindung von Stopp und Sternschritt!«	TST 2
Fünf Spielschlüssel	R 5
»Fangen und Befreien!«	SFD 5
»Hütchenspiel!«	SFPD 2
»Korbleger durch den Kreis!«	TKL 3
Korbleger	4/6
»Einstieg Korbleger!«	TKL 1
»Korbleger aus 1 Dribbling!«	TKL 2
»Turmspiel!«	SFPD 1

Start mit Thematik Dribbling

	Blatt
»Ballgewöhnung 1!«	TBG 1
Aufbaudribbling	2/1
»Dribbling ohne Gegner!«	TD 1
»Dribbling im Zickzack mit Gegenverkehr!«	TD 3
»Dribbelparcours!«	TD 6
»Kastenball!« (nur dribbeln)	SFD 1
»Ballgewöhnung 2!«	BG 2
Brustpass	3/1
»Das einfache Passen!«	TP 1
»Pass- und Laufkontinuum!«	TP 2
»Nummernpass!«	SFP 1
»Kastenball!« (nur dribbeln)	SFD 1
»Verzaubern!«	SFD 6
Sternschritt	1/2
»Verbindung von Stopp und Sternschritt!«	ST 2
Fünf Spielschlüssel	R 5
»Bälle auf 4 Feldern stehlen!«	SFD 8
»Hütchenspiel!«	SFPD 2
»Korbleger durch den Kreis!«	TKL 3
Korbleger	4/4
»Einstieg Korbleger!«	TKL 1
»Korbleger aus 1 Dribbling!«	TKL 2
»Turmspiel!«	SFPD 1

Zur Innendifferenzierung sind in den entsprechenden Sparten immer noch gleich gelagerte Übungsformen vorhanden!

© Als Kopiervorlage freigegeben. Ernst Klett Schulbuchverlag Leipzig GmbH, Leipzig 2000

»Lehrerleitfaden oder Orientierungshilfe Stufe 7!« UL 3

4 Doppelstunden Basketball

Weiterführung der Thematik Basketball an den technischen Elementen Dribbling, Pass und Wurf, Dehnen, kognitive Phase, fokussierende Impulse und Reflexion einbringen

Möglichkeit 1 – Verbesserung der Wurftechnik

	Blatt
»Teamdribbling!«	TD 8
»Korbleger aus 1 Dribbling!«	TKL 2
»Korbleger im Kontinuum!«	TKL 4 oder TKL 5
Sprungwurf	4/3
»Einstieg Wurf!«	TW 1
»Sprungwurf aus einem Dribbling!«	TW 7
»Reise um die Welt!«	TW 3
»Verzaubern!«	SFD 6
»Korbleger im Kontinuum!«	TKL 5
»Wurfspiel 21!«	TW 4
»3 gegen 3 mit Anspieler!«	SFPD 4
»Brückenwächter!«	SFD 4
»Dribbelfinten!«	TD 10
»Auswerfen!«	TW 5
Fünf Spielschlüssel	R 5
»Hütchenspiel über die Schnur!«	SFPD 3
»Aufbaudribbling!«	TD 5
»Korbleger durch den Kreis!«	TKL 3
»3 gegen 3 mit Anspieler!«	SFPD 4
»Freies Spiel 3 gegen 3 mit Anspieler!«	SFPD 5

Möglichkeit 2 – Verbesserung des Zusammenspiels

	Blatt
»Pass- und Laufkontinuum!«	TP 2
»Passen am Kreis!«	TP 3
»Korbleger aus 1 Dribbling!«	TKL 2
»Sternkorbleger im Kontinuum!«	TKL 11
»Turmspiel!«	SFPD 1
»Fangen und Befreien!«	SFD 5
»Memorydribbling«	SFD 3
»Sprungwurf aus einem Dribbling!«	TW 7
»Reise um die Welt!«	TW 3
»Korbleger im Kontinuum 1!«	TKL 4
»Wurfautomatik!«	TW 2
Fünf Spielschlüssel	R 5
»Hütchenspiel über die Schnur!«	SFPD 3
»Passen und Korbleger im Kreis!«	TKL 7
»3 gegen 3 mit Anspieler!«	SFPD 4
»Freies Spiel 3 gegen 3 mit Anspieler!«	SFPD 5

Zur Innendifferenzierung sind in den entsprechenden Sparten immer noch gleich gelagerte Übungsformen vorhanden!

© Als Kopiervorlage freigegeben. Ernst Klett Schulbuchverlag Leipzig GmbH, Leipzig 2000

»Unterrichtsvorhaben Stufe 11!« UL 4

Festigen technischer Fertigkeiten und vertiefen von gruppentaktischen Fähigkeiten im Sportspiel Basketball.

Bewegungsräume erkennen und sozial kreativ Handeln.

Pädagogische Perspektive: Das Leisten erfahren, verstehen und anwenden.

Ziele		Gegenstände
Technische Fertigkeiten erweitern, festigen und anwenden	Korblegerkontinuum Stretching	Aufwärmung
	3 gegen 2 und 2 gegen 1 2 gegen 2 auf einen Korb	vertiefen von Dribbling, Pass und Wurf Raumaufteilung und gruppentaktisches Verhalten
Gruppentaktisches Verständnis erweitern durch die Partnerhilfe »Block«	Bildreihe direkter Block	Erarbeiten von Blockstellung und Verteidigerhilfen
Vertiefung der Spielweise mit Partnerhilfe »Block«	2 gegen 2 mit freiem Anspielpartner	Trail and Error
Fehler sehen, Fehlerkorrektur entwickeln und anwenden	Korrekturbogen	kognitives Erarbeiten
Anwendung der erlernten gruppentaktischen Fähigkeiten	Das Spiel 3 gegen 3 auf einen Korb	praktische Umsetzung
Intensivieren des Wettkampfcharakters	Das Spiel 3 gegen 3 auf einen Korb mit Punkten	Vertiefung
Basketballspezifische Bewegungstechniken individuell verwirklichen und gruppentaktische Fähigkeiten unter Spielbedingungen anwenden.	Das Spiel 5 gegen 5 auf 2 Körbe	Erfahrung im Gesamtspiel anbringen
Sportgerechte Beendigung der Stunde	Cool down (gehen und langsam Dribbeln)	Medizinischer Aspekt: Beruhigung des Kreislaufes, schnellere Regeneration
Verständnisprüfung	Kontrollbogen	

© Als Kopiervorlage freigegeben. Ernst Klett Schulbuchverlag Leipzig GmbH, Leipzig 2000

»Interdisziplinärer Unterricht!« UL 5

Hier: Spielbeobachtung im Sportspiel Basketball (Sport, Soziologie oder Mathematik)

Umfang ca. 8 Stunden

(die induktive Methode bei der Erarbeitung der Beobachtungskomponenten verlängert die Reihe um 1–2 Stunden)

Statistische Grundlagen zur Beobachtung von Ereignissen wie Validität, Objektivität und Reliabilität erarbeiten

1. Stunde **Der Anschreibeblock**
Formblatt (Regelheft)
Kennenlernen und Erproben am Videofilm
(Anschreiben ohne Minutenangabe)

2. Stunde **Lesen und Auswerten von Anschreibeblöcken**
Punkte der Spieler
Freiwurfquoten
Spielstände zu bestimmten Zeitpunkten
Foulhäufigkeit

3. Stunde **Spiel 5 gegen 5 mit Zeitnehmern und Anschreibern**
Organisation: bei 20 Schülern schreiben 8 Schüler, 2 bedienen je eine Uhr und 10 spielen. (Spielzeit je Gruppe 13 Minuten) Jeder Schüler muss eine Rückennummer tragen.

4. Stunde **Spielbeobachtung (Vor- und Nachteile erarbeiten)**
Arten   Deskriptiv   eigene Formblätter erstellen
  Tonband
  Video/Film
  Interaktionskettenanalyse
Beobachtungssparten: Wurfquoten, Feldpositionen der Würfe, Ballgewinne, Ballverluste, offensive Rebounds, defensive Rebounds, Assist
Grund Motivation
  Lernprozesse einleiten
  Leistungen definieren
  Leistung einordnen
Freie Beobachtung und Analyse
Videofilm ca. 20 Minuten

5. Stunde **Festlegen und Erarbeiten des Beobachtungsinstruments an gezielten Beispielen**

6. Stunde **Übungen mit dem Beobachtungsinstrument am Video an Hand von selbst erstellten Formblättern**

7. Stunde **Scouting in der Halle beim Spiel 5 gegen 5**
eigene Formblätter
Anschreibeblock
Zeitnehmer

8. Stunde **Lernzielkontrolle Scouting**

R 1
Spielfeld, Korbanlage und Ball

*Pfirsichkörbe an einem Geländer sind der Ursprung des Basketballspiels. In Springfield (Massachusetts) gestaltete der Pfarrer und Sportlehrer PROF. DR. JAMES NAISMITH das Basketballspiel.
Für das Rugby musste im Winter eine Ausgleichssportart entwickelt werden. Aus dem vertikalen Tor machte er ein horizontales, bei dem das Erzielen von Toren nicht Kraft, sondern Zielgenauigkeit und Eleganz erforderte. Er stellte 13 Regeln auf und das Spiel wurde schnell beliebt.
Heute ist Basketball die verbreitetste Sportart auf der ganzen Welt (ca. 340 Millionen).*

Das vorschriftsmäßige Spielfeld
– Die Linien gehören nicht zum Spielfeld, d.h. der Ball ist im Aus, wenn der Ball oder der Ballbesitzer den Boden mit der Linie oder außerhalb des Feldes berührt.
– Alle Linien sind 5cm breit und in derselben Farbe.

Regulärer Spielball
– Spielball Herren: Größe 7
– Spielball Damen: Größe 6
– Material: Leder, Nylon, Gummi

Wenn im Etat möglich, dann Lederbälle anschaffen (Sportgerätegroßhandlung)

Minibasketball
– Gewicht ca. 450 gr
– Umfang ca. 68 cm
– Material: Leder, Nylon, Gummi

Die Streetballanlage

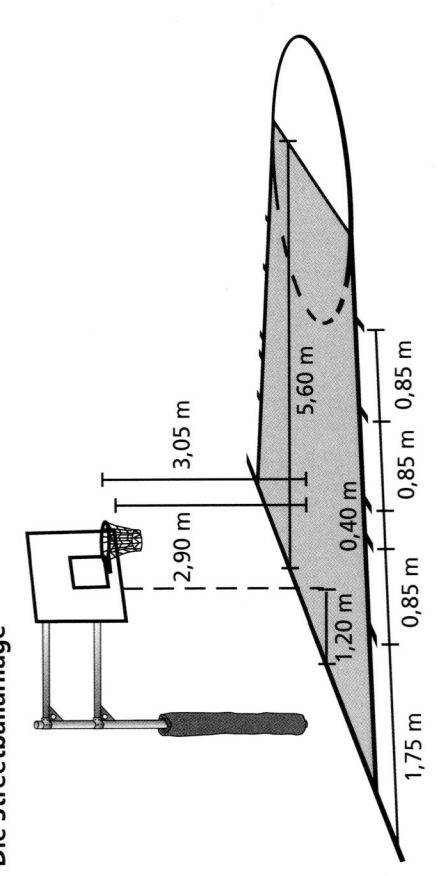

Ausleihen einer Streetballanlage:
4 Korbanlagen plus Basketbälle,
1 Stereoanlage und Informationsmaterial

DBB
Schwanenstr. 6–10,
Tel.: 02331/106 0

Die Ringhöhe beträgt für alle Altersklassen 3,05 m. 2 Bälle können gleichzeitig den Ring passieren. Zu einer Streetballanlage gehört ca. ein halbes Feld.

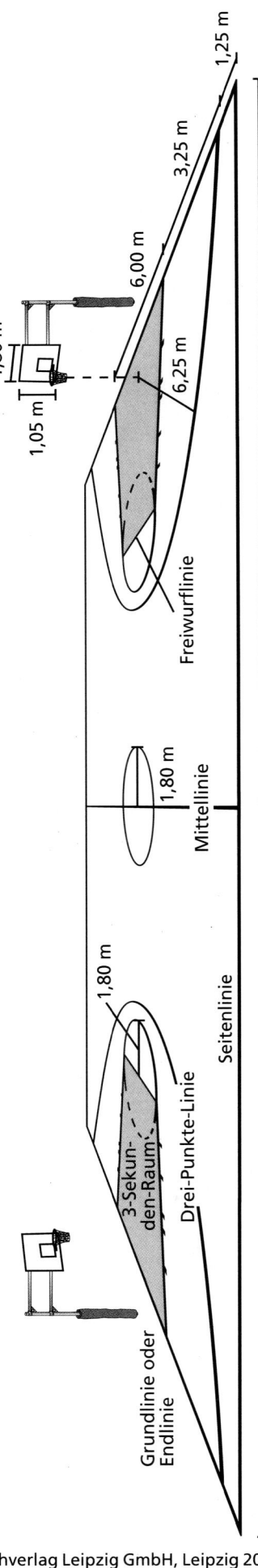

© Als Kopiervorlage freigegeben. Ernst Klett Schulbuchverlag Leipzig GmbH, Leipzig 2000

R 2
Das Regelwerk (1)

Das offizielle Spiel wird von ca. 50 Artikeln und noch mehr Kommentaren bestimmt. Wir beschränken uns hier auf die für einen regulären Schulwettkampf notwendigen Regeln.

! Vorbedingungen für ein Spiel

- 12 Spieler (5 Feld- und 7 Wechselspieler),
- 3 Schiedsrichter,
- 1 Zeitnehmer,
- 1 24-Sekunden-Zeitnehmer,
- 1 Anschreiber,
- 1 Einwurfanzeiger (Pfeil beim Zeitnehmer, der Einwurfrichtung anzeigt)
- 1 Anschreibeblock,
- 2 rote Fähnchen,
- 1 24-Sekundenanlage,
- 1 Anzeigetafel,
- 2 Wechselstühle

Das Spiel besteht aus vier Vierteln zu je 10 Minuten (Netto). Die Pause zwischen dem 1. und 2. sowie dem 3. und 4. Viertel beträgt jeweils 2 Minuten. Die Halbzeitpause kann 10 bis 15 Minuten lang sein.
Das Spiel endet niemals remis, es wird so lange mit 5-minütigen Verlängerungen weitergespielt, bis ein Sieger feststeht.
Jede Mannschaft hat 5 Auszeiten (2 in der ersten Halbzeit, 3 in der zweiten Halbzeit) Auszeiten und Spielerwechsel müssen am Tisch gemeldet werden.
Die Mannschaft im Ballbesitz darf bei jeder Unterbrechung gewechselt werden.
Ein verletzter Spieler muss ausgewechselt werden.

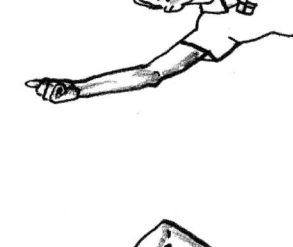

Auszeit

Schrittfehler

Übertretung der 3-Sekunden-Regel

Sprungball

Freiwurf

Einwurf in diese Richtung

! Die Spieluhr

Die Spieluhr wird in Gang gesetzt, wenn
- der Ball beim Sprungball von einem Spieler berührt wird,
- der Ball nach erfolglosem Freiwurf im Spiel bleibt,
- ein Spieler auf dem Feld nach Einwurf den Ball berührt.

Die Spieluhr wird angehalten, wenn
- ein Viertel, eine Verlängerung oder das Spiel endet,
- ein Schiedsrichter pfeift,
- das 24-Sekunden-Signal ertönt.

! Zeitregeln

- Ein Angriff muss innerhalb von 24 Sekunden abgeschlossen werden.
- Innerhalb von 8 Sekunden muss der Angreifer den Ball ins Vorfeld gebracht haben.
- Innerhalb von 5 Sekunden muss der Ballbesitzer den Einwurf ausführen.
- In dem Trapez unter dem Korb darf sich der Angreifer max. 3 Sekunden aufhalten.

! Spielvorschriften

- Das Spiel beginnt mit einem Sprungball.
- Der Einwurfanzeiger („Wechselnder Ballbesitz") kommt bei folgenden Situationen zum Einsatz:
Wenn zwei Spieler einen Ball festhalten,
wenn die Schiedsrichter im Zweifel sind,
wenn der Ball in der Korbanlage hängen bleibt,
wenn zwei gegnerische Spieler bei einer Aktion gleichzeitig foulen,
wenn der Ball beim Flug ins Aus von zwei gegnerischen Spielern gleichzeitig berührt wurde.
- Sieger ist die Mannschaft, die am Spielende die größere Punktzahl erreicht hat.

R 3
Das Regelwerk (2)

Korberfolg

Ein Korb ist erzielt, wenn der Ball von oben durch den Korb fällt oder darin verbleibt (springt ein Ball durch ein zu enges Netz wieder nach oben heraus, zählt der Korb nicht). Die Abwehr des Korbwurfs von unten durch den Korb ist verboten, ebenso das Berühren des Netzes vom Verteidiger.

Ein-Punkte-Wurf

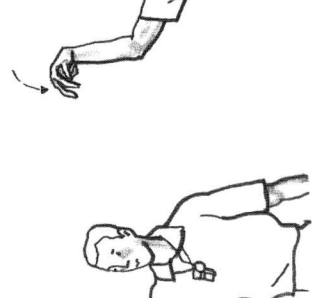

Zwei-Punkte-Wurf

Korbwertung

Ein Korb zählt
- zwei Punkte, wenn er aus dem Spielgeschehen aus der Nahdistanz oder Mitteldistanz erzielt wurde.
- drei Punkte, wenn der Korb mit Abwurf hinter der 3-Punkte-Linie erzielt wurde.
- einen Punkt bei erfolgreichem Freiwurf.

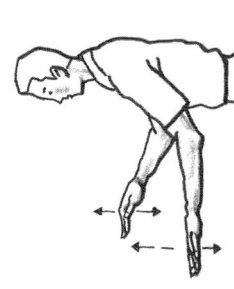

Drei-Punkte-Wurf

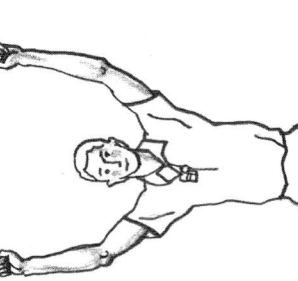

Doppel-Dribbling

Spielfortsetzung

Das Spiel wird fortgesetzt,
- nach einem Feldkorb oder erfolgreichem Freiwurf mit Einwurf hinter der Grundlinie der verteidigenden Mannschaft.
- nach einem Ausball mit Einwurf an der Stelle, an welcher der Ball ins Aus gegangen ist.
- durch Übergabe des Balls durch den Schiedsrichter, nachdem eine Regelübertretung begangen wurde oder eine Spielunterbrechung stattfand.

Tipp: Immer, wenn der Schiedsrichter pfeift, erhält man den Ball durch den Schiedsrichter.

Tipp: Ein Korberfolg wird niemals durch Pfiff bestätigt.

Regelübertretungen

Es ist verboten,
- den Ball mit beiden Händen zu dribbeln,
- beim Dribbling mit der Hand unter den Ball zu gehen,
- den Ball nach dem Fangen zu dribbeln, wieder zu fangen und danach noch einmal zu dribbeln,
- mit dem Ball in den Händen mehr als zwei Bodenkontakte auszuüben,
- mit dem Dribbling erst zu beginnen, wenn man schon das Standbein gehoben hat,
- mit mehr als zwei Bodenkontakten zu stoppen.

Fouls

Persönliche Fouls sind,
- wenn ein Spieler einen anderen in der Fortbewegung durch Kontakt behindert (beim Wurf, Dribbling, Lauf oder in der Position),
- wenn ein Spieler einen anderen rempelt,
- wenn ein Spieler hält,
- wenn die Hände regelwidrig gebraucht werden,
- das Rennen in einen stehenden Verteidiger (Offensivfoul).

Technische Fouls sind,
- respektloses Verhalten gegenüber dem Schiedsrichter,
- verzögern des Spiels,
- provozierende Reden oder Gesten,
- unerlaubtes Betreten des Spielfelds durch Wechselspieler,
- respektloses Verhalten des Coaches.

Zusätzlich gibt es noch bei groben Verstößen unsportliche Fouls, absichtliche Fouls und disqualifizierende Fouls, die auch härter bestraft werden.

Persönliches Foul

Disqualifizierendes Foul

© Als Kopiervorlage freigegeben. Ernst Klett Schulbuchverlag Leipzig GmbH, Leipzig 2000

R 4
Das Regelwerk (3)

Technisches Foul **Unsportliches Foul**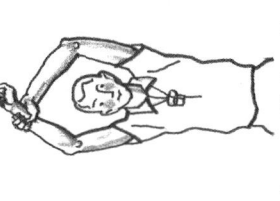

Offensivfoul

! Persönliche Fouls

	nicht am Werfer		am Werfer		
	ohne Korberfolg	mit Korberfolg	ohne Korberfolg	mit Korberfolg	
bis 7. Mannschaftsfoul	Einwurf	Einwurf Grundlinie	2 oder 3 Freiwürfe	ein Bonus Freiwurf	
ab 8. Mannschaftsfoul	2 Freiwürfe	Einwurf Angreifer	2 oder 3 Freiwürfe	ein Bonus Freiwurf	
absichtliches oder disqualifizierendes Foul	2 Freiwürfe Einwurf Mittellinie	Einwurf Mittellinie	2 oder 3 Freiwürfe Einwurf Mittellinie	ein Bonus Freiwurf Einwurf Mittellinie	
Foul durch ballbesitzende Mannschaft	Einwurf für den Gegner	Punkte zählen nicht			

! Technische Fouls

	ohne Korberfolg	mit Korberfolg
vom Feldspieler	1 Freiwurf Einwurf Mittellinie	Korb zählt und 2 Freiwürfe
vom Bankspieler oder Coach	2 Freiwürfe Einwurf Mittellinie	Korb zählt 2 Freiwürfe und Einwurf Mittellinie

! Der Spielberichtsbogen

Mannschaft A: *The Tigers*

Auszeiten: ①☒ ②☒ ③☒ ④☒

Periode ①☒ ②☒ ③☒ ④☒   Mannschaftsfouls ① X̶ X̶ X̶ 4 ② X̶ X̶ X̶ 4
Periode Verlängerungen ③ X̶ X̶ X̶ 4 ④ X̶ X̶ X̶ 4

Lizenz Nr.	Spielernamen	Nr. im Spiel	Fouls 1	2	3	4	5
001	Hase, R.	4 ⊗	P_2				
002	Engel, D.	5 ⊗	P_2	P	P	D_2	
003	Fähr, S.	6 ⊗	P_2	T_2	P	P_1	
004	Gerlach, J.	7 X	T_2	P_2	U_2		
005	Krämer, S.	8					
006	Adler, T.	9 X	P	P	P_2		
007	Beck, C.	10 ⊗	T_2	P_2			
008	Steiner, R.	11 ⊗	P_3				
009	Mayer, S.	13 X	P_2	P	T_c		
010	Werner, U.	15					
Trainer	*Müller, R.*						
Trainer-Assistent:	*Steiger, U.*		C_2	B_2			

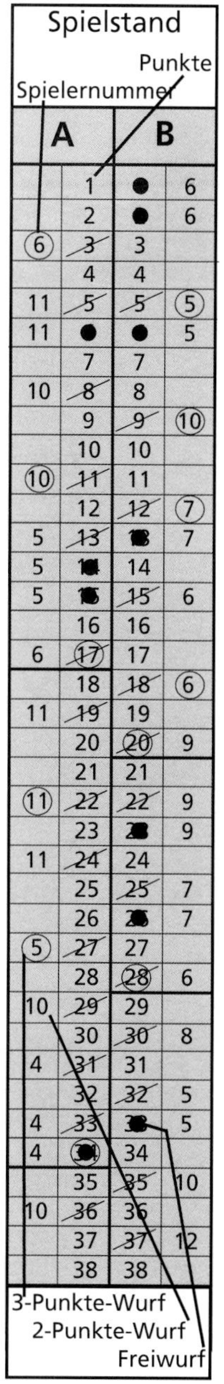

P = persönliches Foul
T = technisches Foul
U = unsportliches Foul
D = disqualifizierendes Foul
C = technisches Foul gegen Trainer
B = technisches Foul gegen die Bank

Spielstand (Punkte / Spielernummer)

A	B
⑥ 1	● 6
2	● 6
11 3	3
11 4	4
10 5	⑤ 5
⑩ 5	● 5
5 13	⑩
5 14	⑦ 7
5 15	● 7
6 16	6
⑰ 17	⑥
11 18	18
11 19	8
20 20	9
11 21	21
⑪ 22	22
11 23	● 9
11 24	24
⑤ 25	25
10 26	● 7
5 27	27
4 28	28
4 29	29
4 30	30
4 31	31
4 32	32
4 33	● 5
4 34	34
10 35	35
10 36	36
37	37
38	38

3-Punkte-Wurf / 2-Punkte-Wurf / Freiwurf

© Als Kopiervorlage freigegeben. Ernst Klett Schulbuchverlag Leipzig GmbH, Leipzig 2000

R 5
Fünf Spielschlüssel

Für den Schulsport ist das Regelwerk zu komlex, um in seinem vollen Umfang angewandt zu werden. Selbst eingefleischten Fachleuten fällt es schwer, durch den ganzen Regeldschungel hindurchzufinden. Fünf Schlüsselregeln reichen aus, um in der Schule attraktiven Basketball zu spielen:

❗ 1. Schlüssel

Die Spielfeldbegrenzungen (Aus)
Der Ball ist im Aus,
– wenn er die Außenlinie berührt bzw. den Boden außerhalb des Spielfeldes
– wenn der Ballbesitzer mit dem Fuß oder einem anderen Körperteil die Linie berührt

Demonstration:
– Im Feld an der Seitenlinie stehen und den Ball weit über die Außenlinie hinaus halten (der Ball ist im Spielfeld).
– Im Feld an der Seitenlinie stehen, ein Fuß berührt die Linie, den Ball mit ausgestrecktem Arm ins Feld halten (der Ball ist im Aus).

❗ 2. Schlüssel

Das Foulspiel
– Der ballführende Spieler darf nicht berührt werden.
– Beim Rebound darf es zu Körperkontakten kommen.
– Wer zuerst auf einem Platz steht hat den Raum für sich gesichert.
– Hineinlaufen in einen stehenden Spieler ist Angreiferfoul.
– Wegschieben mit der freien Hand ist Angreiferfoul.

Demonstration:
Der Verteidiger darf die Arme nur so weit öffnen, wie seine Füße breit stehen.

❗ 3. Schlüssel

Schrittfehler
Der Spieler darf nur 2 Kontakte mit dem Boden eingehen, wenn er den Ball in der Hand hat (Ausnahme Sternschritt, denn mit dem Spielbein sind mehrere Bodenkontakte möglich).

Demonstration:
– Dribbelbeginn (Ball mit erstem Schritt auf den Boden)
– Dribbelende (Parallelstopp oder Schrittstopp)

❗ 4. Schlüssel

Doppeldribbel
Fangen – Dribbling – Fangen – Dribbling

Demonstration:
Dribbelende bei der Ballaufnahme (nur Pass oder Wurf möglich)

❗ 5. Schlüssel

3 Sekunden
– Die Angreifer dürfen sich nicht länger als 3 Sekunden in dem gegnerischen 3-Sekunden-Raum aufhalten.
– Beide Füße müssen den 3-Sekunden-Raum verlassen haben. Danach darf er wieder max. 3 Sekunden in den 3-Sekunden-Raum.

Demonstration:
Langsam durch den 3-Sekunden-Raum gehen (3 Sekunden ist eine lange Zeit).

R 6
Das Regelwerk
(Kontrolle)

? Aufgabe 1

Unterstreiche alle dir aufgefallenen Fehler im Spielbericht!

Abwurf zu einem Mitspieler, Dribbling mit Abstoppen nach 6 Sekunden in der eigenen Hälfte; Spieler pivotiert, um den Ball gegen den gegnerischen Verteidiger zu schützen und spielt ihn nach 5 Sekunden über die Mittellinie nach vorn zu einem Mitspieler, der in dem 3-Sekunden-Raum eng gedeckt wird.
Diesem gelingt es nach 4 Sekunden zum Wurf zu kommen. Dabei greift ihm der Gegner in den Arm. Der Schiedsrichter erkennt auf 3 Freiwürfe, da die 5 Mannschaftsfouls bereits im letzten Angriff überschritten wurden.
Der gegnerische Verteidiger muss ausscheiden, da dies sein 7. Foul war. Nun kann der Gegner nur noch mit 4 Spielern spielen.
Nach Ausführung der 3 Freiwürfe bekommt der Gegner automatisch den Ball. Der Gegner versucht ein Zeitspiel, um aber der 20-Sekunden-Regel zu entgehen, spielen sie den Ball immer wieder in die eigene Hälfte, zu einem Spieler zurück, der in dem 3-Sekunden-Raum steht.
Dieser kann immer nur 2 Sekunden angegriffen werden, da er sonst gegen die 3-Sekunden-Regel verstößt.
Da alle Verteidiger weit herausgelockt worden sind, kann man mit einem schnellen »Last Shake« zu einem leichten Korb kommen. Der den »Dumping« ausführende Spieler wird noch im Sprung gefoult, da der Wurf aber schon ausgeführt ist, zählt das Foul nicht und der Schiedsrichter pfeift das Spiel ab, da eine Mannschaft 100 Punkte hat.

? Aufgabe 2

Welches sind die richtigen Fachbegriffe für Dumping und Last Shake?

– First Shake
– Tempogegenstoß
– Dunck in
– Fast break
– Dunking
– Tip In

? Aufgabe 3

Wann werden 3 Sekunden gepfiffen?

– Wenn ein Angreifer länger als 3 Sekunden in dem 3-Sekunden-Raum steht?
– Wenn ein Angreifer mit Ball länger als 3 Sekunden in dem 3-Sekunden-Raum steht?
– Wenn ein Angreifer mit seinem Verteidiger länger als 3 Sekunden in dem 3-Sekunden-Raum steht?
– Wenn ein Spieler länger als 3 Sekunden in dem 3-Sekunden-Raum steht?

? Aufgabe 4

Welche Zeitregeln existieren im Basketball?

☐ ☐ ☐ ☐ ☐ ☐ ☐ ☐

– 3 Sekunden
– 5 Sekunden
– 8 Sekunden
– 20 Sekunden
– 24 Sekunden
– 15 Sekunden
– 40 Sekunden
– 10 Minuten
– 1 Minute

? Aufgabe 5

Ordne folgenden Begriffen die Zeitregeln zu!

Einwurf

Rückraum

Angriffsdauer

3-Sekunden-Raum

Auszeit

Spielzeit

R 7
Fachbegriffe

Begriffe Technik

Assist	guter Pass, der dem Mitspieler einen leichten Korb ermöglicht
Babyhook	Wurf über die Schulter siehe Bogen 4/8
Check	der Verteidiger übergibt dem Angreifer den Ball zum Spiel/Übungsbeginn
Cross over	Dribbelfinte siehe Bogen 2/2
Cut	Schneiden zum Korb
Downtown	ein sehr weiter Distanzwurf
Drive	Ziehen zum Korb
Dunking	von oben den Ball in den Korb stopfen
Face	zum Korb drehen, um werfen und ziehen zu können
Finger role	den Ball über die Fingerspitzen abrollen lassen
Flex	Position mit gebeugten Knien und paralleler Fußstellung (schulterbreit) den Korb bedrohen
Mismatch	Überlegenheit oder Unterlegenheit auf einer Position
Pick	(Partnerhilfe) Block gegen Mann-Mann-Verteidigung
Posting up	sich auf der Ball-Korb-Linie für ein Zuspiel anbieten
Powermove	direkter Weg zum Korb mit einem oder keinem Dribbling und Wurf mit Abdruck von beiden Beinen
Rocker Step	Dribbelfinte mit leichtem Abstoppen, Heben des Kopfes und schnellem Weiterdribbeln
Reverse	Dribbelfinte siehe Bogen 2/3
Screen	(Partnerhilfe) Block gegen Mann-Mann-Verteidigung

Begriffe Taktik

Backdoor	im Rücken schneiden Taktik 2 gegen 2 siehe Bogen Taktik 2
Criss Cross	Achterlauf mit 3 bis 5 Spielern über das ganze Feld
Defense	Verteidigung
Fast Break	Schnellangriff in der Regel in Überzahl
Give and Go	Doppelpass Taktik 2 gegen 2 siehe Bogen Taktik 1
High Post	Spielposition in der Nähe der Freiwurflinie
In your Face	direkt vor dem Verteidiger auf den Korb werfen
Low Post	Spielposition nahe am Korb am Zonenrand
Make it, take it	bei Korberfolg erhalten die Angreifer wieder den Ball
No-Look-Pass	nicht in Passrichtung schauen, Verteidiger täuschen
Offense	Angriff
Outletpass	erster kurzer Pass nach Defensivrebound auf die Seite zum Fast-Break-Einstieg
Penetration	Dribbeldurchbruch
Pick'n roll	Blocken und Abrollen
Pivotschritt	In der Offensive ausführen eines Sternschritts mit dem Spielbein, um sich vom Gegner zu lösen oder um den Korb zu bedrohen. In der Defensive dreht sich der Verteidiger um das hintere Bein und behält damit den Angreifer immer im Blick.
Rebound defensiv	Abpraller nach dem Wurf von der gegnerischen Mannschaft holen
Rebound offensiv	Abpraller nach dem Wurf aus der eigenen Mannschaft holen
Strong Side	die Ballseite des Spielfelds (linke oder rechte Seite)
Switch	Übernehmen eines anderen Gegenspielers bei der Mann-Mann-Verteidigung
Trailer	ein Angreifer der beim Schnellangriff verzögert zum Überzahlspiel hinzukommt
Weak Side	die Helferseite des Spielfelds (Ballgegenseite)

© Als Kopiervorlage freigegeben. Ernst Klett Schulbuchverlag Leipzig GmbH, Leipzig 2000

R 8
Spielpositionen

Playmaker	oder Spielmacher	
Pointguard (Nr. 1 in der Kennzeichnung)	Spielmacher (oft im Angriff oben an der 3-Punkte-Linie), bestimmt das Tempo des Spiels und die Angriffszüge, setzt Trainerideen um. Er ist meistens der kleinste Spieler und beste Dribbler.	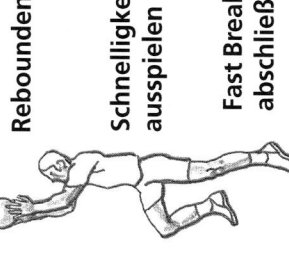 Kontakt mit dem Coach Alle Mitspieler einsetzen Tempokontrolle Korbgefährlich sein Übersicht
Shootingguard (Nr. 2 in der Kennzeichnung)	Hilft dem Pointguard beim Spielaufbau, schließt oft den Fast Break ab und ist ein guter Schütze. Er gehört in der Regel auch zu den kleinen Spielern.	Den Wurf suchen Gute Defense spielen Zum Fast Break gehen
Small Forward (Nr. 3 in der Kennzeichnung)	Flügelspieler, der sowohl am Korb, als auch aus der Distanz seine Punkte erzielt. Er hat zu rebounden und den Fast Break mitzulaufen. Er muss über Dribbelqualitäten und gute Defensivfähigkeiten verfügen.	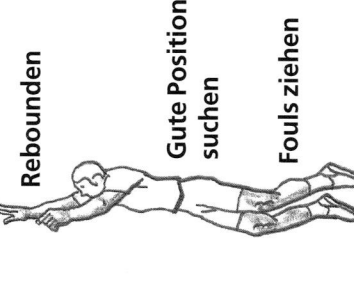 Rebounden Schnelligkeit ausspielen Fast Break abschließen
Power Forward (Nr. 4 in der Kennzeichnung)	Kräftiger, großer Spieler, der für den Rebound, die Blocks und einfache nahe Korberfolge zuständig ist. Er hat oft Spezialaufgaben in Korbnähe zu erfüllen.	Körperbetont spielen Hilfen geben
Center (Nr. 5 in der Kennzeichnung)	Der größte Spieler in der Mannschaft. Er versucht in Korbnähe seine Punkte zu erzielen, den Gegner beim Wurfversuch zu blocken und sowohl Offensivrebounds als auch Defensivrebounds zu bekommen.	Rebounden Gute Position suchen Fouls ziehen

© Als Kopiervorlage freigegeben. Ernst Klett Schulbuchverlag Leipzig GmbH, Leipzig 2000

R 9
4 clevere Gedanken

① Wenn ich als Angreifer den Ball haben will, muss ich schnell in den freien Raum zum Ball laufen.

② Ich höre nie mit dem Dribbling auf, wenn ich nicht den Pass schon im Kopf habe.

③ In der Verteidigung sehe ich immer meinen Gegenspieler und den Ball.

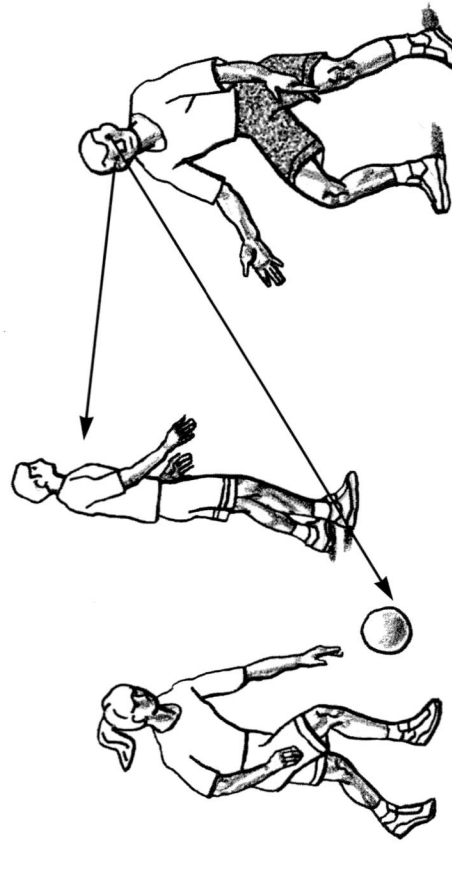

④ Wenn ich den Ball habe, brauche ich den Ball **nicht** zu sehen. Wenn ich den Ball nicht habe, sehe ich den Ball **immer**.

© Als Kopiervorlage freigegeben. Ernst Klett Schulbuchverlag Leipzig GmbH, Leipzig 2000

1/1 Grundstellung defensiv
(Verteidigungsstellung)

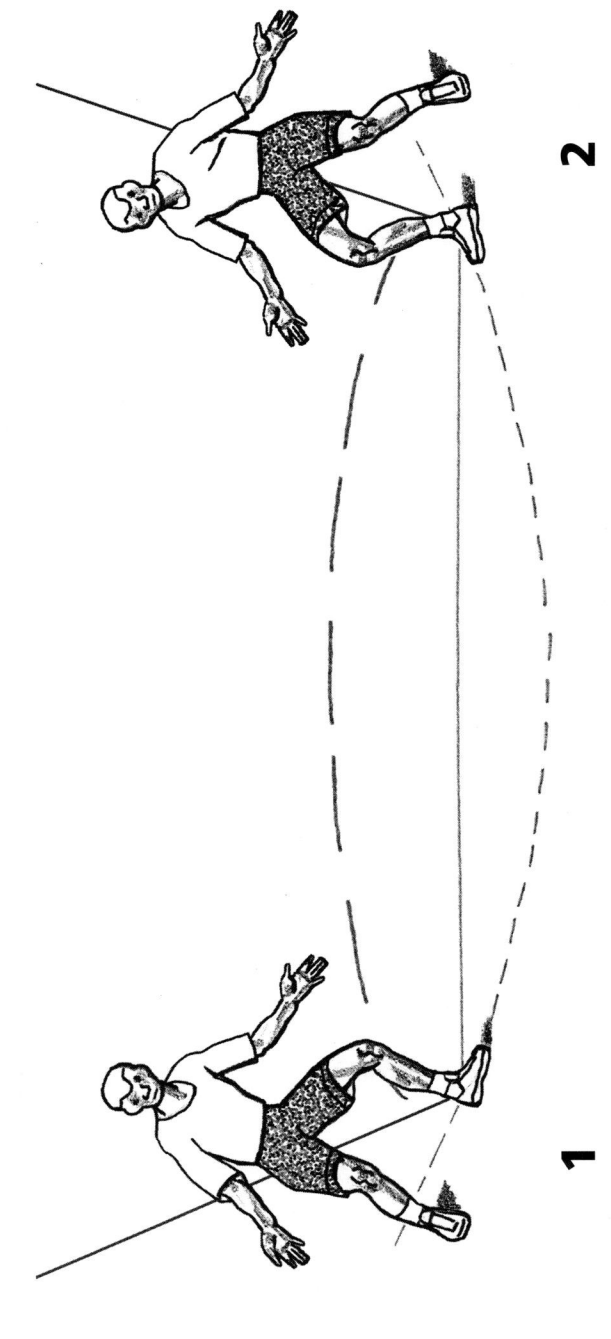

1 Auf der rechten Spielfeldhälfte rechtes Bein hinten!	**2** Auf der linken Spielfeldhälfte linkes Bein hinten!
Breite Fußstellung, aber mobil bleiben! Oberkörper aufrecht! Spielfeld beobachten!	**Beide Hände attackieren den Ball!**
– Der Körperschwerpunkt bleibt zwischen den Beinen (1, 2). – Nur mit Gleitschritten (Anstellschritte) bewegen.	– Immer im Rückwärtsgang bewegen. – Beim Handwechsel des Dribblers vorderen Fuß zurücknehmen (Pivotschritt) und in neuer Stellung mitgleiten.
	– Die Handflächen nach oben nehmen. – Den Ball vom Boden kommend attackieren.

© Als Kopiervorlage freigegeben. Ernst Klett Schulbuchverlag Leipzig GmbH, Leipzig 2000

1/2 Grundstellung mit Ball und Sternschritt

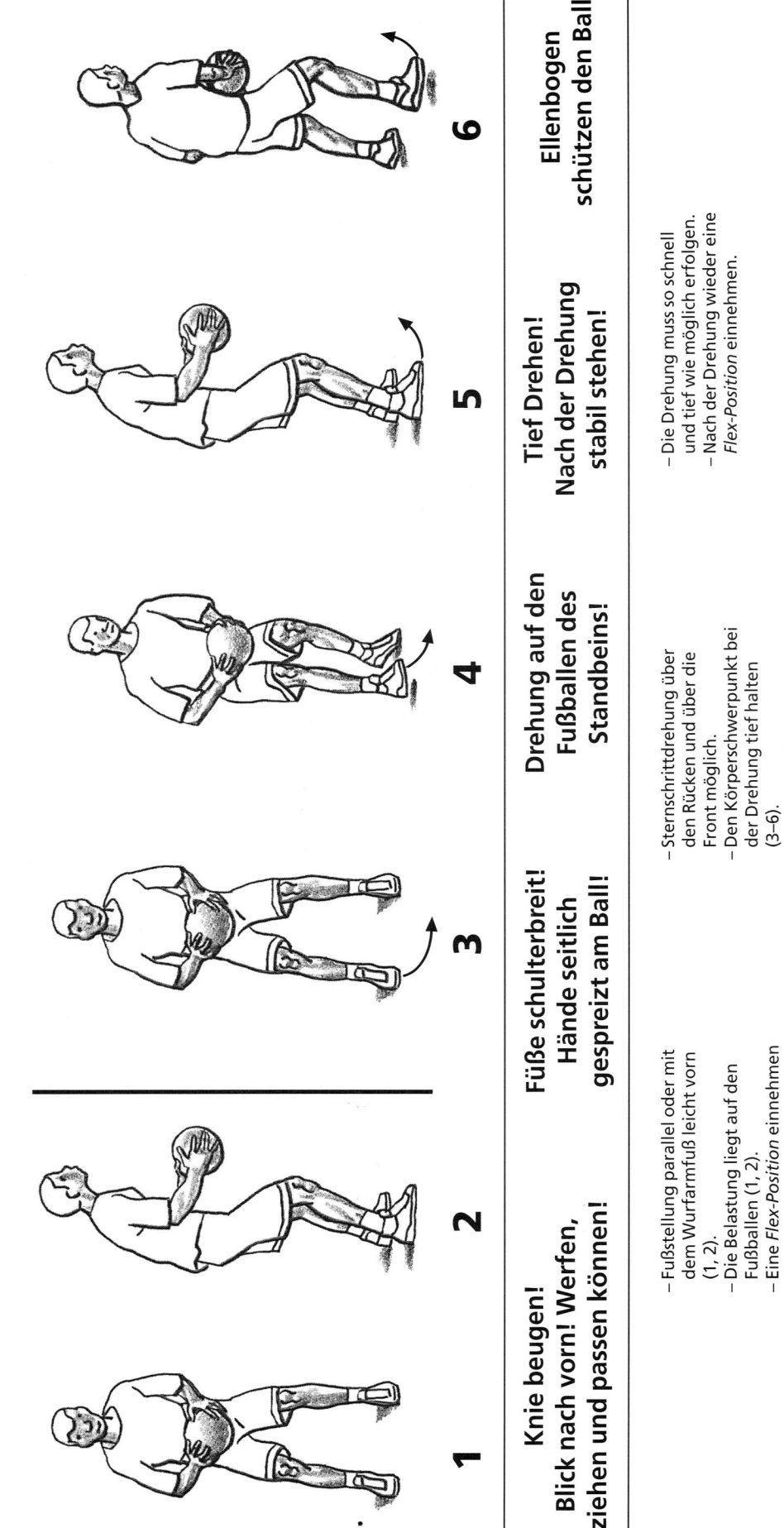

1 Knie beugen! Blick nach vorn! Werfen, ziehen und passen können!

2

3 Füße schulterbreit! Hände seitlich gespreizt am Ball!

4 Drehung auf den Fußballen des Standbeins!

5 Tief Drehen! Nach der Drehung stabil stehen!

6 Ellenbogen schützen den Ball!

– Fußstellung parallel oder mit dem Wurfarmfuß leicht vorn (1, 2).
– Die Belastung liegt auf den Fußballen (1, 2).
– Eine *Flex-Position* einnehmen (bereit zum Werfen, Ziehen, Passen) (1, 2).

– Sternschrittdrehung über den Rücken und über die Front möglich.
– Den Körperschwerpunkt bei der Drehung tief halten (3–6).
– Immer dasselbe Bein ist Spielbein (3–6).
– Das Standbein dreht auf dem Fußballen mit (4, 6).

– Die Drehung muss so schnell und tief wie möglich erfolgen.
– Nach der Drehung wieder eine *Flex-Position* einnehmen.

© Als Kopiervorlage freigegeben. Ernst Klett Schulbuchverlag Leipzig GmbH, Leipzig 2000

2/1
Aufbaudribbling

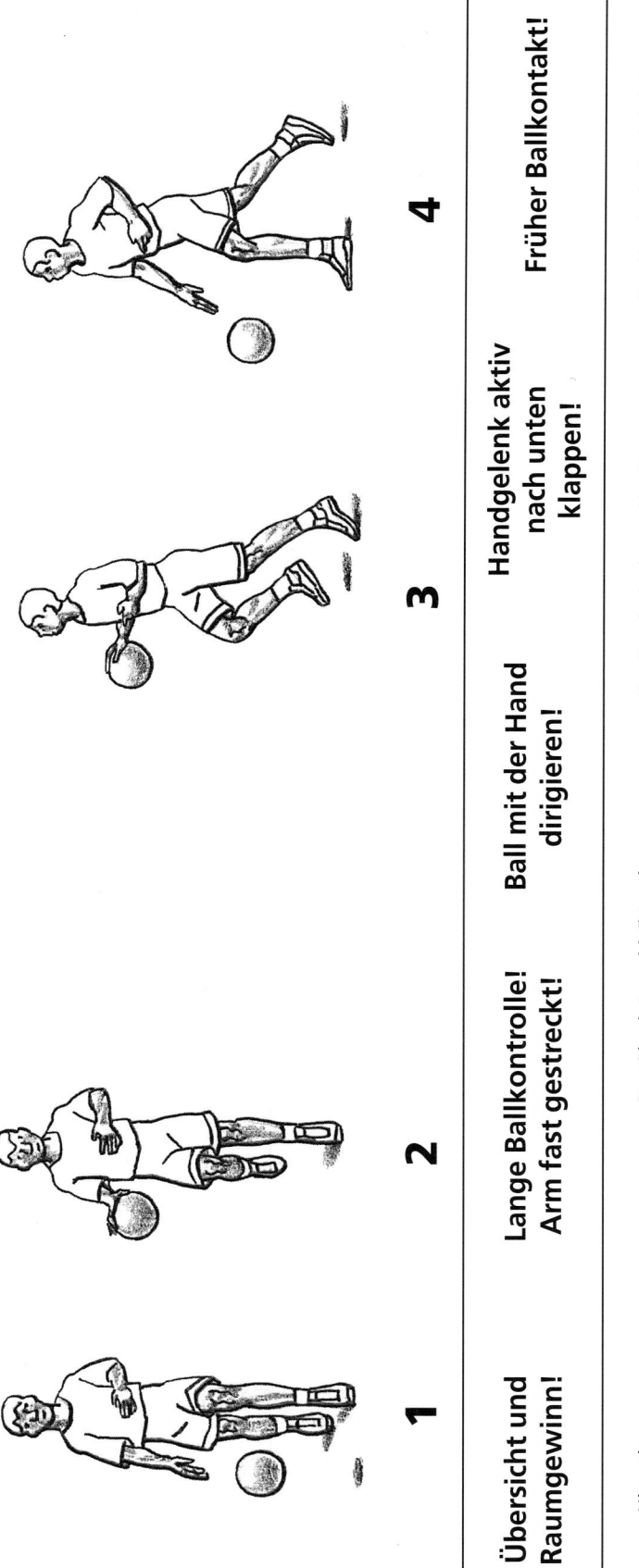

Übersicht und Raumgewinn!	Lange Ballkontrolle! Arm fast gestreckt!	Ball mit der Hand dirigieren!	Handgelenk aktiv nach unten klappen!	Früher Ballkontakt!
Hinweis: Das Aufbaudribbling ist ein hohes Dribbling. Denn nur beim hohen Dribbling ist ein großer Raumgewinn möglich. Mit dem Verteidiger ist das Dribbling tiefer und geschützter.	– Der Oberkörper bleibt aufrecht (3, 4). – Die Hand führt lange den Ball (3, 4). – Der Ball wird nur mit den Fingerspitzen und Fingerballen berührt.	– Das Handgelenk empfängt den Ball dann wieder in fast gestreckter Haltung und zieht den Ball nach oben.		– Das Handgelenk wird aktiv nach unten geklappt (1, 4). – Der Arm wird bei jedem Dribbling fast gestreckt (1, 4).

© Als Kopiervorlage freigegeben. Ernst Klett Schulbuchverlag Leipzig GmbH, Leipzig 2000

2/2
Cross over
(rechts und links)

1

Gewichtsverlagerung vom rechten auf das linke Bein!

Explosives, schnelles, tiefes Dribbling quer zum Körper!

– Das Körpergewicht wird vom rechten auf das linke Bein verlagert (1).
– Es erfolgt ein explosives schnelles Dribbling (tief) vor dem Körper (1).

2

Gewicht auf das linke Bein legen! Dribbling auf der Außenseite mit der linken Hand!

– Das Körpergewicht liegt jetzt auf dem linken Bein (2).
– Das Dribbling wird jetzt mit der linken Hand auf der Außenseite weitergeführt (2).

3

Rechtes Bein geht mit langem Schritt nach vorn! Linke Hand dribbelt weiter!

– Das rechte Bein geht mit einem langen Schritt nach vorn (3).
– Die linke Hand führt das Dribbling fort (3).

2/3 Reverse Dribbling

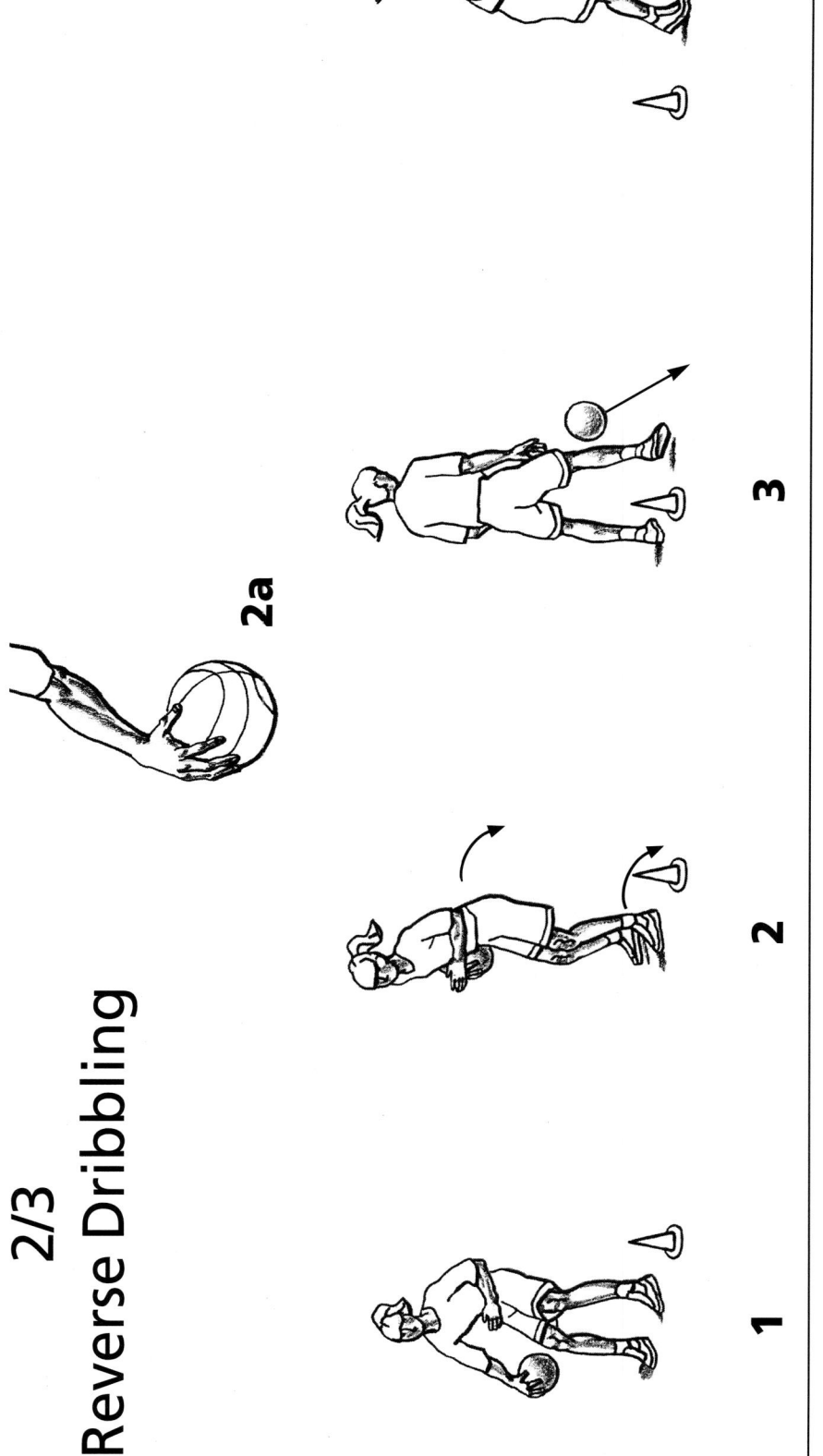

1	2	3	4
Linkes Bein nach vorn! Dem Verteidiger die linke Schulter zeigen!	**Ball wandert hinter den Körper! Blick schnell nach vorn!**	**Drehung um das vordere Bein! Dribbling mit der rechten Hand neben die rechte Fußspitze!**	**Fortsetzung der Bewegung im Linksdribbling (Außenhand)!**
– Das linke Bein nach vorn stellen, damit wird dem Verteidiger die linke Schulter gezeigt (1).	– Der Ball wird mit einem sehr hohen Dribbling hinter dem Körper entlang geführt (2). – Den Blick immer schnell nach vorn richten (2).	– Die Drehung erfolgt um das vordere Bein und das Dribbling mit der rechten Hand neben die rechte Fußspitze (2, 3).	– Die Bewegung wird mit einem Linksdribbling fortgesetzt (Außenhand führt den Ball) (3, 4).

© Als Kopiervorlage freigegeben. Ernst Klett Schulbuchverlag Leipzig GmbH, Leipzig 2000

2/4 Dribbling durch die Beine
(von rechts nach links)

Dribbling mit der rechten Hand! Blick nach vorn!	Linkes Bein geht nach vorn! Gleichzeitiges Dribbling durch die Beine nach hinten!	Linke Hand erwartet den Ball hinter dem Körper!	Rechtes Bein führt langen Schritt nach vorn aus! Die Außenhand dribbelt weiter!
1		2	3
– Das Dribbling beginnt mit der rechten Hand (1). – Der Blick ist nach vorn gerichtet (1). – Das Dribbling ist tief (1, 2). – Die Knie sind stark gebeugt (1, 2).		– Das linke Bein geht nach vorn auf den Verteidiger zu (2). – Es erfolgt ein sehr schnelles Dribbling durch die Beine nach hinten in die linke Hand (1, 2).	– Schnelles Dribbling mit der linken Hand nach vorn ausführen (3). – Anschließend erfolgt ein raumgreifendes Dribbling mit der linken Hand (3).

© Als Kopiervorlage freigegeben. Ernst Klett Schulbuchverlag Leipzig GmbH, Leipzig 2000

2/5 Parallelstopp
(aus Rechtsdribbling)

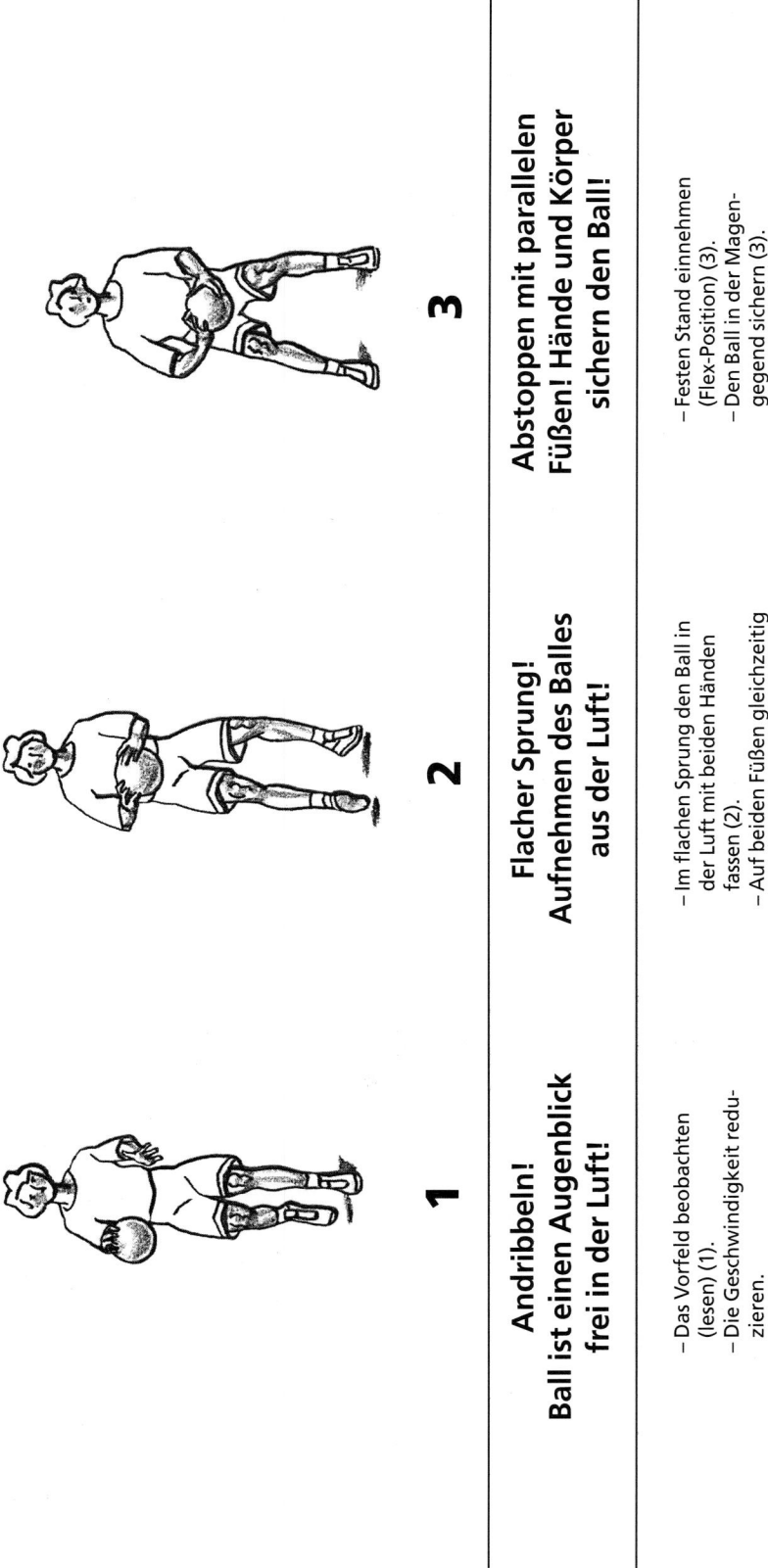

1	**2**	**3**
Andribbeln! Ball ist einen Augenblick frei in der Luft!	**Flacher Sprung!** Aufnehmen des Balles aus der Luft!	**Abstoppen mit parallelen Füßen! Hände und Körper sichern den Ball!**
– Das Vorfeld beobachten (lesen) (1). – Die Geschwindigkeit reduzieren. – Den Ball leicht nach vorn spielen.	– Im flachen Sprung den Ball in der Luft mit beiden Händen fassen (2). – Auf beiden Füßen gleichzeitig landen (3). – Den Schwung durch das Beugen der Knie abfangen (3).	– Festen Stand einnehmen (Flex-Position) (3). – Den Ball in der Magengegend sichern (3). – Die Auswahl des Spielbeines bleibt dem Spieler überlassen (großer Vorteil beim Ziehen).

© Als Kopiervorlage freigegeben. Ernst Klett Schulbuchverlag Leipzig GmbH, Leipzig 2000

2/6
Schrittstopp
(aus Links- oder Rechtsdribbling)

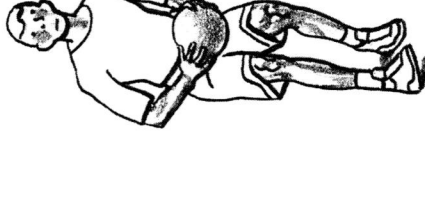

1 **2**

Füße deutlich nacheinander aufsetzen (besonders wichtig bei hohem Tempo)!	Möglichst mit dem Bein der Wurfhand vorn!
– Im flachen Sprung den Ball in beide Hände nehmen (1). (Wenn der Ball schon vorher aufgenommen wird, ist das ein Schrittfehler.) – Diesen Stopp nur bei hohem Tempo anwenden.	– Das Bein der Wurfhand sollte möglichst vorn sein, damit sofort geworfen werden kann (siehe Wurftechnik) (2). – Den Ball sichern und eine Felx-Position einnehmen (2).

2/7
Dribbling, Stopp und Sternschritt
(Kontrolle)

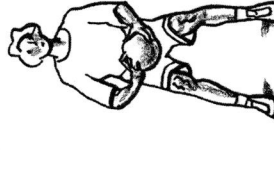

? Aufgabe 1

Ist das Dribbling mit beiden Händen gleichzeitig erlaubt?

JA ( )   NEIN ( )

? Aufgabe 2

Darf man nochmals weiterdribbeln, wenn man einmal den Ball aufgenommen hat?

JA ( )   NEIN ( )

? Aufgabe 3

Ist das tiefe Dribbling zum Dribbelsprint gut geeignet!

JA ( )   NEIN ( )

? Aufgabe 4

Setzte die fehlenden Begriffe ein!

Beim Dribbling wird der Arm ganz _____ und das Handgelenk aktiv _____. Der Ball wird nur mit den _____ berührt und nicht mit dem _____.

? Aufgabe 5

Welche Aussagen sind richtig?

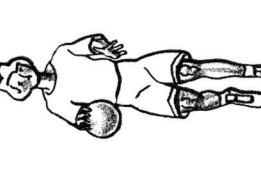

Beim Parallelstopp landen die Füße
a) fast gleichzeitig
b) nacheinander
c) ein Fuß vorn und einer hinten
d) fast nebeneinander

? Aufgabe 6

Kann man nach dem Abstoppen aus dem Schrittstopp das Standbein für einen Sternschritt frei wählen?

JA ( )   NEIN ( )

? Aufgabe 7

Beim Sternschritt schützt man den Ball indem man aus einer Flex-Position den Ball vor den Bauch hält, während die Ellenbogen den Ball schützen.

JA ( )   NEIN ( )

? Aufgabe 8

Setze die fehlenden Begriffe ein!

Um den Sternschritt auszuführen ist es wichtig, dass der Körperschwerpunkt _____ gehalten wird und die Belastung auf den _____ liegt. Nach einer Drehung um das _____ versucht man wieder eine _____ einzunehmen.

? Aufgabe 9

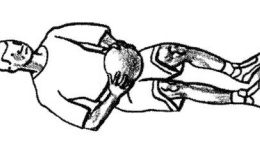 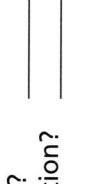

Die folgende Abbildung zeigt einen Spieler beim Sternschritt.

Welches Bein ist sein Standbein? _____
Welches Bein ist sein Spielbein? _____
Wie heißt seine Ausgangsposition? _____

? Aufgabe 10

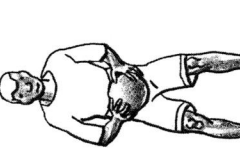

Die Abbildung oben zeigt eine Spielerin beim Abstoppen.

Welche Aussagen treffen zu?
a) Sie macht einen Schrittstopp.
b) Sie beschleunigt nochmals vor dem Abstoppen.
c) Sie macht einen flachen Sprung zur Landung.
d) Nach dem Abstoppen kann sie ihr Standbein frei wählen.

3/1
Brustpass

Stabile Position!	Körperspannung!	Schleife zur Brust! Hände mit Spannung hinter den Ball!	Arme schnell strecken!	Arme folgen dem Ball!
- Stabile Position und parallele Fußstellung einnehmen (1). - Ball in sicherer Position mit beiden Händen umschließen (1, 1a). - Die Finger sind leicht gespreizt und liegen seitlich am Ball (1, 1a).	- Aufwärtsschleife mit dem Ball (1–3). - Schleife erst zum Körper, dann am Körper aufwärts (1–3).	- Die Hände nach innen drehen (3, 3a). - Öffnen der Ellenbogen, damit die Hände mit Daumen, Zeigefinger und Mittelfinger hinter den Ball kommen (3, 3a).	- Arme werden fast völlig gestreckt (4). - Fingerspitzen der Mittelfinger und Zeigefinger verlassen als letzte den Ball (5).	- Die Handgelenke klappen aktiv nach außen (5). - Die Handrücken zeigen zueinander (5).

36

3/2
Einhandpass
(mit Verteidiger)

4	3	2	1
Arm ist fast gestreckt! Handgelenk abklappen!	Ellenbogen und Hand hinter den Ball!	Ball über die rechte Seite führen! Blick kurz zum Partner!	Täuschung nach links oder nach oben! Ausfallschritt nach rechts!	Blickkontakt zum Gegner! Ball in Magenhöhe sichern!

– So kann der Pass einhändig als direkter Pass oder Bodenpass am Verteidiger vorbei gegeben werden (4).

– Mit einem Ausfallschritt (Sternschritt) zur rechten Seite wird der Passwinkel am Verteidiger vorbei verbessert (3, 4).

– Durch eine kurze und schnelle Bewegung des Balles nach links oder oben wird versucht, den Verteidiger zu täuschen und zu einer Reaktion zur falschen Seite oder nach oben zu verleiten (2).

– Der Körper baut Spannung für eine Täuschung auf (1, 2).
– Zum Gegner muss dabei ständig Blickkontakt gehalten werden (1, 2).
– Der Ball wird in Höhe der Magengegend gesichert (1).

© Als Kopiervorlage freigegeben. Ernst Klett Schulbuchverlag Leipzig GmbH, Leipzig 2000

4/1
Ballhaltung und Wurfvorbereitung

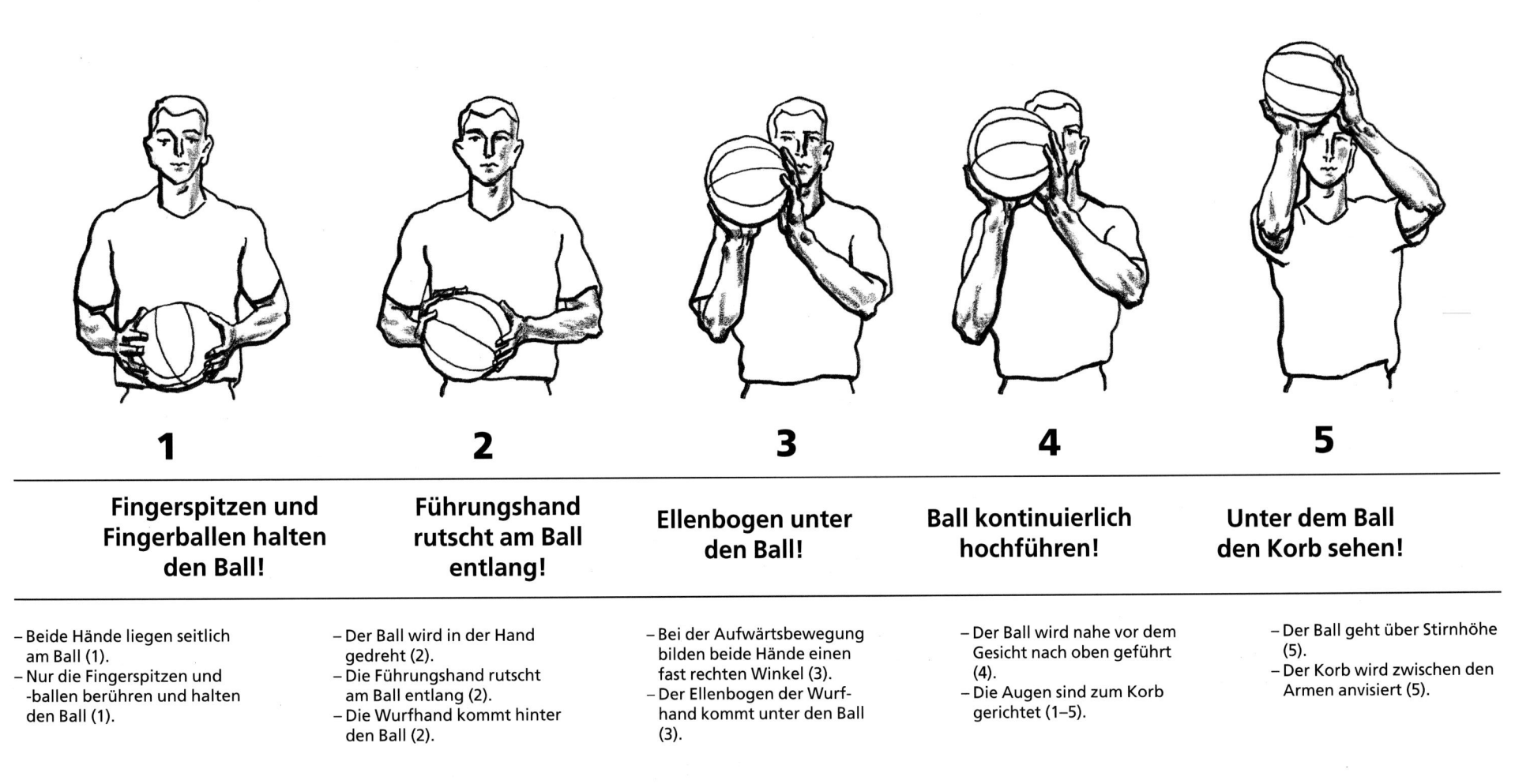

1	2	3	4	5
Fingerspitzen und Fingerballen halten den Ball!	**Führungshand rutscht am Ball entlang!**	**Ellenbogen unter den Ball!**	**Ball kontinuierlich hochführen!**	**Unter dem Ball den Korb sehen!**
– Beide Hände liegen seitlich am Ball (1). – Nur die Fingerspitzen und -ballen berühren und halten den Ball (1).	– Der Ball wird in der Hand gedreht (2). – Die Führungshand rutscht am Ball entlang (2). – Die Wurfhand kommt hinter den Ball (2).	– Bei der Aufwärtsbewegung bilden beide Hände einen fast rechten Winkel (3). – Der Ellenbogen der Wurfhand kommt unter den Ball (3).	– Der Ball wird nahe vor dem Gesicht nach oben geführt (4). – Die Augen sind zum Korb gerichtet (1–5).	– Der Ball geht über Stirnhöhe (5). – Der Korb wird zwischen den Armen anvisiert (5).

© Als Kopiervorlage freigegeben. Ernst Klett Schulbuchverlag Leipzig GmbH, Leipzig 2000

4/2 Wurfvorbereitung
(Kurvenbewegung der Hände)

1	2	3	4	2a	3a

Kurvenbewegung zur Brust und über den Kopf!	Hand hinter den Ball! Korb unter dem Ball hindurch anvisieren!	Ruhige aufrechte Körperhaltung!	Arm strecken! Handgelenk klappen!
– Kontinuierliche Kurvenbewegung des Balles (1–3). – Beim Sprungwurf erfolgt das Hochführen des Balles zuerst zum Körper und dann vom Körper weg (1–3).	– Die Hände bei der Wurfvorbereitung am Ball verschieben (2, 2a). – Der Ball wird in einer Position über dem Kopf fixiert (2).	– Der Ellenbogen der Wurfhand zeigt zum Korb (3, 3a). – Den Korb unter dem Ball hindurch anvisieren (3a). – Gezielt wird durch das »Fenster« (3, 3a).	– Abspringen und kurz vor dem höchsten Punkt den Arm zum Wurf strecken (3, 4).

© Als Kopiervorlage freigegeben. Ernst Klett Schulbuchverlag Leipzig GmbH, Leipzig 2000

4/3 Sprungwurf

1	2	3	4	5
Beine beugen!	**Aus gebeugter Haltung abspringen! Hand und Ellenbogen hinter den Ball bringen!**		**Korb unter dem Ball hindurch anvisieren!**	**Kurz vor dem höchsten Punkt werfen!**	**Senkrechte und federnde Landung!**

- Parallele Fußstellung oder der Fuß der Wurfhand ist etwas vorn (1, 2).
- Die Augen zum Korb richten (1–5).
- Die Knie beugen (1).
- Die Hände sind seitlich am Ball (1).
- Die Wurfhand unter den Ball schieben.

- Beinstreckung und Hochführen des Balles erfolgen gleichzeitig (2).
- Das Handgelenk wird schon in der Aufwärtsphase nach hinten geklappt (2, 3).

- Anvisieren des Korbes unter dem Ball hindurch (2, 3).
- Das Handgelenk wird aktiv nach hinten geklappt (2).
- Der Ball ist vor der Stirn etwas über Kopfhöhe (2, 3).

- Vor dem höchsten Punkt des Sprungs erfolgt die Armstreckung (3, 4).
- Das Handgelenk klappt kräftig nach vorn (4, 5).

- Die Landung erfolgt beidbeinig und federnd (5).

4/4
Sprungwurf
(frontal)

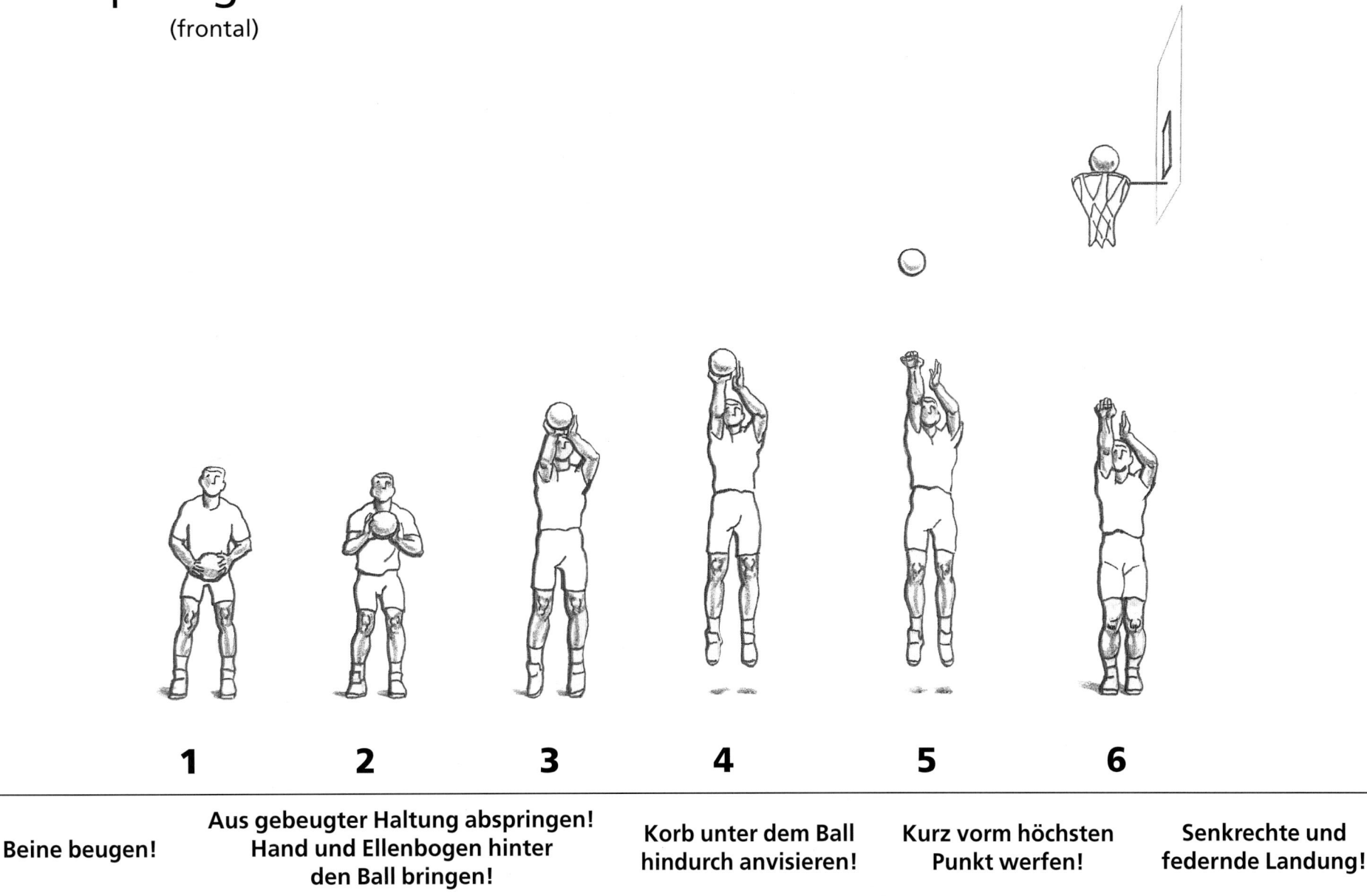

1	2	3	4	5	6
Beine beugen!	Aus gebeugter Haltung abspringen! Hand und Ellenbogen hinter den Ball bringen!		Korb unter dem Ball hindurch anvisieren!	Kurz vorm höchsten Punkt werfen!	Senkrechte und federnde Landung!

4/5 Positionswurf und Freiwurf

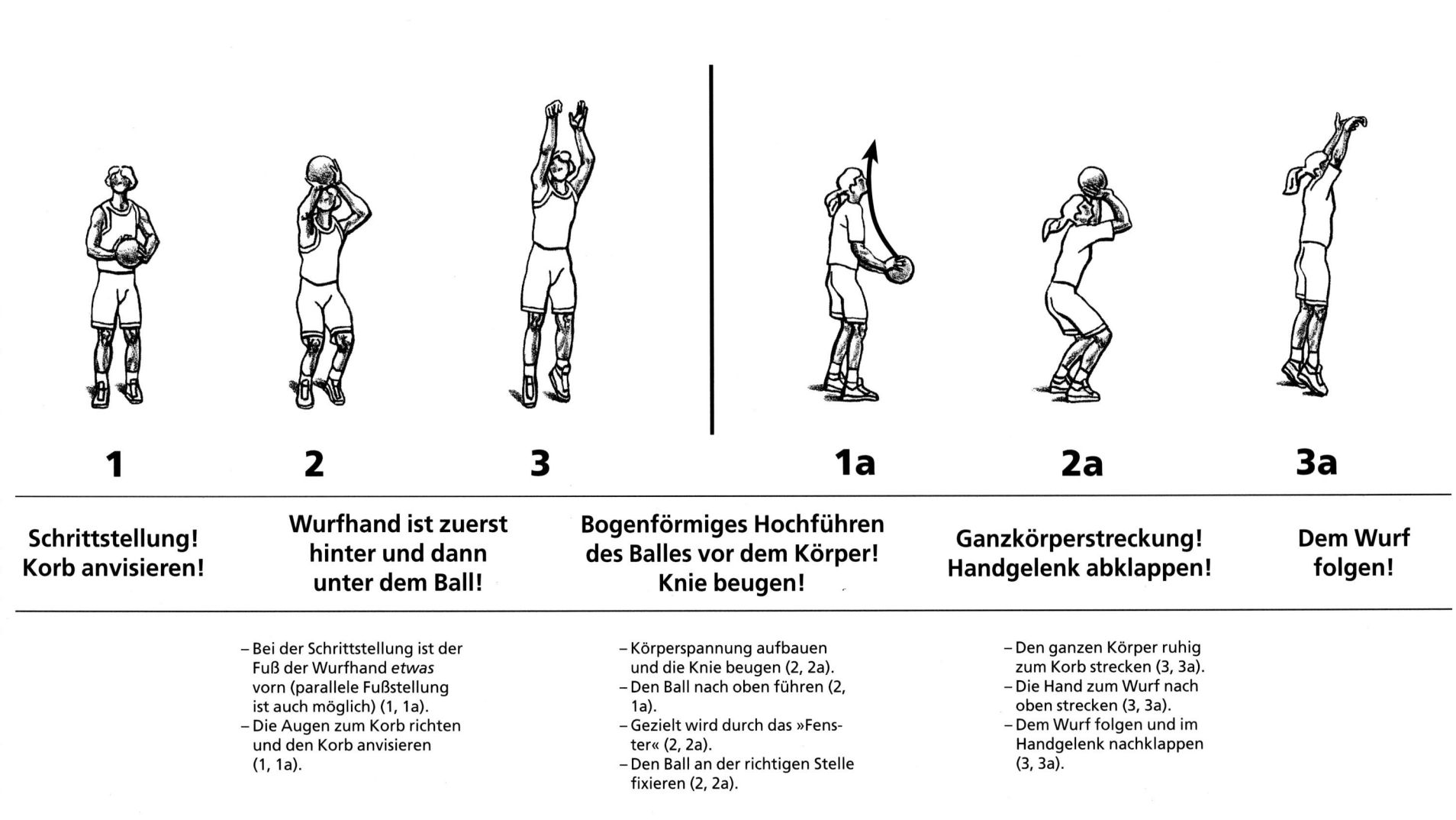

1	2	3		1a	2a	3a
Schrittstellung! Korb anvisieren!	Wurfhand ist zuerst hinter und dann unter dem Ball!		Bogenförmiges Hochführen des Balles vor dem Körper! Knie beugen!		Ganzkörperstreckung! Handgelenk abklappen!	Dem Wurf folgen!

– Bei der Schrittstellung ist der Fuß der Wurfhand etwas vorn (parallele Fußstellung ist auch möglich) (1, 1a).
– Die Augen zum Korb richten und den Korb anvisieren (1, 1a).

– Körperspannung aufbauen und die Knie beugen (2, 2a).
– Den Ball nach oben führen (2, 1a).
– Gezielt wird durch das »Fenster« (2, 2a).
– Den Ball an der richtigen Stelle fixieren (2, 2a).

– Den ganzen Körper ruhig zum Korb strecken (3, 3a).
– Die Hand zum Wurf nach oben strecken (3, 3a).
– Dem Wurf folgen und im Handgelenk nachklappen (3, 3a).

4/6 Korbleger über Kopf

6	5	4	3	2	1
Mit Brett abschließen! Handgelenk abklappen!	Ball über den Kopf führen!	Kurzer dritter Schritt mit links!	Großer, flacher zweiter Schritt mit rechts! Ball in Magengegend sichern!	Langer Schritt mit links!	Sofort Dribbling einleiten!
– Vor dem höchsten Punkt erfolgt die Armstreckung (6). – Ball gegen das Brett, in die obere rechte Ecke spielen (6). – Das Handgelenk wird nach vorn geklappt (5, 6). – Mit beiden Füßen weich und federnd landen (nicht dargestellt). – Den Ball beobachten bis er in den Ring fällt.	– Das Schwungbein hochziehen (5). – Die Wurfhand wird unter dem Ball zurückgeklappt (5).	– Mit dem linken Bein einen kürzeren Schritt ausführen (4). – Den Ball in der Magengegend sichern (3, 4). – Den Korb anvisieren (4–6). – Stemmschritt mit dem linken Bein durch das Aufsetzen der Hacke ausführen (4).	– Den Ball außen führen und sichern (3). – Zum Korb schauen (4). – Langen Schritt mit dem rechten Bein anschließen (3).	– Langen Schritt mit dem linken Bein (2). – Dribbling neben der linken Fußspitze (2).	– Gewichtsverlagerung nach vorn und die linke Schulter vorbringen (1). – Dem Dribbelansatz darf keine Ausholbewegung vorangehen (1). – Der Ellenbogen der Dribbelhand ist hinter dem Ball (1).

© Als Kopiervorlage freigegeben. Ernst Klett Schulbuchverlag Leipzig GmbH, Leipzig 2000

4/7
Korbleger Unterhand

Ball weich über die Finger rollen lassen!	Explosiv vom Boden abdrücken!	Kurzer dritter Schritt mit links!	Großer, flacher zweiter Schritt mit rechts! Ball in Magengegend sichern!	Langer Schritt mit links!	Sofort Dribbling einleiten!
– Mit fast gestrecktem Arm den Ball über die Fingerspitzen rollen lassen (6). – Der Ball wird direkt in den Korb »gelegt« (6). – Mit beiden Füßen weich und federnd landen (nicht dargestellt). – Den Ball beobachten bis er in den Ring fällt.	– Das Schwungbein hochziehen (5). – Die Wurfhand mit auswärts gedrehtem (supiniertem) Handgelenk unter den Ball bringen (5).	– Mit dem linken Bein einen kürzeren Schritt ausführen (4). – Den Ball in der Magengegend sichern (3, 4). – Den Korb anvisieren (4, 5). – Stemmschritt mit dem linken Bein durch das Aufsetzen der Hacke ausführen (4).	– Den Ball außen führen und sichern (3, 4). – Zum Korb schauen (4–6). – Langen Schritt mit dem rechten Bein anschließen (3).	– Gewichtsverlagerung nach vorn und die linke Schulter vorbringen (1). – Dem Dribbelansatz darf keine Ausholbewegung voran gehen (1). – Der Ellenbogen der Dribbelhand ist hinter dem Ball (1). – Langen Schritt mit dem linken Bein ausführen (2). – Dribbling erfolgt neben der linken Fußspitze (2).	Hinweis: Der Anlauf zum Unterhandkorbleger wird im Gegensatz zum Korbleger über Kopf aus größerer Entfernung vom Korb begonnen.

© Als Kopiervorlage freigegeben. Ernst Klett Schulbuchverlag Leipzig GmbH, Leipzig 2000

4/8
Babyhook

1	2	3	4	5
Stabile Beinstellung! Ball in Magenhöhe! Blick nach außen und innen!	Langer Schritt mit links! Dribbling zwischen den Beinen mit rechts!	Standbein heranziehen! Linke Schulter zeigt zum Korb! Ball auf der Außenseite hochführen!	Hand unter und hinter den Ball! Absprung!	Armstreckung! Wurf aus dem Handgelenk!
– Eine stabile *Flex-Position* einnehmen (1).	– Der Körperschwerpunkt bleibt beim Dribbling tief (2). – Die Arme beim Dribbling strecken (2). – Der Ball wird schnell und fest gedribbelt (2).	– Den Ball an der rechten Außenseite des Körpers sichern und anschließend hochführen (3, 4).	– Den Ball an der rechten Seite bis über Kopfniveau anheben (4).	– Die Armstreckung und der Abwurf des Balles erfolgt in der aufsteigenden Phase (5).

© Als Kopiervorlage freigegeben. Ernst Klett Schulbuchverlag Leipzig GmbH, Leipzig 2000

4/9
Der Wurf
(Korrektur)

❓ Aufgabe

Organisationsvorschlag:
Bildet Dreiergruppen und führt folgende Übung durch:

A wirft aus ca. 3 Meter Entfernung auf den Korb. B holt den Rebound und spielt ihm den Ball wieder zurück. A macht insgesamt 10 Würfe. C beobachtet die Würfe von A und korrigiert eventuell einzelne Merkmale. Nach 10 Würfen wird gewechselt. Spielt im ersten Durchgang Positionswürfe und im zweiten Durchgang Sprungwürfe.

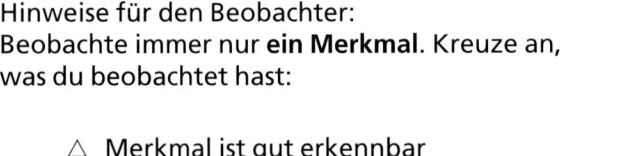

Hinweise für den Beobachter:
Beobachte immer nur **ein Merkmal**. Kreuze an, was du beobachtet hast:

◁ Merkmal ist gut erkennbar
☐ Merkmal ist ansatzweise erkennbar
▷ Merkmal ist nicht erkennbar

Beobachte den Werfer und gib ihm **ein oder zwei Hinweise**, die deiner Meinung nach besonders wichtig sind.

Hast du außer den Merkmalen a) bis d) sonst noch etwas Wichtiges beobachtet?

_____

a) Steht der Werfer in einer Flex-Position? ◁ ☐ ▷

Ist genügend Vorspannung bei der Wurfvorbereitung? ◁ ☐ ▷

b) Wird der Ball zum Kopf hochgeführt? ◁ ☐ ▷

Rutscht die Wurfhand hinter den Ball? ◁ ☐ ▷

Ist der Ellenbogen der Wurfhand unter dem Ball? ◁ ☐ ▷

Wird der Korb unter dem Ball durch anvisiert? ◁ ☐ ▷

c) Hat der Werfer eine ruhige aufrechte Körperhaltung? ◁ ☐ ▷

Wird der Arm beim Wurf ganz durchgedrückt? ◁ ☐ ▷

Wird das Handgelenk beim Wurf abgeklappt? ◁ ☐ ▷

Ist der letzte Berührungspunkt des Balles die Fingerspitze? ◁ ☐ ▷

Hat der Ball genügend Drall (Rotation)? ◁ ☐ ▷

d) Ist der Abwurf kurz vor dem höchsten Punkt? ◁ ☐ ▷

Erfolgt die Landung beidbeinig und federnd? ◁ ☐ ▷

4/10
Der Wurf
(Kontrolle)

1 **2** **3** **4** **5** **6**

? Aufgabe 1

Füge in den Lückentext die korrekten Wörter ein!

1. Handgelenk, 2. Wurfhand, 3. Fenster, 4. Fingerspitzen, 5. Flex-Position, 6. Ellenbogen

Zur Wurfvorbereitung wird eine _____ eingenommen. Der Ball wird zum Kopf hochgeführt, wobei die _____ hinter den Ball rutscht. Der _____ ist unter dem Ball und zeigt zum Korb. Der Korb wird vom _____ unter dem Ball und Wurf ganz durchgedrückt und das _____ dabei abgeklappt. Die _____ berühren als letztes den Ball und geben ihm genügend Drall.

? Aufgabe 2

Der Auftakt zum 2er-Kontakt und Korbleger mit rechter Hand wird durch gleichzeitiges Dribbling und langen Schritt des linken Beins eingeleitet?

JA ( )   NEIN ( )

? Aufgabe 3

Nummeriere die Abbildungen 1 bis 6 in der richtigen Reihenfolge!

c) werden nur vom Aufbauspieler genutzt.
d) können links wie rechts erfolgen.

? Aufgabe 4

Nummeriere die folgenden Phasen in der richtigen Reihenfolge von 1 bis 6!

____ Ball über dem Kopf führen
____ kurzer dritter Schritt mit links
____ Dribbling einleiten
____ langer Schritt mit rechts
____ mit Brett Abschließen
____ großer flacher Schritt links

? Aufgabe 5

Welche Aussagen sind richtig?

Der Korbleger über Kopf und Unterhand…
a) sind beides Weitdistanzwürfe.
b) werden in der Bewegung zum Kopf ausgeführt.

? Aufgabe 6

Die Rotation des Balls beim Wurf kommt von dem Abklappen des Handgelenks in der Endphase des Wurfs.

JA ( )   NEIN ( )

? Aufgabe 7

Was erfolgt in der Endphase beim Sprungwurf?

a) eine weiche Landung
b) zurücklaufen in die Verteidigung
c) ein Offensivreboundversuch
d) Blickkontakt mit dem Korb

? Aufgabe 8

Ist es beim Korbleger erlaubt, stehende Verteidiger nach dem Abwurf des Balls umzurennen?

JA ( )   NEIN ( )

© Als Kopiervorlage freigegeben. Ernst Klett Schulbuchverlag Leipzig GmbH, Leipzig 2000

5/1 Verteidigerstellung
(Schneiden unter dem Korb)

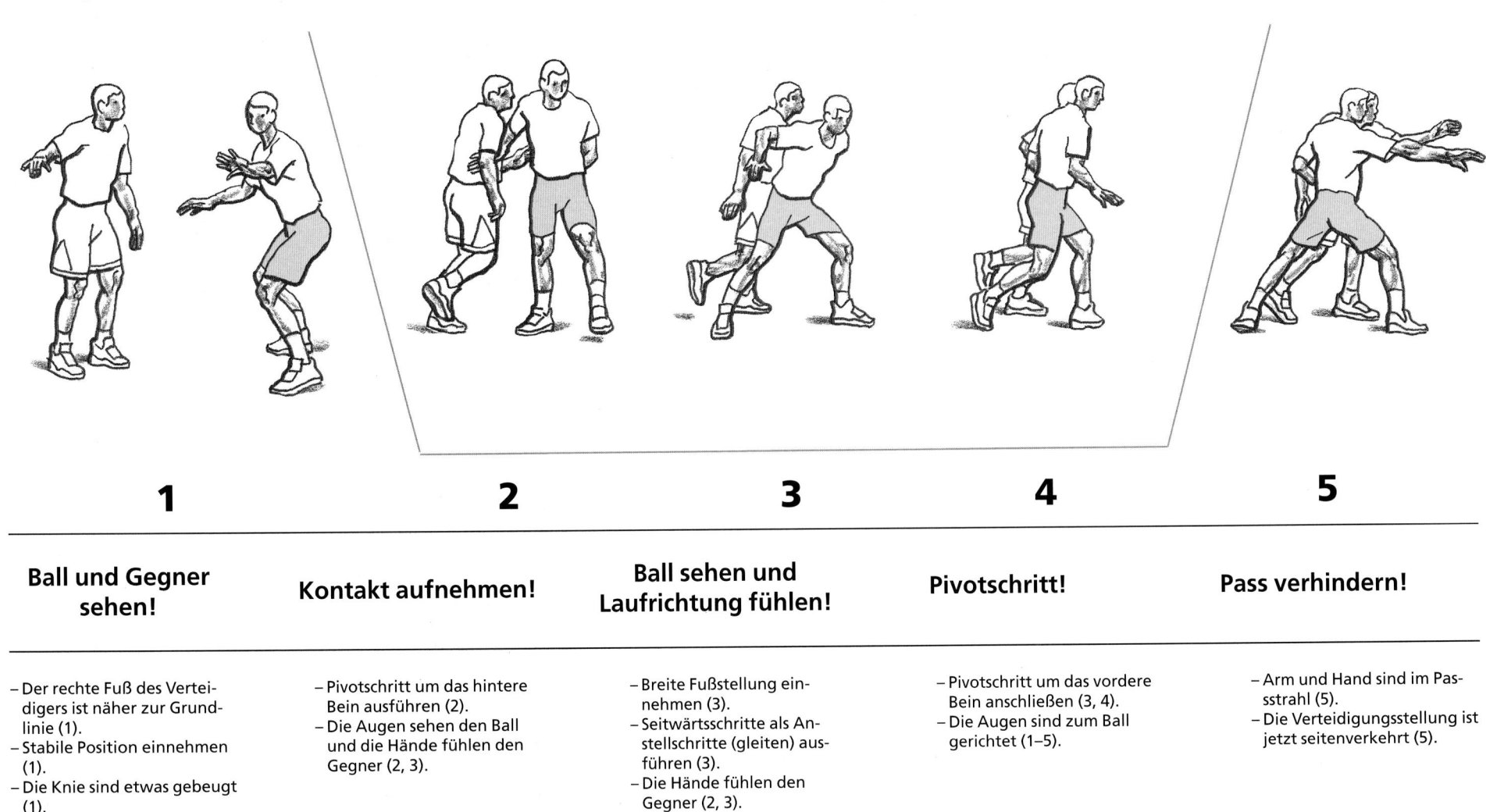

1	2	3	4	5
Ball und Gegner sehen!	**Kontakt aufnehmen!**	**Ball sehen und Laufrichtung fühlen!**	**Pivotschritt!**	**Pass verhindern!**
– Der rechte Fuß des Verteidigers ist näher zur Grundlinie (1). – Stabile Position einnehmen (1). – Die Knie sind etwas gebeugt (1). – Der linke Arm befindet sich im Passstrahl (1). – Die Augen sehen Ball und Gegner (1).	– Pivotschritt um das hintere Bein ausführen (2). – Die Augen sehen den Ball und die Hände fühlen den Gegner (2, 3).	– Breite Fußstellung einnehmen (3). – Seitwärtsschritte als Anstellschritte (gleiten) ausführen (3). – Die Hände fühlen den Gegner (2, 3).	– Pivotschritt um das vordere Bein anschließen (3, 4). – Die Augen sind zum Ball gerichtet (1–5).	– Arm und Hand sind im Passstrahl (5). – Die Verteidigungsstellung ist jetzt seitenverkehrt (5).

5/2
Defensiver Rebound
(Strong Side)

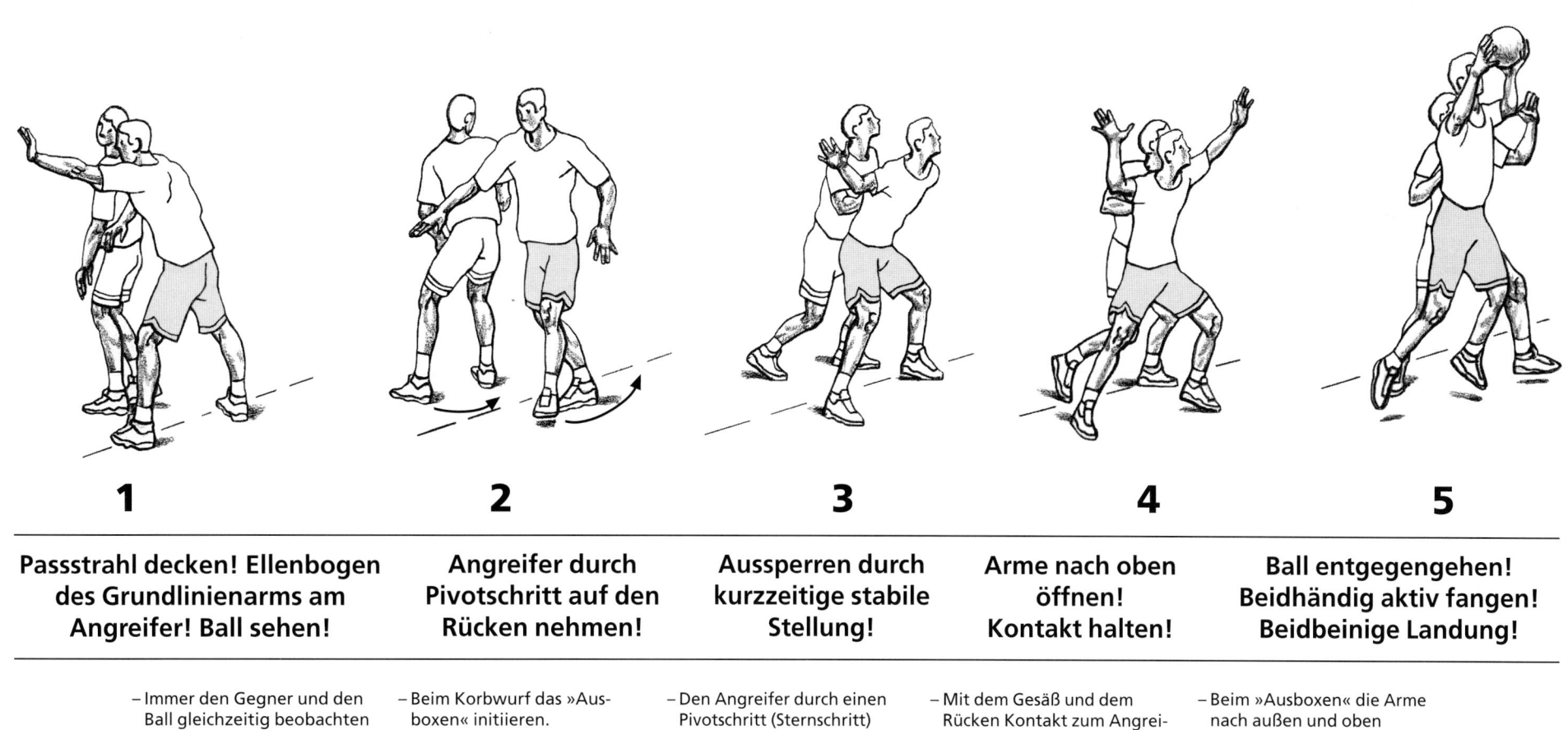

1	2	3	4	5
Passstrahl decken! Ellenbogen des Grundlinienarms am Angreifer! Ball sehen!	Angreifer durch Pivotschritt auf den Rücken nehmen!	Aussperren durch kurzzeitige stabile Stellung!	Arme nach oben öffnen! Kontakt halten!	Ball entgegengehen! Beidhändig aktiv fangen! Beidbeinige Landung!
– Immer den Gegner und den Ball gleichzeitig beobachten (1–3). – Mit dem Unterarm Kontakt zum Angreifer halten (1–3). – Immer in den Passstrahl des Angreifers gehen.	– Beim Korbwurf das »Ausboxen« initiieren.	– Den Angreifer durch einen Pivotschritt (Sternschritt) »auf den Rücken nehmen« (2, 3).	– Mit dem Gesäß und dem Rücken Kontakt zum Angreifer halten und den Angreifer nicht in Korbnähe kommen lassen (3, 4).	– Beim »Ausboxen« die Arme nach außen und oben strecken (4). – Dem Ball entgegenspringen, ihn fangen und in einer stabilen Position landen (5).

© Als Kopiervorlage freigegeben. Ernst Klett Schulbuchverlag Leipzig GmbH, Leipzig 2000

5/3
Defensiver Rebound
(Weak Side)

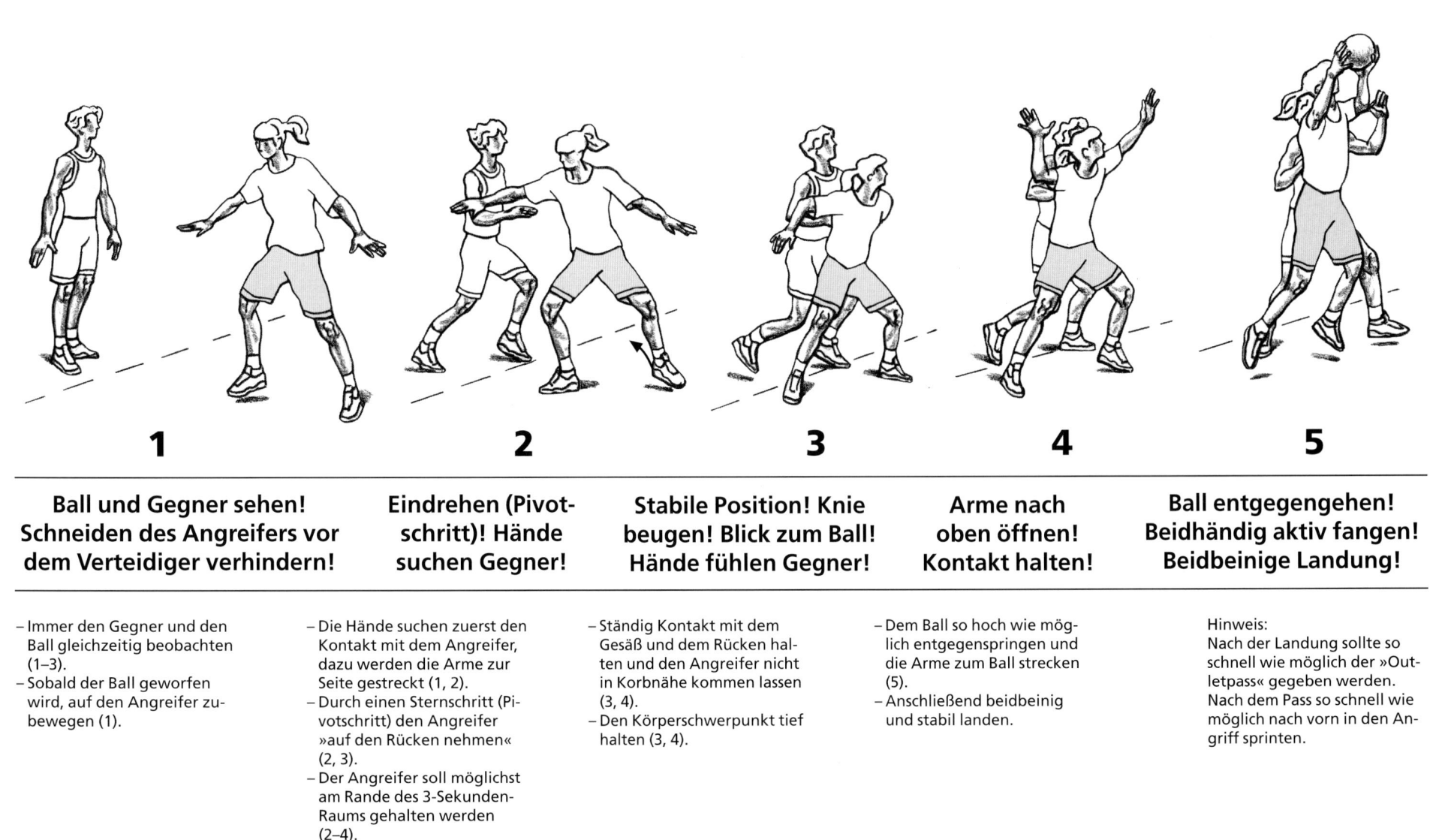

1	2	3	4	5
Ball und Gegner sehen! Schneiden des Angreifers vor dem Verteidiger verhindern!	Eindrehen (Pivotschritt)! Hände suchen Gegner!	Stabile Position! Knie beugen! Blick zum Ball! Hände fühlen Gegner!	Arme nach oben öffnen! Kontakt halten!	Ball entgegengehen! Beidhändig aktiv fangen! Beidbeinige Landung!
– Immer den Gegner und den Ball gleichzeitig beobachten (1–3). – Sobald der Ball geworfen wird, auf den Angreifer zubewegen (1).	– Die Hände suchen zuerst den Kontakt mit dem Angreifer, dazu werden die Arme zur Seite gestreckt (1, 2). – Durch einen Sternschritt (Pivotschritt) den Angreifer »auf den Rücken nehmen« (2, 3). – Der Angreifer soll möglichst am Rande des 3-Sekunden-Raums gehalten werden (2–4).	– Ständig Kontakt mit dem Gesäß und dem Rücken halten und den Angreifer nicht in Korbnähe kommen lassen (3, 4). – Den Körperschwerpunkt tief halten (3, 4).	– Dem Ball so hoch wie möglich entgegenspringen und die Arme zum Ball strecken (5). – Anschließend beidbeinig und stabil landen.	Hinweis: Nach der Landung sollte so schnell wie möglich der »Outletpass« gegeben werden. Nach dem Pass so schnell wie möglich nach vorn in den Angriff sprinten.

5/4
Centerverteidigung
(Low Post)

1

2

3

Deckung von der Innenseite!

Deckung von der Grundlinie!

Deckung von vorn (frontal)!

– Der Verteidiger muss eng am Angreifer stehen (1).
– Die linke Hand des Verteidigers ist im Rücken des Angreifers und seine rechte Hand auf dem Passstrahl (1).
– Der Verteidiger muss für einen Wechsel vor den Angreifer bereit sein. Dazu stellt er den rechten Fuß quer vor den Angreifer (1).

– Der Verteidiger muss eng am Angreifer stehen (2).
– Der Verteidiger hat die rechte Hand im Rücken des Angreifers und die linke Hand auf dem Passstrahl (2).
– Der Verteidiger muss für einen Wechsel vor den Angreifer bereit sein. Dazu stellt er den linken Fuß quer vor den Angreifer (2).

– Der Verteidiger muss engen Kontakt zum Angreifer mit dem Gesäß und der rechten Hand halten (3).
– Der Verteidiger muss einen oder auch beide Arme hochnehmen, um einen hohen Pass zu stören (3).

© Als Kopiervorlage freigegeben. Ernst Klett Schulbuchverlag Leipzig GmbH, Leipzig 2000

5/5
Verteidigung
(Kontrolle)

1	2	3	4	5

❓ Aufgabe 1

Füge in den Lückentext die korrekten Wörter ein!

1. Beinen, 2. Gleitschritten, 3. Körperschwerpunkt, 4. Hände, 5. Handflächen, 6. Oberkörper

In der Verteidigungsgrundstellung wird der _____ niedrig und zwischen den _____ gehalten. Der _____ ist immer aufrecht, und der Verteidiger versucht sich immer mit _____ zu bewegen. Die _____ zeigen nach oben und beide attackieren den Ball.

❓ Aufgabe 2

Wenn sich der Verteidiger am Dribbler mit Gleitschritten in der Rückwärtsbewegung befindet, ist es wichtig, die Beine nicht zu kreuzen und immer mit der vorderen Hand den Ball zu bedrohen!

JA ( )   NEIN ( )

❓ Aufgabe 3

Nummeriere die Abbildungen 1 bis 5 in der richtigen Reihenfolge!

❓ Aufgabe 4

Nummeriere die folgenden Phasen in der richtigen Reihenfolge von 1 bis 5!

_____ Kontakt aufnehmen

_____ Pivotschritt

_____ Pass verhindern

_____ Ball und Gegner sehen

_____ Ball sehen und Laufrichtung fühlen

❓ Aufgabe 5

Welche Aussagen sind richtig?

a) Versuche immer Ball und Mann zu sehen!
b) Kontakt zum Angreifer ist nicht erlaubt!
c) Versuche immer eine Hand im Passstrahl zu halten!
d) Halte den Angreifer fest, wenn er schnell zum Korb schneidet!

❓ Aufgabe 6

Beim Defensivrebound auf der Ballseite nimmt man den Angreifer durch einen Pivotschritt auf den Rücken, sperrt ihn aus und springt dann dem Ball entgegen!

JA ( )   NEIN ( )

❓ Aufgabe 7

Welche Aussagen sind zum Defensivrebound auf der Weak Side richtig?

a) Laufe so schnell wie möglich zum Korb und erspringe den Ball!
b) Verhindere ein Schneiden des Angreifers vor dem Verteidiger!
c) Arme nach oben führen und Kontakt zum Angreifer mit dem Rücken halten!
d) Halte den Angreifer mit einer Hand fest und springe dann zum Ball!

❓ Aufgabe 8

Bei der Centerverteidigung (Ball beim Flügelspieler) steht man immer zwischen Angreifer und Korb!

JA ( )   NEIN ( )

© Als Kopiervorlage freigegeben. Ernst Klett Schulbuchverlag Leipzig GmbH, Leipzig 2000

6/1
Freimachen
(Flügelposition)

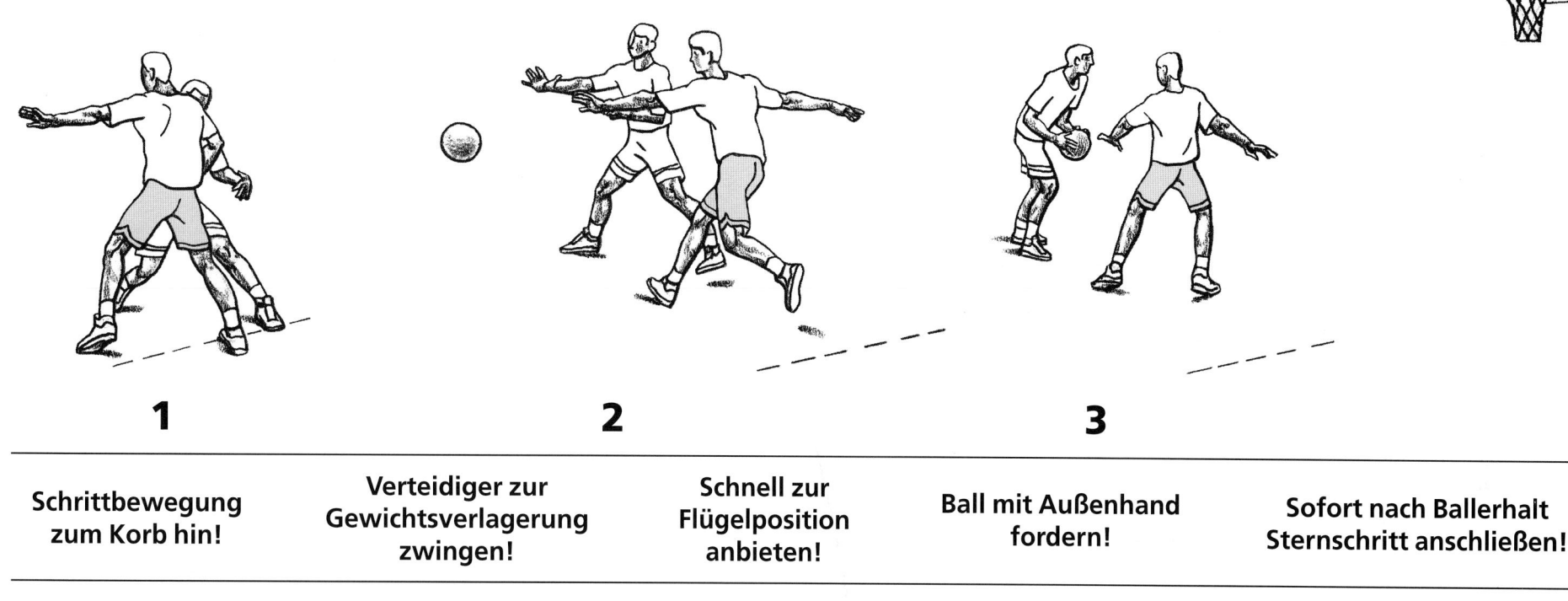

1	2	3
Schrittbewegung zum Korb hin!	**Verteidiger zur Gewichtsverlagerung zwingen!**	**Schnell zur Flügelposition anbieten!**

– Mit dem linken Bein erfolgt ein Schritt zum Korb (1). – Durch dieses Anbieten zum Korb hin wird der Verteidiger gebunden (1).	– Der Verteidiger reagiert und verlagert sein Gewicht auf das rechte Bein zum Korb (1). (Wenn der Verteidiger nicht reagieren sollte, ist der Angreifer am Korb frei und kann angespielt werden.)	– Explosiv nach außen zur Flügelspielerposition abstoßen und anbieten (2). – Mit der Außenhand ein Ziel für das Anspiel anbieten (2).

Ball mit Außenhand fordern!

– Pass mit der Außenhand annehmen und am Körper in Höhe der Magengegend sichern (3).
– Sofort nach der Ballannahme einen Sternschritt anschließen und in die Flex-Position gehen.

Sofort nach Ballerhalt Sternschritt anschließen!

Hinweis:
Der Sternschritt muss so ausgeführt werden, dass der Angreifer stets werfen, passen und ziehen kann.
Wenn der Verteidiger weit weg ist, dann ist der Sternschritt zum Verteidiger (nach innen) auszuführen. Ist der Verteidiger sehr nah, dann erfolgt der Sternschritt weg vom Verteidiger (nach außen).

6/2
Flügelbackdoor

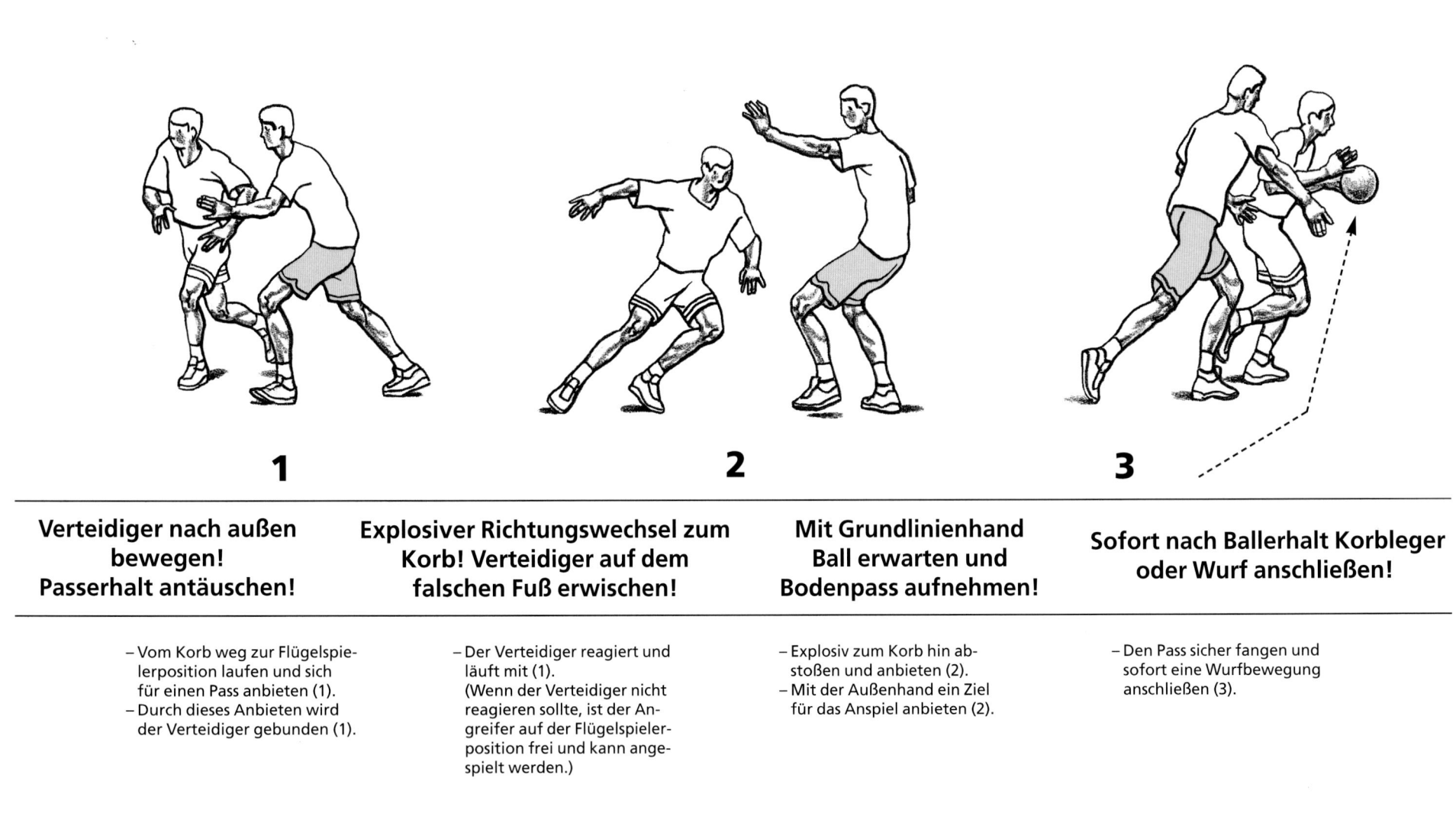

1

Verteidiger nach außen bewegen! Passerhalt antäuschen!

– Vom Korb weg zur Flügelspielerposition laufen und sich für einen Pass anbieten (1).
– Durch dieses Anbieten wird der Verteidiger gebunden (1).

2

Explosiver Richtungswechsel zum Korb! Verteidiger auf dem falschen Fuß erwischen!

– Der Verteidiger reagiert und läuft mit (1).
(Wenn der Verteidiger nicht reagieren sollte, ist der Angreifer auf der Flügelspielerposition frei und kann angespielt werden.)

Mit Grundlinienhand Ball erwarten und Bodenpass aufnehmen!

– Explosiv zum Korb hin abstoßen und anbieten (2).
– Mit der Außenhand ein Ziel für das Anspiel anbieten (2).

3

Sofort nach Ballerhalt Korbleger oder Wurf anschließen!

– Den Pass sicher fangen und sofort eine Wurfbewegung anschließen (3).

© Als Kopiervorlage freigegeben. Ernst Klett Schulbuchverlag Leipzig GmbH, Leipzig 2000

6/3 Durchbruch nach Wurffinte

1	2	3
Stabile Position mit tiefem Körperschwerpunkt einnehmen!	**Leichtes Aufrichten! Wurf antäuschen!**	**Schnell und geradlinig zum Korb ziehen!**
– Den Ball in der Magengegend sichern (1). – Die Augen sind zum direkten Gegner gerichtet (1).	– Die Augen sehen zum Korb (2). – Es folgt ein leichtes Aufrichten in Knien und Oberkörper (2). – Den Ball etwas nach oben führen (2). – Dabei wird ein Wurf angetäuscht, um den Gegner zum Aufrichten zu bringen (2). – Die Füße bleiben stabil (1, 2).	– Der Antritt erfolgt mit dem linken Bein beim Dribbling mit der rechten Hand (3). – Der erste Schritt ist möglichst lang (3). – Das Dribbling erfolgt rechts neben der linken Fußspitze (3).	Hinweis: Das Ziehen ist auch zur anderen Seite mit der linken Hand möglich.

© Als Kopiervorlage freigegeben. Ernst Klett Schulbuchverlag Leipzig GmbH, Leipzig 2000

6/4
Durchbruchfinte

1 Stabile Position mit tiefem Körperschwerpunkt einnehmen!

2 Bewegung nach links vortäuschen!

3 Schnell und geradlinig nach rechts zum Korb ziehen!

Ball rechts vom Körper sichern!

– Aus stabiler Position erfolgt ein kleiner Schritt mit dem linken Bein zum Korb hin (1).

– Sofort nach dem Bodenkontakt des linken Fußes folgt ein langer Schritt mit dem linken Fuß vor dem Körper kreuzend (2).
– Im gleichen Moment erfolgt das Dribbling mit der rechten Hand neben die linke Fußspitze (2).

– Der Ball wird rechts vom Körper durch die Arme und den Oberkörper gesichert (3).

6/5
Durchbruchfinte
(gegen Verteidiger)

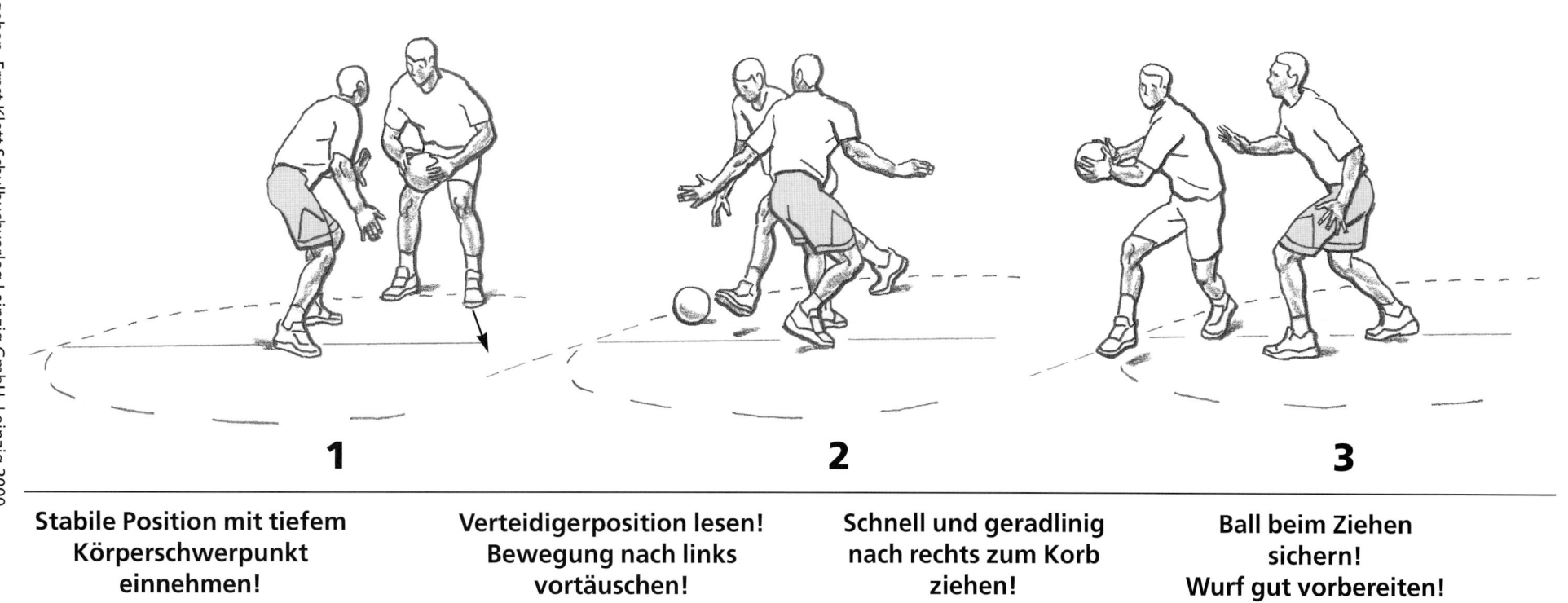

1	2	3
Stabile Position mit tiefem Körperschwerpunkt einnehmen!	**Verteidigerposition lesen! Bewegung nach links vortäuschen!**	**Ball beim Ziehen sichern! Wurf gut vorbereiten!**
– Der Ball wird in gesicherter Position gehalten (1). – Die Verteidigungshaltung des Gegners deuten (»Verteidigung lesen!«) (1). – Den Abstand zum Verteidiger einschätzen (groß = werfen, klein = ziehen) (1).	– An der schwachen Seite des Verteidigers mit einem langen Schritt eng vorbeiziehen (schwache Seite = Seite des vorderen Beines) (2).	– Nach einem Dribbling den Ball aufnehmen (3). – Den Ball beim Ziehen vor dem Verteidiger sichern (3). – Die Augen zum Korb richten und einen Abschluss suchen (3).

© Als Kopiervorlage freigegeben. Ernst Klett Schulbuchverlag Leipzig GmbH, Leipzig 2000

6/6
Ziehen zum Korb
(Nutzen der schwachen Seite)

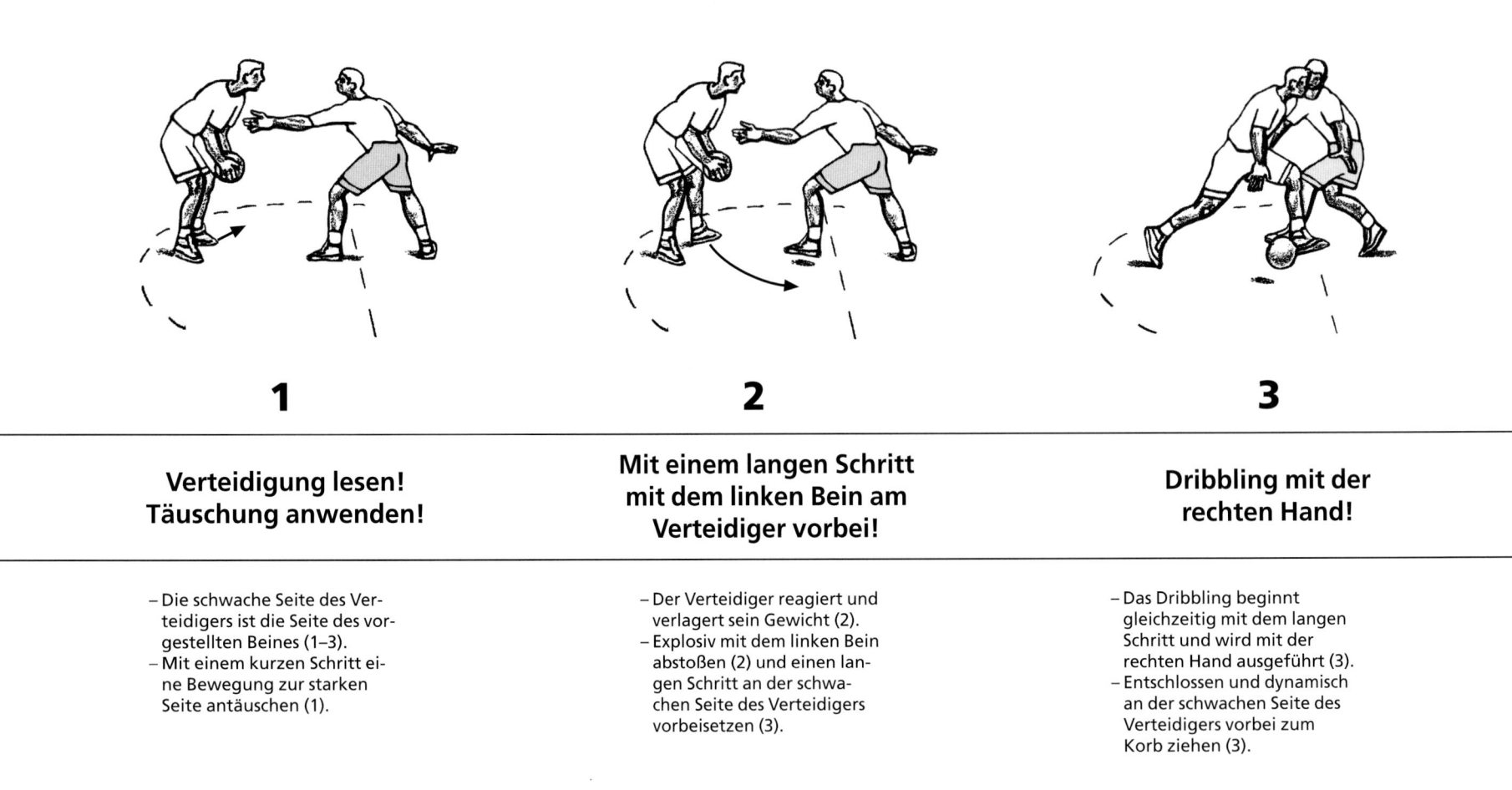

1

**Verteidigung lesen!
Täuschung anwenden!**

- Die schwache Seite des Verteidigers ist die Seite des vorgestellten Beines (1–3).
- Mit einem kurzen Schritt eine Bewegung zur starken Seite antäuschen (1).

2

Mit einem langen Schritt mit dem linken Bein am Verteidiger vorbei!

- Der Verteidiger reagiert und verlagert sein Gewicht (2).
- Explosiv mit dem linken Bein abstoßen (2) und einen langen Schritt an der schwachen Seite des Verteidigers vorbeisetzen (3).

3

Dribbling mit der rechten Hand!

- Das Dribbling beginnt gleichzeitig mit dem langen Schritt und wird mit der rechten Hand ausgeführt (3).
- Entschlossen und dynamisch an der schwachen Seite des Verteidigers vorbei zum Korb ziehen (3).

© Als Kopiervorlage freigegeben. Ernst Klett Schulbuchverlag Leipzig GmbH, Leipzig 2000

6/7
Freimachen und Ziehen
(Kontrolle)

❓ Aufgabe 1

Zum Freimachen auf der Flügelposition führe ich eine Schrittbewegung zum Korb hin aus, drücke dann explosiv zur Flügelposition hin ab und zeige ein Ziel für ein Zuspiel mit der Außenhand an.

JA ( )   NEIN ( )

❓ Aufgabe 2

Zum Freimachen auf der Flügelposition drücke ich die Hand des Verteidigers nach unten, wenn er diese in den Passstrahl hält. Somit bin ich frei für ein Zuspiel.

JA ( )   NEIN ( )

❓ Aufgabe 3

Wie nennt man die Schneidebewegung im Rücken des Flügelverteidigers in Richtung Korb?

❓ Aufgabe 4

Beim Dribbling zur rechten Seite erfolgt das Dribbling neben die linke Fußspitze.

JA ( )   NEIN ( )

❓ Aufgabe 5

Welche Aussagen sind richtig?

Zum Durchbruch nach einer Wurffinte

a) ist der Körperschwerpunkt hoch.
b) wird der Körperschwerpunkt durch leichtes Aufrichten angehoben.
c) wird der Ball etwas nach oben geführt.
d) wird der Ball als Täuschung über den Kopf geführt.

❓ Aufgabe 6

Bei einer Durchbruchfinte bleibt der Körperschwerpunkt tief und es wird durch einen großen Schritt der Verteidiger zu einer Seite getäuscht.

JA ( )   NEIN ( )

❓ Aufgabe 7

Die Abbildung rechts zeigt einen Angreifer beim Freimachen.

Welche Aussagen treffen zu?

a) Der Angreifer drängt den Verteidiger weg, um sich zu befreien.
b) Durch eine Schrittbewegung zum Korb und explosivem Abdrücken nach außen befreit sich der Angreifer.
c) Der Angreifer zeigt ein Ziel für ein Zuspiel mit der Innenhand.
d) Nach dem Ballerhalt dreht der Angreifer sofort zum Korb (Facing).

❓ Aufgabe 8

Die Abbildung oben zeigt einen Spieler beim Durchbruch.

Welche Aussagen treffen zu?

a) Nach einer Wurffinte zieht der Angreifer zum Korb.
b) Der Angreifer nutzt die schwache Seite des Verteidigers.
c) Der Angreifer dribbelt weit am Verteidiger vorbei zum Korb.
d) Nach einer Durchbruchfinte zieht der Angreifer zum Korb.

6/8 Sternschritt-auflösung

1 Dribbling mit der Außenhand! Blick nach vorn!

- So hart wie möglich zum Korb ziehen (1).
- Das Dribbling erfolgt mit der Außenhand (1).
- Der Blick ist stets nach vorn zum Korb bzw. Verteidiger gerichtet (1–4).

2 Parallelstopp! Wurfhaltung wie beim Sprungwurf! Wurffinte!

- Mit einem Parallelstopp abstoppen, um einen Sprungwurf anzutäuschen (2).

3 Langer Kreuzschritt! Durchtauchen!

- Mit dem rechten Bein einen langen Kreuzschritt ausführen (3).
- Dabei an der rechten Seite des Verteidigers vorbei durchtauchen (3).
- Den Ball beim Durchtauchen vor dem Verteidiger sichern (3).

4 Beidbeiniger Absprung! Wurfhaltung wie beim Sprungwurf!

- Der Absprung erfolgt wie beim Sprungwurf von beiden Beinen (3–4).
- Im Unterschied zum Sprungwurf wird versucht, schräg zum Korb nach oben abzuspringen (4).

© Als Kopiervorlage freigegeben. Ernst Klett Schulbuchverlag Leipzig GmbH, Leipzig 2000

6/9 Sternschrittauflösung
(gegen Verteidiger)

1	2	3	4
Dribbling mit der Außenhand! Blick nach vorn!	**Parallelstopp! Wurffinte! Stellung des Verteidigers lesen!**	**Beim Aufrichten des Verteidigers mit Kreuzschritt an offener Seite vorbeigehen!**	**Beidbeiniger Absprung! Wurfhaltung wie beim Sprungwurf!**
– So hart wie möglich auf den Korb zudribbeln (1). – Das Dribbling erfolgt mit der Außenhand (1). – Der Blick ist stets nach vorn zum Korb bzw. Verteidiger gerichtet (1–4).	– Mit einem Parallelstopp abstoppen, um einen Sprungwurf anzutäuschen (2). – Der Verteidiger richtet sich zur Abwehr des Sprungwurfes auf (2).	– Mit dem rechten Bein einen langen Kreuzschritt ausführen (3). – Dabei an der rechten Seite des aufgerichteten Verteidigers vorbei durchtauchen (3). – Den Ball beim Durchtauchen vor dem Verteidiger sichern (3).	– Der Absprung erfolgt wie beim Sprungwurf von beiden Beinen (4). – Schräg am Verteidiger vorbei nach oben zum Korb abspringen (4).

© Als Kopiervorlage freigegeben. Ernst Klett Schulbuchverlag Leipzig GmbH, Leipzig 2000

6/10 Powerbewegung mit Spielbein rechts
(gegen Verteidiger)

1	**2**	**3**	**4**	**5**
Verteidiger weghalten! Freie Hand erwartet den Ball!	Sternschritt nach innen! Täuschung einer Bewegung nach innen!	Nach Verteidigerreaktion Kreuzschritt mit dem rechten Bein! Dribbling mit der linken Hand!	Parallelstopp! Verteidiger »auf dem Rücken halten«!	Sprungwurf! Ball vor dem Kopf hochführen und werfen!
– Eine Position am 3-Sekunden-Raum einnehmen (1). – Für den Mitspieler muss ein Ziel zum Anspiel angeboten werden (1).	– Den ganzen Körper zum Korb drehen und eine *Flex-Position* einnehmen (2). – Eine Bewegung zur Spielfeldmitte zum Korb hin (nach rechts am Verteidiger vorbei) antäuschen (2).	– Wenn der Verteidiger sich zur Mitte hin bewegt (2), nach links im Kreuzschritt an ihm vorbeiziehen (3).	– So abstoppen, dass der Verteidiger im Rücken gehalten werden kann (4).	– Mit dem Schutz des eigenen Körpers zum Korb hin abspringen und mit einem Sprungwurf (Powerwurf) abschließen (5).

6/11
Powerbewegung mit Spielbein links
(gegen Verteidiger)

1	2	3	4
Verteidiger weghalten! Ball außen sichern!	**Sternschritt mit links! »Face the Basket!« Wurffinte!**	**Langer Schritt mit links! Gleichzeitiges Dribbling!**	**Augen zum Korb! Wurfaktion!**
– Der Ball wird auf der Außenseite mit den Ellenbogen geschützt (1).	– Einen Sternschritt weg vom Gegner mit dem linken Bein ausführen (2). – Den Korb bedrohen (2). – Die Füße so setzen, dass man sofort werfen kann (2).	– Einen langen Schritt mit dem linken Fuß eng am Verteidiger vorbei ausführen (2, 3). – Dribbling mit der rechten Hand (3). – Den Ball beim Dribbling durch den Körper schützen (3).	– Soll mit einem Hakenwurf rechts abgeschlossen werden, folgen noch 2 Schritte. – Soll mit einem Babyhook abgeschlossen werden, folgen das Heranziehen des rechten Beines und ein paralleler Absprung.

© Als Kopiervorlage freigegeben. Ernst Klett Schulbuchverlag Leipzig GmbH, Leipzig 2000

6/12
Powerbewegungen
(Kontrolle)

❓ Aufgabe 1

Um eine Sternschrittauflösung anzuwenden ist es wichtig, vorher im Schrittstopp abzustoppen.

JA ( )   NEIN ( )

❓ Aufgabe 2

Um eine Sternschrittauflösung anzuwenden ist es wichtig, vorher im Parallelstopp abzustoppen und eine Wurffinte anzuwenden.

JA ( )   NEIN ( )

❓ Aufgabe 3

Wie nennt man alle Würfe von beiden Beinen die in der Bewegung zum Korb ausgeführt werden?

❓ Aufgabe 4

Bei der Powerbewegung wird der Verteidiger auf der Rückenseite gehalten und dadurch der Ball besonders gut beim Wurf geschützt.

JA ( )   NEIN ( )

❓ Aufgabe 5

Füge in den Lückentext die korrekten Wörter ein!

1. Wurffinte, 2. Kreuzschritt, 3. Rücken, 4. Parallelstopp, 5. Körperschwerpunkt

Der Angreifer stoppt nach einem Dribbling im _____ ab und schließt eine _____ an. Wenn der Verteidiger auf die Finte reagiert und seinen _____ anhebt kann der Angreifer mit einem _____ eng und tief am Verteidiger vorbei zum Korb abspringen. Mit seinem _____ schirmt er den Ball vor dem Verteidiger ab.

❓ Aufgabe 6

Welche Aussagen sind richtig?

a) Bei der Sternschrittauflösung taucht der Angreifer kurz vor dem Angreifer am Verteidiger vorbei.
b) Die Powerbewegung wird aus dem Schrittstopp ausgeführt.
c) Durch die Wurffinte nach dem Parallelstopp nimmt der Verteidiger seinen Körperschwerpunkt nach oben.
d) Der Ball wird als Täuschung über den Kopf geführt.

❓ Aufgabe 7

Die Abbildung oben zeigt eine Angreiferin bei einer Sternschrittauflösung. *Nummeriere die Abbildungen in der richtigen Reihenfolge!*

1   2   3   4

❓ Aufgabe 8

Nummeriere die folgenden Phasen in der richtigen Reihenfolge!

___ beidbeiniger Absprung nach vorn mit Wurf
___ Parallelstopp mit Wurffinte
___ Aufrichten des Verteidigers und Durchtauchen mit Kreuzschritt
___ Dribbling mit Blick nach vorn

❓ Aufgabe 9

Die Abbildung zeigt einen Angreifer kurz vor dem Durchbruch. *Auf welcher Seite des Verteidigers wird der Angreifer nach einer Wurffinte zum Powerwurf durchtauchen?*

LINKS ( )   RECHTS ( )

Taktik 1
2 gegen 2
Give and Go

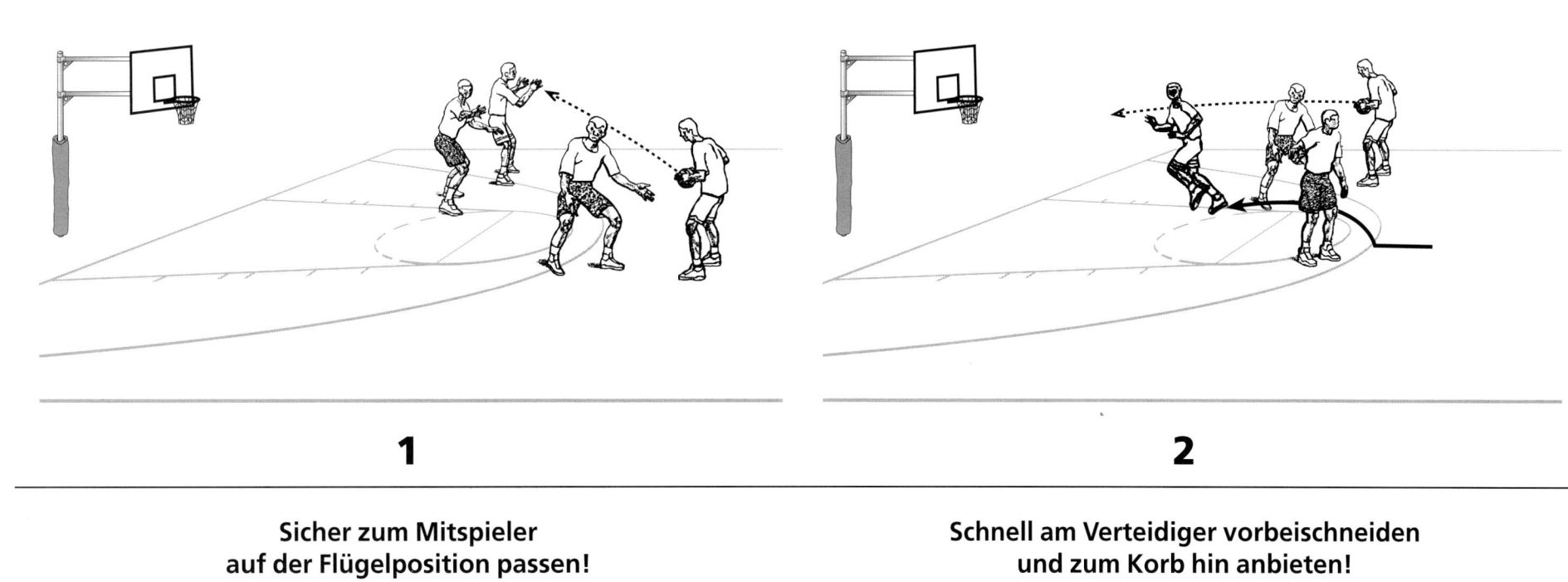

1

Sicher zum Mitspieler auf der Flügelposition passen!

Achte auf den Mitspieler in der Flügelposition und spiele ihn, wenn er sich anbietet, im richtigen Moment an.

2

Schnell am Verteidiger vorbeischneiden und zum Korb hin anbieten!

Schneide nach dem Pass vor deinem Verteidiger direkt zum Korb und biete dich für ein Zuspiel an. Wenn dein Verteidiger eine günstige Verteidigungsposition eingenommen hat, kann es erforderlich sein, ihn zuerst zu täuschen, um den Weg zum Korb zu öffnen und dann direkt zum Korb zu schneiden sowie sich anzubieten.

© Als Kopiervorlage freigegeben. Ernst Klett Schulbuchverlag Leipzig GmbH, Leipzig 2000

Taktik 2
2 gegen 2
Backdoor

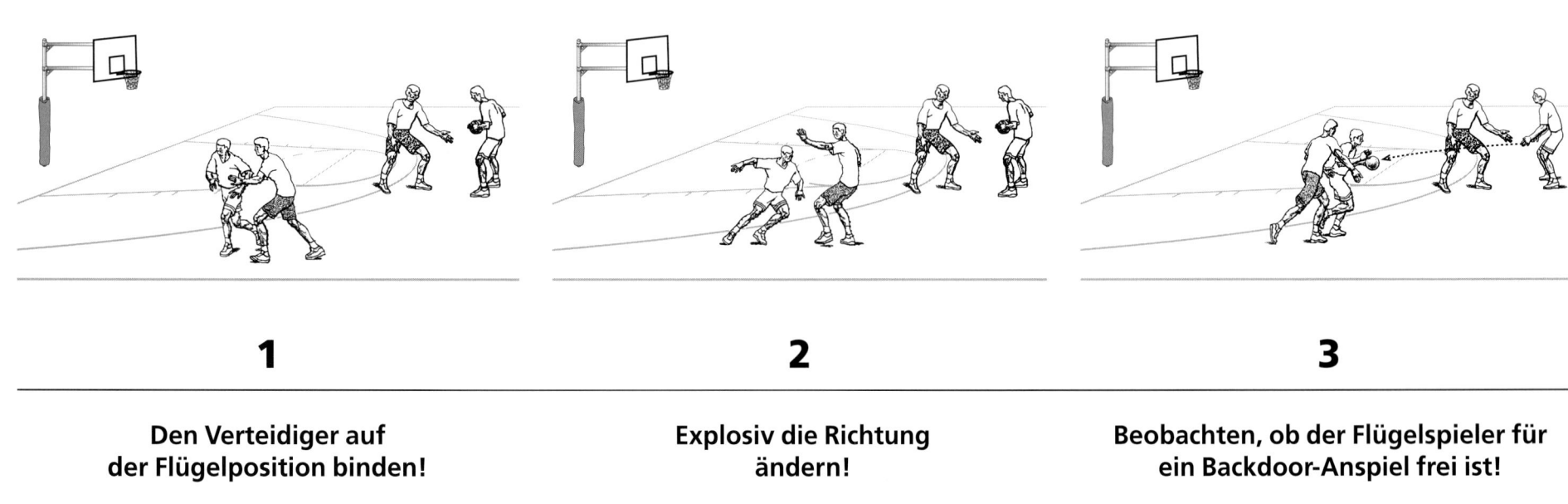

1

Den Verteidiger auf der Flügelposition binden!

Achte auf den Mitspieler auf der Flügelposition und beobachte, wie er sich anbietet. Spiele ihn nicht an, wenn der Verteidiger im Passstrahl steht.

2

Explosiv die Richtung ändern!

Der Flügelspieler ändert seinen Laufweg mit einem explosiven Richtungswechsel.

3

Beobachten, ob der Flügelspieler für ein Backdoor-Anspiel frei ist!

Der Flügelspieler schneidet jetzt hinter seinem Verteidiger direkt zum Korb und zeigt ein Signal für ein Zuspiel. Der Aufbauspieler täuscht und passt seinen Flügelspieler der zum Korb schneidet an.

Taktik 3
2 gegen 2
Direkter Block

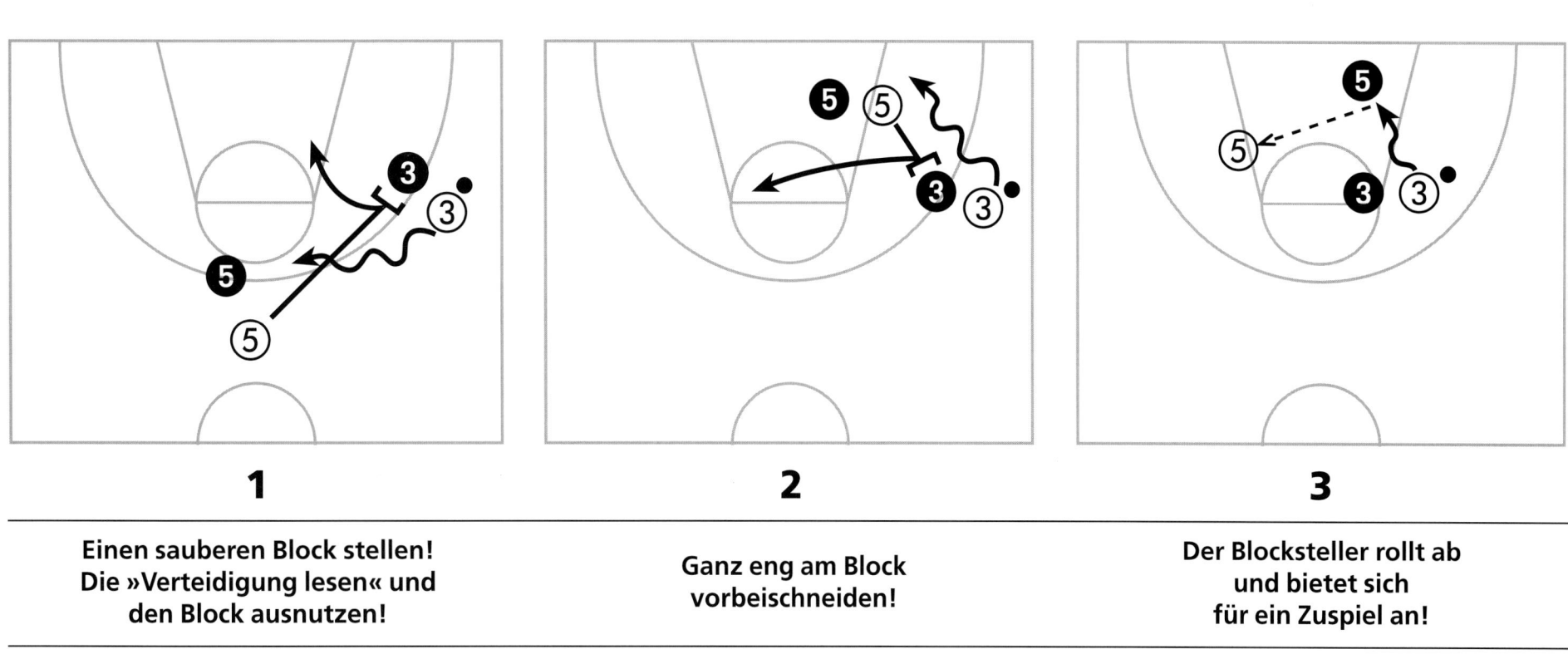

1

**Einen sauberen Block stellen!
Die »Verteidigung lesen« und
den Block ausnutzen!**

Der Blocksteller läuft zum Verteidiger des Mitspielers mit Ball hin und stellt sich so auf, dass er den näheren Fuß des Verteidigers zwischen seinen Füßen hat. Mit seinen Armen schützt er sich vor Kontakt (1). Ohne den Verteidiger körperlich zu berühren wartet er nun ab, bis sein Mitspieler täuscht, das Verhalten seines Mitspielers »liest« und den Block ausnutzt.

2

**Ganz eng am Block
vorbeischneiden!**

Der Angreifer der den Block ausnutzt, versucht so eng am Block vorbeizuschneiden, dass sein Verteidiger am Block hängen bleibt (2).

3

**Der Blocksteller rollt ab
und bietet sich
für ein Zuspiel an!**

Der Blocksteller »rollt ab« nachdem sein Mitspieler an ihm vorbeigedribbelt ist. Der blockstellende Angreifer rollt scherenförmig ab und bietet sich für ein Zuspiel an (3).
Wenn Verteidiger 5 Angreifer 3 übernimmt spielt 3 dem abrollenden 5 den Ball zu (3).

© Als Kopiervorlage freigegeben. Ernst Klett Schulbuchverlag Leipzig GmbH, Leipzig 2000

Taktik 4
2 gegen 2
Indirekter Block

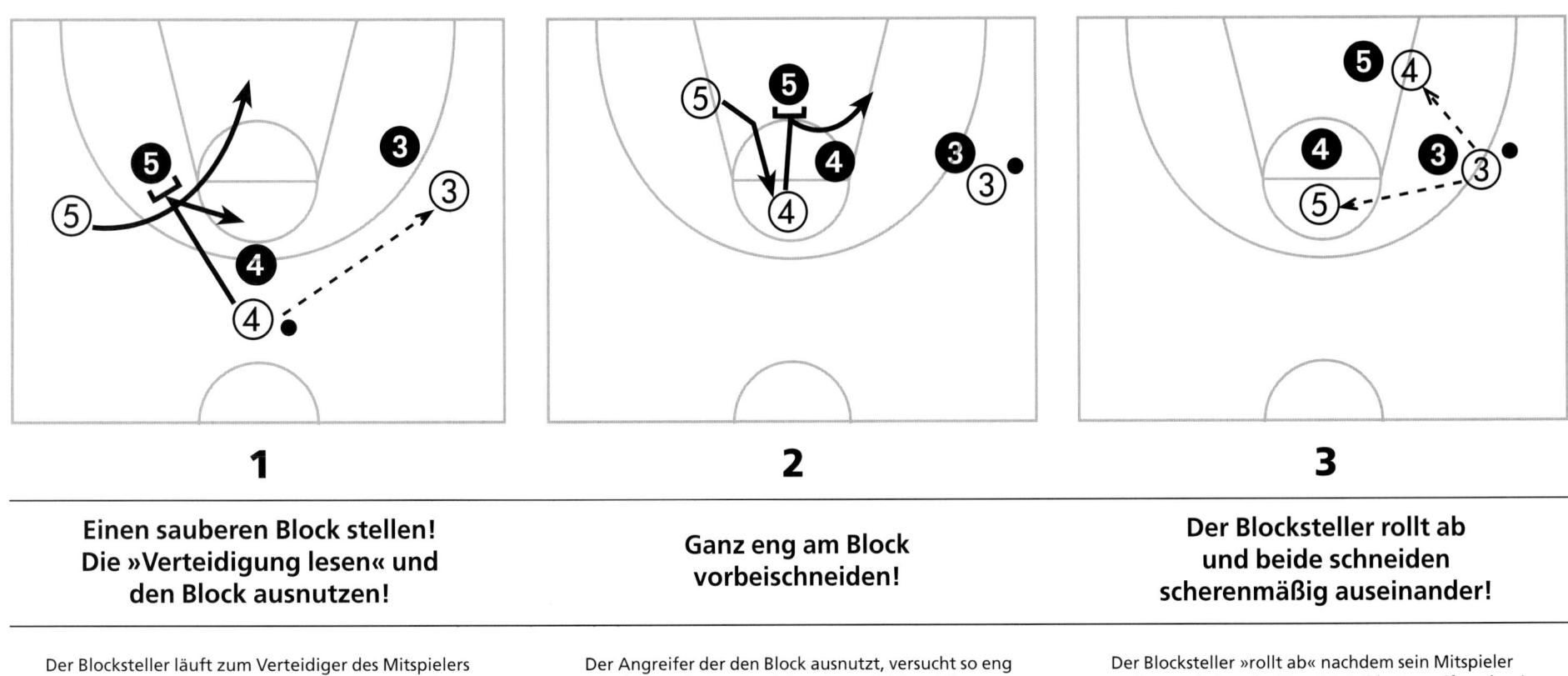

1

Einen sauberen Block stellen!
Die »Verteidigung lesen« und
den Block ausnutzen!

Der Blocksteller läuft zum Verteidiger des Mitspielers hin und stellt sich so auf, dass er den näheren Fuß des Verteidigers zwischen seinen Füßen hat. Mit seinen Armen schützt er sich vor Kontakt (1). Ohne den Verteidiger körperlich zu berühren wartet er nun ab, bis sein Mitspieler täuscht, das Verhalten seines Mitspielers »liest« und den Block entsprechend ausnutzt.

2

Ganz eng am Block
vorbeischneiden!

Der Angreifer der den Block ausnutzt, versucht so eng am Block vorbeizuschneiden, dass sein Verteidiger am Block hängen bleibt (2).

3

Der Blocksteller rollt ab
und beide schneiden
scherenmäßig auseinander!

Der Blocksteller »rollt ab« nachdem sein Mitspieler an ihm vorbeigeschnitten ist. Beide Angreifer schneiden scherenförmig auseinander und bieten sich beide für ein Zuspiel an (3).

© Als Kopiervorlage freigegeben. Ernst Klett Schulbuchverlag Leipzig GmbH, Leipzig 2000

Taktik 5
2 gegen 2 Bekämpfung des direkten Blocks

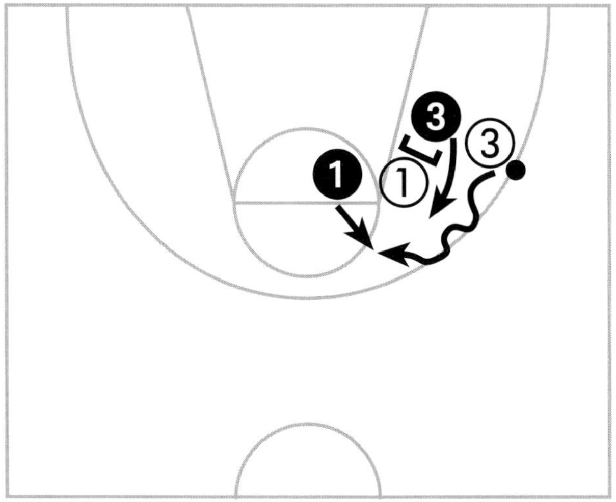

1

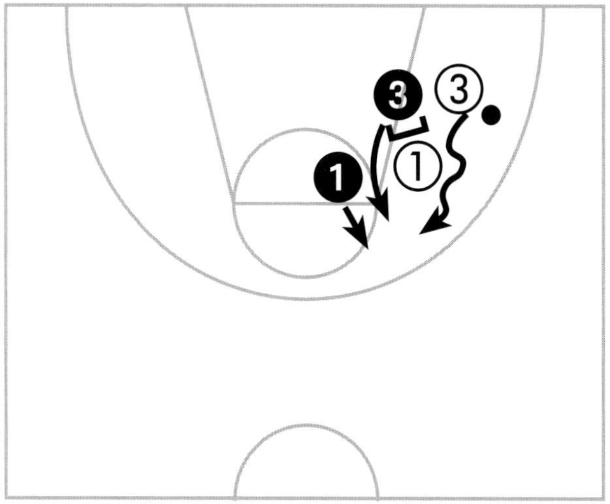

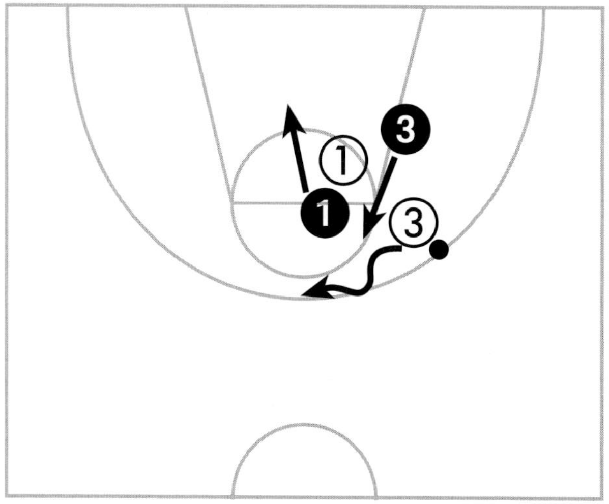

Dem Block ausweichen und den Angreifer so schnell wie möglich wieder aufnehmen!

Der Verteidiger des Angreifers, der versucht den Block auszunutzen, versucht dem Block auszuweichen und schnell über den Block zu laufen (1), oder hinter dem Block durchzugleiten (2), um so schnell wie möglich den eigenen Mitspieler wieder aufzunehmen.

2

Den Mitspielern helfen und dann den eigenen Mann schnell wieder aufnehmen!

Der Verteidiger des Blockstellers versucht eine Hilfsposition einzunehmen, um eventuell kurzzeitig seinem Mitspieler auszuhelfen, wenn dieser nach dem Block nicht schnell genug seinen Angreifer wieder aufnehmen kann. Anschließend kehrt er sofort wieder zu seinem Deckungsspieler zurück (3).

3

© Als Kopiervorlage freigegeben. Ernst Klett Schulbuchverlag Leipzig GmbH, Leipzig 2000

Taktik 6
2 gegen 2 Bekämpfung des indirekten Blocks

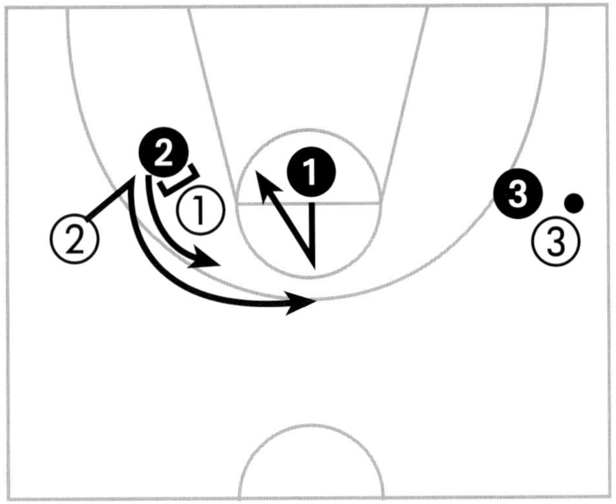

1

Dem Block ausweichen und
den Angreifer so schnell
wie möglich wieder aufnehmen!

Der Verteidiger des Angreifers, der versucht den Block auszunutzen, versucht dem Block auszuweichen und schnell über den Block zu laufen (1), oder hinter dem Block durchzugleiten (2), um so schnell wie möglich den eigenen Mitspieler wieder aufzunehmen.

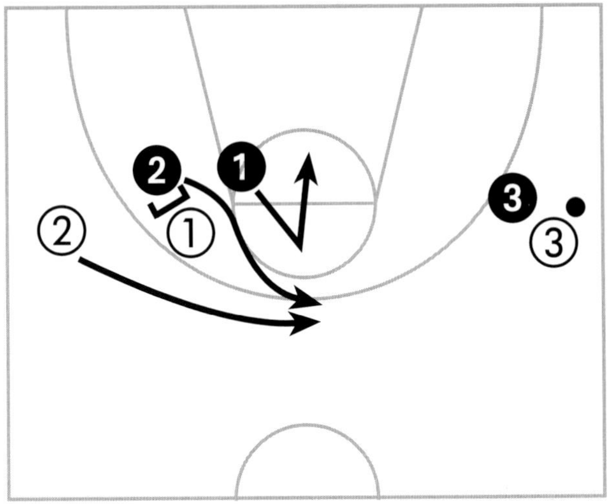

2

Den Mitspielern helfen und
dann den eigenen Mann
schnell wieder aufnehmen!

Der Verteidiger des Blockstellers versucht eine Hilfsposition einzunehmen, um eventuell kurzzeitig seinem Mitspieler auszuhelfen, wenn dieser nach dem Block nicht schnell genug seinen Angreifer wieder aufnehmen kann. Anschließend kehrt er sofort wieder zu seinem Deckungsspieler zurück.

70

© Als Kopiervorlage freigegeben. Ernst Klett Schulbuchverlag Leipzig GmbH, Leipzig 2000

Taktik 7
2 gegen 2
(Kontrolle)

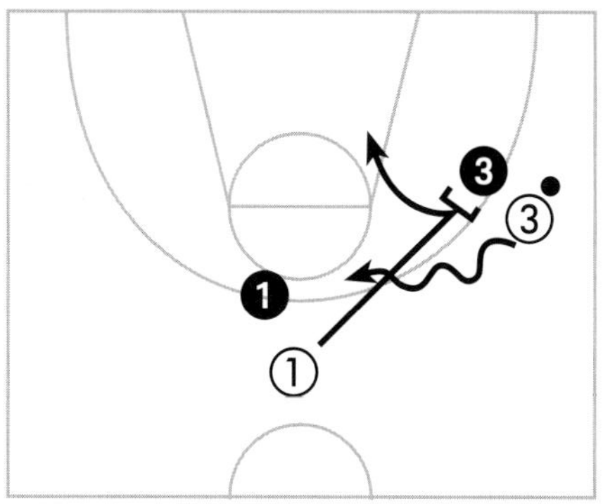

1 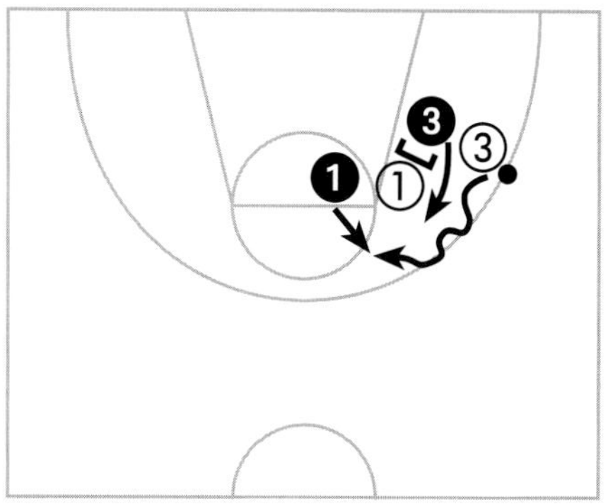 **2**

? Aufgabe 1

Füge in den Lückentext die korrekten Wörter ein!

1. Backdoor, 2. Zuspiel, 3. rollt er ab, 4. direkten, 5. Give and Go, 6. Passwege

Beim Spiel 2 gegen 2 versuchen sich die Angreifer immer durch _____ zu befreien. Wenn Verteidiger die _____ überspielen, schneiden die Angreifer _____ zum Korb und bieten sich für ein Zuspiel an. Weiterhin kann der Angreifer ohne Ball einen _____ Block für seinen Mitspieler setzen. Nach seinem Block _____ und bietet sich für ein Mitspiel an.

? Aufgabe 2

Der Angreifer der einen direkten Block ausnutzt, täuscht und dribbelt ganz eng am blockstellenden Mitspieler vorbei.

JA ( )   NEIN ( )

? Aufgabe 3

Nummeriere die folgenden Phasen der Zeichnung oben in der richtigen Reihenfolge von 1 bis 6!

___ Angreifer 1 rollt scherenförmig ab, sobald 3 am Block vorbeizieht.
___ Angreifer 3 wartet bis der Block steht.
___ Wenn Angreifer 3 nicht werfen kann, versucht er 1 beim Abrollen anzuspielen.
___ Angreifer 3 schaut, ob er ganz zum Korb ziehen kann.
___ Der Blocksteller 1 stellt einen sauberen Block.
___ Angreifer 3 täuscht und zieht eng am Block vorbei.

? Aufgabe 4

Welche Aussagen sind richtig?

a) Beim Blocken darf man mit den Händen schieben.
b) Beim Blockstellen muss man stehen.
c) Die Arme benutzt man beim Blockstellen, um sich selbst zu schützen.
d) Der Angreifer der den Block ausnutzt, schneidet weit am Block vorbei.

? Aufgabe 5

Bei der Verteidigung des direkten Blocks hilft Verteidiger 1 immer kurz bei Angreifer 3 aus, bevor er seinen Angreifer 1 wieder aufnimmt.

JA ( )   NEIN ( )

? Aufgabe 6

Verteidiger 3 deckt so lange den blockstellenden Angreifer 1 bis sein Mitspieler (Verteidiger 1) wieder zurückkommt (siehe Abbildung).

JA ( )   NEIN ( )

? Aufgabe 7

Welche Aussagen sind richtig?

a) Die Verteidiger versuchen nie den Blocks auszuweichen.
b) Die Verteidiger versuchen Blocks durch lautes Ansagen vorher anzukündigen.
c) Der Verteidiger vom Blocksteller hilft nur aus, wenn es notwendig ist.
d) Der Verteidiger vom Blocksteller hilft niemals aus.

Taktik 8
Fast Break
(1. Phase)

1	2	3	4
Defensiver Rebound! Landung auf beiden Beinen!	Sternschritt mit dem Innenbein als Standbein! Blick nach außen und vorn!	Schneller kurzer Pass nach außen (ein- oder beidhändig)!	Aufbauspieler erwartet den Ball! Kurz vor Ballerhalt zum Ball bewegen!
– Die Flugkurve des Balles beim vorangegangenen Wurf beobachten. – Sobald der Ball vom Ring bzw. Brett springt, so hoch wie möglich zum Ball hin abspringen (1).	– Auf beiden Beinen stabil in einer *Flex-Position* landen (2). – Direkt nach der Landung Blickkontakt mit dem Aufbau- oder Flügelspieler suchen (2). – Nach der Landung einen Sternschritt mit dem Innenbein als Standbein ausführen.	– Einen kurzen schnellen Pass nach außen geben (3). – Nach dem Pass so schnell wie möglich nach vorn sprinten (4).	Hinweis: Der Aufbauspieler bietet sich zum Ball hin an. Die Flügelspieler sprinten in der Außenspur nach vorn und bieten sich zum Anspiel an.

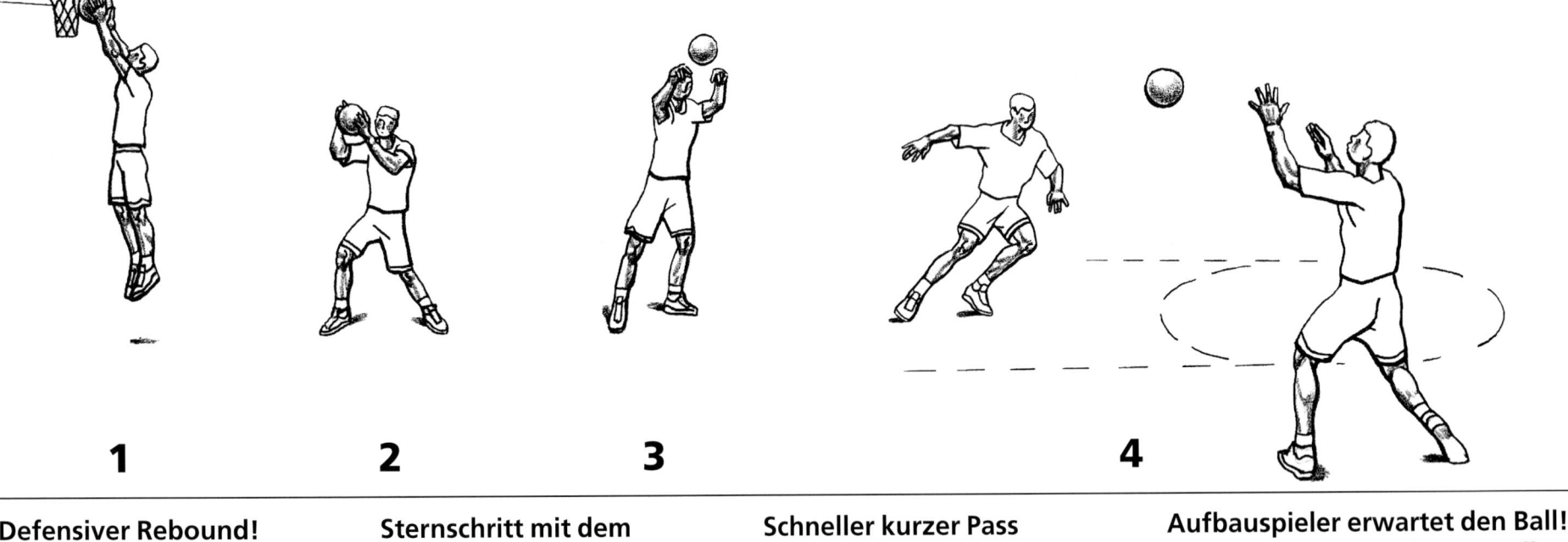

Taktik 9
Fast Break
(2. Phase)

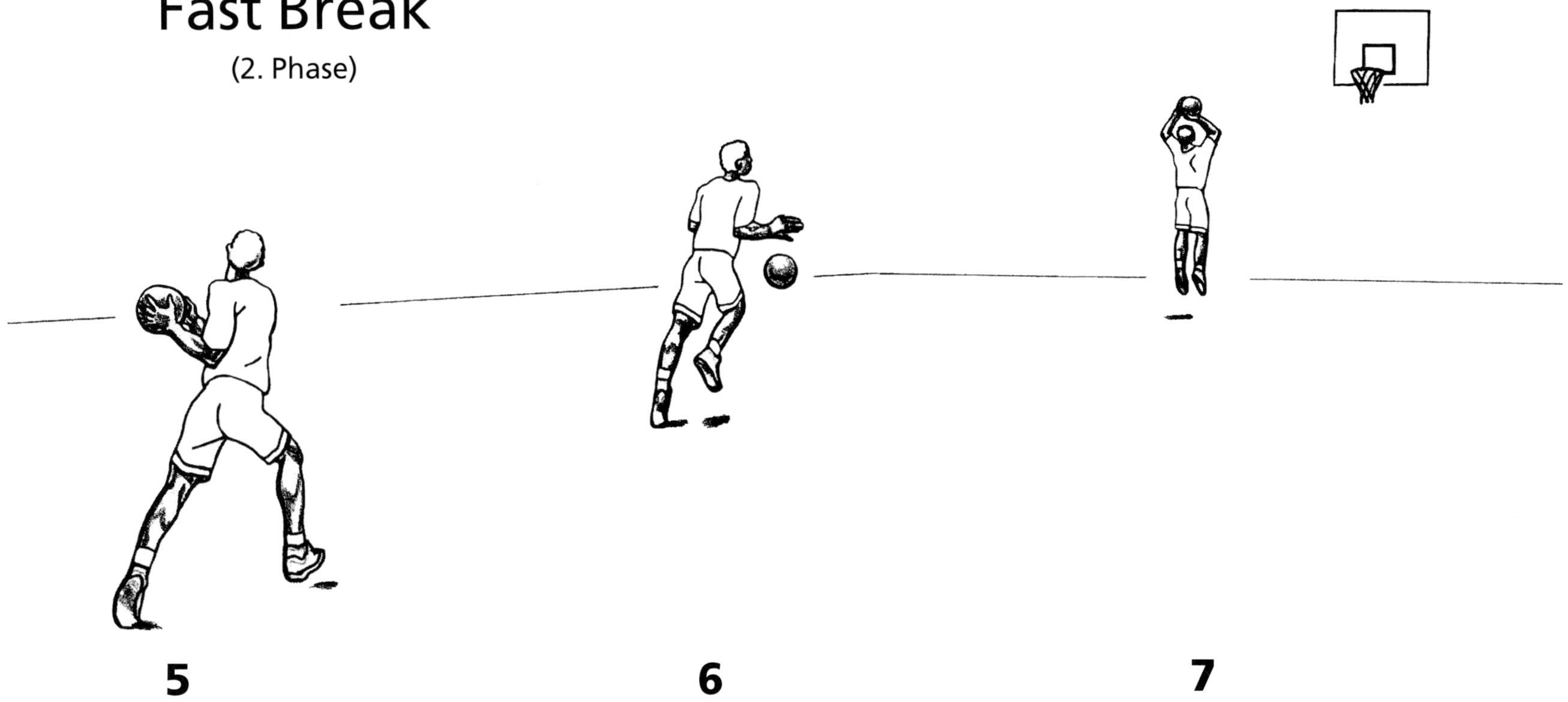

5	6	7
Langer erster Schritt mit dem rechten Bein!	**Dribbling mit der linken Hand in die Mittelspur!** **Kopf hoch und Blick nach vorn! Hohes schnelles Dribbling!**	**Wurf von der Freiwurflinie oder Korbleger!**

– Der Aufbauspieler beginnt mit einem langen Schritt mit dem rechten Bein (5).
– Nach Outlet zur rechten Seite wird das Dribbling mit der linken Hand begonnen (auf der anderen Seite mit der rechten Hand).

– Das Dribbling erfolgt so schnell wie möglich durch die Spielfeldmitte nach vorn zum Korb (6).

– Während des Dribblings auf Mitspieler achten, die weiter vorn zum Anspiel bereit freistehen (6).
– Wenn keine Mitspieler anspielbar sind, wird das Dribbling schnell weiter nach vorn ausgeführt und eine Wurfmöglichkeit gesucht (6, 7).

Hinweis:
Der Abschluss des Fast Break erfolgt bei einem zurückgezogenen Gegner durch einen Wurf von der Freiwurflinie. Ist kein Verteidiger in unmittelbarer Nähe sollte die Aktion mit einem Korbleger abgeschlossen werden.

© Als Kopiervorlage freigegeben. Ernst Klett Schulbuchverlag Leipzig GmbH, Leipzig 2000

Taktik 10
Fast Break 2 gegen 1

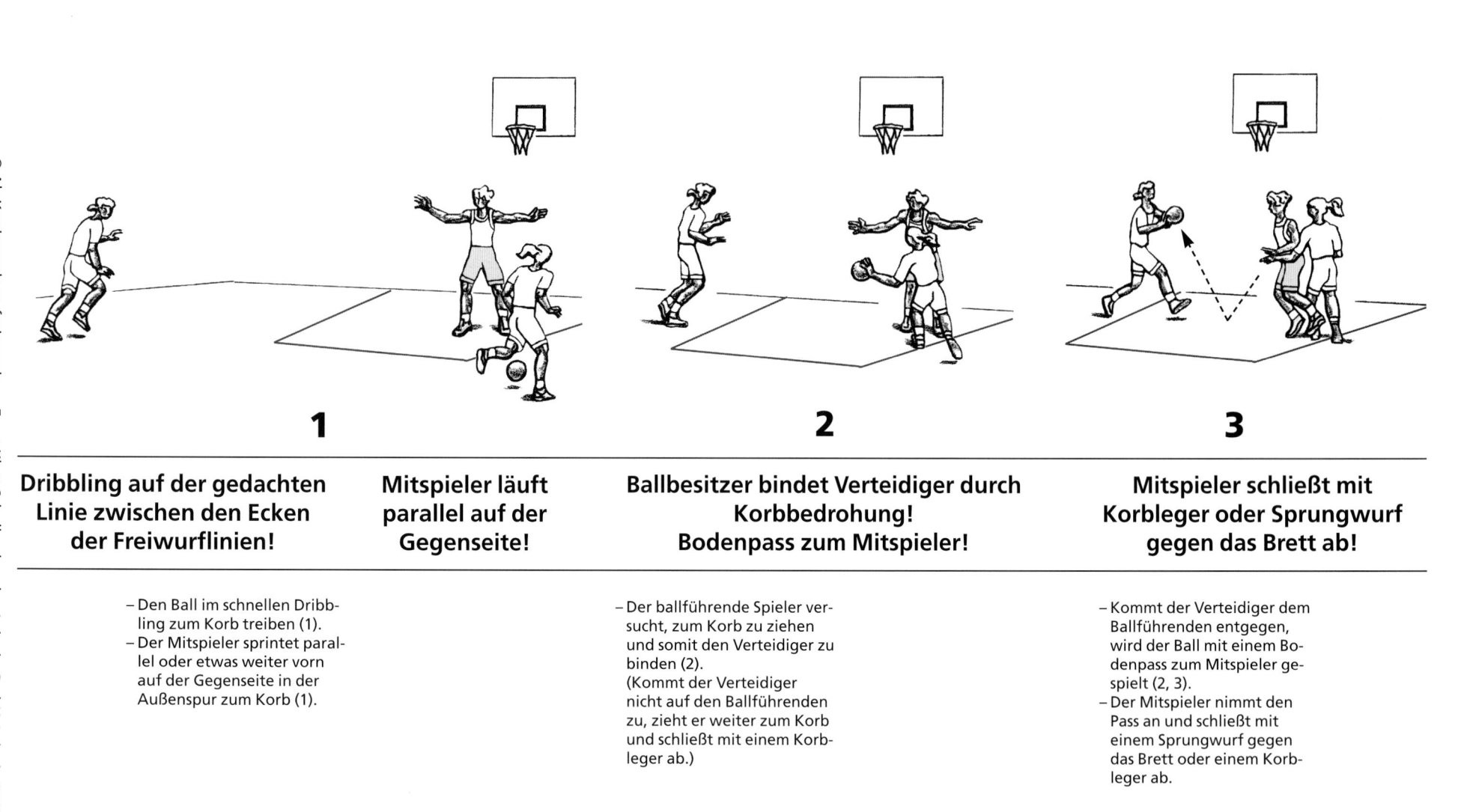

1	2	3
Dribbling auf der gedachten Linie zwischen den Ecken der Freiwurflinien!	**Ballbesitzer bindet Verteidiger durch Korbbedrohung!**	**Mitspieler schließt mit Korbleger oder Sprungwurf gegen das Brett ab!**
Mitspieler läuft parallel auf der Gegenseite!	**Bodenpass zum Mitspieler!**	
– Den Ball im schnellen Dribbling zum Korb treiben (1). – Der Mitspieler sprintet parallel oder etwas weiter vorn auf der Gegenseite in der Außenspur zum Korb (1).	– Der ballführende Spieler versucht, zum Korb zu ziehen und somit den Verteidiger zu binden (2). (Kommt der Verteidiger nicht auf den Ballführenden zu, zieht er weiter zum Korb und schließt mit einem Korbleger ab.)	– Kommt der Verteidiger dem Ballführenden entgegen, wird der Ball mit einem Bodenpass zum Mitspieler gespielt (2, 3). – Der Mitspieler nimmt den Pass an und schließt mit einem Sprungwurf gegen das Brett oder einem Korbleger ab.

Taktik 11
Fast Break 2 gegen 1
(Alternative)

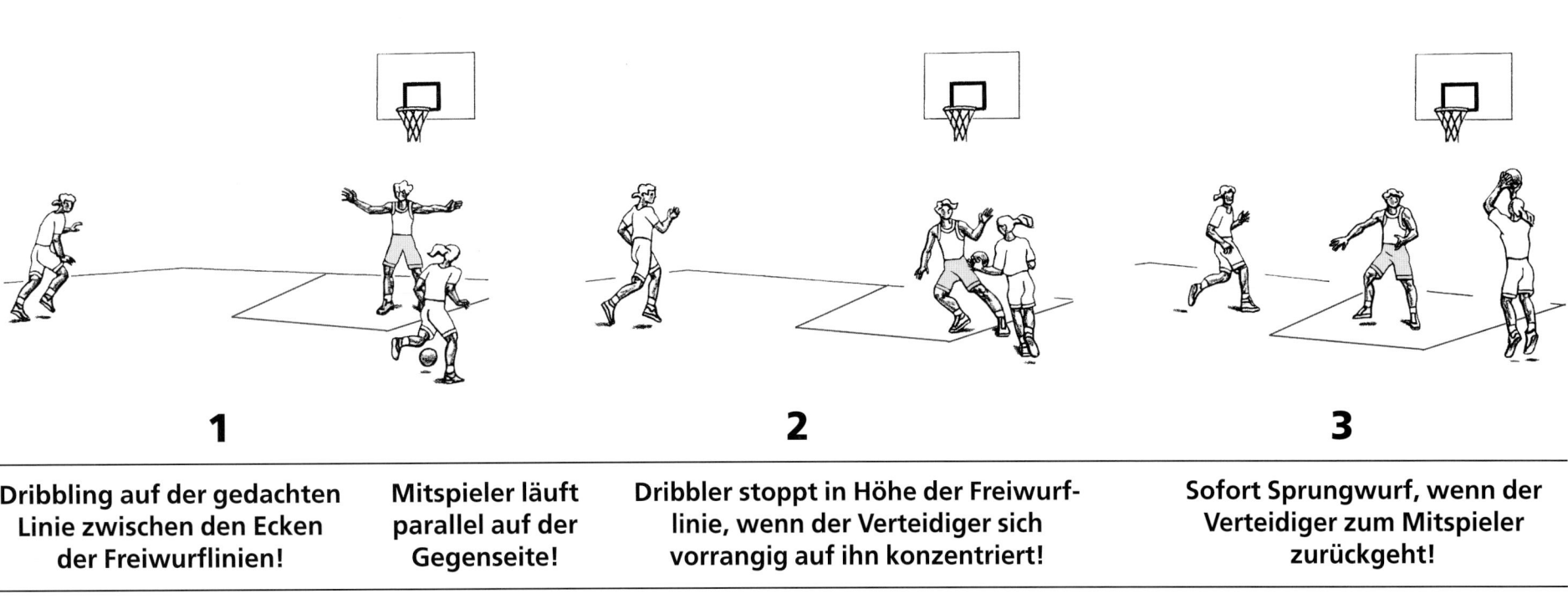

1	**2**	**3**
Dribbling auf der gedachten Linie zwischen den Ecken der Freiwurflinien!	**Mitspieler läuft parallel auf der Gegenseite!**	**Dribbler stoppt in Höhe der Freiwurflinie, wenn der Verteidiger sich vorrangig auf ihn konzentriert!**
– Den Ball im schnellen Dribbling zum Korb treiben (1).		– Der ballführende Spieler versucht, zum Korb zu ziehen und somit den Verteidiger zu binden (2).
– Der Mitspieler sprintet parallel oder etwas weiter vorn auf der Gegenseite in der Außenspur zum Korb (1).		– Wenn der Verteidiger sich auf den ballführenden Spieler konzentriert, stoppt dieser in Höhe der Freiwurflinie stabil ab (2).

		Sofort Sprungwurf, wenn der Verteidiger zum Mitspieler zurückgeht!
		– Wenn der Verteidiger zum Mitspieler zurückgeht, schließt der ballführende Spieler sofort einen Sprungwurf an (3).
		– Der Mitspieler geht gleichzeitig an den Korb zum Offensivrebound (3).

© Als Kopiervorlage freigegeben. Ernst Klett Schulbuchverlag Leipzig GmbH, Leipzig 2000

Taktik 12
Fast Break 3 gegen 1

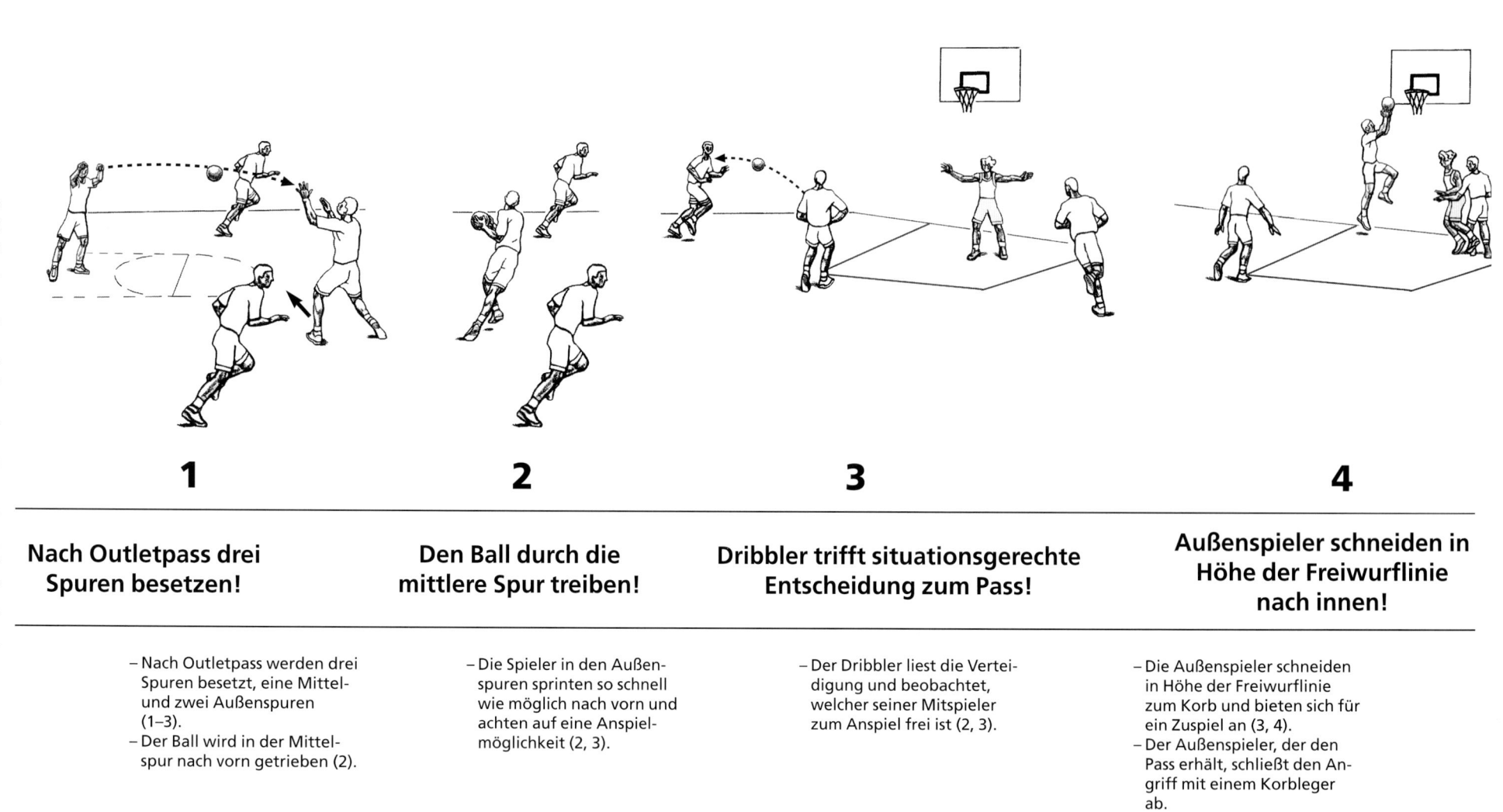

1
Nach Outletpass drei Spuren besetzen!

- Nach Outletpass werden drei Spuren besetzt, eine Mittel- und zwei Außenspuren (1–3).
- Der Ball wird in der Mittelspur nach vorn getrieben (2).

2
Den Ball durch die mittlere Spur treiben!

- Die Spieler in den Außenspuren sprinten so schnell wie möglich nach vorn und achten auf eine Anspielmöglichkeit (2, 3).

3
Dribbler trifft situationsgerechte Entscheidung zum Pass!

- Der Dribbler liest die Verteidigung und beobachtet, welcher seiner Mitspieler zum Anspiel frei ist (2, 3).

4
Außenspieler schneiden in Höhe der Freiwurflinie nach innen!

- Die Außenspieler schneiden in Höhe der Freiwurflinie zum Korb und bieten sich für ein Zuspiel an (3, 4).
- Der Außenspieler, der den Pass erhält, schließt den Angriff mit einem Korbleger ab.

Taktik 13
Fast Break 3 gegen 1
(Alternative)

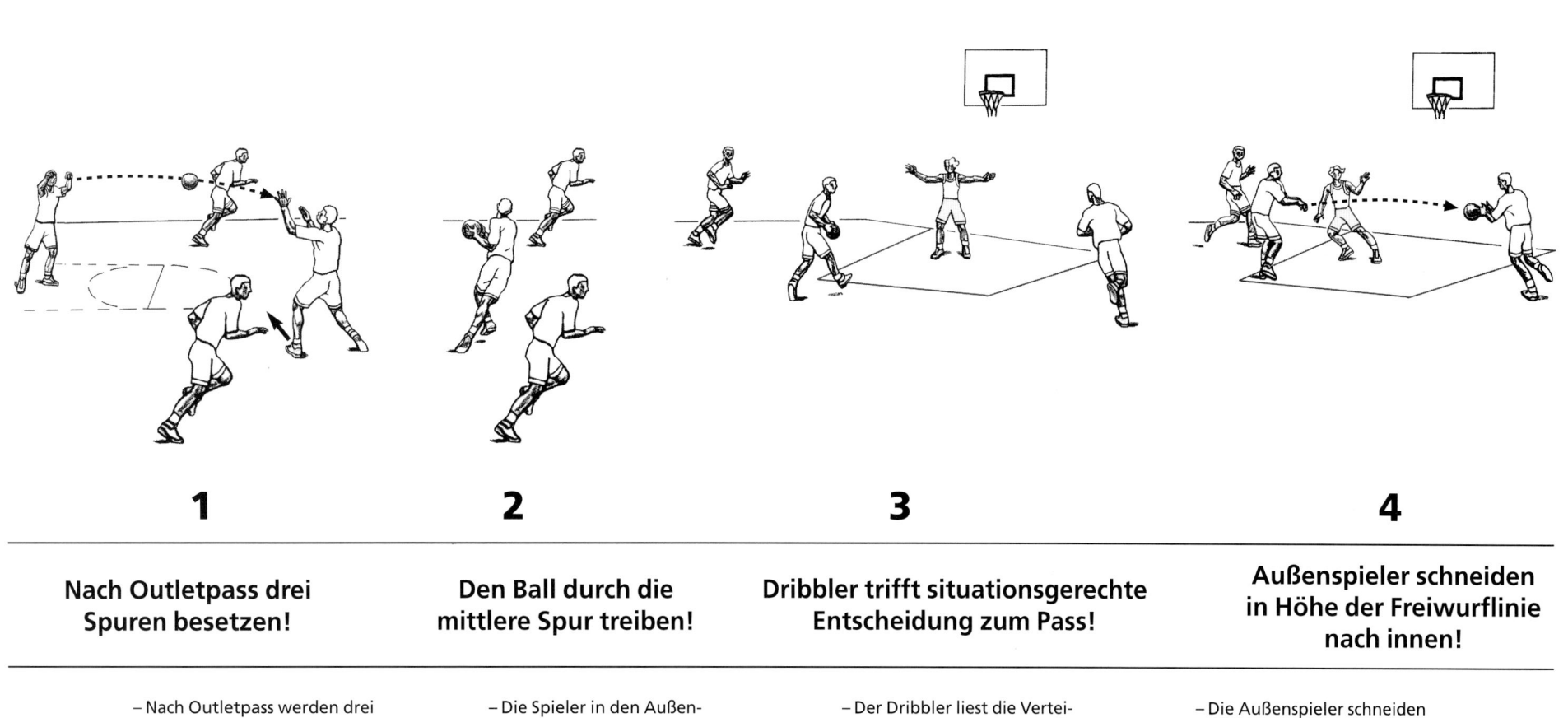

1	2	3	4
Nach Outletpass drei Spuren besetzen!	**Den Ball durch die mittlere Spur treiben!**	**Dribbler trifft situationsgerechte Entscheidung zum Pass!**	**Außenspieler schneiden in Höhe der Freiwurflinie nach innen!**
– Nach Outletpass werden drei Spuren besetzt, eine Mittel- und zwei Außenspuren (1–3). – Der Ball wird in der Mittelspur nach vorn getrieben (2).	– Die Spieler in den Außenspuren sprinten so schnell wie möglich nach vorn und achten auf eine Anspielmöglichkeit (2–4).	– Der Dribbler liest die Verteidigung und beobachtet, welcher seiner Mitspieler zum Anspiel frei ist (2, 3).	– Die Außenspieler schneiden in Höhe der Freiwurflinie zum Korb und bieten sich für ein Zuspiel an (3, 4). – Der Außenspieler, der den Pass erhält, schließt den Angriff mit einem Korbleger ab.

© Als Kopiervorlage freigegeben. Ernst Klett Schulbuchverlag Leipzig GmbH, Leipzig 2000

Taktik 14
Fast Break 3 gegen 2
(Teil 1)

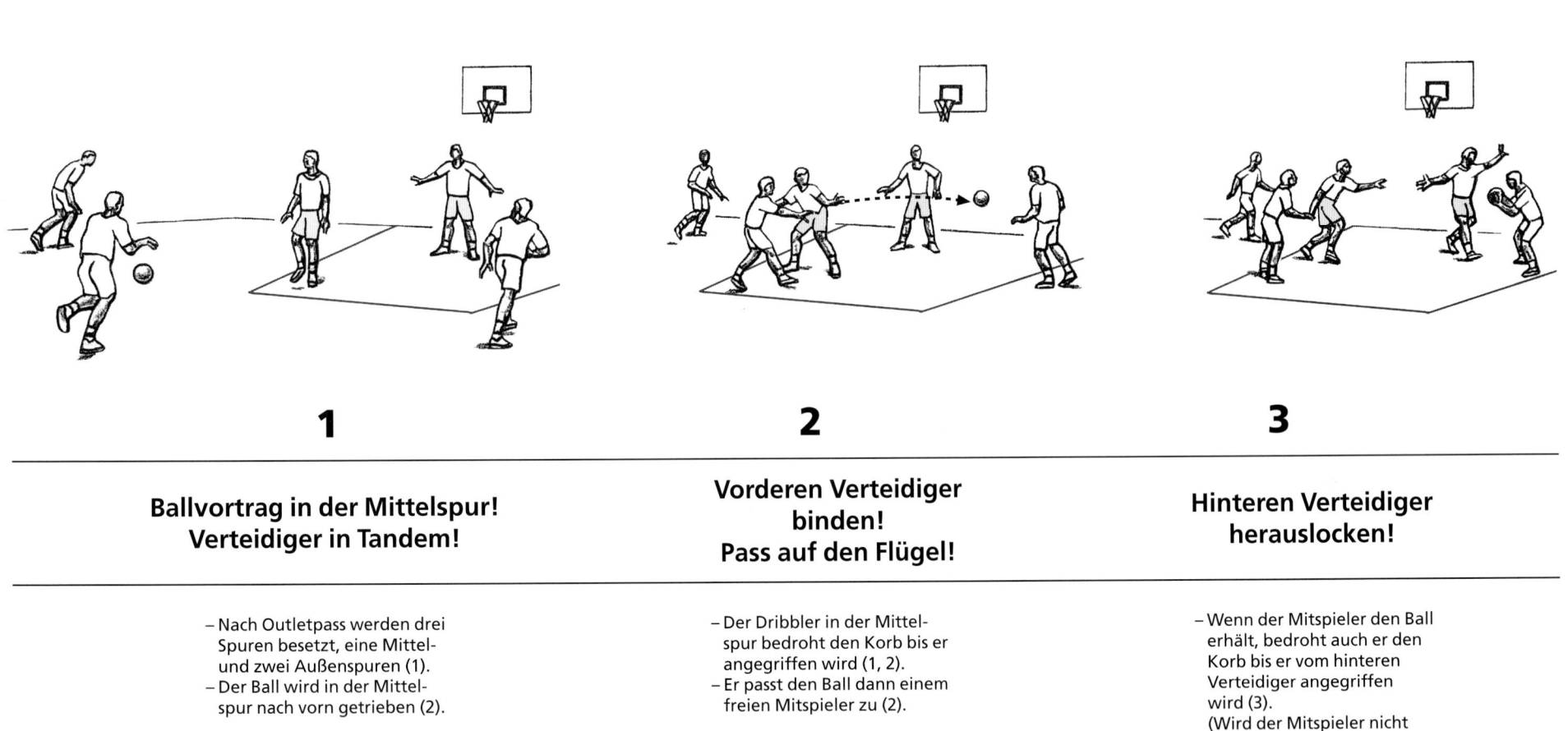

1

**Ballvortrag in der Mittelspur!
Verteidiger in Tandem!**

– Nach Outletpass werden drei Spuren besetzt, eine Mittel- und zwei Außenspuren (1).
– Der Ball wird in der Mittelspur nach vorn getrieben (2).

2

**Vorderen Verteidiger binden!
Pass auf den Flügel!**

– Der Dribbler in der Mittelspur bedroht den Korb bis er angegriffen wird (1, 2).
– Er passt den Ball dann einem freien Mitspieler zu (2).

3

Hinteren Verteidiger herauslocken!

– Wenn der Mitspieler den Ball erhält, bedroht auch er den Korb bis er vom hinteren Verteidiger angegriffen wird (3).
(Wird der Mitspieler nicht angegriffen, zieht er zum Korb oder schließt mit einem Korbwurf ab.)

© Als Kopiervorlage freigegeben. Ernst Klett Schulbuchverlag Leipzig GmbH, Leipzig 2000

Taktik 15
Fast Break 3 gegen 2
(Teil 2)

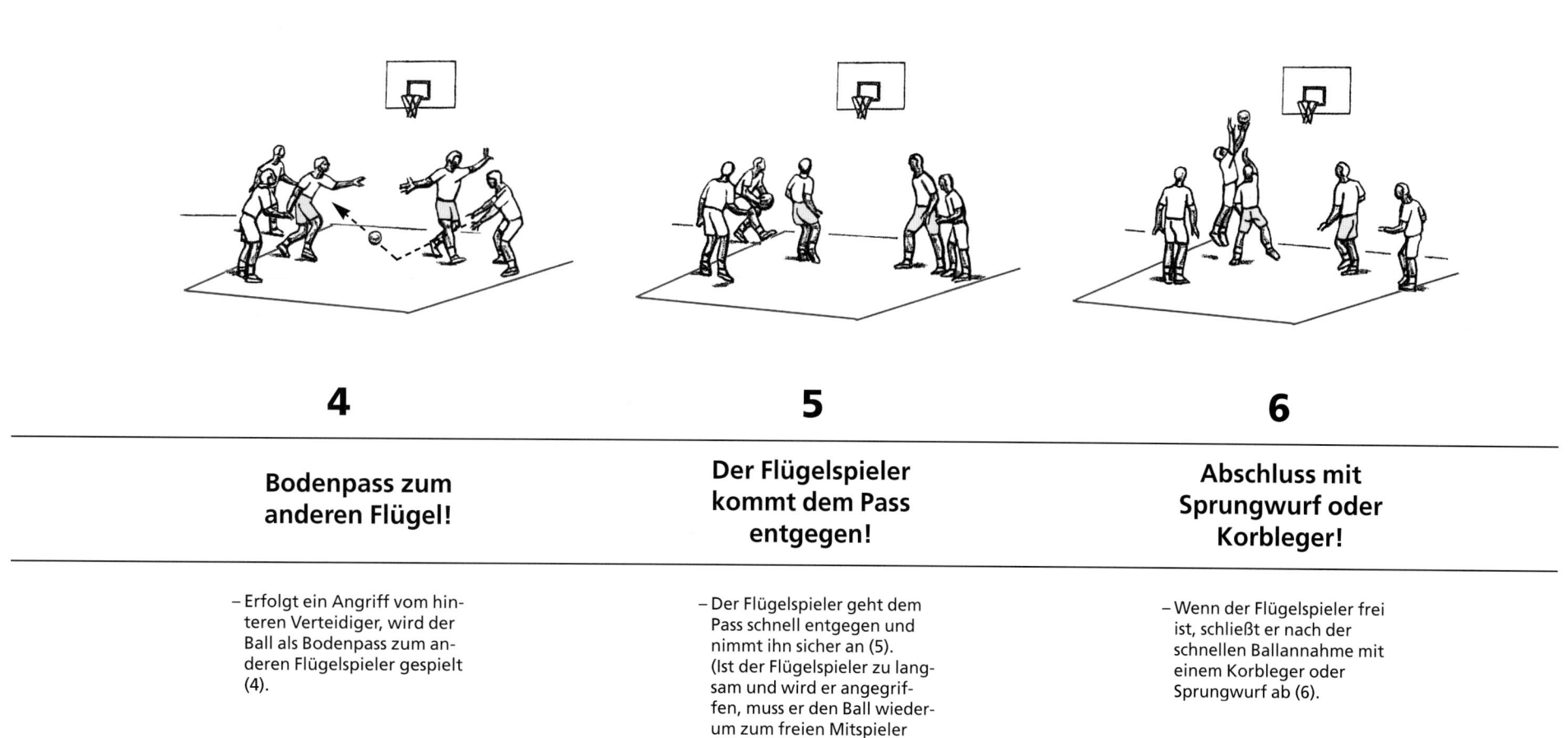

4

Bodenpass zum anderen Flügel!

– Erfolgt ein Angriff vom hinteren Verteidiger, wird der Ball als Bodenpass zum anderen Flügelspieler gespielt (4).

5

Der Flügelspieler kommt dem Pass entgegen!

– Der Flügelspieler geht dem Pass schnell entgegen und nimmt ihn sicher an (5). (Ist der Flügelspieler zu langsam und wird er angegriffen, muss er den Ball wieder um zum freien Mitspieler passen.)

6

Abschluss mit Sprungwurf oder Korbleger!

– Wenn der Flügelspieler frei ist, schließt er nach der schnellen Ballannahme mit einem Korbleger oder Sprungwurf ab (6).

© Als Kopiervorlage freigegeben. Ernst Klett Schulbuchverlag Leipzig GmbH, Leipzig 2000

Taktik 16
2 gegen 1 Unterzahlverteidigung beim Fast Break

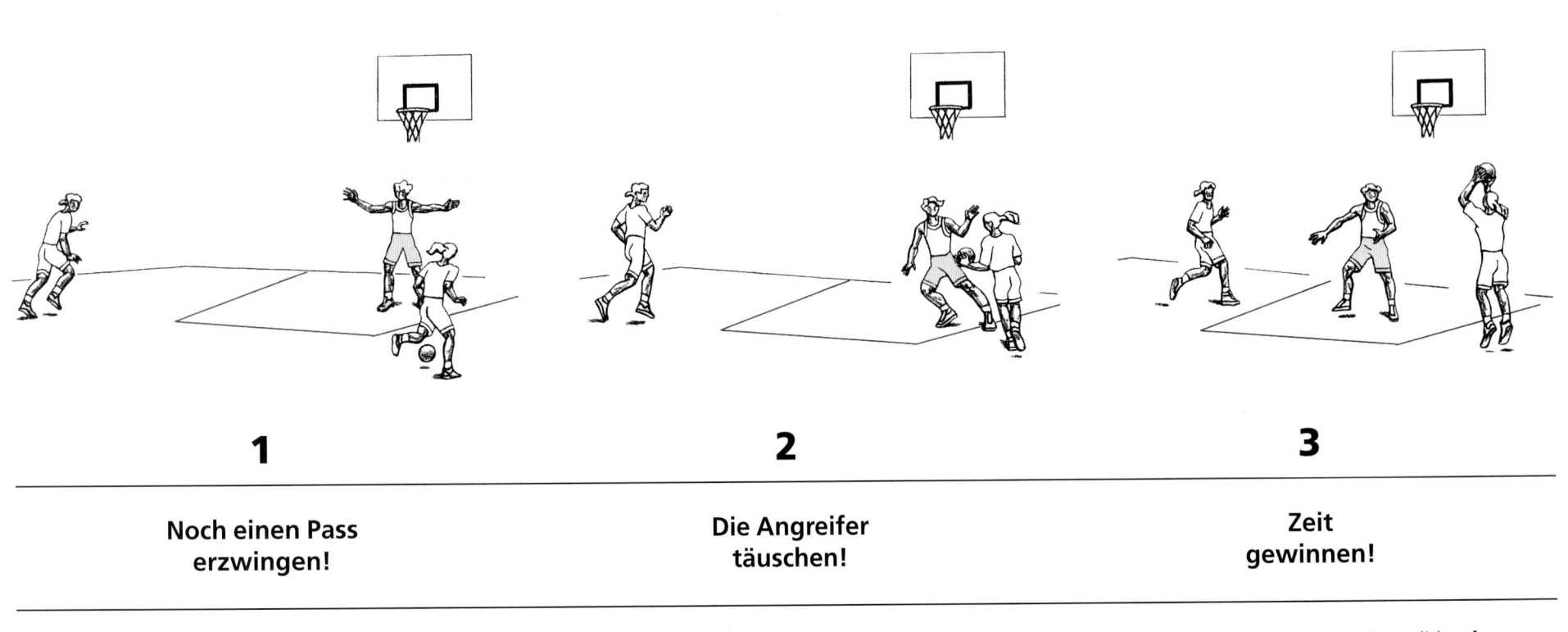

1

Noch einen Pass erzwingen!

Versuche durch eine »Zwitterposition« in Korbnähe zwischen den Angreifern immer einen weiteren Pass zu erzwingen. Verpflichte dich nicht zu früh zu einen der Angreifer zu bedrohen, weil der zweite dann ganz frei sein wird.

2

Die Angreifer täuschen!

Durch Täuschungen in der Verteidigung können oft Fehler der Angreifer erreicht werden.

3

Zeit gewinnen!

Versuche die Angreifer so lange wie möglich aufzuhalten, bis weitere Mitspieler zurücklaufen und aushelfen können.

Taktik 17
3 gegen 2 Unterzahlverteidigung beim Fast Break

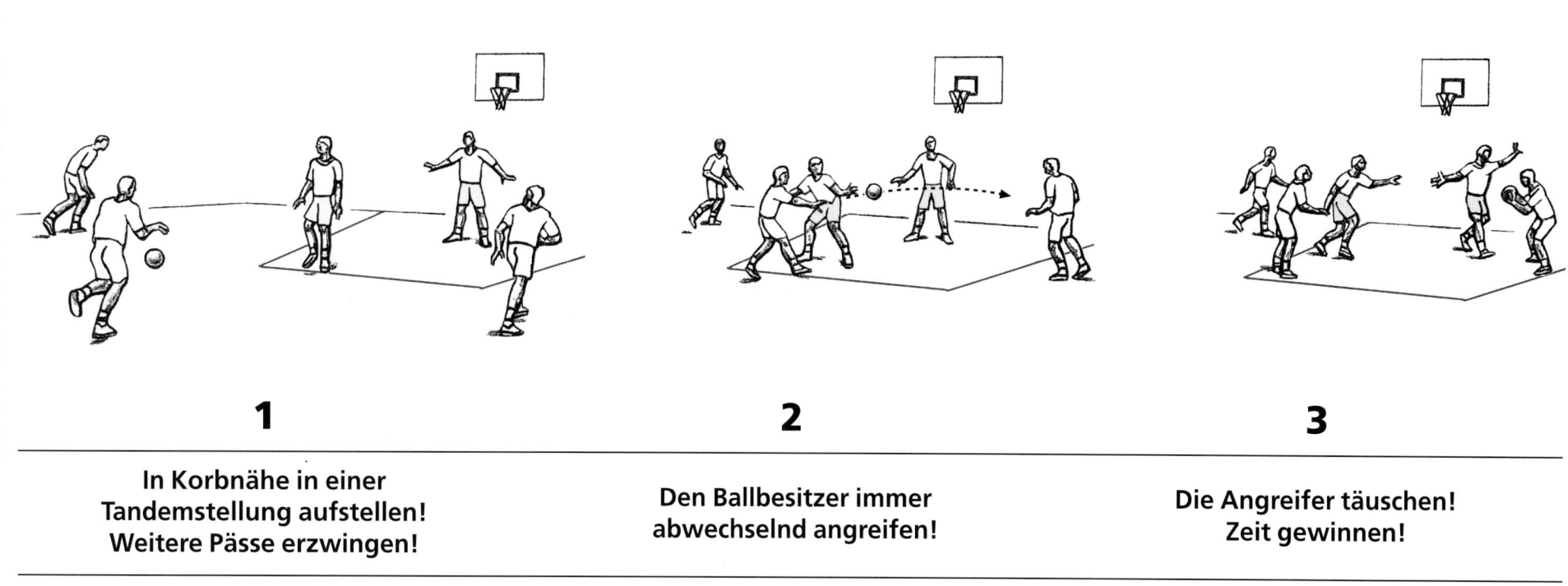

1

**In Korbnähe in einer
Tandemstellung aufstellen!
Weitere Pässe erzwingen!**

Versuche in einer Tandemaufstellung in Korbnähe zwischen den Angreifern immer einen weiteren Pass zu erzwingen.

2

**Den Ballbesitzer immer
abwechselnd angreifen!**

Der vordere Verteidiger greift zuerst den Ballbesitzer an. Der hintere Verteidiger kommt heraus und greift den ersten Passempfänger an, während der vordere Verteidiger dann absinkt und den Korb absichert. So wechseln sich beide Verteidiger ab, den Ball zu bedrohen und den Korb abzusichern.

3

**Die Angreifer täuschen!
Zeit gewinnen!**

Durch Täuschungen in der Verteidigung können oft Fehler der Angreifer erreicht werden. Versuche die Angreifer so lange wie möglich aufzuhalten, bis weitere Mitspieler zurücklaufen und aushelfen können.

© Als Kopiervorlage freigegeben. Ernst Klett Schulbuchverlag Leipzig GmbH, Leipzig 2000

Taktik 18
Schnellangriff

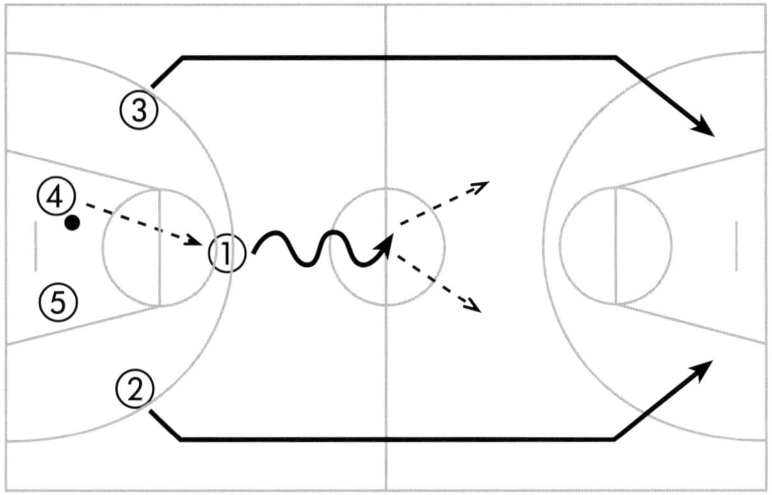

1

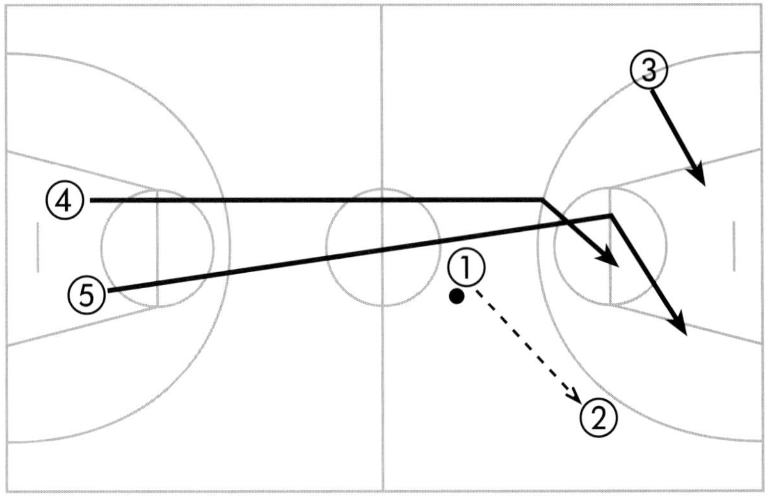

Zuerst 1 gegen 0 dann 2 gegen 1 und 3 gegen 2 Spielsituationen für schnelle Korbwurfaktionen nutzen!

Die Flügelspieler sprinten so schnell wie möglich in den Außenspuren nach vorn während der Aufbauspieler den Outlet-Pass empfängt. Bei einfachen Überzahlsituationen passt der Aufbauspieler schnell nach vorn zu einem Flügelspieler (1). Wenn die Flügelspieler nicht anspielbar sind, treibt der Aufbauspieler durch schnelles Dribbling den Ball durch die mittlere Spur nach vorn.

2

Die Innenspieler sprinten als »Trailer« durch die mittlere Spur direkt zum Korb nach vorn!

Nach dem Rebound oder Einwurf an der Grundlinie sprinten die Innenspieler nach vorn. Der erste »Trailer« sprintet direkt zum Korb und bietet sich anschließend auf der Ball-Korb-Linie in der Posting-up-Position für ein Zuspiel an. Der zweite »Trailer« bietet sich an der Freiwurflinie für ein Zuspiel an (2).

Bei schnellem Ballvortrag entsteht ein Überzahlspiel! Einer der Angreifer ist bei schnellem Spiel fast immer frei!

Wenn alle Angreifer nach vorn sprinten ist es sehr schwer für die Verteidiger alle Spieler rechtzeitig aufzunehmen. Daher sind Überzahlspiele der Angreifer kaum zu vermeiden. Die Angreifer müssen nur den freien Mann finden und anspielen. Der Schnellangriff führt daher oft zu einfachen Würfen (Korblegern). Außerdem gibt das schnelle Spiel allen Angreifern die Chance zum Korberfolg zu gelangen bevor sich die Verteidiger organisieren können.

© Als Kopiervorlage freigegeben. Ernst Klett Schulbuchverlag Leipzig GmbH, Leipzig 2000

Taktik 19
Breakverteidigung
(Kontrolle)

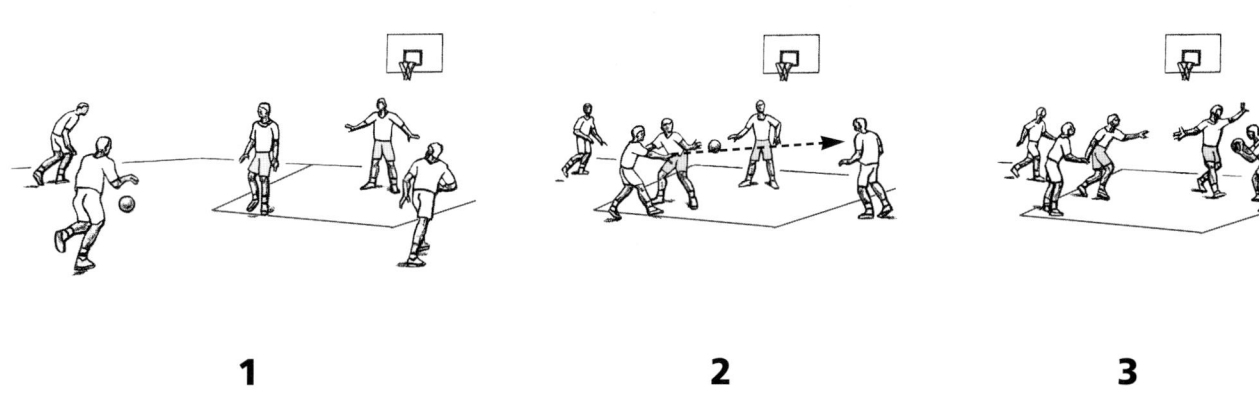

1   **2**   **3**

❓ Aufgabe 1

Bei der Unterzahlverteidigung 2 gegen 1 versucht man dem Dribbler durch aggressive Verteidigung den Ball abzunehmen.

JA ( )   NEIN ( )

❓ Aufgabe 2

Bei der Unterzahlverteidigung 2 gegen 1 versucht man den Dribbler durch Täuschungen zu einem Fehlpass zu verleiten.

JA ( )   NEIN ( )

❓ Aufgabe 3

Bei der Unterzahlverteidigung 2 gegen 1 versucht man beide Angreifer zu immer weiteren Pässen zu zwingen.

JA ( )   NEIN ( )

❓ Aufgabe 4

Füge in den Lückentext die korrekten Wörter ein!

1. abzusichern, 2. 3-Sekunden-Raum, 3. Pässen, 4. Sprungwurf, 5. Täuschungen

Zwei Angreifer versuchen im Schnellangriff gegen einen Verteidiger einen Korb zu erzielen. Der Verteidiger läuft zuerst in den _____ zurück, um den Korb erst mal _____. Im 3-Sekunden-Raum versucht der Verteidiger durch _____ die Angreifer zu weiteren _____ zu verleiten. Schließlich erreicht _____ der Verteidiger, dass die Angreifer einen _____ außerhalb des 3-Sekunden-Raums ausführen.

❓ Aufgabe 5

Bei der Unterzahlverteidigung 3 gegen 2 verteidigt man in einer Tandemaufstellung.

JA ( )   NEIN ( )

❓ Aufgabe 6

Welche Aussagen sind richtig (siehe Abbildung)?

a) Der vordere Verteidiger greift zuerst den Ballbesitzer an.
b) Die Verteidiger greifen abwechselnd den Ballbesitzer an.
c) Der hintere Verteidiger bleibt immer am Korb in Korbnähe.
d) Der vordere Verteidiger verteidigt den korbfernen Bereich.

❓ Aufgabe 7

Welche Aussagen treffen zu (siehe Abbildung)?

a) Die Verteidiger versuchen einen Ballgewinn zu erzielen.
b) Die Verteidiger versuchen Zeit zu gewinnen.
c) Die Verteidiger versuchen weitere Pässe zu erzwingen.
d) Die Verteidiger versuchen zu foulen.

Taktik 20
Break
(Kontrolle)

     1    2    3

❓ Aufgabe 1

Setze die folgenden Phasen des Schnellangriffs in die richtige Reihenfolge!

___ Ballvortrag
___ Rebound, Ballgewinn oder Einwurf
___ Abschlussphase und Wurf
___ Outletpass

❓ Aufgabe 2

Der Ballvortrag erfolgt durch ein schnelles Dribbling schneller als durch Passen.

JA ( )   NEIN ( )

❓ Aufgabe 3

Welche Aussagen treffen zu?

a) Durch den Schnellangriff werden am ehesten Überzahlsituationen erzeugt.
b) Ein Korb beim Schnellangriff zählt doppelte Punkte.
c) Der Schnellangriff erzeugt weniger Ballverluste als Positionsangriffe.
d) Beim Schnellangriff kommt man leicht zu korbnahen Würfen.

❓ Aufgabe 4

Ordne die Phasen in die richtige Reihenfolge (vgl. dazu Abbildung 1 und 2)!

___ Die Verteidigung greift den Ball an.
___ Abschluss mit Korbleger
___ Pass zur mitlaufenden Spielerin in der anderen Außenspur
___ Die Spielerin dribbelt in der Abschlussphase bis sie von einem Verteidiger angegriffen wird.

❓ Aufgabe 5

Welche Aussagen treffen zu?

a) Passe immer zu einem Mitspieler der weiter vorn läuft!
b) Versuche bei einer Gleichzahlsituation auch zum schnellen Wurf zu kommen!
c) Versuche bei Überzahlsituationen immer mit einem Korbleger abzuschließen!
d) Ein Sprungwurf aus der Mitteldistanz ist genauso sicher wie ein Korbleger.

❓ Aufgabe 6

Bezugnehmend auf die obige Abbildung 3, füge in den Lückentext die korrekten Wörter ein!

1. abschirmen, 2. Korblegerabschluss, 3. Bodenpass, 4. Weak Side

Der Flügelspieler hat gerade den Pass vom Aufbauspieler erhalten und wird sofort vom nahestehenden Verteidiger gestört. Er schaut zur _____ um zu erkennen, welcher der beiden Mitspieler frei ist, denn der eine Verteidiger kann nicht beide Mitspieler _____ . Da sich der zweite Verteidiger näher am Aufbauspieler als beim Mitspieler auf der Weak Side befindet, ist ein _____ zum Mitspieler auf der Weak Side geeignet, um zum _____ zu kommen.

❓ Aufgabe 7

Der erste und zweite Trailer ermöglichen 4 gegen 3 und 5 gegen 4 Überzahlsituationen.

JA ( )   NEIN ( )

84

© Als Kopiervorlage freigegeben. Ernst Klett Schulbuchverlag Leipzig GmbH, Leipzig 2000

Taktik 21
Break
(Korrektur)

Aufgabe

Organisationsvorschlag:
Bildet Vierergruppen und führt folgende Übung durch:

A wirft von der Freiwurflinie aus auf den Korb. B und C stehen am Rande des 3-Sekunden-Raumes und holen den Rebound und spielen den Outletpass zu A der sich an der Freiwurflinie anbietet. B und C sprinten nach dem Outletpass in den Außenspuren zum Schnellangriff. A passt entweder zu B oder C den Ball zum Korbleger zu. D beobachtet die Reboundsituation, den Outletpass, die Ballvortrags- und Abschlussphase und korrigiert eventuell einzelne Merkmale. Nach jedem Durchgang wechseln A, B und C die Positionen und nach 3 Durchgängen wird der Beobachter gewechselt.

Hinweise für den Beobachter: Beobachte immer nur **ein Merkmal**. Kreuze an, was du beobachtet hast:

△ Merkmal ist gut erkennbar
☐ Merkmal ist ansatzweise erkennbar
▷ Merkmal ist nicht erkennbar

Beobachte den Werfer und gib ihm **ein oder zwei Hinweise**, die deiner Meinung nach besonders wichtig sind.

Hast du außer den Merkmalen a) bis d) sonst noch etwas Wichtiges beobachtet?

a) Fängt der Rebounder den Ball am höchsten Punkt? △ ☐ ▷

 Erfolgt die Landung auf beiden Beinen? △ ☐ ▷

 Führt der Rebounder einen Sternschritt mit Blick nach vorn aus? △ ☐ ▷

b) Sprintet der Rebounder nach seinem Outletpass? △ ☐ ▷

 Ist der Pass fest und gerade? △ ☐ ▷

 Bietet sich der Aufbauspieler ein Stückchen zum Ball hin an? △ ☐ ▷

 Zeigt der Aufbauspieler ein Ziel für ein Zuspiel? △ ☐ ▷

c) Sprinten die Flügelspieler in der Außenspur nach vorn? △ ☐ ▷

 Dribbelt der Aufbauspieler so schnell wie möglich? △ ☐ ▷

 Hat der Aufbauspieler seinen Blick nach vorn gerichtet? △ ☐ ▷

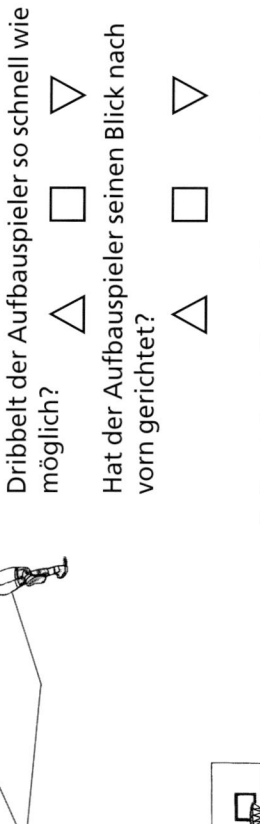

d) Passt der Aufbauspieler zum richtigen Zeitpunkt? △ ☐ ▷

 Erfolgt der Korbleger ohne Schrittfehler? △ ☐ ▷

© Als Kopiervorlage freigegeben. Ernst Klett Schulbuchverlag Leipzig GmbH, Leipzig 2000

Taktik 22
Balance auf dem Feld

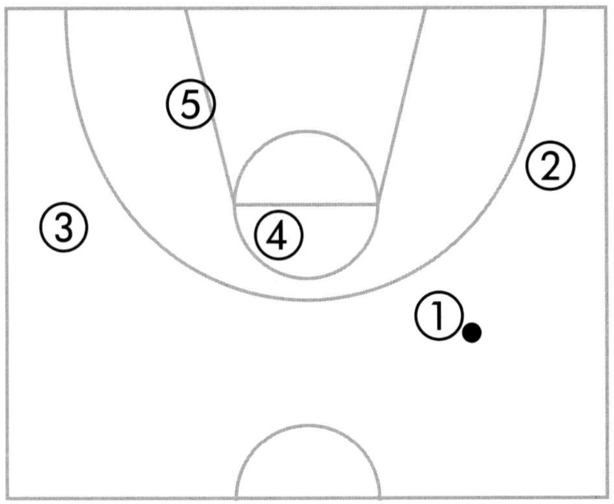

1

Nie zu nah aneinander aufstellen!
Die Verteidigung auseinander ziehen!
Passabstand von ca. 3 Metern halten!

Die Grundaufstellung im Angriff beinhaltet immer einen bestimmten Abstand zwischen allen Angreifern auf dem Feld. Halte immer einen Abstand von ca. 3 Metern von deinen Mitspielern. Somit hast du immer einen guten Passabstand. Bei gutem Abstand ist es für Verteidigungsspieler schwieriger zu helfen.

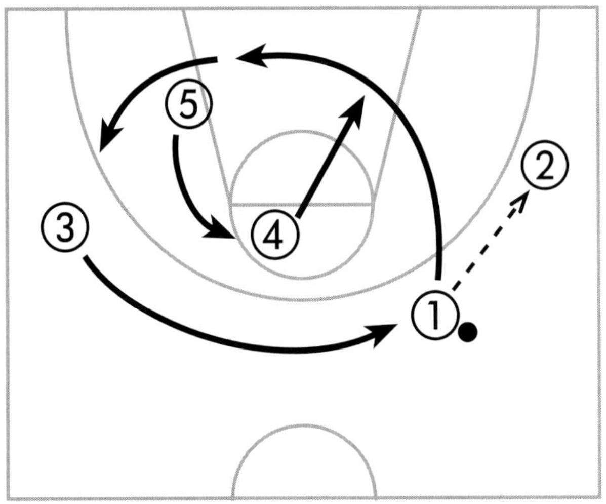

2

Wenn ein Spieler zum Korb schneidet, seine Position durch Schneidebewegung auffüllen!

Wenn Angreifer zum Korb schneiden, um sich für ein Anspiel anzubieten, sollte ein Mitspieler versuchen, diese Position aufzufüllen.

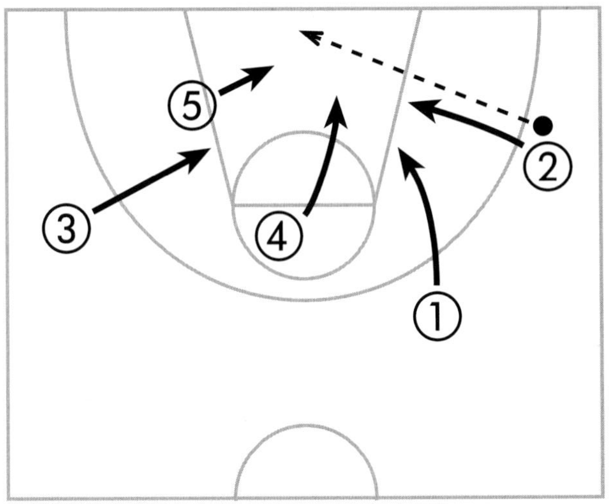

3

Immer zum Rebound gehen, wenn man selbst oder ein Mitspieler auf den Korb wirft!

Nimm immer an, dass ein Korbwurf daneben geht und versuche eine gute Position für den Rebound einzunehmen. Aus Rebounds ergeben sich meist einfache und korbnahe Würfe!

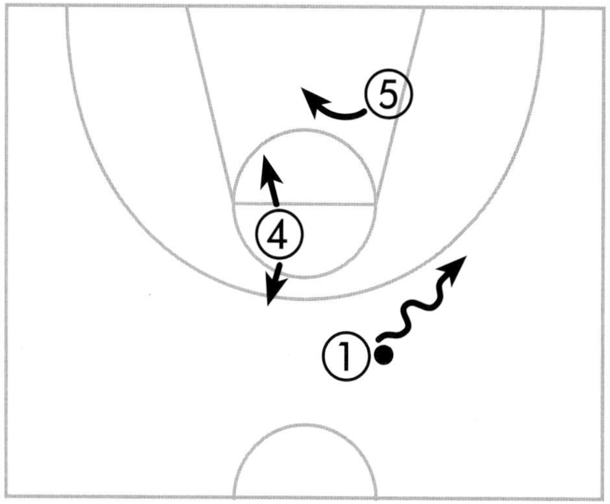

Taktik 23
Spielpositionen

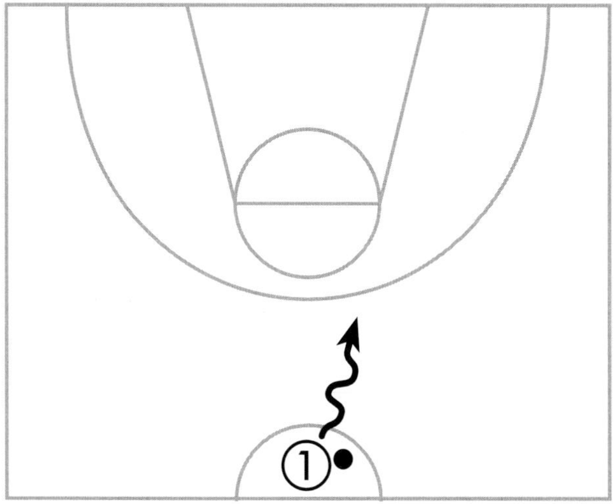

1

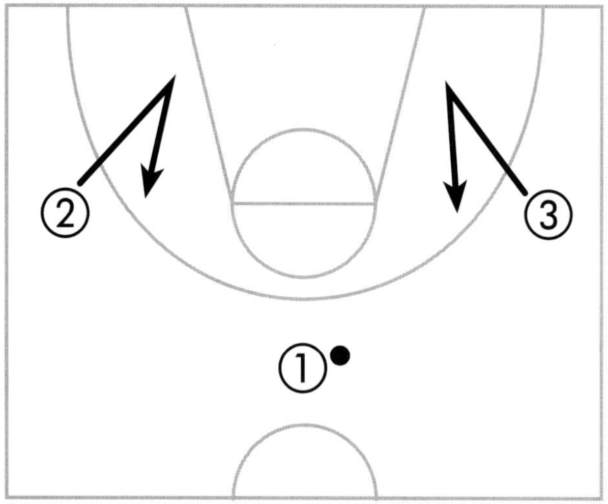

Der Aufbauspieler dirigiert das Angriffsspiel und setzt seine Mitspieler in Szene!

Der Aufbauspieler organisiert das Angriffsspiel. Er dribbelt anfangs meist zwischen der Freiwurflinie und Spielfeldmitte und dirigiert seine Mitspieler auf ihren Positionen. Durch eine Position in der mittleren Spielfeldspur kann er gleichermaßen beide Flügelspieler oder einen der Centerspieler anspielen. Nach seinem Abspiel versucht er im »Give and Go« (Doppelpass) zum Korb in den freien Raum zu schneiden und sich für das Zuspiel anzubieten.

2

Die Flügelspieler befreien sich für ein Anspiel! Bei Anspiel täuschen sie ihren Verteidiger und ziehen zum Korb!

Die Flügelspieler versuchen, sich auf der linken und rechten Spielfeldseite in Höhe der verlängerten Freiwurflinie für ein Zuspiel vom Aufbauspieler anzubieten. Hierbei können sie auch »Backdoor« für ein Zuspiel direkt zum Korb schneiden. Bei Ballerhalt auf der Flügelposition versuchen sie selber zum Korb zu ziehen oder schneidende Mitspieler anzuspielen.

3

Die Centerspieler befreien sich für ein Anspiel an der Freiwurflinie und in Korbnähe! Bei Anspiel täuschen sie ihren Verteidiger und ziehen zum Korb!

Die Centerspieler versuchen, sich auf der Position »High Post« und »Low Post« für ein Zuspiel vom Aufbau- oder Flügelspieler anzubieten. Hierbei können sie auch »Backdoor« für ein Zuspiel direkt zum Korb schneiden. Bei Ballerhalt versuchen sie selber zum Korb zu ziehen oder schneidende Mitspieler anzuspielen.

© Als Kopiervorlage freigegeben. Ernst Klett Schulbuchverlag Leipzig GmbH, Leipzig 2000

Taktik 24
»Motion Offense« Positionsangriff

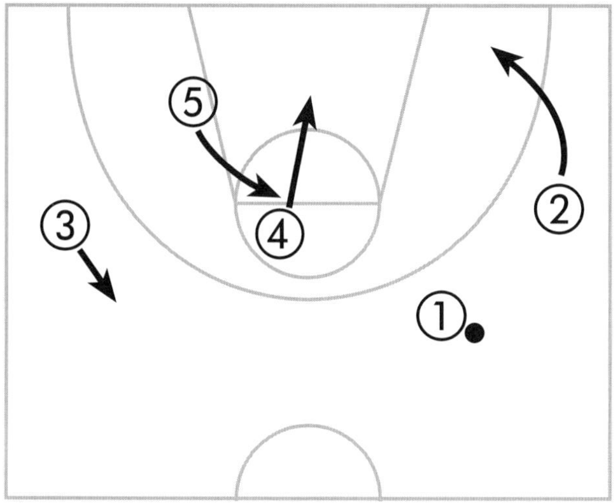

1

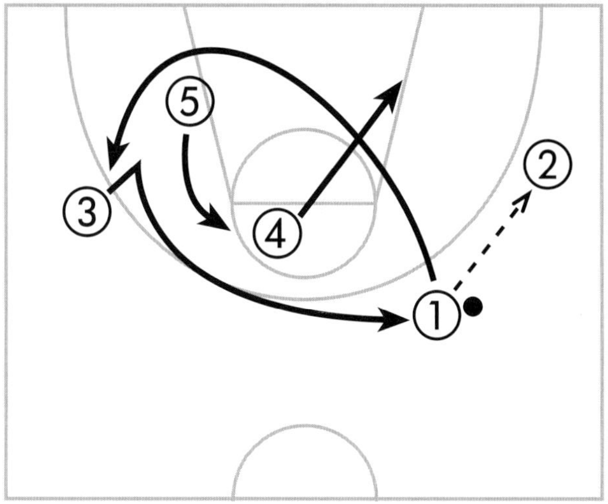

2

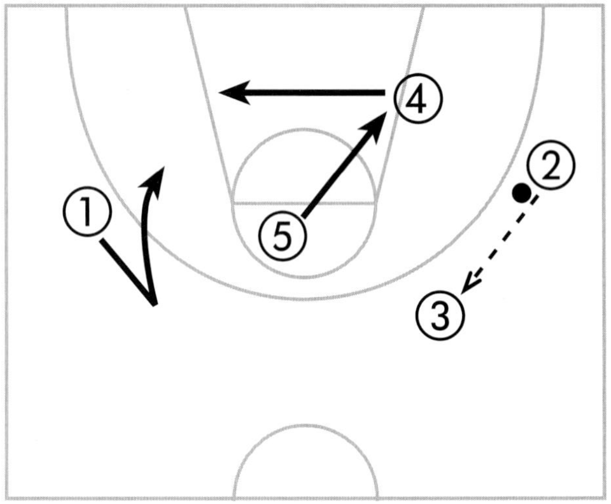

3

»Motion« heißt Bewegung! Aufbau- und Flügelspieler tauschen ihre Positionen durch Mit dem Pass die Position verändern!
Alle Spieler bieten sich durch Schneiden und Auffüllen! Centerspieler wechseln so oft wie Wenn ein Mann zum Korb zieht,
Schneiden für ein Zuspiel an! möglich die hohe und tiefe Position durch Schneiden! immer anspielbereit sein!

Beim Motion-Angriff versuchen die Angreifer immer genügend Abstand zwischen sich zu halten und sich durch Schneidebewegungen in den freien Raum anzubieten. Durch die vielen Schneidebewegungen wechseln die Angreifer häufig die Spielpositionen.

Die Aufbau- und Flügelspieler versuchen ihre Positionen durch Schneiden und durch Einnehmen freier Positionen aufzufüllen. Für die Centerspieler gilt dies gleichermaßen.

Mit jedem Pass bewegen sich die vier weiteren Mitspieler und versuchen sich anzubieten. Wenn der Spieler mit Ball zum Korb zieht, versuchen die Mitspieler für ein Pass bereit zu sein. Nimm immer an, dass ein Korbwurf daneben geht und versuche eine gute Position für den Rebound einzunehmen.

© Als Kopiervorlage freigegeben. Ernst Klett Schulbuchverlag Leipzig GmbH, Leipzig 2000

Taktik 25
Offense gegen Mann-Mann-Verteidigung

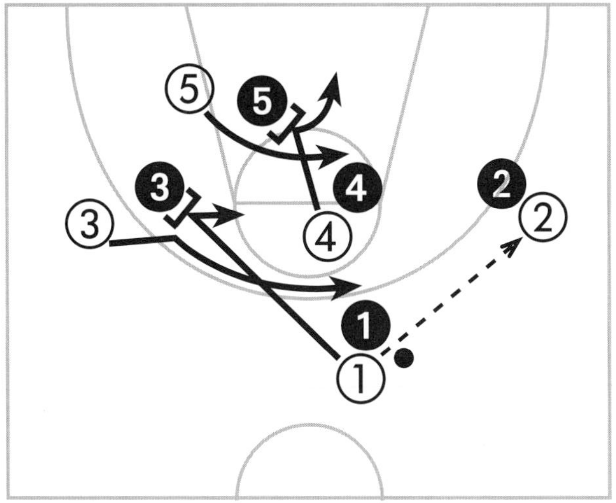

1

Außer durch Schneidebewegungen nutzen die Angreifer indirekte Blocks, um sich zu befreien und für ein Zuspiel anzubieten!

Neben Schneidebewegungen aller Spieler nutzen beim Motion-Angriff der Aufbau- und die Flügelspieler untereinander indirekte Blocks (Gegenblocks). Die Centerspieler nutzen ebenfalls gegenseitig indirekte Blocks. Alle Spieler halten nach dem Blocken und Abrollen immer genügend Abstand untereinander.

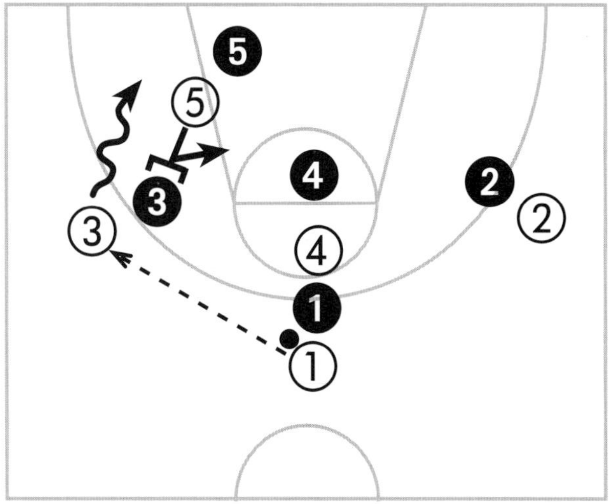

2

Für den Angreifer mit Ball einen direkten Block setzen und zum Korb abrollen!

Durch direkte Blocks zwischen Aufbau-, Flügelspieler und Centerspieler versuchen die Angreifer mit Ball ein Ziehen zum Korb zu ermöglichen. Der abrollende Blocksteller ist auch sehr oft frei für ein Anspiel, wenn der blockstellende Verteidiger beim Ziehen zum Korb aushilft.

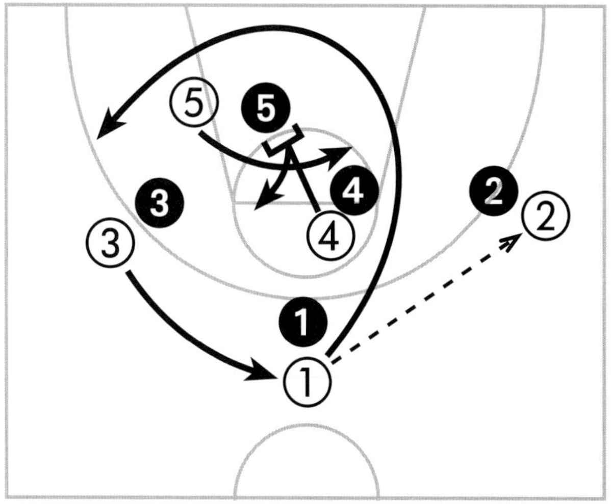

3

Trotz der vielen Schneidebewegungen und Blocks genügend Abstand zwischen den Mitspielern halten!

Die Angreifer müssen trotz ständigen Schneidebewegungen und direkten und indirekten Blocks genügend Abstand untereinander halten, um eine sinnvolle Raumaufteilung aufrechtzuerhalten.

© Als Kopiervorlage freigegeben. Ernst Klett Schulbuchverlag Leipzig GmbH, Leipzig 2000

Taktik 26
Offense gegen Ball-Raum-Verteidigung

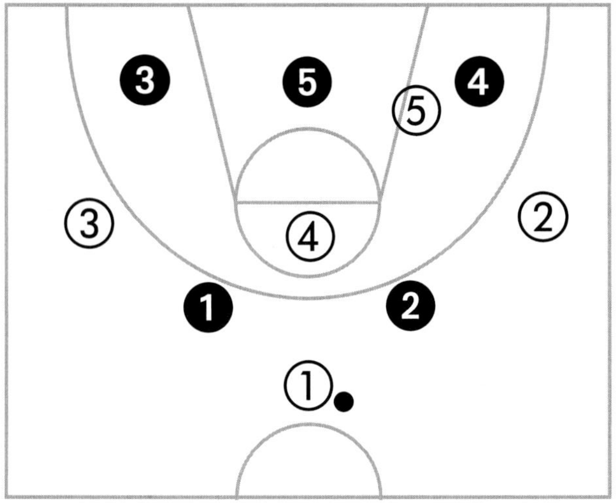

1

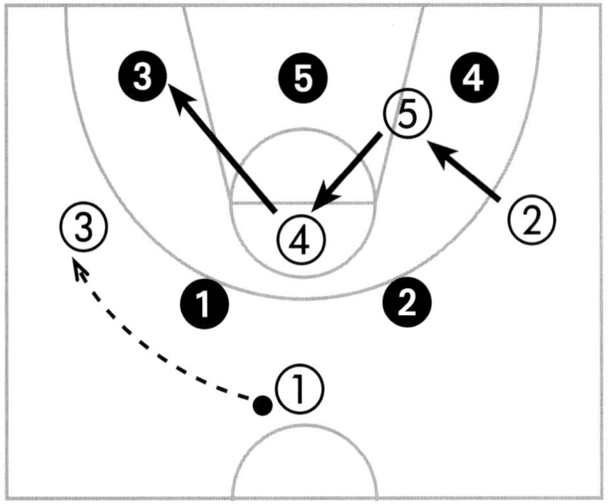

Die Nahtstellen suchen und dort für ein Zuspiel anbieten!

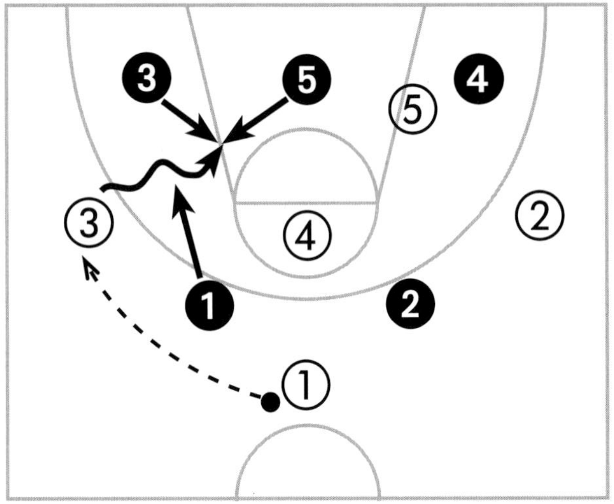

Die Innenspieler versuchen sich in Korbnähe in den Lücken zwischen den Verteidigern (die Nahtstellen) für ein Zuspiel anzubieten. Der Aufbau- und die Flügelspieler suchen die Nahtstellen außerhalb des 3-Sekunden-Raums auf und bieten sich dort an.

2

Durch die Nahtstellen schneiden und dort eine Lücke zum Ballerhalt suchen!

Bei Schneidebewegungen durch die Ball-Raum-Verteidigung schafft man Kompetenzschwierigkeiten für die Verteidiger. Dadurch werden die Angreifer oft für ein Zuspiel freistehen.

3

In die Nahtstellen dribbeln und mehrere Verteidiger binden! Trotz der Schneidebewegungen genügend Abstand zu den Mitspielern halten!

Durch ein Penetration-Dribbling zwischen zwei Verteidigern der Ball-Raum-Verteidigung schafft man auch Kompetenzschwierigkeiten für die Verteidiger und kann manchmal auch zwei Verteidiger binden und somit einen Mitspieler freispielen. Die Angreifer müssen trotz ständigen Schneidebewegungen genügend Abstand untereinander halten, um eine sinnvolle Raumaufteilung aufrechtzuerhalten.

© Als Kopiervorlage freigegeben. Ernst Klett Schulbuchverlag Leipzig GmbH, Leipzig 2000

Taktik 27
Teamangriff
(Kontrolle)

1

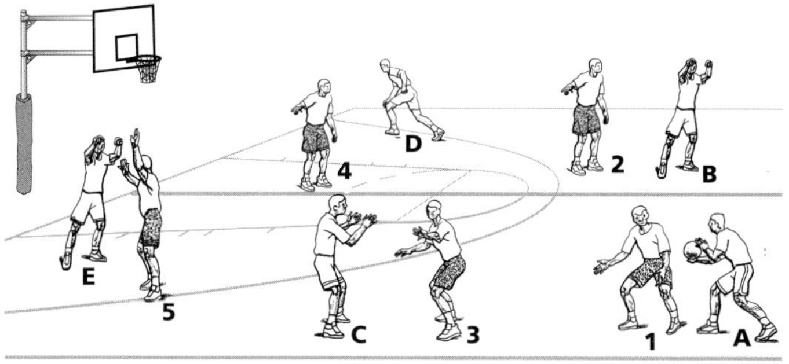

2

❓ Aufgabe 1

Damit sich Angreifer auf dem Spielfeld nicht gegenseitig behindern ist es erforderlich, dass sie eine günstige Raumaufteilung aufrechterhalten.

JA ( )   NEIN ( )

❓ Aufgabe 2

Der Aufbauspieler holt die meisten Rebounds, die Flügelspieler gestalten das Angriffsspiel und die Kreisläufer spielen in Korbnähe.

JA ( )   NEIN ( )

❓ Aufgabe 3

Welche Aussagen treffen zu?

a) Um Angreifer freizuspielen werden direkte und indirekte Blocks genutzt.
b) Beim Angriff gegen Ball-Raum-Verteidigung ist es erforderlich, viel zu dribbeln.
c) Blocks sind gegen Mann-Mann-Verteidigung unwirksam.
d) Beim Angriff gegen Ball-Raum-Verteidigung bietet man sich an durch Schneidebewegungen im Rücken der Verteidigung.

❓ Aufgabe 4

Abbildung ____ zeigt eine mannorientierte Mann-Mann-Verteidigung.

Abbildung ____ zeigt eine ballorientierte Mann-Mann-Verteidigung.

❓ Aufgabe 5

Welche Aussagen treffen zu (siehe Abbildung)?

a) Bei der mannorientierten Mann-Mann-Verteidigung verteidigt jeder Spieler zwischen seinem Mann und dem Korb.
b) Bei der ballorientierten Mann-Mann-Verteidigung verteidigen alle Spieler zwischen Ball und Mann.
c) Auf der schwachen Seite wird nie zum Ball abgesunken.
d) Die ballorientierte Mann-Mann-Verteidigung ist die aggressivere Verteidigungsform.

❓ Aufgabe 6

Bezugnehmend auf die obige Abbildung, füge in den Lückentext die korrekten Wörter ein!

1. Druck, 2. Passwege, 3. rotieren, 4. schwache Seite, 5. ballorientierte, 6. Ballseite, 7. Helferposition, 8. Dribbeldurchbruch

Bei der _____ Mann-Mann-Verteidigung versucht der Verteidiger am Ball viel _____ zu erzeugen. Die Mitspieler auf der _____ versuchen die _____ zu schließen während Verteidiger auf der _____ zur Spielfeldmitte hin absinken und eine _____ einnehmen. Bei _____ versuchen Mitspieler zu helfen und die weiteren Verteidiger _____ in und die kürzeren Passwege.

❓ Aufgabe 7

Bei der Ball-Raum-Verteidigung orientieren sich alle fünf Spieler zum Ball hin.

JA ( )   NEIN ( )

© Als Kopiervorlage freigegeben. Ernst Klett Schulbuchverlag Leipzig GmbH, Leipzig 2000

Taktik 28
Mann-Mann-Verteidigung
(mannorientiert)

Verteidigungslinie beachten!

Jeder Spieler steht auf der gedachten Linie »eigener Mann«-Korb.
Alle Verteidiger sehen den Ball und ihre Angreifer.

Ballbesitzer beschäftigen!

Der Ballbesitzer wird beschäftigt.
Das Dribbling wird durch die Hände des Verteidigers beeinträchtigt.

Verteidigungsabstand beachten!

Der Abstand zum Angreifer wächst mit der Entfernung zum Korb.
In Korbwurfnähe beträgt die Entfernung etwa eine Armlänge.
Unter dem Korb wird hautnah verteidigt.

© Als Kopiervorlage freigegeben. Ernst Klett Schulbuchverlag Leipzig GmbH, Leipzig 2000

Taktik 29
Mann-Mann-Verteidigung
(ballorientiert und aggressiv 1)

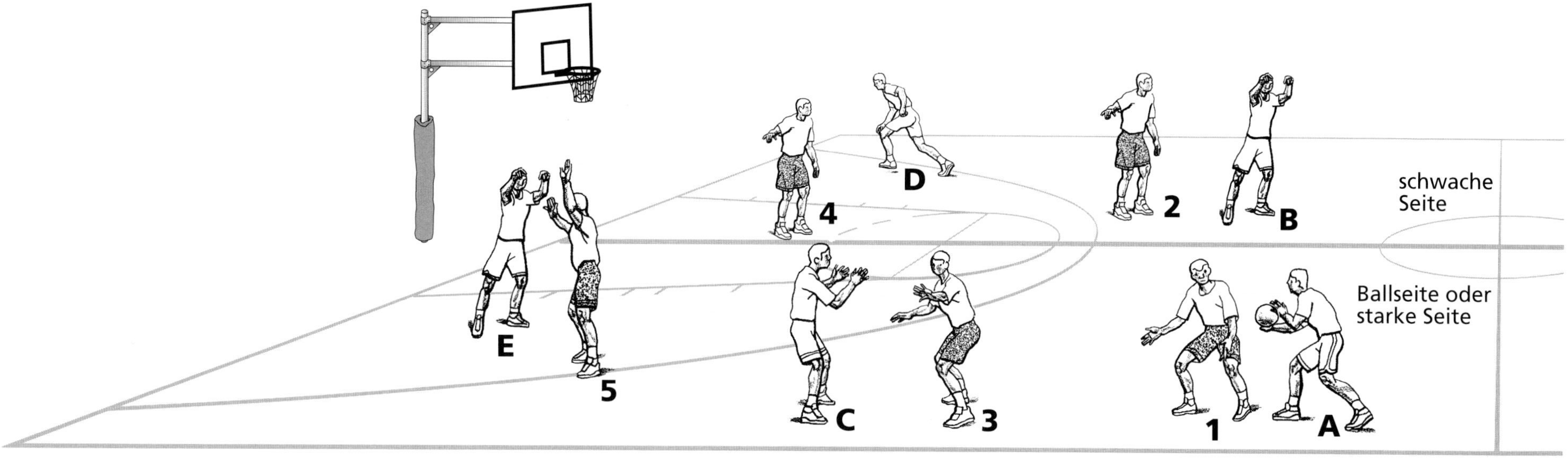

schwache Seite

Ballseite oder starke Seite

Feldaufteilung beachten!	Verteidigung des Ballbesitzers!	Verteidigung auf der Ballseite!	Verteidigung auf der schwachen Seite!
Das Vorfeld wird gedanklich in zwei Hälften geteilt. Die Seite auf welcher der Ball ist, nennt man die starke Seite (Strong Side oder Ball Side). Die andere Seite heißt schwache Seite (Help Side oder Weak Side).	Der Ballbesitzer A wird zur Seite gedrängt, indem ihn der Verteidiger 1 etwas von innen deckt, damit der Dribbelweg nach außen erleichtert wird.	Alle Verteidiger auf der starken Seite (3, 5) decken den Passweg, d. h. eine Hand des Verteidigers ist immer in der gedachten Linie Ball-Gegenspieler.	Alle Verteidiger auf der schwachen Seite (2, 4), sinken zum Ball nach innen ab. Sie müssen in der Lage sein, den Durchbruch eines Angreifers mit Ball zu stoppen.

© Als Kopiervorlage freigegeben. Ernst Klett Schulbuchverlag Leipzig GmbH, Leipzig 2000

Taktik 30
Mann-Mann-Verteidigung
(ballorientiert und aggressiv 2)

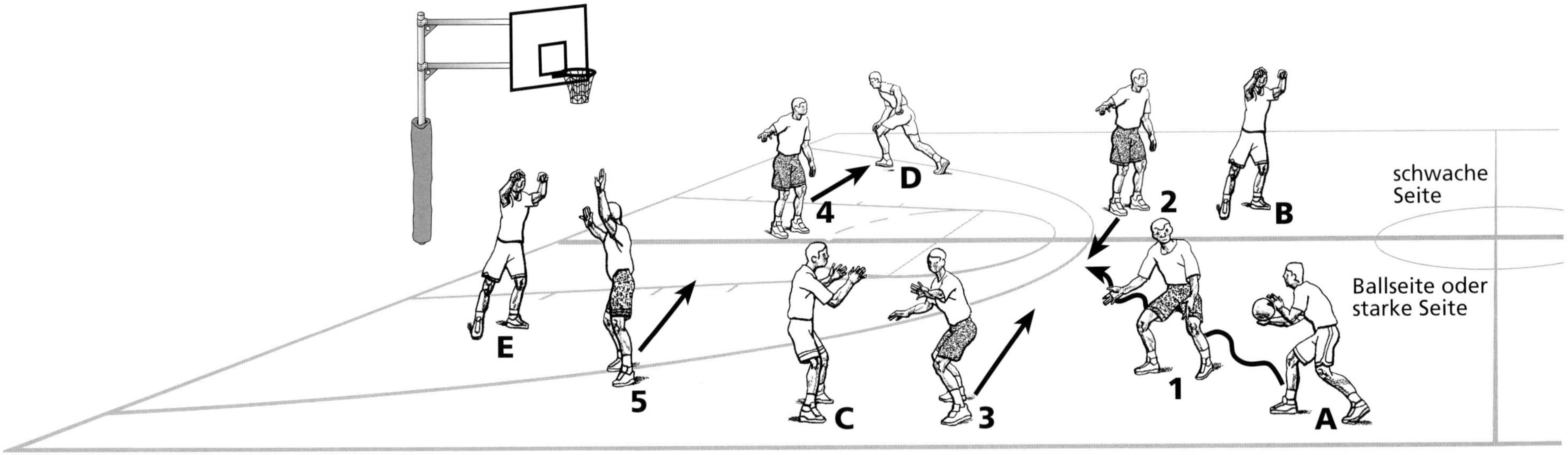

schwache Seite

Ballseite oder starke Seite

Taktische Aufgaben der Verteidiger!

Der Ballbesitzer A muss so stark wie möglich in Richtung Außenlinie der Ballseite gedrängt werden. Er kann auf dieser Seite bei der dargestellten Konstellation nicht zum Korb ziehen, da zu viele Personen auf der starken Seite stehen.

Hilfesituation!

Wenn es dem Ballbesitzer A trotzdem gelingt, in die Mitte zu ziehen, muss Verteidiger 2 versuchen, ihn zu stoppen. Mit Ziehen durch die Mitte und Helfen durch Verteidiger 2 orientiert sich Verteidiger 4 in Richtung seines Gegenspielers D und die Verteidiger 3 und 5 in Richtung Mitte.

Rotation!

Falls sich B in Richtung Seitenlinie der schwachen Seite bewegt und dort den Ball vom Ballbesitzer A erhält, muss Verteidiger 4 helfen.

94

© Als Kopiervorlage freigegeben. Ernst Klett Schulbuchverlag Leipzig GmbH, Leipzig 2000

Taktik 31
Mann-Mann-Verteidigung
(ballorientiert und aggressiv 3)

schwache Seite

Ballseite oder starke Seite

Taktische Aufgaben der Verteidiger!

Gelingt es dem Verteidiger 1 den Angreifer A zum schnellen Dribbling in Richtung Korb über die linke Hand zu zwingen, so läuft dieser in eine Doppelsituation an der Grundlinie (Verteidiger 5 und 1).

Hilfesituation!

Erkennt der Verteidiger 5 die Absicht von Angreifer A, so versucht er, diesen an der Grundlinie, nahe des 3-Sekunden-Raumes, mit Hilfe von 1 zu stoppen.

Rotation!

Wenn Verteidiger 5 Mitspieler 1 zu Hilfe geht, sinkt Spieler 3 vor den Angreifer E. Verteidiger 2 geht in die Mitte zwischen Angreifer B und C.

© Als Kopiervorlage freigegeben. Ernst Klett Schulbuchverlag Leipzig GmbH, Leipzig 2000

Taktik 32
Zonenverteidigung oder Ball-Raum-Verteidigungen
(Darstellung 2 – 1 – 2)

Raum, Ball und Sprache!

Obwohl jeder Spieler in jeder Zonenverteidigung zu Beginn einen Platz in Korbnähe einnimmt, orientieren sich alle 5 Verteidiger zum Ball. Kooperation und die verbale Verständigung in der Verteidigung sind sehr wichtig.

Hilfe, Rebound und Bewegung!

Der dem Ball am nächsten stehende Verteidiger verhindert den Wurf. Die Spieler rechts und links davon verhindern das Ziehen zum Korb. Die anderen Verteidiger sichern den Rebound. Jeder Spieler in einer Zonenverteidigung muss sich mit jedem Pass zum Ball bewegen. Die Arme sind in der Regel über Kopfhöhe, um einen Pass unter den Korb zu verhindern.

Taktik 33
Zonenverteidigung oder Ball-Raum-Verteidigungen
(defensiv und offensiv)

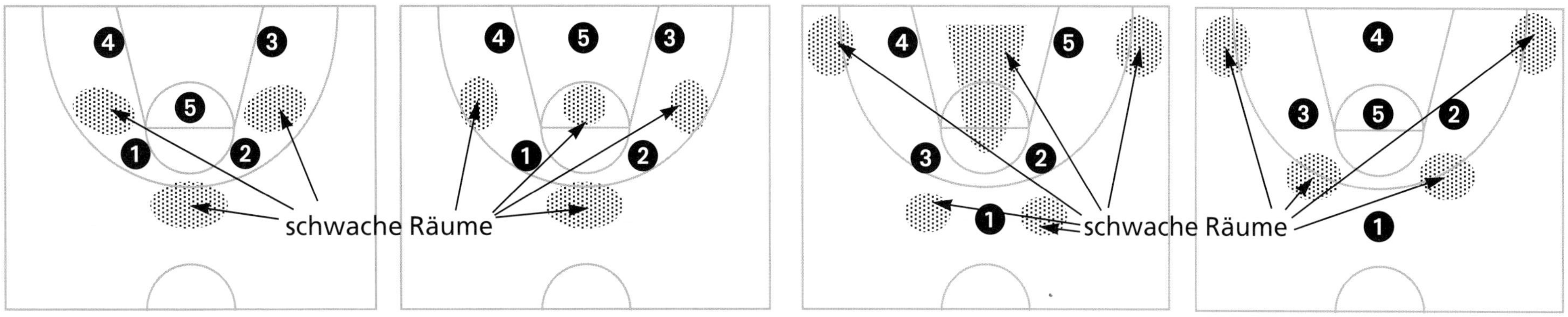

Defensive Zonenverteidigung!

1

Die 2-1-2-Zone ist die gebräuchlichste Zonenverteidigung (1). Sie hat ihre Stärken im Rebounddreieck (3, 4, 5) und beim Outletpass zu den Aufbauspielern (1 oder 2).

Sie hat ihre Schwächen auf dem High Post (auf der Freiwurflinie) und bei Würfen von den Flügelpositionen und von oben vorn.

2

Die 2-3-Zone ist die am stärksten defensiv orientierte Zonenverteidigung (2). Sie zieht alle großen Leute in Korbnähe und verteidigt besonders die Würfe aus den Ecken.

Sie hat Schwächen am High Post (auf der Freiwurflinie), von den hohen Flügelpositionen und von oben vorn. Ein Fast Break läuft fast immer nur mit den Spielern 1 und 2.

Offensive Zonenverteidigung!

3

Die 1-2-2-Zone ist stark auf einen Fast Break ausgerichtet (3). Sie setzt den gegnerischen Aufbauspieler früh unter Druck. Sie benötigt zwei sehr große Spieler auf den Positionen 4 und 5.

Sie hat deutliche Schwächen im gesamten 3-Sekunden-Bereich und bei Würfen aus den Ecken.

4

Die 1-3-1-Zone ermöglicht viele Doppelsituationen (4). Sie kann sehr aggressiv gespielt werden, sogar über das halbe Feld. Sie ist eine typische Zonenverteidigung, um den Fast Break einzuleiten.

Sie hat Schwächen in den Ecken und im Rebounding.

Taktik 34
Mann-Mann-Verteidigung
(Kontrolle)

? Aufgabe 1

Man spielt Mann-Mann-Verteidigung, wenn?

a) man individuell unterlegen ist.
b) man schneller als seine direkten Gegenspieler ist.
c) man das Spieltempo bestimmen will.
d) der Gegner gute Aufbauspieler hat.
e) man dem Gegner physisch überlegen ist.
f) man dem Gegner physisch unterlegen ist.

? Aufgabe 2

Die Mann-Mann-Verteidigung wird

a) das Tempo erhöhen.
b) den Mann mehr beachten als den Ball.
c) das Aussperren erleichtern.
d) schneller als die Zonenverteidigung zum organisierten Fast Break führen.
e) den Gegner zu falschen Reaktionen verleiten.
f) das Tempo verringern.

? Aufgabe 3

Die Mann-Mann-Verteidigung verhindert insbesondere

a) das individuelle Ziehen zum Korb.
b) den Wurf.
c) den guten Pass.
d) das Blocken und Abrollen.
e) den offensiven Rebound.
f) die Foulbelastung.

? Aufgabe 4

Die Mann-Mann-Verteidigung führt schneller zu

a) Ballverlusten des Gegners.
b) überhasteten Würfen.
c) Drivebewegungen des Angreifers.
d) einfachen Körben (z. B. Korblegern).
e) langsamen Systemspiel.
f) Mismatches.

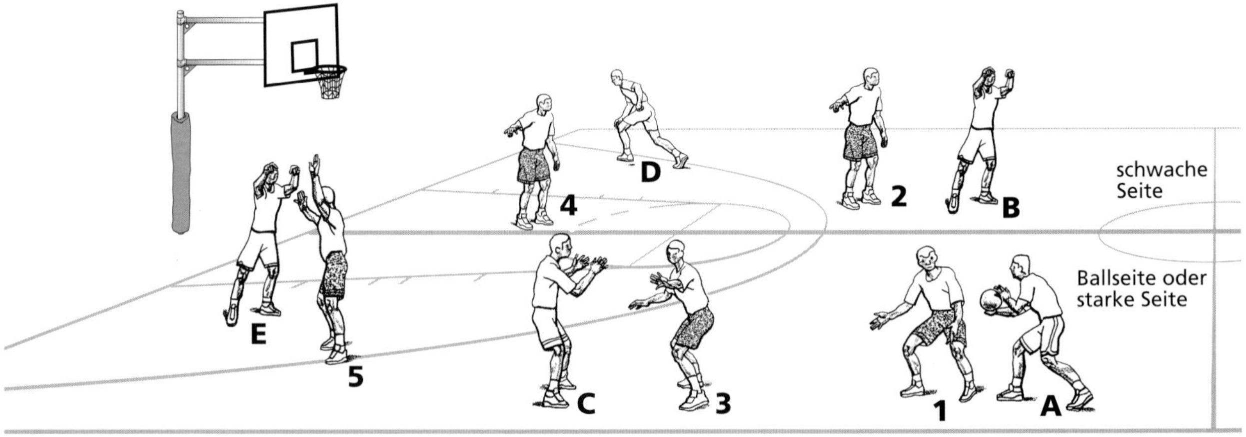

© Als Kopiervorlage freigegeben. Ernst Klett Schulbuchverlag Leipzig GmbH, Leipzig 2000

Taktik 35
Zonenverteidigung
(Kontrolle)

❓ Aufgabe 1

Wo liegen die Stärken der Zonenverteidigung?

a) im Verhindern von Distanzwürfen
b) in der Verhinderung von Drives zum Korb
c) in der kollektiven Arbeit
d) in den individuellen Verteidigungsmöglichkeiten
e) im Rebounddreieck
f) in der Aufgabenverteilung zum Fast Break

❓ Aufgabe 2

Die 1-2-2-Zone ist eine offensive Zonenverteidigung, weil

a) der Aufbauspieler weit vorgezogen ist.
b) der defensive Rebound stark gesichert wird.
c) der Fast Break schnell eingeleitet werden kann.
d) 3 Spieler sich schnell nach vorn orientieren können.
e) der erste Spieler nicht reboundet.
f) schon weit vor dem 3-Sekunden-Raum attackiert wird.

❓ Aufgabe 3

Worauf kommt es bei der Zonenverteidigung besonders an?

a) auf die Deckung der einzelnen Gegenspieler
b) auf das Schwenken zum Ball
c) auf die Bekämpfung des Distanzwurfes
d) auf das Eindringen des Gegners mit Ball in Richtung Korb
e) auf das Schließen der Passwege
f) auf die Verständigung

❓ Aufgabe 4

Warum ist die Armarbeit in der Zonenverteidigung so wichtig?

a) Weil Gegner damit irritiert werden.
b) Weil damit Pässe unter dem Korb verhindert werden.
c) Weil damit Lobpässe erzwungen werden.
d) Weil damit Pässe abgefangen werden können.
e) Weil diese den Wurf stört.
f) Weil es wie eine aktive Verteidigung aussieht.

© Als Kopiervorlage freigegeben. Ernst Klett Schulbuchverlag Leipzig GmbH, Leipzig 2000

»Ballgewöhnung 1!«

TBG 1

| | ※ | ⏱ 15 | 👥 >2 | D |

Übungsablauf:

Stationstraining

Organisation:
- 4 Stationen
- Paare bilden
- bis zu 5 Paare üben an jeder Station
- 1 Spieler übt, der Partner beobachtet
- 30 Sekunden Pause zum Stationswechsel

Station 1:
Im Grätschsitz mit dem Ball zwischen den Beinen »Klavier spielen«. Dabei ständig mit der rechten und linken Hand im Wechsel den Ball dribbeln.

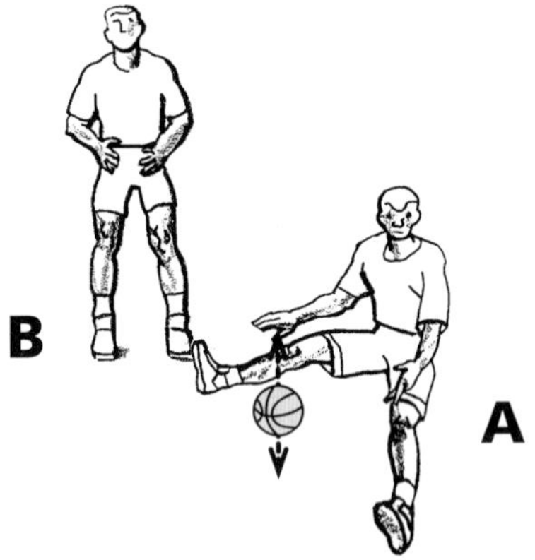

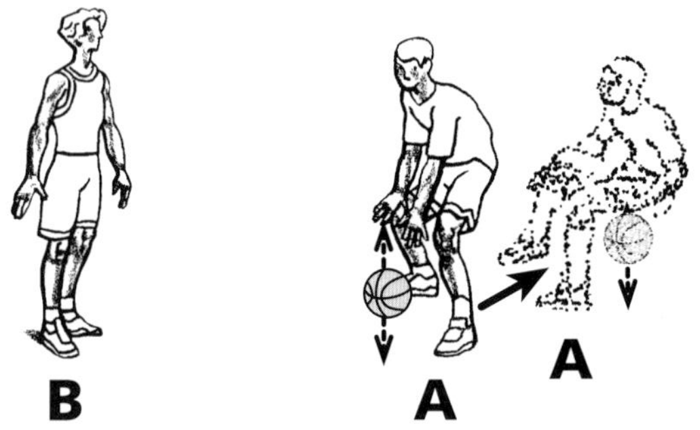

Station 2:
Stetes Dribbling im Stand beginnen, dann hinsetzen, hinlegen bis der Kopf den Boden berührt und wieder aufstehen.

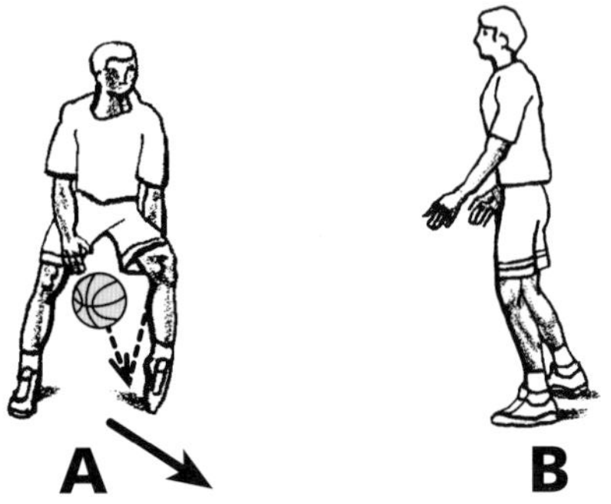

Station 3:
Im Stand in einer weiten Schrittstellung den Ball von vorn nach hinten durch die Beine dribbeln, danach aus einer langsamen Vorwärtsbewegung.

Station 4:
Auf dem Bauch liegend dribbeln. Der Kopf liegt in der Armbeuge der freien Hand. Beim Dribbeln ständig das Tempo verändern.

Wechsel:
Nach 2 Minuten Aufgabenwechsel und nach 4 Minuten Stationswechsel!

Variante:
entfällt

Geräte:
1 Basketball für jedes Paar

!
Ihr müsst mit dem Ball spielen, nicht der Ball mit euch!

»Ballgewöhnung 2!«

TBG 2

📄	✳	⏱ 15	👥 >2	D P W	

Übungsablauf:

Stationstraining:
Organisation:
- 4 Stationen
- Paare bilden
- bis zu 5 Paare üben an einer Station
- 30 Sekunden Pause zum Stationswechsel

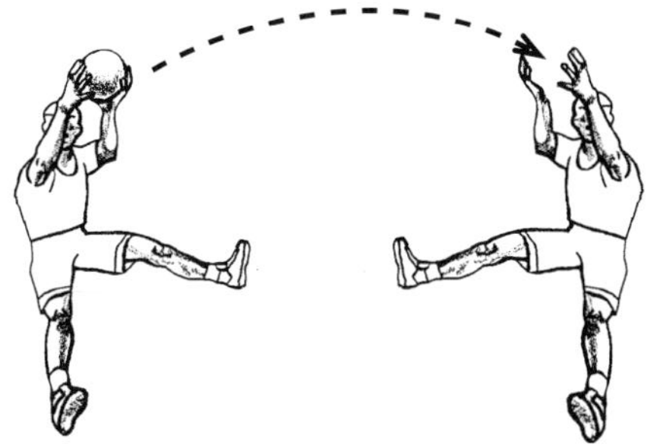

Station 1:
Rollen
Den Ball in verschiedenen, wechselnden Varianten durch Rollen bewegen:
- auf einem oder beiden Armen
- zwischen den Beinen
- um den Körper
- vorwärts über den Boden
- rückwärts über den Boden

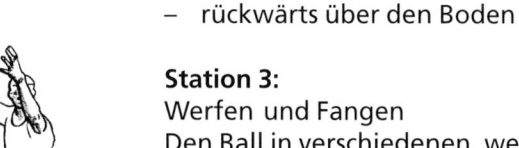

Station 2:
Körbchen
Der Ball wird dem Partner weich in die über dem Kopf zum Korb gehaltenen Finger geworfen. Auch mit der linken Hand zuzuwerfen.

Station 3:
Werfen und Fangen
Den Ball in verschiedenen, wechselnden Varianten sich selbst zuwerfen und wieder fangen:
- vor dem Körper hochwerfen, hinter dem Rücken fangen
- hinten hochwerfen, vorne fangen
- von der ausgestreckten linken Hand in die ausgestreckte rechte Hand
- Ball um den Körper kreisen lassen
- Ball zwischen den Beinen kreisen lassen

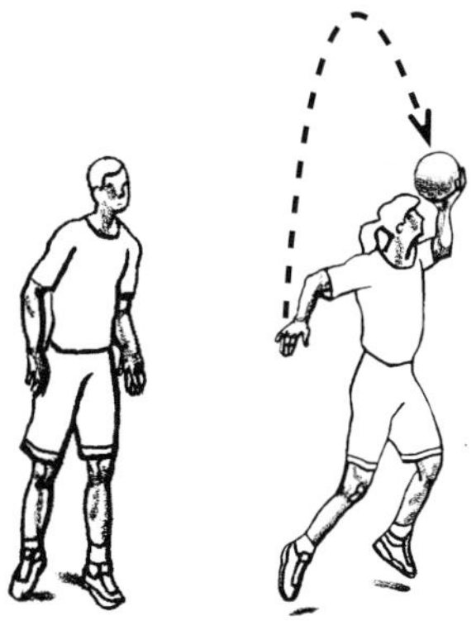

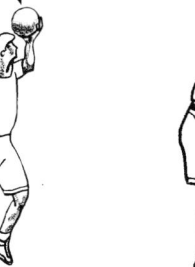

Station 4:
Dribblings
Dribblings mit einem Volleyball, Tennisball oder Gymnastikball auf der Stelle durchführen. Dabei auch die andere Hand benutzen.

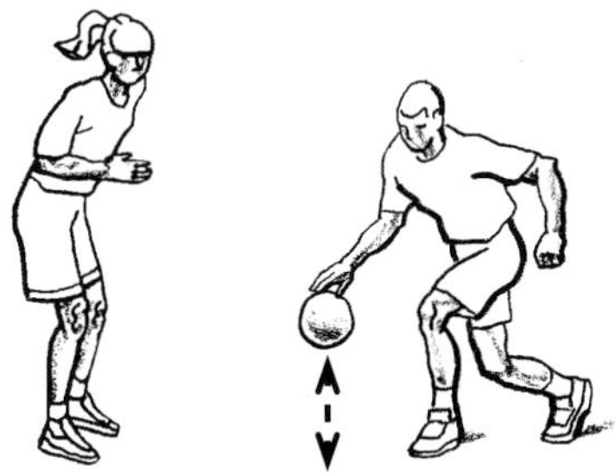

Geräte:
1 Basketball für jedes Paar
1 Volleyball,
1 Tennisball,
1 Gymnastikball

!
Ihr müsst mit dem Ball spielen, nicht der Ball mit euch!

Variante:
entfällt

Wechsel:
Nach 2 Minuten Aufgabenwechsel und nach 4 Minuten Stationswechsel!

© Als Kopiervorlage freigegeben. Ernst Klett Schulbuchverlag Leipzig GmbH, Leipzig 2000

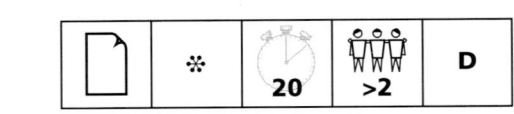

»Dribbling ohne Gegner!«

TD 1

Übungsablauf:

☐ Grundform
☐ Variante Nr.:

① Freies Dribbling im Basketballfeld, dabei oft zwischen Rechts- und Linksdribbling wechseln.

② Paarweise an den Händen fassen, sich unterhalten und dabei mit der Außenhand dribbeln. A und B wechseln mehrmals die Seite, so-dass beide rechts und links dribbeln müssen.

③ Paarweise hintereinander im Schatten-lauf durch die Halle dribbeln. Der Schatten folgt allen Bewegungen seines Partners.

Geräte:

1 Basketball je Schüler

!

Achtung, Kopf hoch, wir haben viel Dribbelverkehr!

Variante:

1. Beim Klatschen des Lehrers fester (schneller) drib-beln, beim erneuten Klatschen wieder langsamer dribbeln!
2. Den Dribbelraum verkleinern (halbes Basketball-feld)!

Wechsel:

entfällt

»Dribbling ohne Gegner mit zwei Bällen!«

TD 2

10	✱ ✱	20	>2	D

Übungsablauf:

Grundform ☐

Variante Nr.: ☐

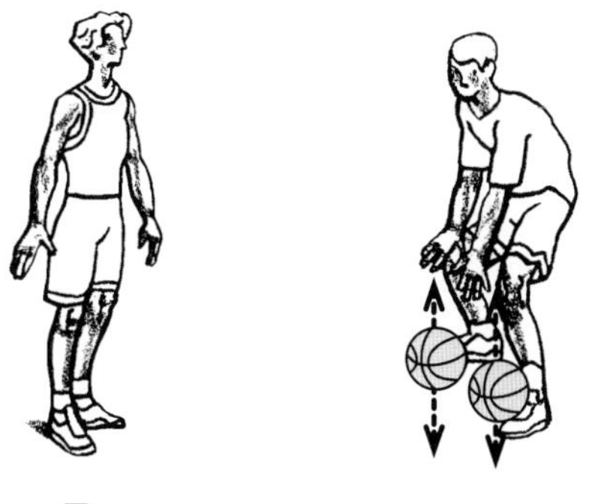

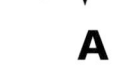

1. Übung:
Die Schüler bilden Paare und verteilen sich auf dem Spielfeld. A dribbelt 2 Bälle gleichzeitig auf der Stelle. B gibt die Höhe des Dribblings vor.

2. Übung:
Die Schüler bilden Paare und verteilen sich auf dem Spielfeld. D geht langsam vor C ohne Ball. C dribbelt 2 Bälle gleichzeitig und folgt dem Partner als sein Schatten auf dem gleichen Weg.

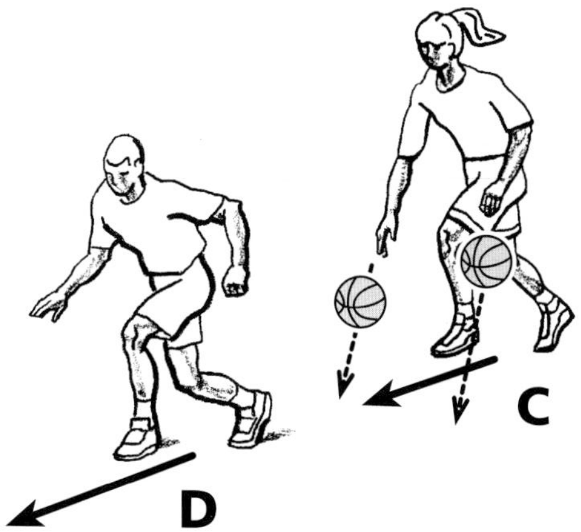

Geräte:
2 Basketbälle für jedes Paar

!
Schaut zwischen den Bällen hindurch! Nie nur einen Ball fixieren!

Variante:
1. Die Partner bewegen sich langsam auf dem Spielfeld!
2. Die Übung wird im Lauf durchgeführt!

Wechsel:
Nach 2–3 Minuten!

»Dribbling im Zickzack mit Gegenverkehr!« TD 3

Übungsablauf:

☐ Grundform
☐ Variante Nr.:

① Zwei Gruppen (A–F und G–L) stehen jeweils unter einer Korbanlage. A und G beginnen im Zickzack zwischen den Außenlinien des Volleyballfeldes und der Außenlinien des Basketballfeldes zu dribbeln. A startet gegen den Uhrzeigersinn und B im Uhrzeigersinn.

② Bei jedem Richtungswechsel wird die Dribbelhand gewechselt. B und H starten erst, wenn ihre Vorgänger den ersten Richtungswechsel vollzogen haben.

③ Gegenspieler dürfen sich gegenseitig den Ball mit der freien Hand wegschlagen. Gelingt dies, muss der Ball geholt werden und das Dribbling wird an dieser Stelle wieder aufgenommen.

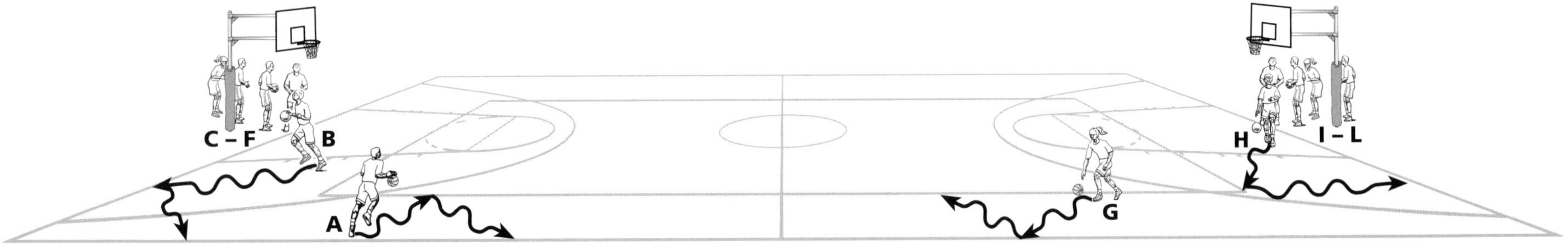

Achtung, Kopf hoch, wir haben Gegenverkehr! Schützt den Ball!

Geräte:

1 Basketball pro Schüler

Variante:

1. Tempoerhöhung!
2. Macht daraus einen Wettkampf: Welche Gruppe beendet ihren Durchgang zuerst?

Wechsel:

entfällt

104

»Dribbling im Halbfeld mit Behinderung!«

TD 4

Übungsablauf:

Grundform ☐

Variante Nr.: ☐

① Alle Spieler können frei im halben Basketballspielfeld dribbeln. Die Dribbelhand soll oft gewechselt werden.

② Die Spieler können sich den Ball mit der freien Hand gegenseitig wegschlagen. Wer seinen Ball verloren hat, muss ihn schnell holen und darf dabei keinen anderen Spieler behindern.

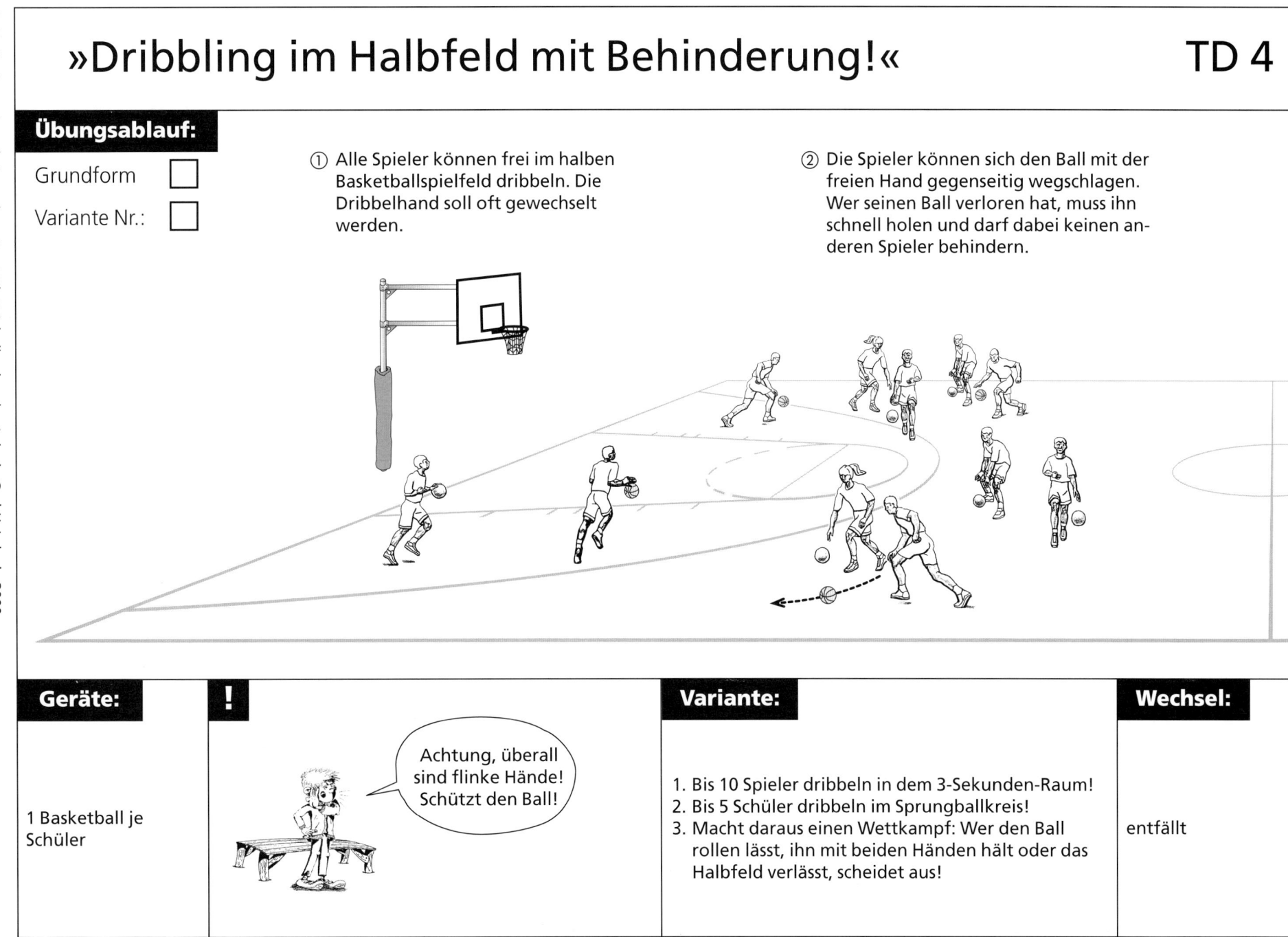

Achtung, überall sind flinke Hände! Schützt den Ball!

Geräte:

1 Basketball je Schüler

!

Variante:

1. Bis 10 Spieler dribbeln in dem 3-Sekunden-Raum!
2. Bis 5 Schüler dribbeln im Sprungballkreis!
3. Macht daraus einen Wettkampf: Wer den Ball rollen lässt, ihn mit beiden Händen hält oder das Halbfeld verlässt, scheidet aus!

Wechsel:

entfällt

© Als Kopiervorlage freigegeben. Ernst Klett Schulbuchverlag Leipzig GmbH, Leipzig 2000

»Aufbaudribbling!«

TD 5

Übungsablauf:

Grundform ☐

Variante Nr.: ☐

① Alle Spieler stehen paarweise hintereinander an einer Grundlinie. Der jeweils vordere Spieler beginnt mit hohem Dribbling über das gesamte Basketballspielfeld.

② Das Dribbling erfolgt in einem verhaltenen Tempo. Die Spieler suchen sich jeweils einen Blickfixpunkt an der gegenüberliegenden Hallenwand. Auf dem Rückweg wird der Partner fixiert.

③ Hinter der anderen Endlinie wenden die Spieler, dribbeln den Ball mit der anderen Hand zurück und übergeben ihn dem Partner.

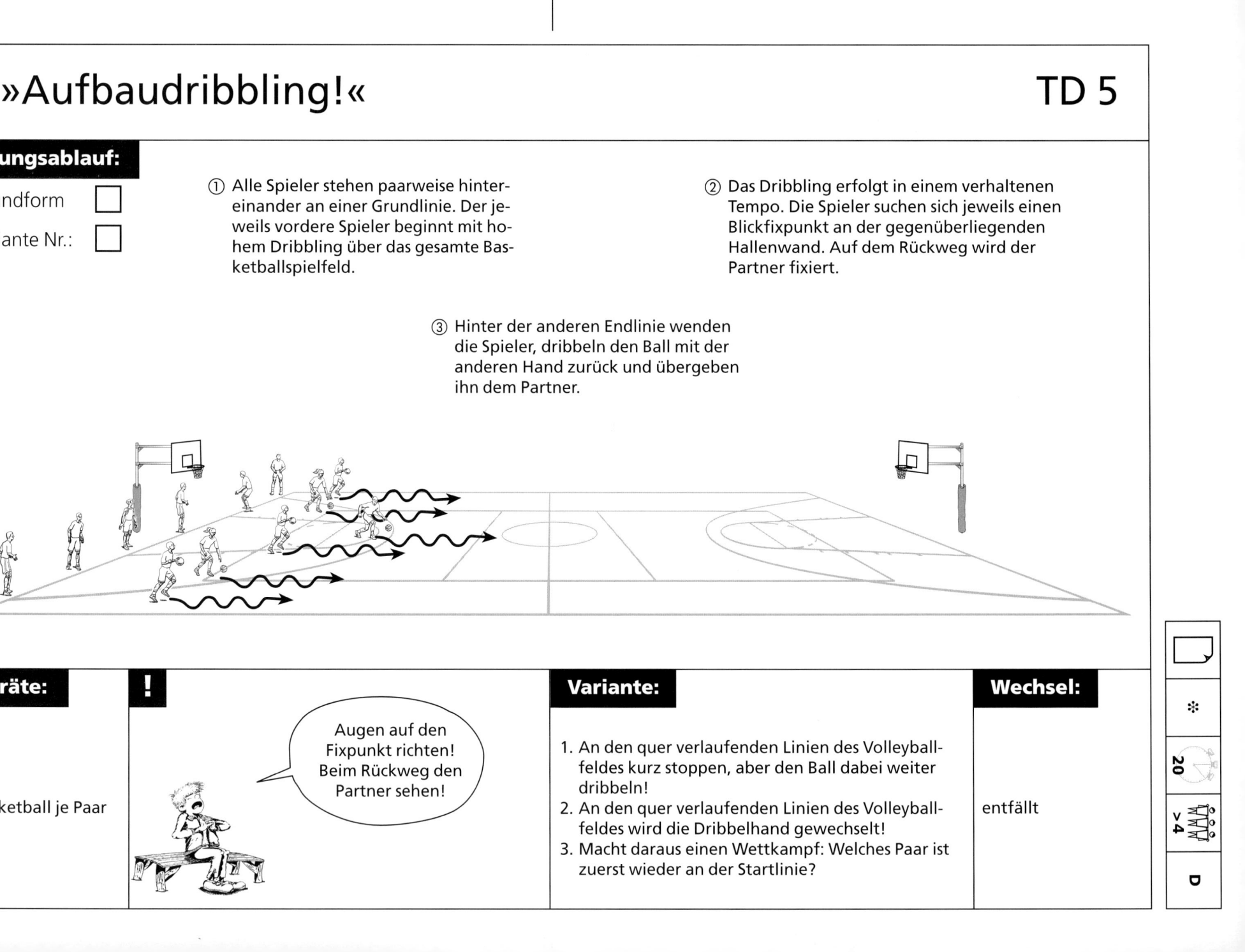

Geräte:

1 Basketball je Paar

!

Augen auf den Fixpunkt richten! Beim Rückweg den Partner sehen!

Variante:

1. An den quer verlaufenden Linien des Volleyballfeldes kurz stoppen, aber den Ball dabei weiter dribbeln!
2. An den quer verlaufenden Linien des Volleyballfeldes wird die Dribbelhand gewechselt!
3. Macht daraus einen Wettkampf: Welches Paar ist zuerst wieder an der Startlinie?

Wechsel:

entfällt

106
© Als Kopiervorlage freigegeben. Ernst Klett Schulbuchverlag Leipzig GmbH, Leipzig 2000

»Dribbelparcours!« TD 6

Übungsablauf:

Organisation:
Alle Spieler stehen mit einem Ball hinter der Grundlinie vor der Station 1. Die Spieler starten einzeln. Wenn der Vorgänger die 2. Station passiert hat, startet der nächste. Der Ball darf nur an Station 3 einmal in beide Hände gleichzeitig genommen werden. Wer kommt fehlerfrei an das Ziel?

Station 1:
Auf zwei kleine Kästen wird eine Überdachung gelegt. Die Spieler müssen im Kriechen zwischen den Kästen hindurchdribbeln.

Station 2:
6–7 Fahnenstangen stehen im gleichen Abstand hintereinander auf einer Linie. Die Spieler dribbeln durch die Slalomstrecke. Es muss an jeder Stange die Hand gewechselt werden, sodass der Körper immer zwischen Stange und Ball ist.

Station 3:
Die Spieler nehmen den Ball mit beiden Händen auf und dribbeln ihn in Stirnhöhe mit einer Hand gegen die Wand. Die Dribbelstrecke beträgt 5–10 m.

Station 4:
Zwei Längsbänke werden versetzt aufgestellt. Die Spieler schleifen eine Hand auf der Bank entlang und führen mit der anderen Hand tiefes Dribbling durch. An der zweiten Bank wird die Hand gewechselt.

Station 5:
6 Medizinbälle werden versetzt auf eine Strecke verteilt. Die Spieler dribbeln im Zickzack zwischen den Bällen entlang und berühren jeweils mit der Außenhand den Ball.

© Als Kopiervorlage freigegeben. Ernst Klett Schulbuchverlag Leipzig GmbH, Leipzig 2000

»Dribbling mit Partner und zwei Bällen!«

TD 7

| 10 | ❋❋❋ | ⏱ 20 | 👥 >2 | D |

Übungsablauf:

- [ ] Grundform
- [ ] Variante Nr.:

Die Schüler bilden Paare und verteilen sich auf dem Spielfeld. Ein Schüler dribbelt mit zwei Bällen. Er umdribbelt die Hindernisse und die stehenden Partner ohne Ball.

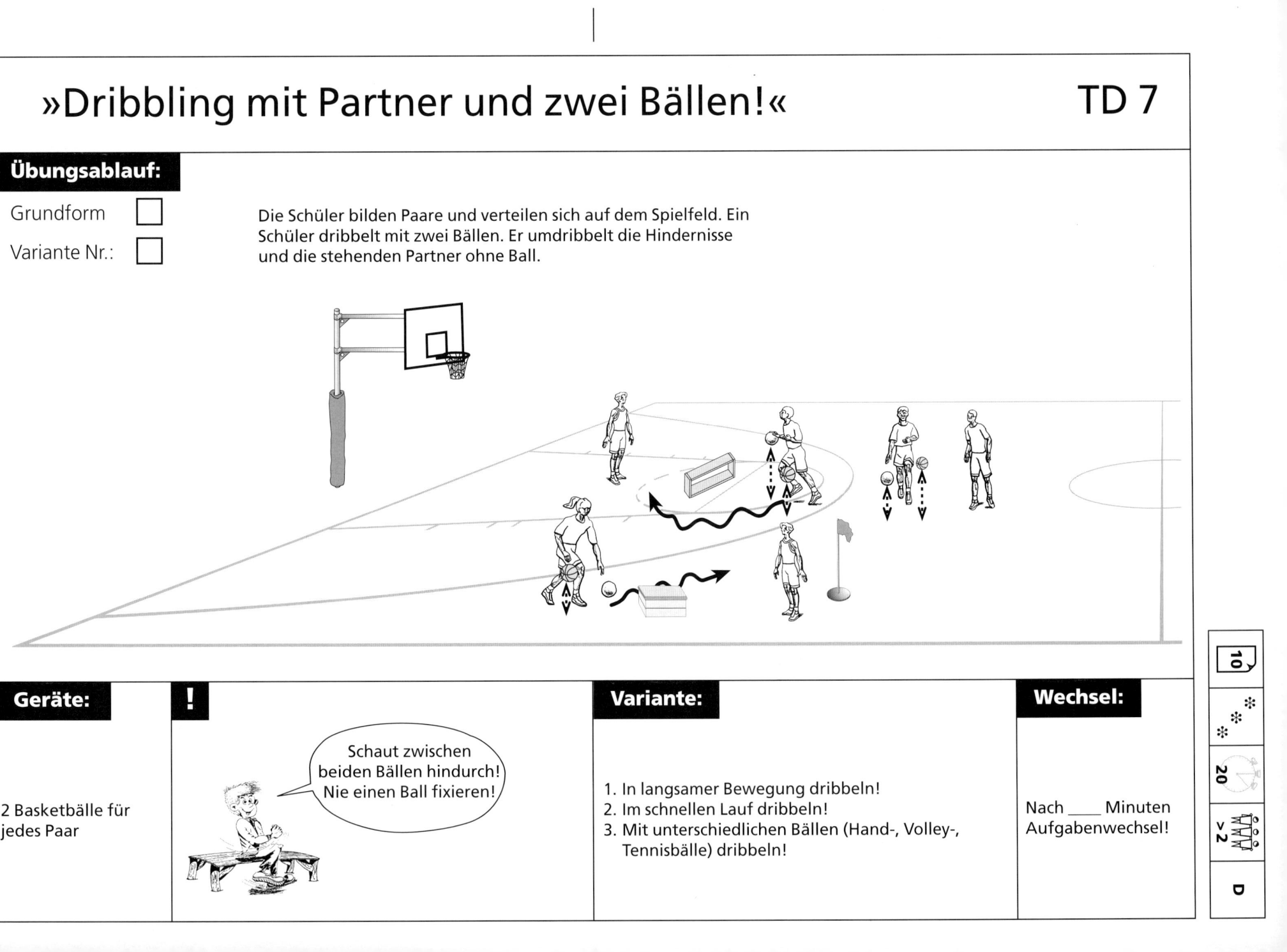

Wechsel:

Nach ___ Minuten Aufgabenwechsel!

Variante:

1. In langsamer Bewegung dribbeln!
2. Im schnellen Lauf dribbeln!
3. Mit unterschiedlichen Bällen (Hand-, Volley-, Tennisbälle) dribbeln!

!

Schaut zwischen beiden Bällen hindurch! Nie einen Ball fixieren!

Geräte:

2 Basketbälle für jedes Paar

© Als Kopiervorlage freigegeben. Ernst Klett Schulbuchverlag Leipzig GmbH, Leipzig 2000

»Teamdribbling!« TD 8

Übungsablauf:

Grundform ☐

Variante Nr.: ☐

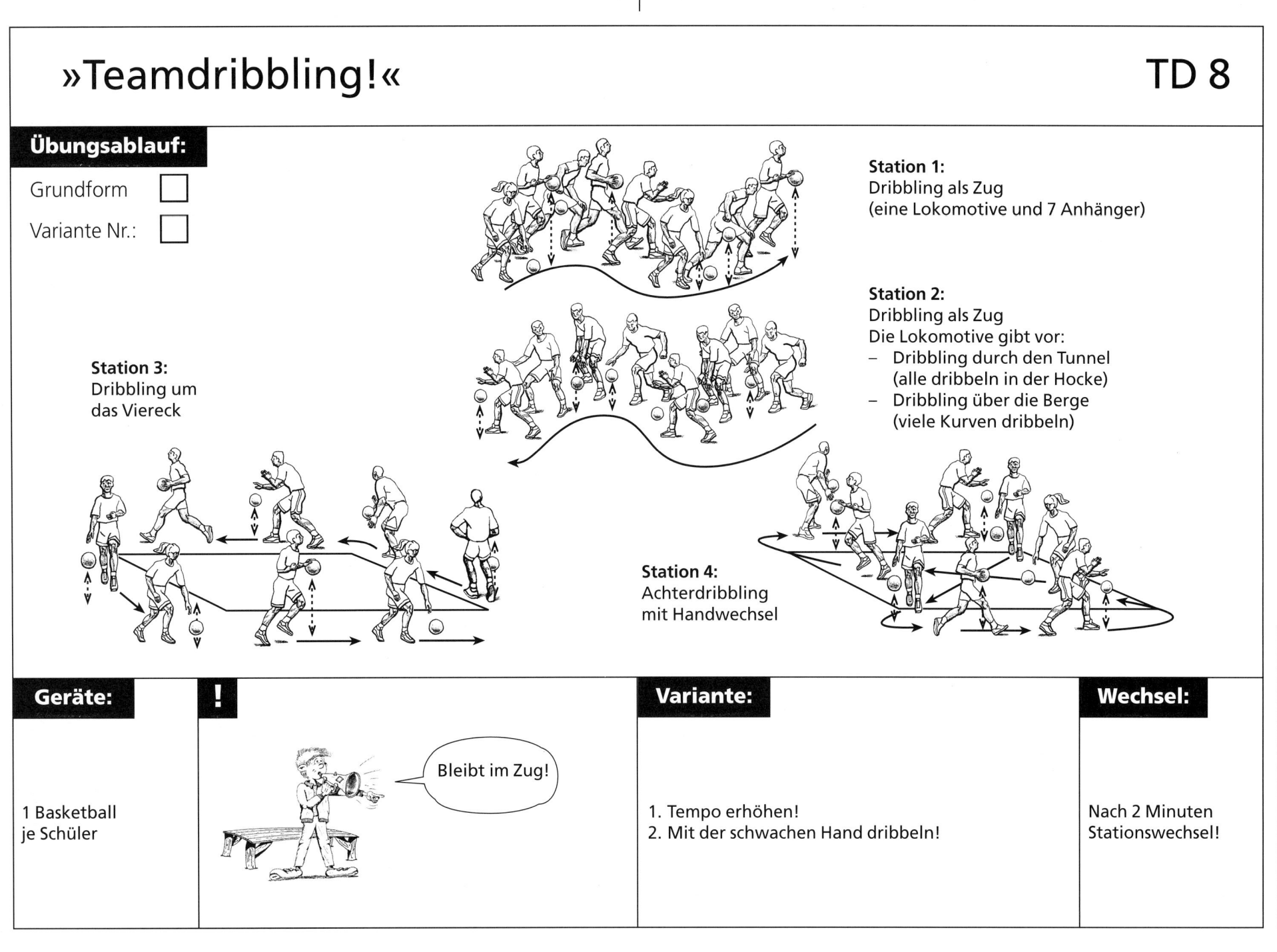

Station 1:
Dribbling als Zug
(eine Lokomotive und 7 Anhänger)

Station 2:
Dribbling als Zug
Die Lokomotive gibt vor:
– Dribbling durch den Tunnel
 (alle dribbeln in der Hocke)
– Dribbling über die Berge
 (viele Kurven dribbeln)

Station 3:
Dribbling um das Viereck

Station 4:
Achterdribbling mit Handwechsel

Wechsel:
Nach 2 Minuten Stationswechsel!

Variante:
1. Tempo erhöhen!
2. Mit der schwachen Hand dribbeln!

!
Bleibt im Zug!

Geräte:
1 Basketball je Schüler

© Als Kopiervorlage freigegeben. Ernst Klett Schulbuchverlag Leipzig GmbH, Leipzig 2000

»Dribbling mit passivem Gegner!«

TD 9

Übungsablauf:

- [ ] Grundform
- [ ] Variante Nr.:

Angreifer A dribbelt von der Ecke des Basketballfeldes mit mäßigem Tempo mit der rechten Hand diagonal zum Fähnchen. Verteidiger B gleitet in Anstellschritten (rechter Fuß vorn, linker hinten) und im Abstand von etwa 1 m mit. Vor der Fahne führt A einen Handwechsel durch und dribbelt diagonal bis zur Ecke des Basketballfeldes. Der Verteidiger B macht beim Handwechsel des Anreifers einen Pivotschritt um den linken Fuß (niemals den Rücken zeigen). In der Ecke angekommen, passen sich A und B den Ball außerhalb des Spielfeldes zu und laufen zur Ausgangsposition zurück.

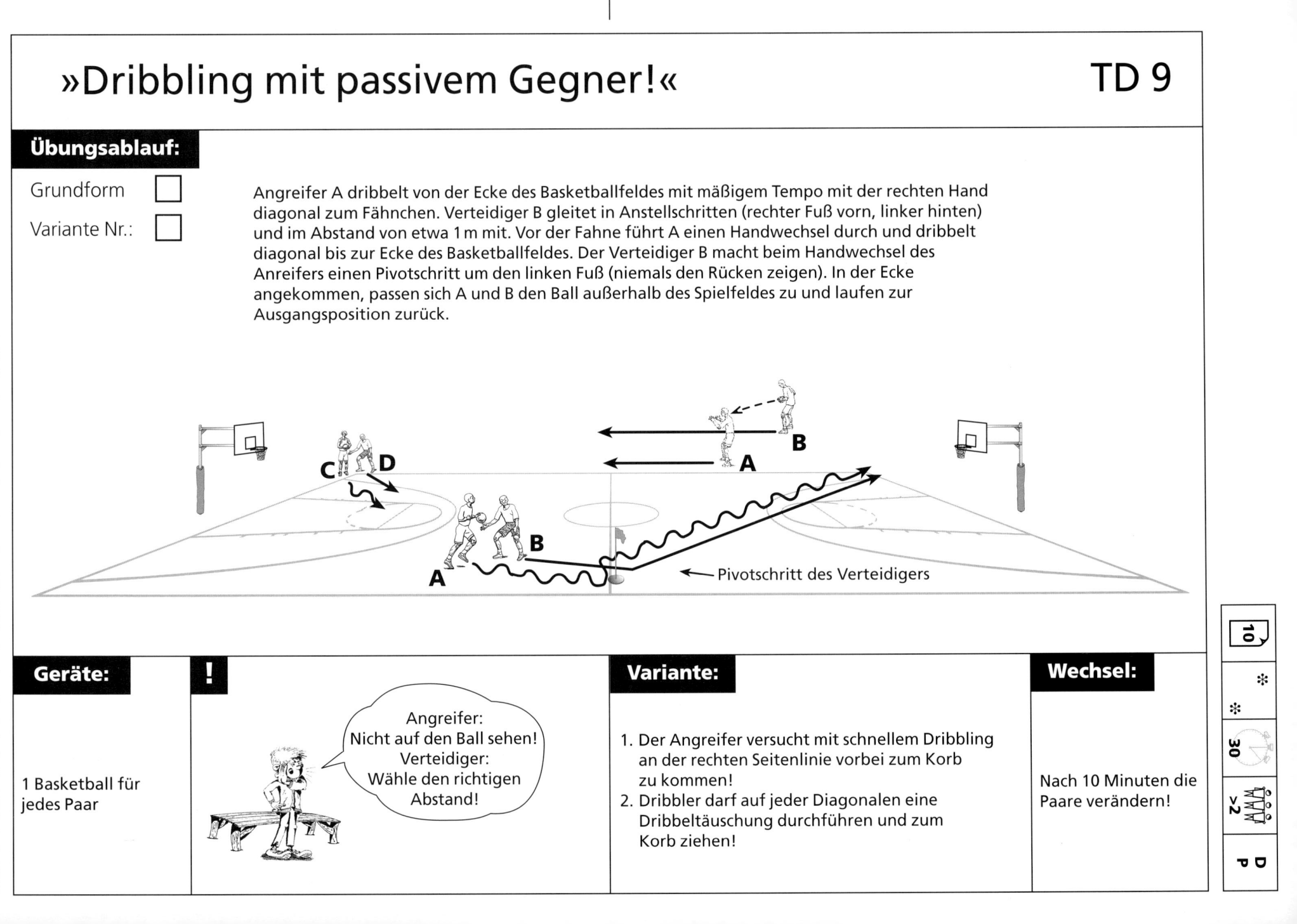

Pivotschritt des Verteidigers

Variante:

1. Der Angreifer versucht mit schnellem Dribbling an der rechten Seitenlinie vorbei zum Korb zu kommen!
2. Dribbler darf auf jeder Diagonalen eine Dribbeltäuschung durchführen und zum Korb ziehen!

Wechsel:

Nach 10 Minuten die Paare verändern!

!

Angreifer: Nicht auf den Ball sehen!
Verteidiger: Wähle den richtigen Abstand!

Geräte:

1 Basketball für jedes Paar

»Dribbelfinten!« TD 10

Übungsablauf:

☐ Grundform
☐ Variante

Station 1
Rocker Step (Beginn mit Rechtsdribbling)
Jeweils 4 Spieler stehen sich in einer Reihe gegenüber. Sie dribbeln paarweise gleichzeitig mit hohem Tempo auf den kleinen Kasten zu. Kurz vor dem Kasten verlangsamen sie ihr Dribbling, richten sich auf, nehmen dabei den Kopf nach oben und dribbeln anschließend schnell mit der gleichen Hand am Kasten vorbei. Sie passen dann den Ball zum wartenden Mitspieler.

Station 2
Cross over (Beginn mit Rechtsdribbling)
Jeweils 4 Schüler stehen sich in einer Reihe gegenüber. Sie dribbeln paarweise gleichzeitig auf den Kasten zu und führen kurz vor dem Kasten die Dribbeltäuschung (Cross over) aus. Sie passen den Ball anschließend zum wartenden Mitspieler.

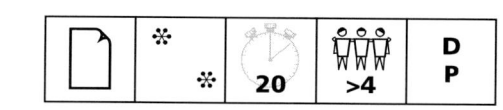

Station 3
Übungsform wie Station 2 (Beginn mit Rechtsdribbling)
Dribbeltäuschung: Reverse Dribbling

Station 4
Übungsform wie Station 2 (Beginn mit Rechtsdribbling)
Dribbeltäuschung: Dribbling durch die Beine

Wechsel:
Nach 10 Minuten!

Variante:
Mit der linken Hand dribbeln!

!
Auf den Gegenverkehr achten!

Geräte:
8 Basketbälle,
4 kleine Kästen

»Das einfache Passen!«

TP 1

Übungsablauf:

☐ Grundform
☐ Variante Nr.:

Organisationsform: Dreiergruppen

Die Gruppen stehen nebeneinander an der Volleyballseitenlinie. A und B stehen hintereinander an der Volleyballseitenlinie, C steht ca. 4 m gegenüber. A hat den Ball. Er passt mit einem Brustpass zu C und läuft auf die Position von C. C passt den Ball zu B und läuft auf dessen Position. Im ersten Volleyballdrittel erfolgt der Brustpass direkt, im zweiten Volleyballdrittel als Bodenpass indirekt und im dritten Volleyballdrittel als Einhandbrustpass. Bis zu drei Gruppen können in einem Volleyballdrittel üben.

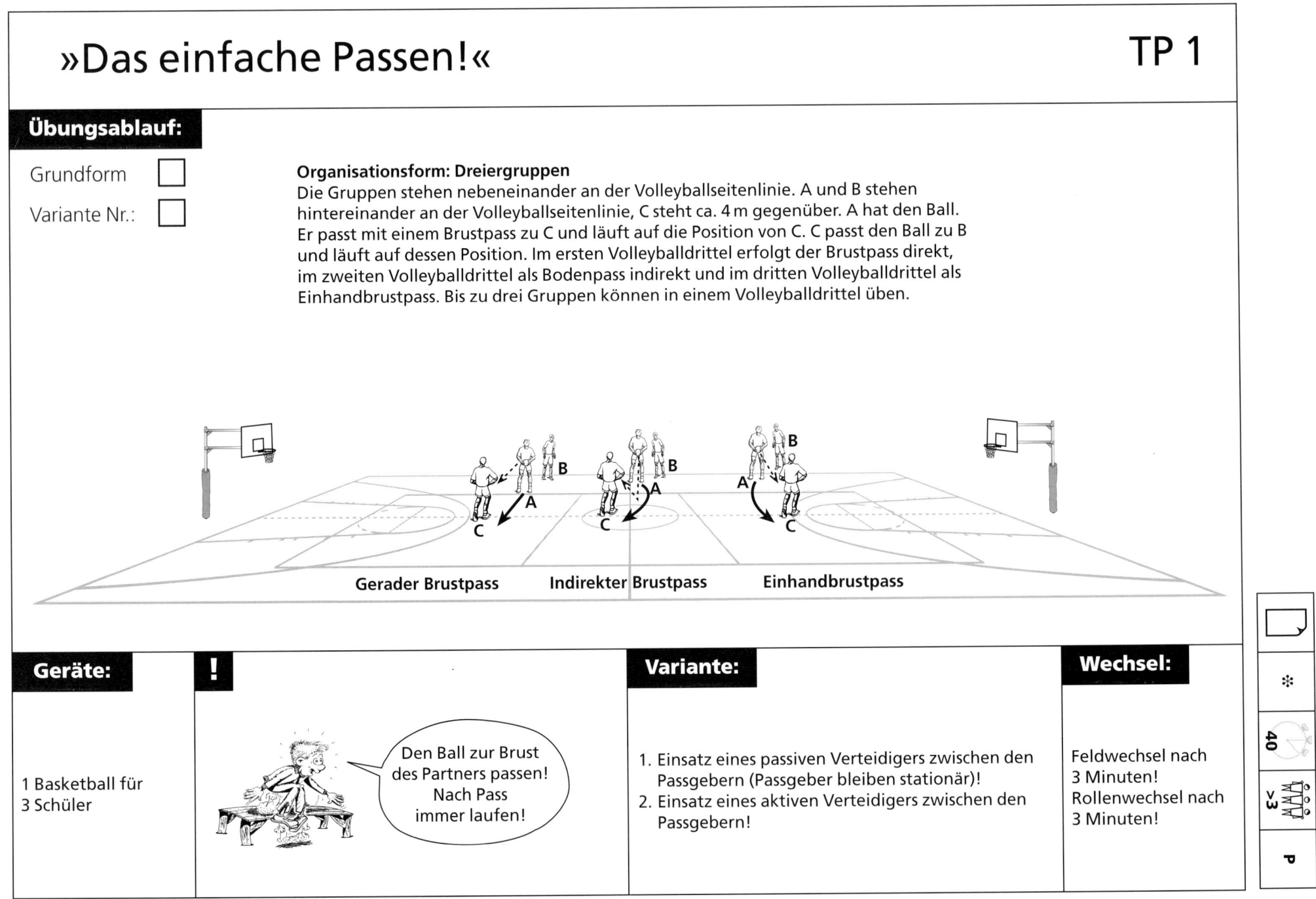

Gerader Brustpass — Indirekter Brustpass — Einhandbrustpass

!

Den Ball zur Brust des Partners passen! Nach Pass immer laufen!

Variante:

1. Einsatz eines passiven Verteidigers zwischen den Passgebern (Passgeber bleiben stationär)!
2. Einsatz eines aktiven Verteidigers zwischen den Passgebern!

Wechsel:

Feldwechsel nach 3 Minuten!
Rollenwechsel nach 3 Minuten!

Geräte:

1 Basketball für 3 Schüler

»Pass- und Laufkontinuum!« TP 2

10	✳ ✳	30	>8	P

Übungsablauf:

☐ Grundform
☐ Variante Nr.:

① 8 Spieler stehen im Kreis. 2 sich gegenüberstehende Spieler halten jeweils einen Ball.

② Den Ball nach rechts passen und sofort auf die gegenüberliegende Position laufen. Dabei muss der Läufer sich hinter den stehenden Spieler stellen ohne diesen zu behindern.

Variante:

1. Links herum spielen!
2. Verschiedene Passformen anwenden!
3. Mit 12 Spielern und 4 Bällen!

Wechsel:

entfällt

!

Achtung, der Ball kommt von links! Den Pass ordentlich spielen!

Geräte:

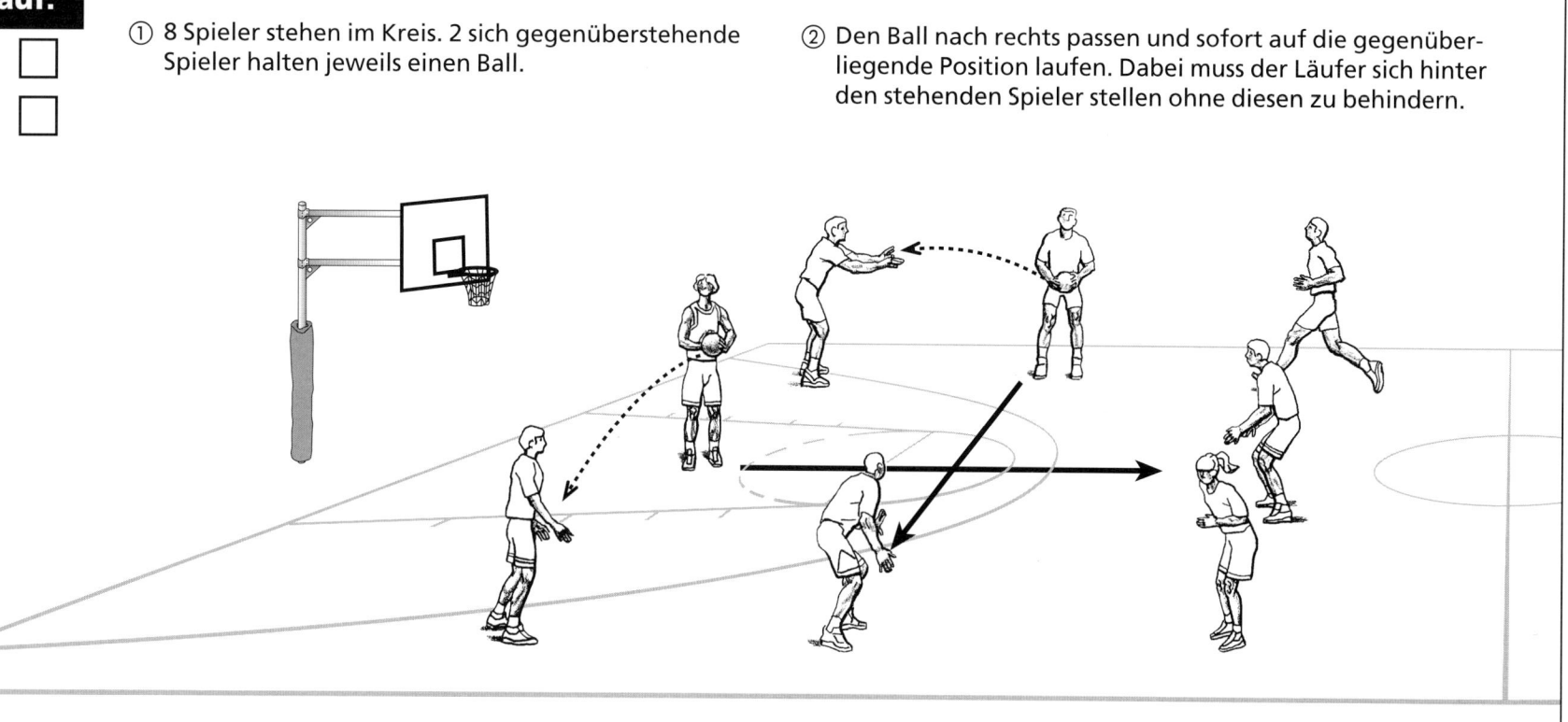

2 Basketbälle

»Passen am Kreis!« TP 3

Übungsablauf:

Grundform ☐

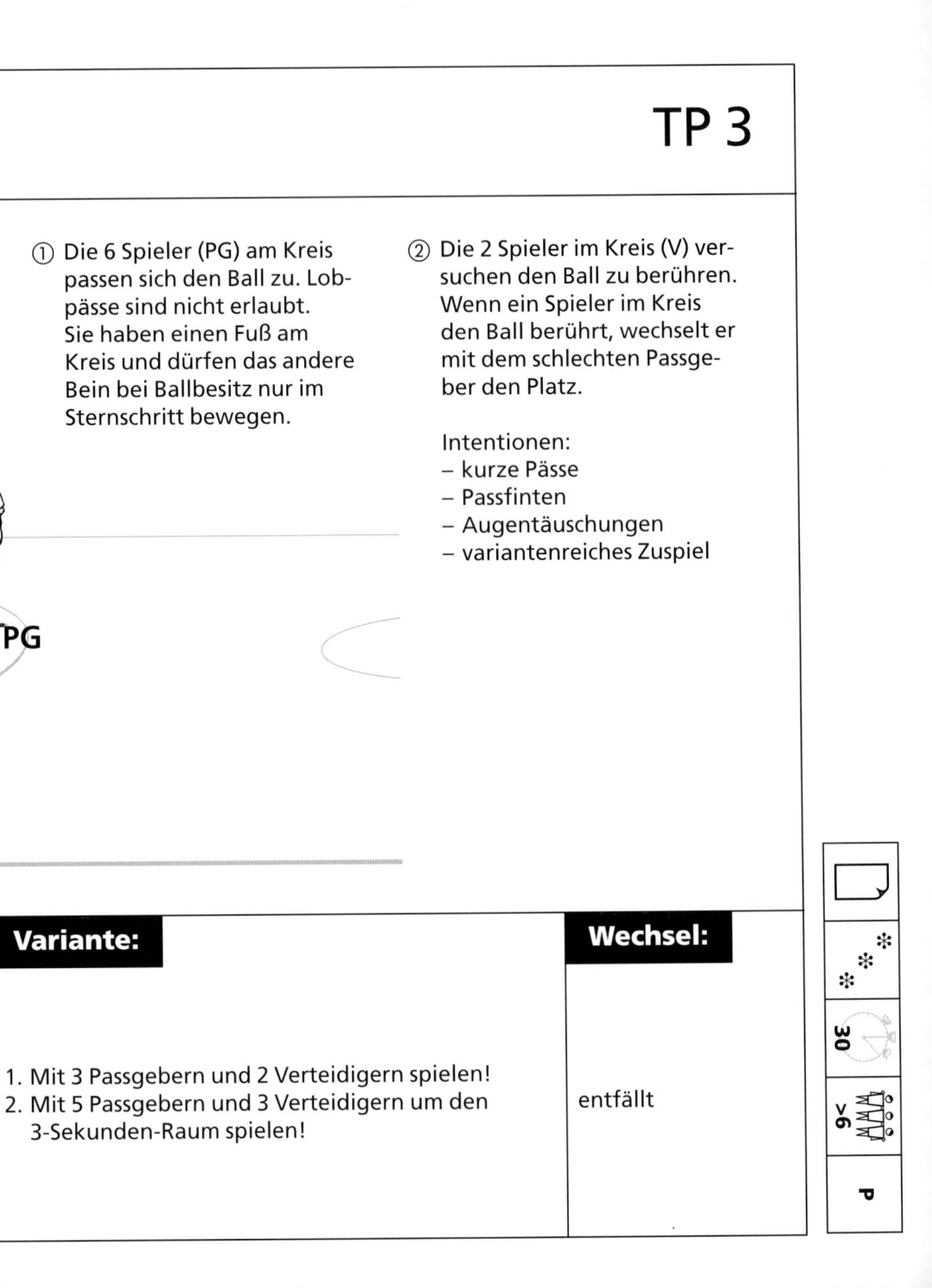

Variante Nr.: ☐

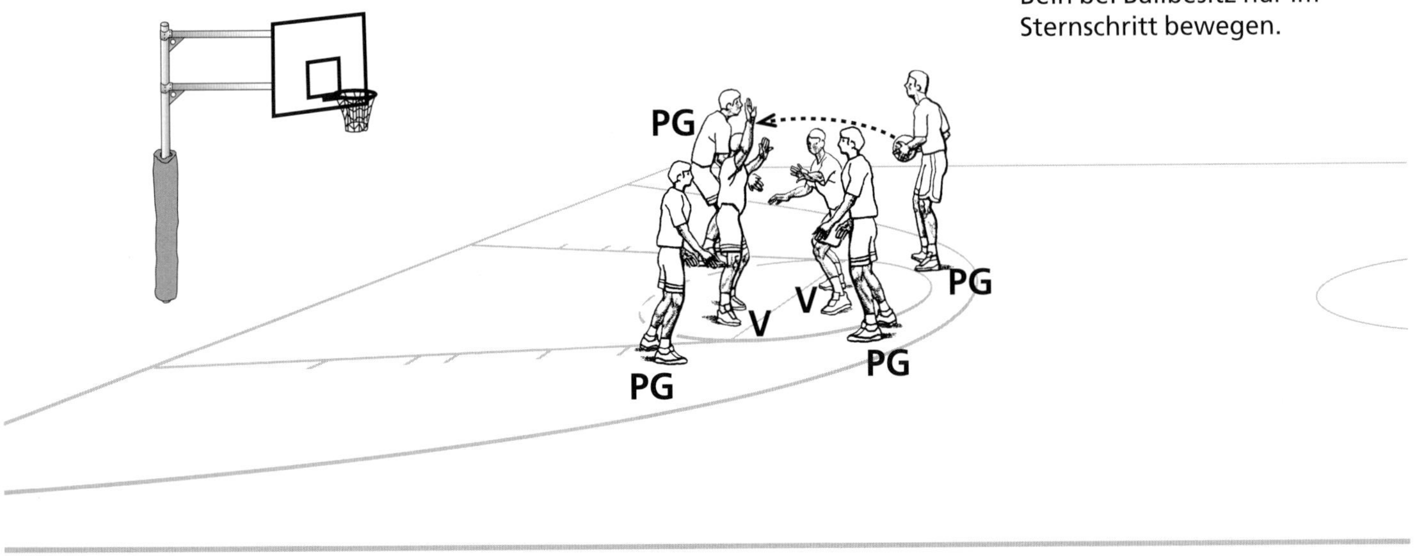

① Die 6 Spieler (PG) am Kreis passen sich den Ball zu. Lobpässe sind nicht erlaubt. Sie haben einen Fuß am Kreis und dürfen das andere Bein bei Ballbesitz nur im Sternschritt bewegen.

② Die 2 Spieler im Kreis (V) versuchen den Ball zu berühren. Wenn ein Spieler im Kreis den Ball berührt, wechselt er mit dem schlechten Passgeber den Platz.

Intentionen:
- kurze Pässe
- Passfinten
- Augentäuschungen
- variantenreiches Zuspiel

Geräte:

1 Basketball

!

Seid kreativ und phantasievoll!

Variante:

1. Mit 3 Passgebern und 2 Verteidigern spielen!
2. Mit 5 Passgebern und 3 Verteidigern um den 3-Sekunden-Raum spielen!

Wechsel:

entfällt

»Passen und laufen am Zonenrand!«

TP 4

| | | 2 Min. | 5 | P |

Übungsablauf:

☐ Grundform
☐ Variante

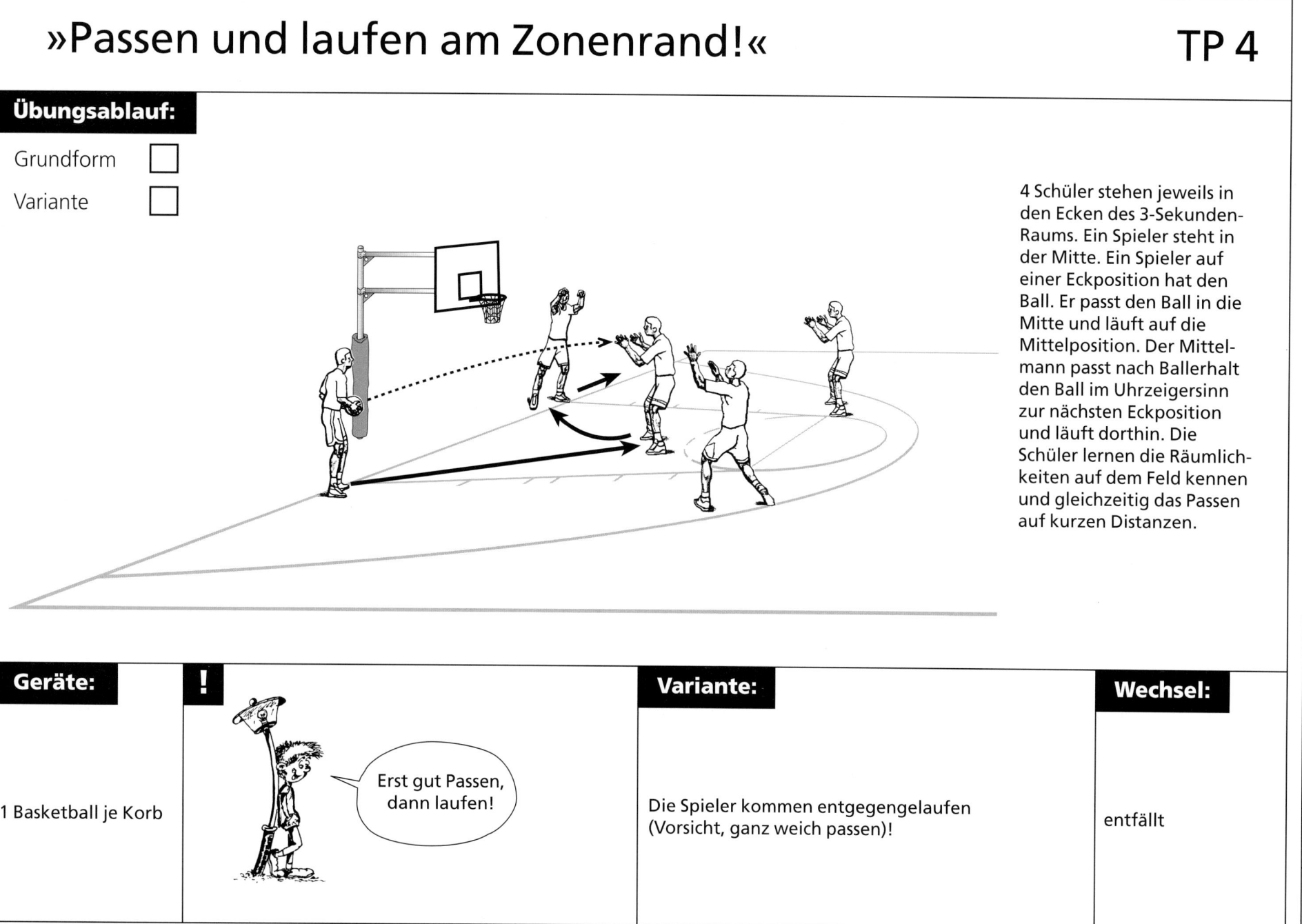

4 Schüler stehen jeweils in den Ecken des 3-Sekunden-Raums. Ein Spieler steht in der Mitte. Ein Spieler auf einer Eckposition hat den Ball. Er passt den Ball in die Mitte und läuft auf die Mittelposition. Der Mittelmann passt nach Ballerhalt den Ball im Uhrzeigersinn zur nächsten Eckposition und läuft dorthin. Die Schüler lernen die Räumlichkeiten auf dem Feld kennen und gleichzeitig das Passen auf kurzen Distanzen.

Variante:

Die Spieler kommen entgegengelaufen (Vorsicht, ganz weich passen)!

Wechsel:

entfällt

!

Erst gut Passen, dann laufen!

Geräte:

1 Basketball je Korb

»Stoppen (Parallel- und Schrittstopp)!«

TST 1

Übungsablauf:

☐ Grundform
☐ Variante Nr.:

Die Schüler stehen in Gruppen (3–5 Spieler) an der Grundlinie des Basketballfeldes. Der jeweils vordere Spieler beginnt mit dem Dribbling über das gesamte Basketballfeld.
An allen quer verlaufenden Linien im Feld abstoppen und den Ball aufnehmen.
Den Ball in der Magengegend sichern und anschließend wieder mit dem Dribbling beginnen.
Nach 2 Stopps beginnen die nächsten Spieler mit dem Dribbling.

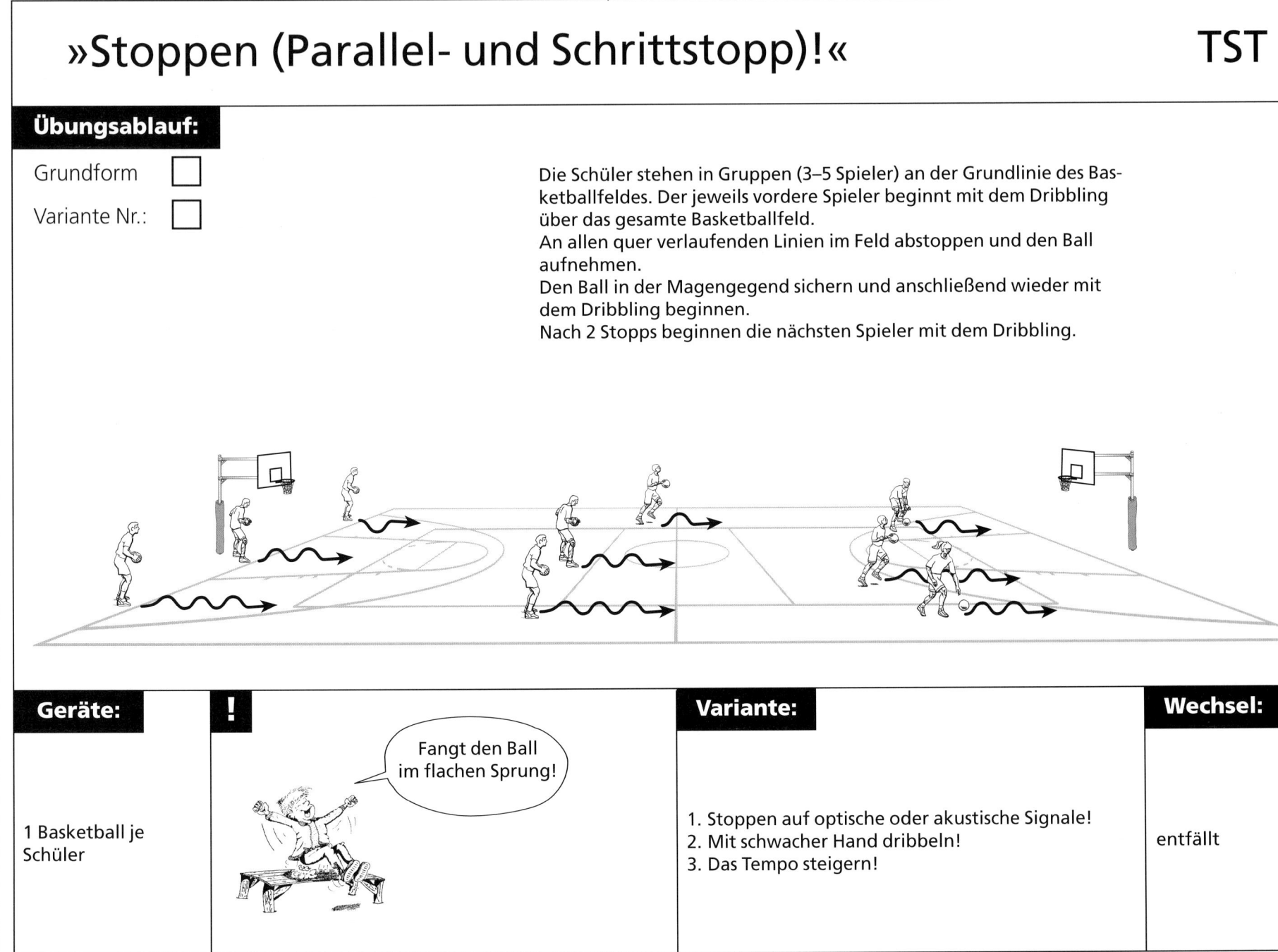

Wechsel:

entfällt

Variante:

1. Stoppen auf optische oder akustische Signale!
2. Mit schwacher Hand dribbeln!
3. Das Tempo steigern!

!

Fangt den Ball im flachen Sprung!

Geräte:

1 Basketball je Schüler

© Als Kopiervorlage freigegeben. Ernst Klett Schulbuchverlag Leipzig GmbH, Leipzig 2000

»Verbindung von Stopp und Sternschritt!«

TST 2

	*			
📄	*	⏱ 30	👥 >1	ST

Übungsablauf:

☐ Grundform
☐ Variante Nr.:

Auf dem gesamten Spielfeld erfolgt freies Dribbling. Vor jedem Hindernis den Parallelstopp oder Schrittstopp mit anschließendem Sternschritt durchführen.

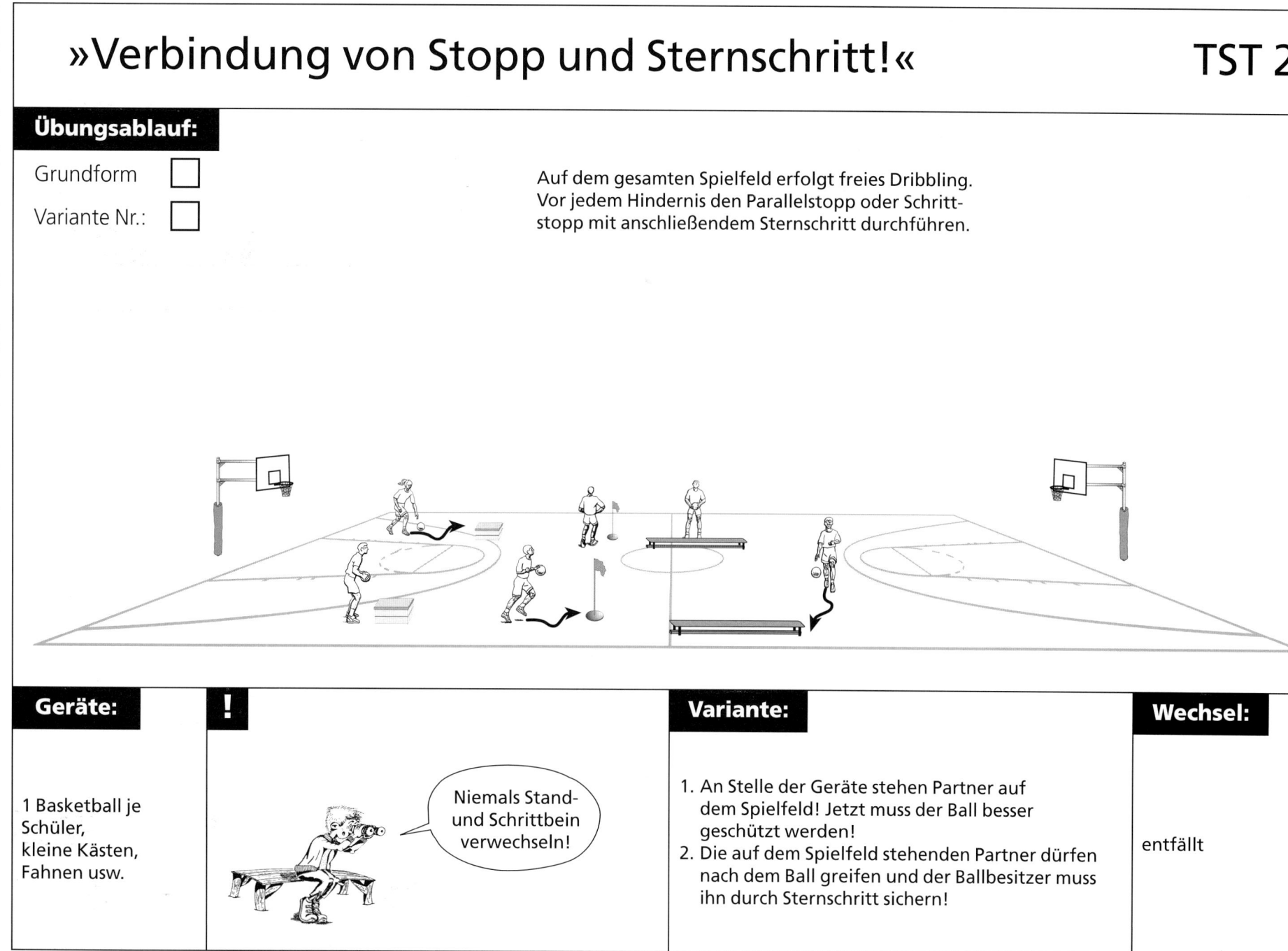

Geräte:

1 Basketball je Schüler, kleine Kästen, Fahnen usw.

!

Niemals Stand- und Schrittbein verwechseln!

Variante:

1. An Stelle der Geräte stehen Partner auf dem Spielfeld! Jetzt muss der Ball besser geschützt werden!
2. Die auf dem Spielfeld stehenden Partner dürfen nach dem Ball greifen und der Ballbesitzer muss ihn durch Sternschritt sichern!

Wechsel:

entfällt

© Als Kopiervorlage freigegeben. Ernst Klett Schulbuchverlag Leipzig GmbH, Leipzig 2000

»Einstieg Korbleger!«

TKL 1

Übungsablauf:

Grundform ☐

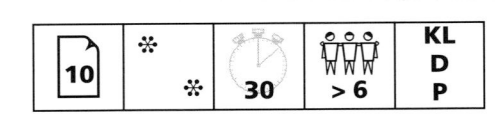

Variante Nr.: ☐

Station 1:
Auf den Boden die Fußpositionen aufkleben oder aufmalen (45° zum Brett).
Ausgangsstellung: parallele Fußstellung, Dribbling mit rechts
Schrittfolge: links, rechts, links
Ball weich an die obere rechte Senkrechtkante des Zielquadrats werfen. Danach den Ball zum nächsten Spieler passen.

Station 2:
Rhythmusschulung: 1 Dribbling mit der rechten Hand, gleichzeitiges Setzen des linken Beines, Ball in beide Hände nehmen und noch 2 Schritte ausführen. Den Ball mit kleinem Sprung vom linken Bein dem Partner zupassen.

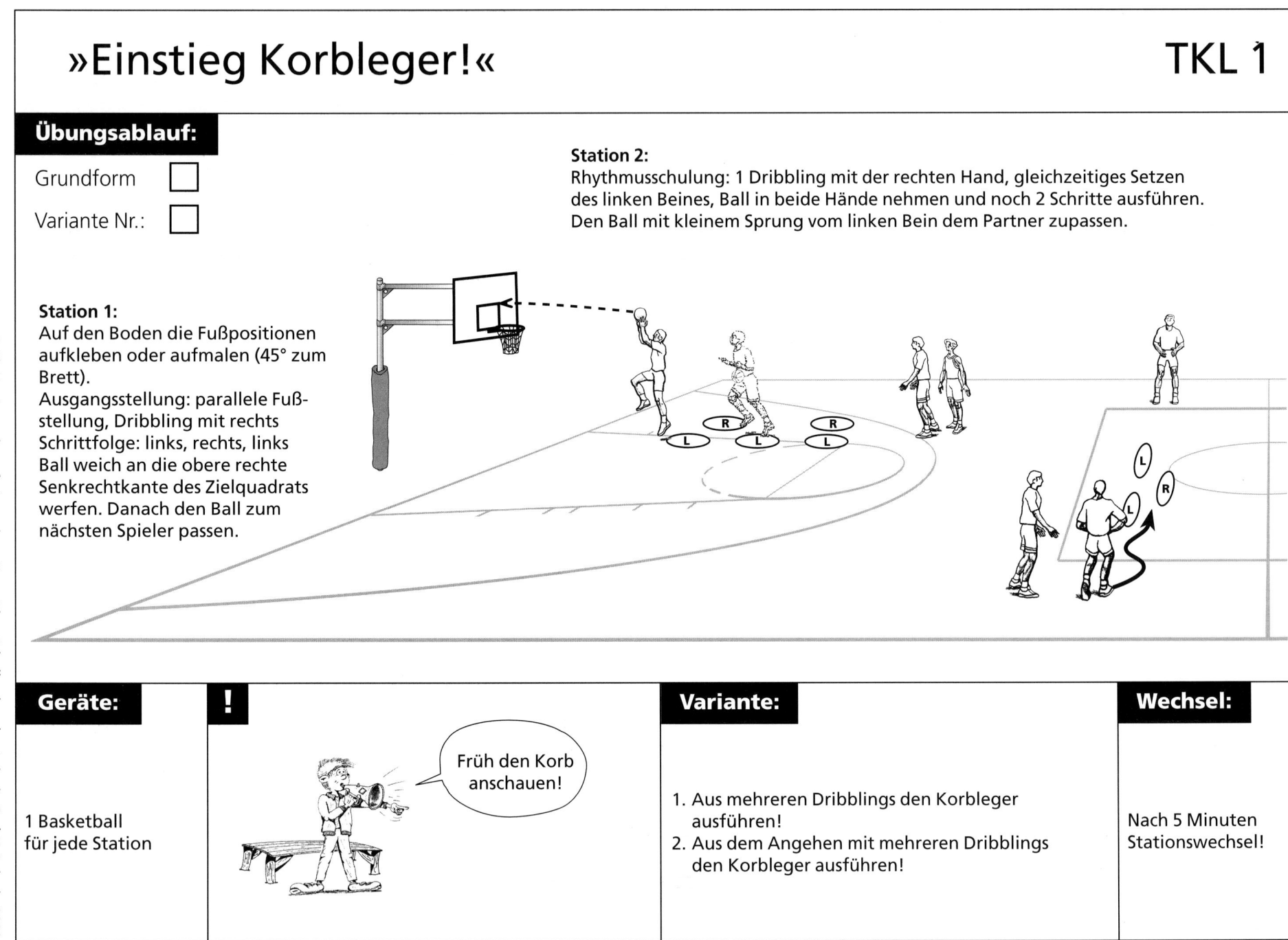

Geräte:

1 Basketball für jede Station

!

Früh den Korb anschauen!

Variante:

1. Aus mehreren Dribblings den Korbleger ausführen!
2. Aus dem Angehen mit mehreren Dribblings den Korbleger ausführen!

Wechsel:

Nach 5 Minuten Stationswechsel!

»Korbleger aus 1 Dribbling!«

TKL 2

| 10 | ✱ ✱ | 30 | > 5 | KL D P |

Übungsablauf:

☐ Grundform

☐ Variante Nr.:

① A und B halten jeweils einen Ball. A führt mit dem 1. Schritt (links) einen Dribbelschlag aus. Mit dem 2. Schritt (rechts) nimmt A den Ball auf. Nach dem 3. Schritt (links) springt A (mit dem linken Bein) zum Korbleger ab. A läuft anschließend hinter F.

② D startet als Rebounder gleichzeitig mit A. D fängt den Ball von A und passt diesen zu C. Danach läuft D hinter C.

③ Die Spieler A, B und C stehen in einem Winkel von etwa 45° zum Korb. Eine zweite Gruppe kann gleichzeitig an der anderen Korbanlage üben.

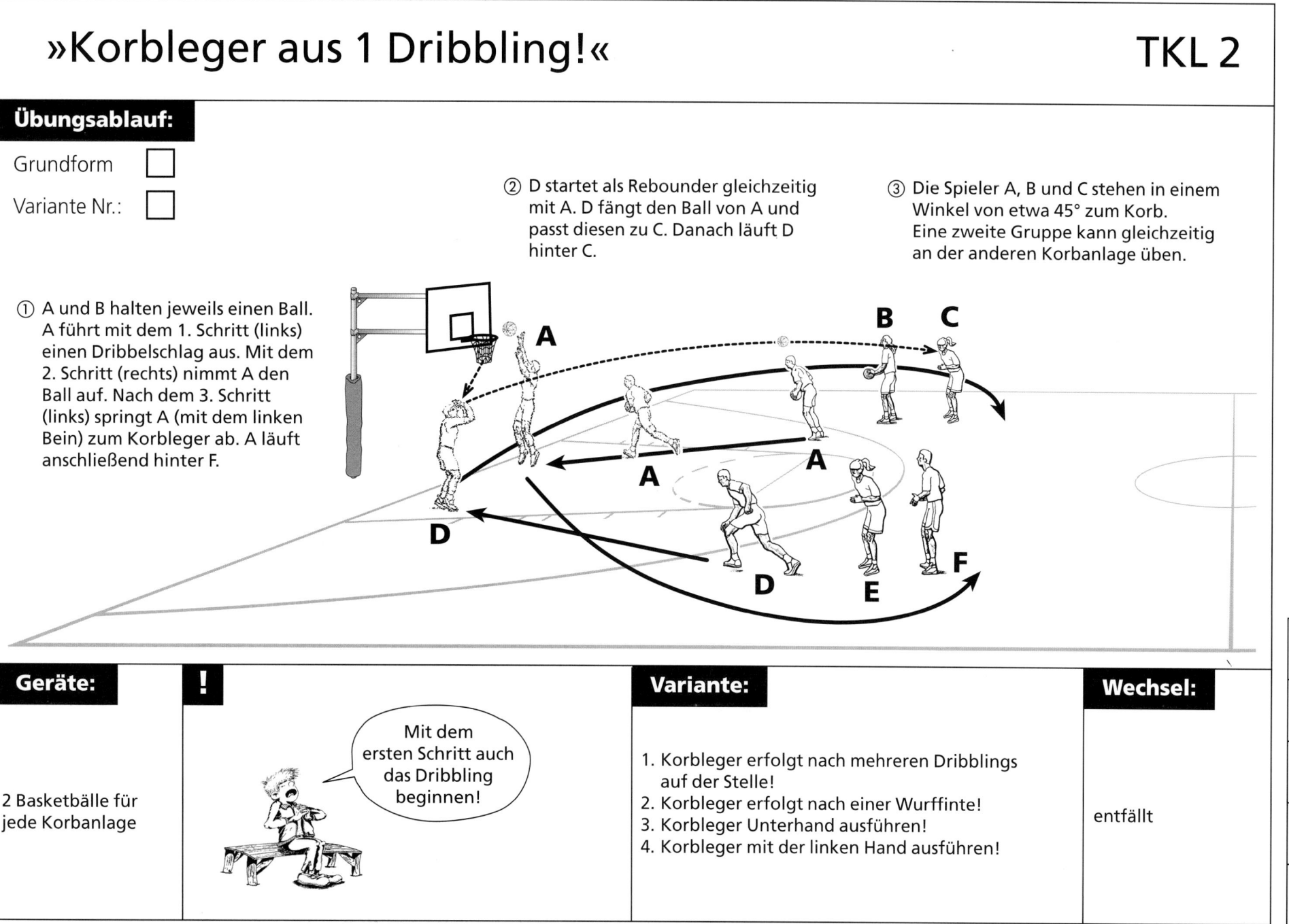

Geräte:

2 Basketbälle für jede Korbanlage

!

Mit dem ersten Schritt auch das Dribbling beginnen!

Variante:

1. Korbleger erfolgt nach mehreren Dribblings auf der Stelle!
2. Korbleger erfolgt nach einer Wurffinte!
3. Korbleger Unterhand ausführen!
4. Korbleger mit der linken Hand ausführen!

Wechsel:

entfällt

»Korbleger durch den Kreis!«

TKL 3

Übungsablauf:

Grundform ☐

Variante Nr.: ☐

Die Spieler üben an allen Korbanlagen den Korbleger aus dem Dribbling.
Nach jedem Korblegerversuch wieder durch den Mittelkreis dribbeln.
Wer schafft es, mit den wenigsten Versuchen an jedem Korb 2 Korbleger erfolgreich durchzuführen?

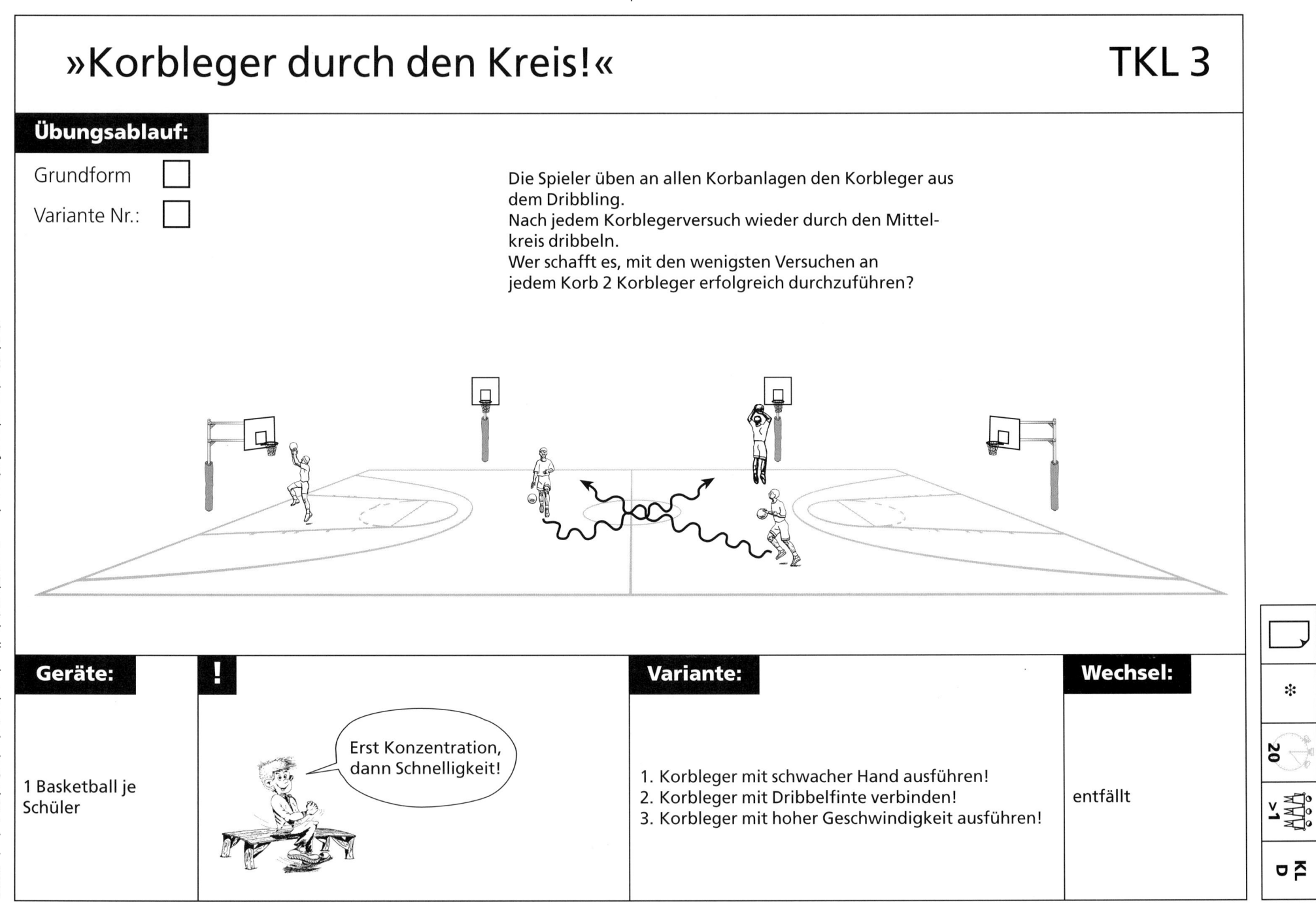

Wechsel:
entfällt

Variante:
1. Korbleger mit schwacher Hand ausführen!
2. Korbleger mit Dribbelfinte verbinden!
3. Korbleger mit hoher Geschwindigkeit ausführen!

!
Erst Konzentration, dann Schnelligkeit!

Geräte:
1 Basketball je Schüler

»Korbleger im Kontinuum 1!«

TKL 4

Übungsablauf:

☐ Grundform
☐ Variante

① A, B, J und K halten jeweils einen Ball. A und J beginnen zu dribbeln und schließen mit einem Korbleger ab. D und G starten gleichzeitig als Rebounder.

② Nach dem Korbleger läuft A hinter I sowie J hinter F. Die Rebounder passen den gefangenen Ball auf die Spieler C und L. Anschließend läuft D hinter L sowie G hinter den Spieler C.

③ B, E, H und K beginnen, wenn ihre Vorgänger den 3-Sekunden-Raum verlassen haben.

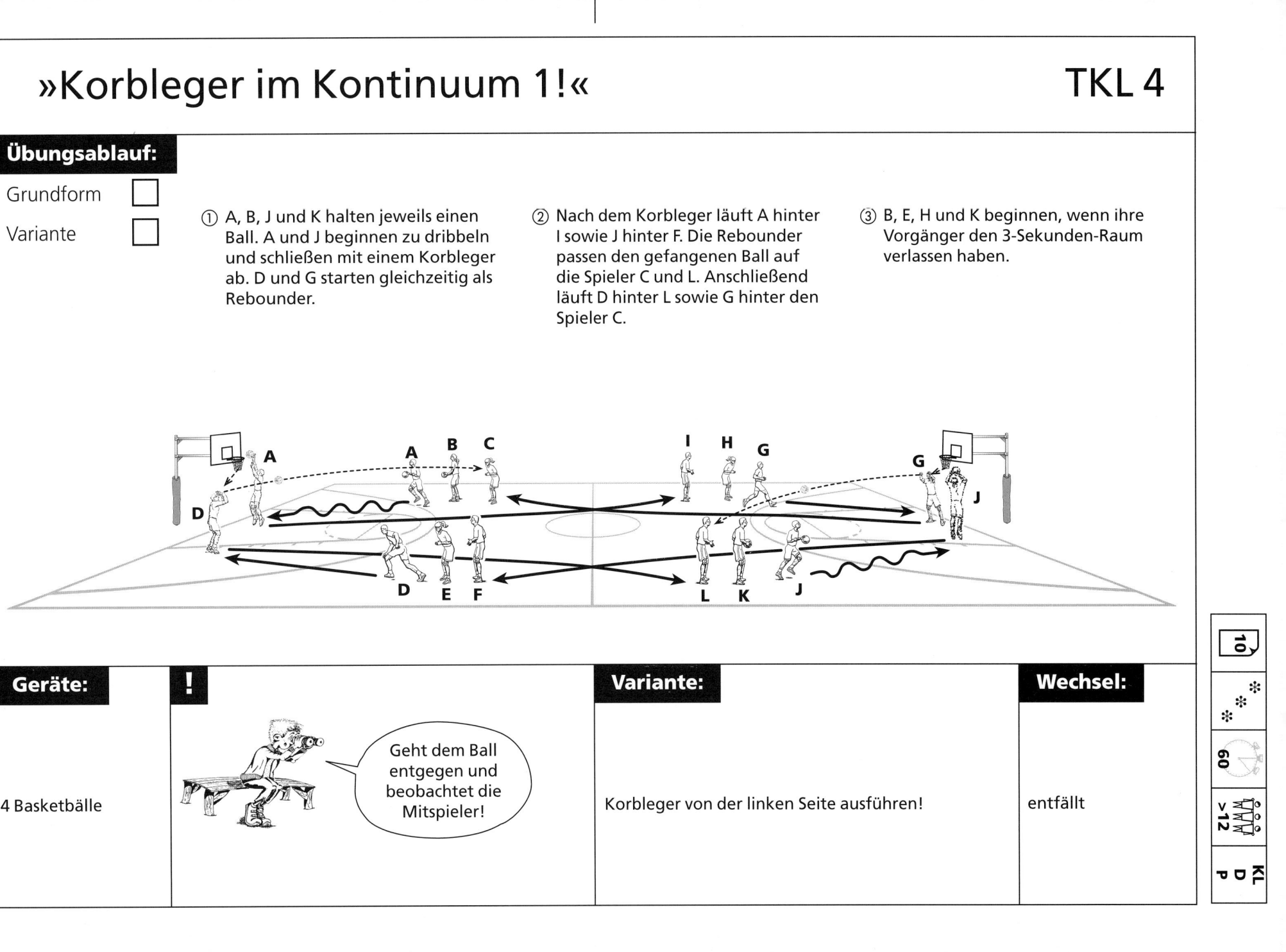

Geräte:

4 Basketbälle

!

Geht dem Ball entgegen und beobachtet die Mitspieler!

Variante:

Korbleger von der linken Seite ausführen!

Wechsel:

entfällt

© Als Kopiervorlage freigegeben. Ernst Klett Schulbuchverlag Leipzig GmbH, Leipzig 2000

»Korbleger im Kontinuum 2!« TKL 5

Übungsablauf:

① A, B, G und H halten jeweils einen Ball. A und G beginnen zu dribbeln und schließen mit einem Korbleger ab. D und J starten gleichzeitig als Rebounder.

② Nach dem Korbleger läuft G hinter F und A hinter L. Die Rebounder passen den gefangenen Ball auf die Spieler C und I. Anschließend läuft D hinter I und J hinter Spieler C.

③ B, E, H und K beginnen, wenn ihre Vorgänger den 3-Sekunden-Raum verlassen haben.

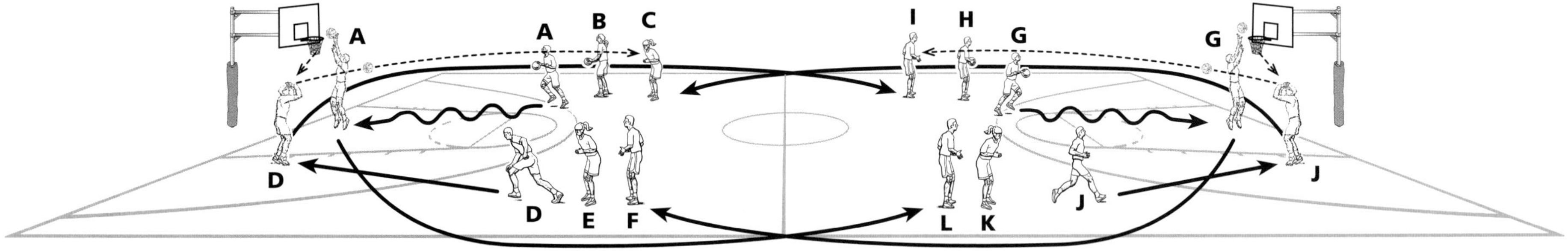

Geräte:

4 Basketbälle

!

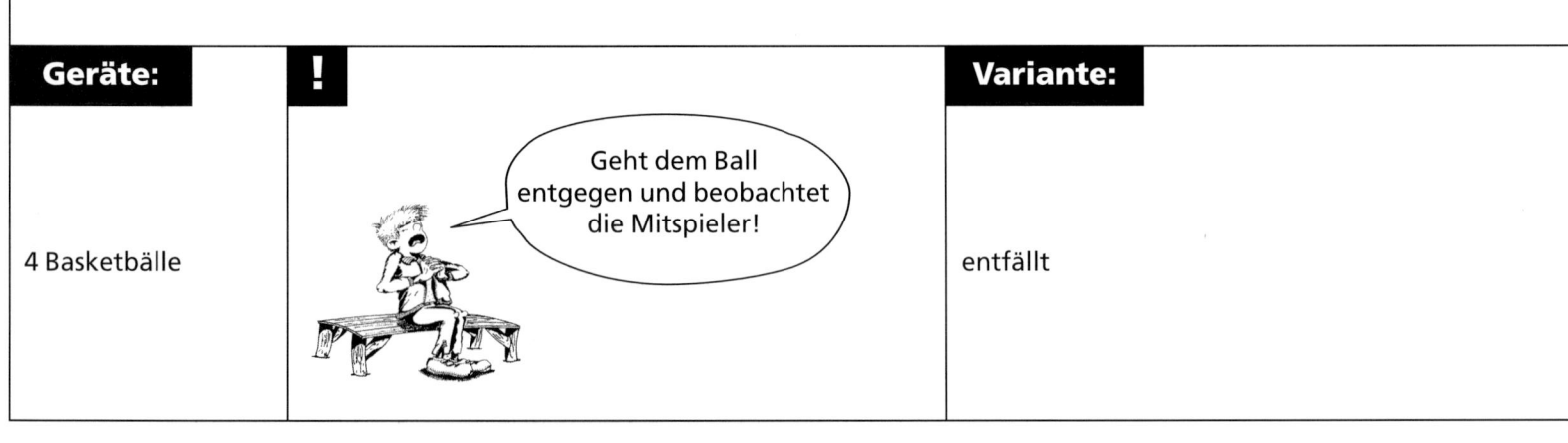

Geht dem Ball entgegen und beobachtet die Mitspieler!

Variante:

entfällt

Wechsel:

Nach 10 Minuten Korbwechsel!

»Korbleger im Kontinuum 3!«

TKL 6

Übungsablauf:

☐ Grundform
☐ Variante

① A ist in Ballbesitz, dribbelt zum Korb und schließt mit einem Korbleger ab. B startet gleichzeitig mit A, holt sich den Rebound und passt den Ball zu C (1). B läuft danach hinter C und A hinter E.

② D erhält den Pass von C (2) in der Bewegung und schließt mit einem Korbleger ab. E startet gleichzeitig mit D zum Rebound. Danach nimmt C die Position von D ein usw.

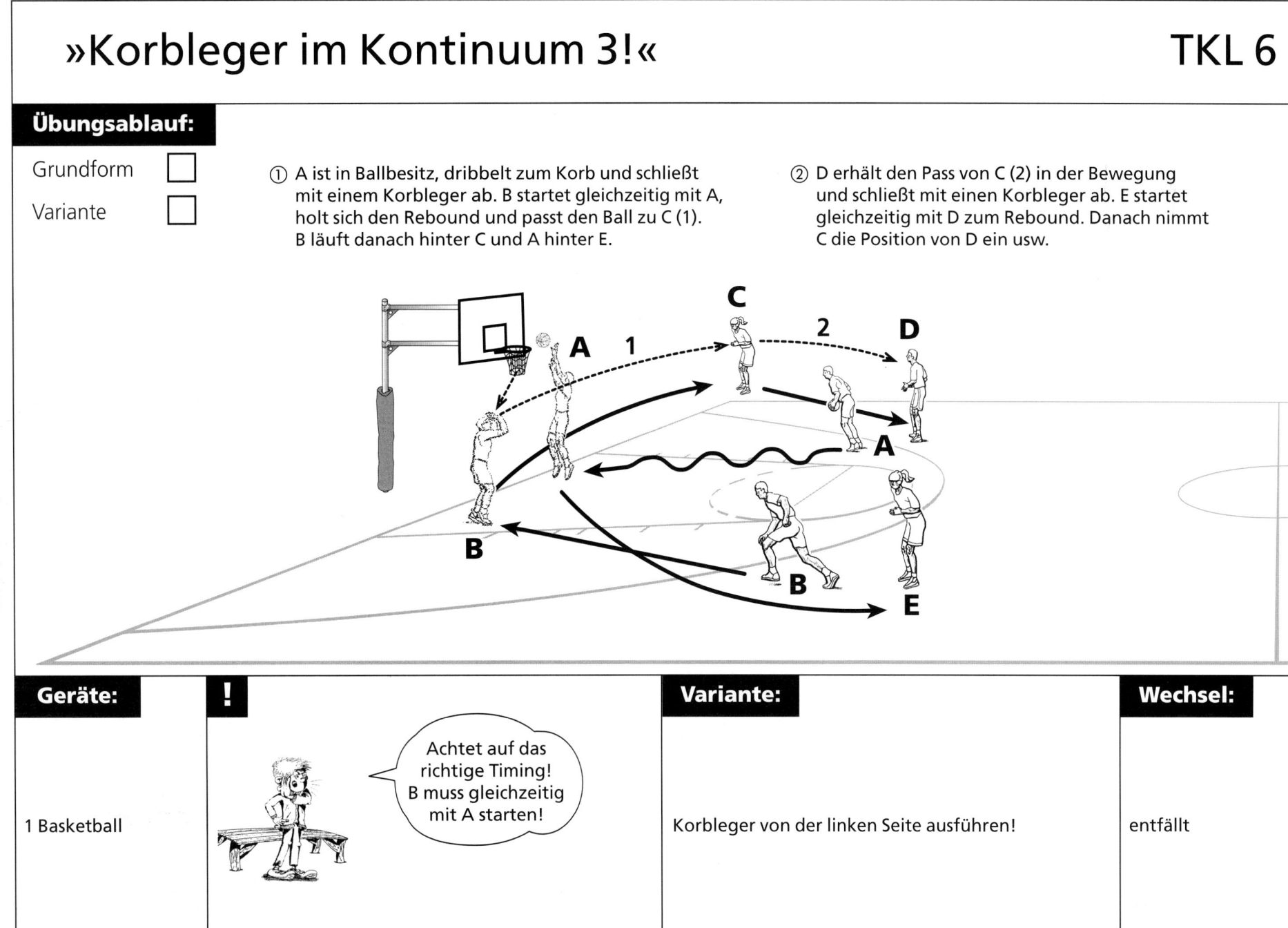

Geräte:
1 Basketball

!
Achtet auf das richtige Timing! B muss gleichzeitig mit A starten!

Variante:
Korbleger von der linken Seite ausführen!

Wechsel:
entfällt

»Passen und Korbleger im Kreis!«

TKL 7

Übungsablauf:

Grundform ☐
Variante Nr.: ☐

2 Personen haben einen Ball. Die Spieler passen sich den Ball über eine Entfernung von maximal 3 Metern zu. Sie laufen dabei fast parallel zueinander. Wenn der in der Außenbahn laufende Spieler den Ball ca. 4 m vom Korb entfernt erhält, führt er ein Dribbling mit anschließendem Korbleger aus. Der Partner holt den Rebound und geht selbst in die Außenspur. Nun bewegt sich die Gruppe auf den anderen Korb zu.

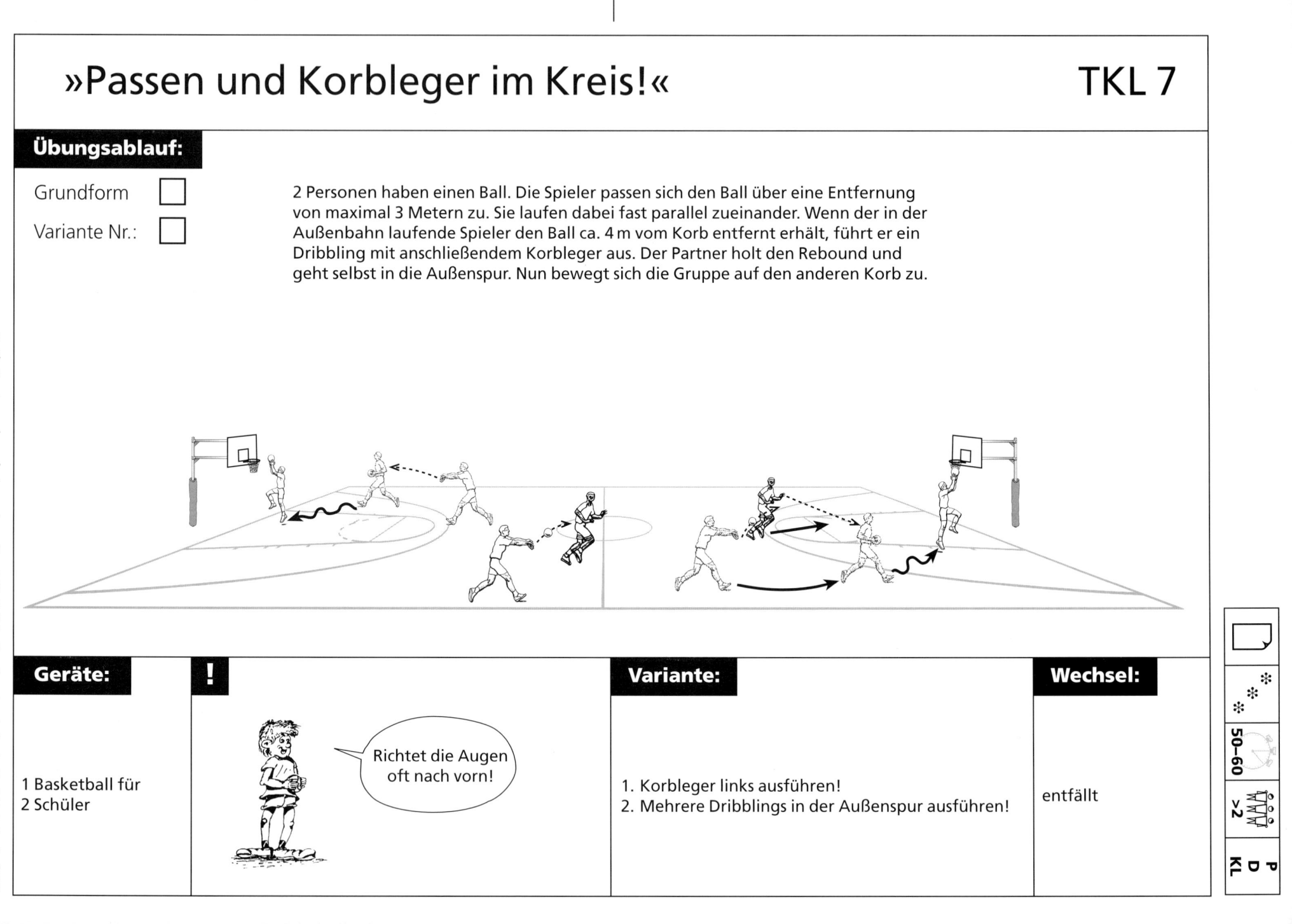

Wechsel:

entfällt

Variante:

1. Korbleger links ausführen!
2. Mehrere Dribblings in der Außenspur ausführen!

!

Richtet die Augen oft nach vorn!

Geräte:

1 Basketball für 2 Schüler

50–60 >2

P
D
KL

»Ballannahme 1!« TKL 8

Übungsablauf:

☐ Grundform
☐ Variante Nr.:

Der Flügelspieler zeigt nach dem Rausspringen seine Außenhand zum Ballerhalt. Nach Ballerhalt führt er einen Sternschritt mit dem rechten Fuß durch. Er zieht mit einem Dribbling mit der linken Hand links an der Fahne vorbei. Danach holt er den Rebound und dribbelt zur Position von A.

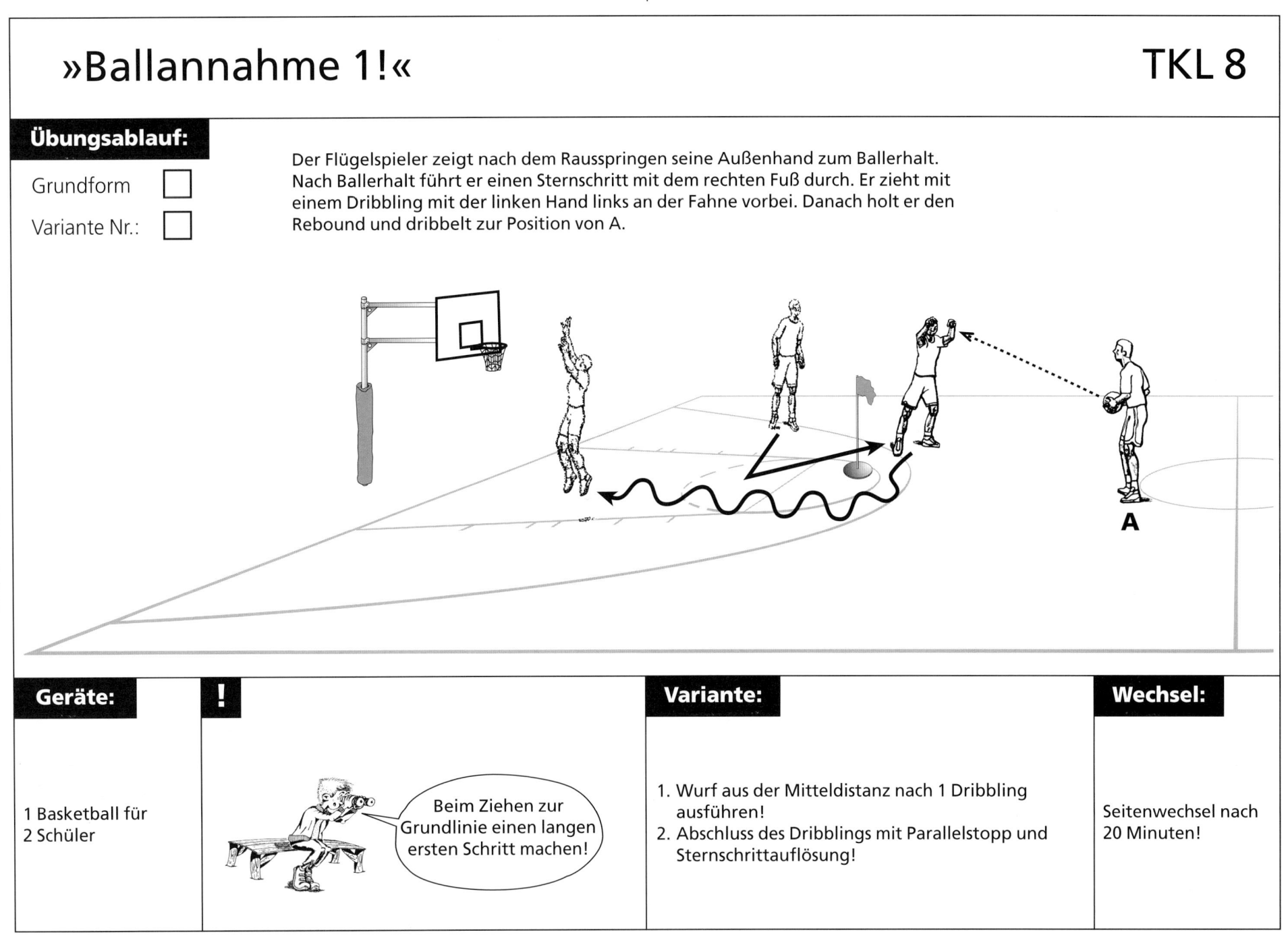

Geräte:

1 Basketball für 2 Schüler

!

Beim Ziehen zur Grundlinie einen langen ersten Schritt machen!

Variante:

1. Wurf aus der Mitteldistanz nach 1 Dribbling ausführen!
2. Abschluss des Dribblings mit Parallelstopp und Sternschrittauflösung!

Wechsel:

Seitenwechsel nach 20 Minuten!

© Als Kopiervorlage freigegeben. Ernst Klett Schulbuchverlag Leipzig GmbH, Leipzig 2000

»Ballannahme 2!«

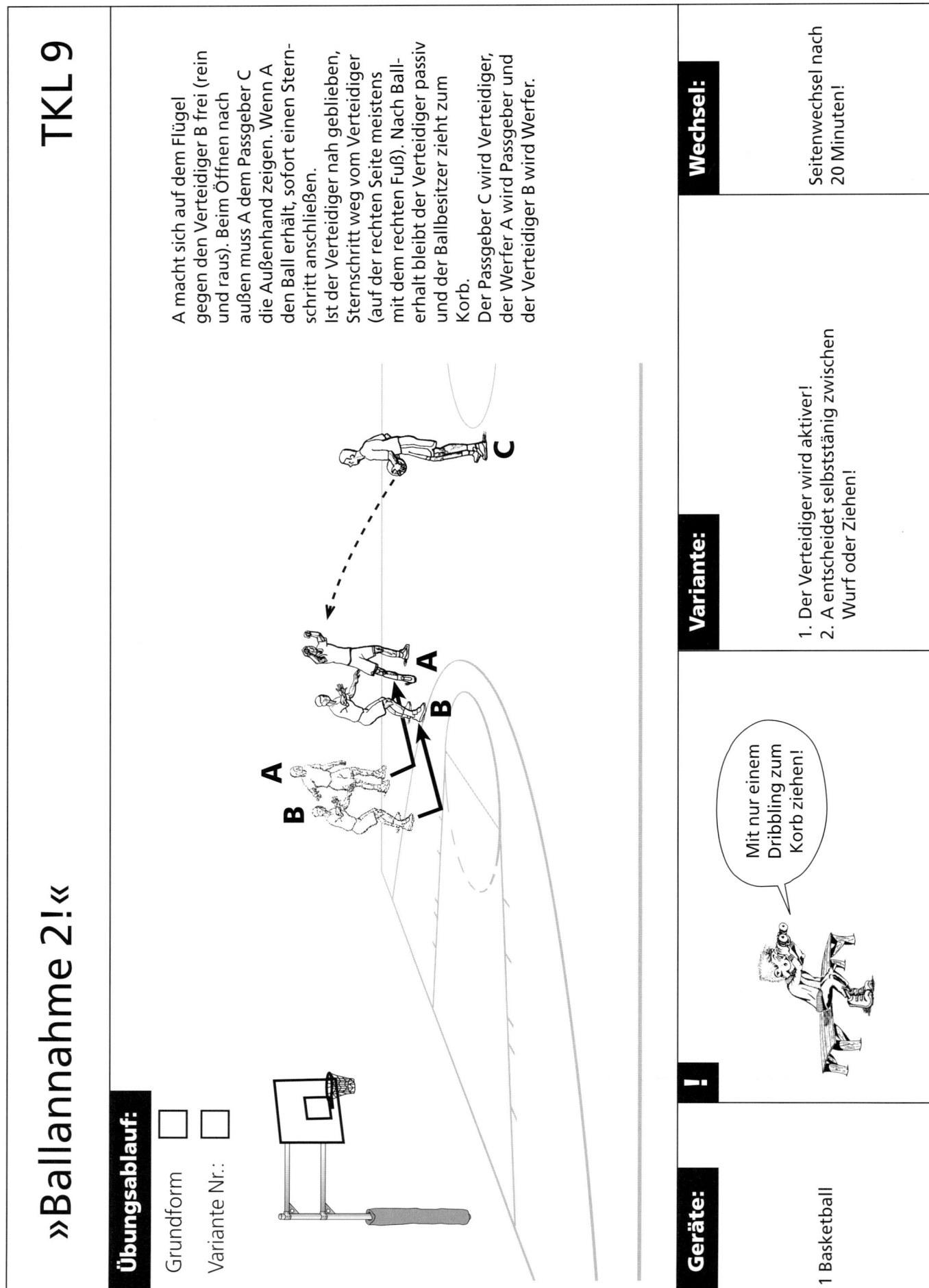

TKL 9

				KL
10	❄ ❄	40	>3	D, P ST

Übungsablauf:

Grundform ☐

Variante Nr.: ☐

A macht sich auf dem Flügel gegen den Verteidiger B frei (rein und raus). Beim Öffnen nach außen muss A dem Passgeber C die Außenhand zeigen. Wenn A den Ball erhält, sofort einen Sternschritt anschließen.
Ist der Verteidiger nah geblieben, Sternschritt weg vom Verteidiger (auf der rechten Seite meistens mit dem rechten Fuß). Nach Ballerhalt bleibt der Verteidiger passiv und der Ballbesitzer zieht zum Korb.
Der Passgeber C wird Verteidiger, der Werfer A wird Passgeber und der Verteidiger B wird Werfer.

Geräte:

1 Basketball

!

Mit nur einem Dribbling zum Korb ziehen!

Variante:

1. Der Verteidiger wird aktiver!
2. A entscheidet selbstständig zwischen Wurf oder Ziehen!

Wechsel:

Seitenwechsel nach 20 Minuten!

»Sternschritt mit Bedrohung (Ziehen-Wurf-Passen)!«   TKL 10

Übungsablauf:

Grundform ☐

Variante Nr.: ☐

A steht im Mittelkreis und gibt einen Pass zu B. B führt nach Ballerhalt mit dem linken Bein als Spielbein durch. Deshalb mit links, damit man später in Richtung Grundlinie ziehen kann. A schneidet an B vorbei, erhält einen Bodenpass von B und führt einen Korbleger aus. B holt den Rebound, dribbelt außerhalb des Feldes auf die Position von A. A nimmt die Position von B ein.

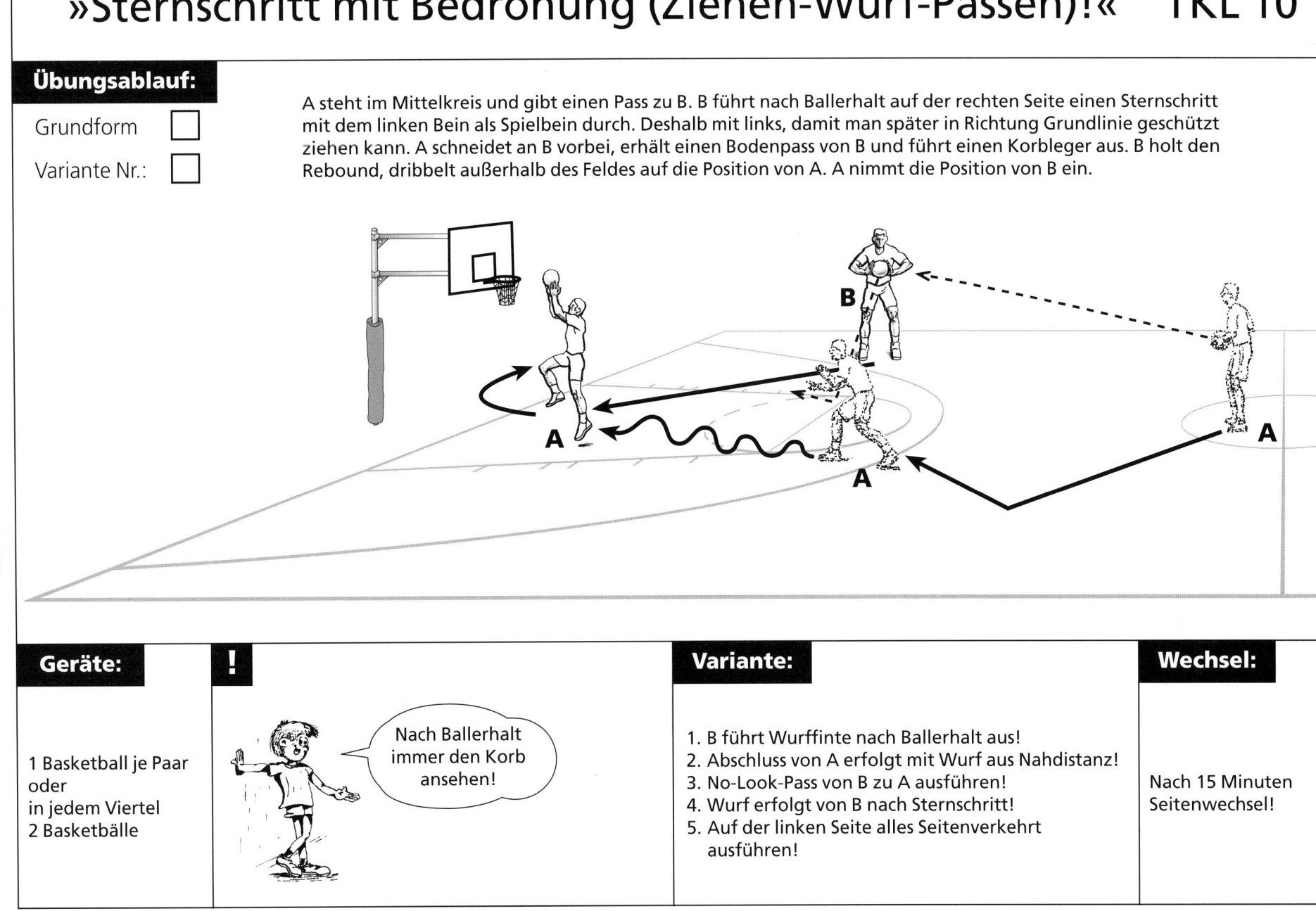

Geräte:

1 Basketball je Paar
oder
in jedem Viertel
2 Basketbälle

!

Nach Ballerhalt immer den Korb ansehen!

Variante:

1. B führt Wurffinte nach Ballerhalt aus!
2. Abschluss von A erfolgt mit Wurf aus Nahdistanz!
3. No-Look-Pass von B zu A ausführen!
4. Wurf erfolgt von B nach Sternschritt!
5. Auf der linken Seite alles Seitenverkehrt ausführen!

Wechsel:

Nach 15 Minuten Seitenwechsel!

KOM

© Als Kopiervorlage freigegeben. Ernst Klett Schulbuchverlag Leipzig GmbH, Leipzig 2000

»Sternkorbleger im Kontinuum!«

TKL 11

Übungsablauf:

Grundform ☐
Variante Nr.: ☐

① B, C, D und E stehen im Viereck auf dem Spielfeld. A ist in Ballbesitz und steht unter dem Korb. F, G und H stehen wartend hinter A.

② A passt den Ball zu B (1) und läuft sofort auf dessen Position. B geht dem Ball entgegen, fängt ihn und passt den Ball zu C (2) und läuft auf dessen Position.

③ C fängt den Ball und passt ihn zu D (3). D passt den Ball zu E (4). E fängt den Ball und schließt mit einem Korbleger ab. F holt sofort den Rebound und passt danach zu A usw.

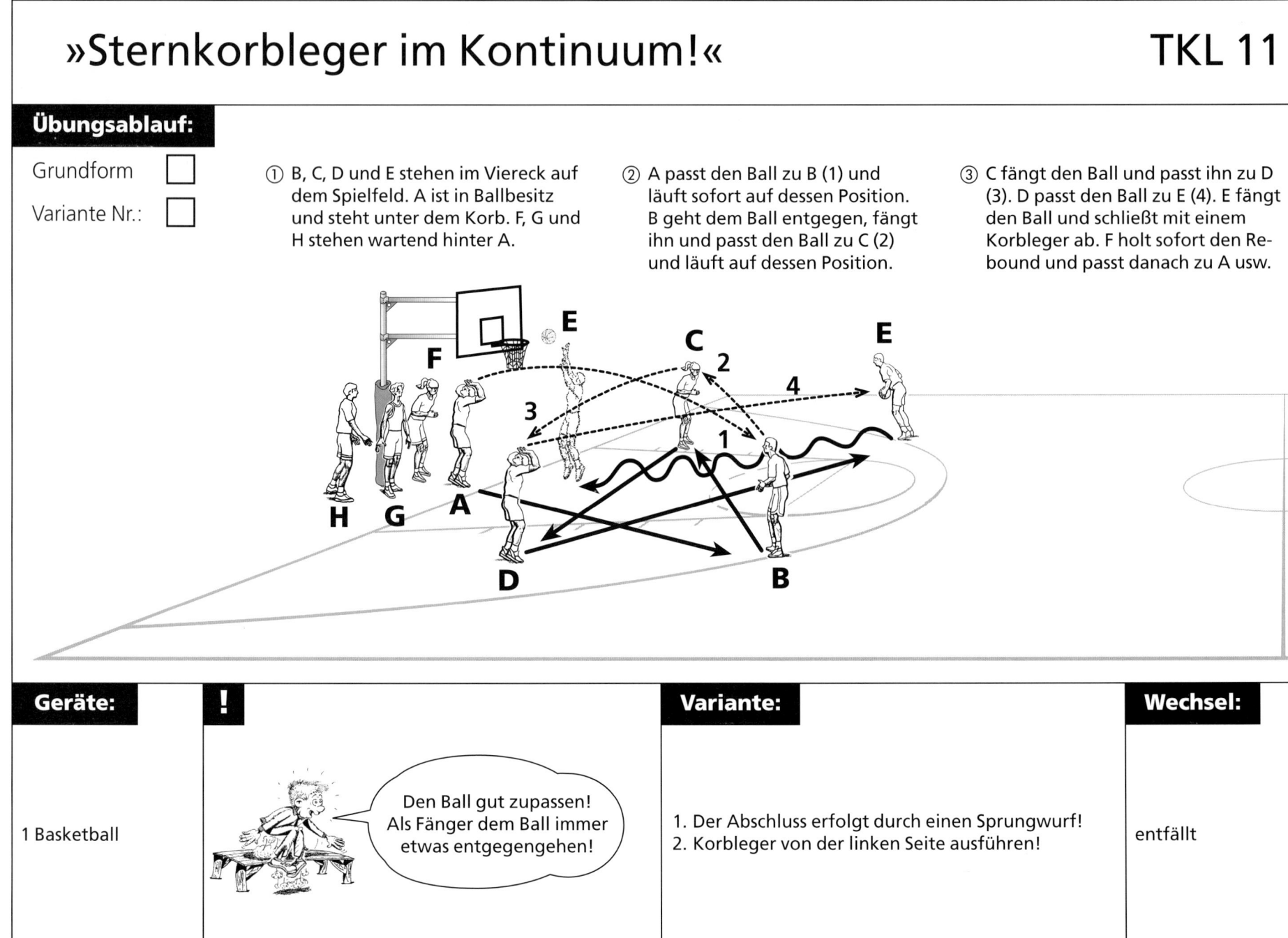

Variante:

1. Der Abschluss erfolgt durch einen Sprungwurf!
2. Korbleger von der linken Seite ausführen!

Wechsel:

entfällt

!

Den Ball gut zupassen! Als Fänger dem Ball immer etwas entgegengehen!

Geräte:

1 Basketball

50 >5

KL
D
P

© Als Kopiervorlage freigegeben. Ernst Klett Schulbuchverlag Leipzig GmbH, Leipzig 2000

»Criss Cross (Achterlauf)!«

TKL 12

Übungsablauf:

☐ Grundform
☐ Variante

① A, B und C starten von der Grundlinie aus zum anderen Korb. B ist in Ballbesitz. B passt den Ball nach außen zu A (1), der nach vorn innen läuft. B schneidet hinter A nach außen.

② A passt den Ball nun nach außen zu C (2), der nach vorn innen läuft. A läuft hinter C nach außen usw. Auf der Gegenseite schließt einer der Spieler mit einem Korbleger ab. Danach wird die Übung zur anderen Seite ausge-

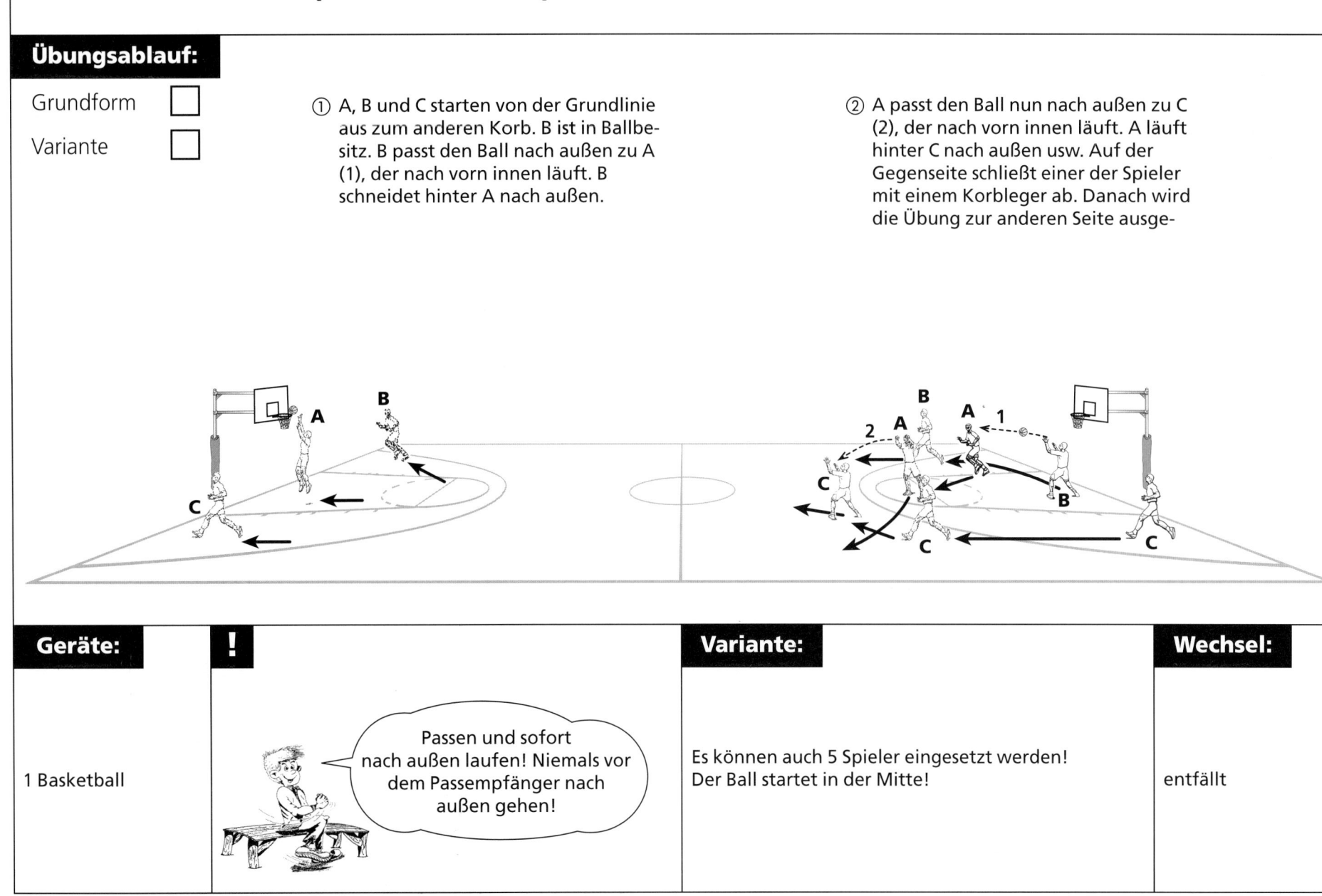

Geräte:

1 Basketball

!

Passen und sofort nach außen laufen! Niemals vor dem Passempfänger nach außen gehen!

Variante:

Es können auch 5 Spieler eingesetzt werden! Der Ball startet in der Mitte!

Wechsel:

entfällt

| 10 | ✻✻✻ | 60 | >3 | KL P |

129

»Criss Cross und 2 gegen 1 zurück!«

TKL 13

Übungsablauf:

① A, B und C starten von der Grundlinie aus zum anderen Korb. B ist in Ballbesitz. B passt den Ball nach außen zu A (1), der nach vorn innen läuft. B schneidet hinter A nach außen.

② A passt den Ball nun nach außen zu C (2), der nach vorn innen läuft. A läuft hinter C nach außen usw. Auf der Gegenseite schließt einer der Spieler mit einem Korbleger ab. Danach wird auf dem Rückweg 2 gegen 1 gespielt. Abwehrspieler wird der Spieler, der den Korbleger ausgeführt hat.

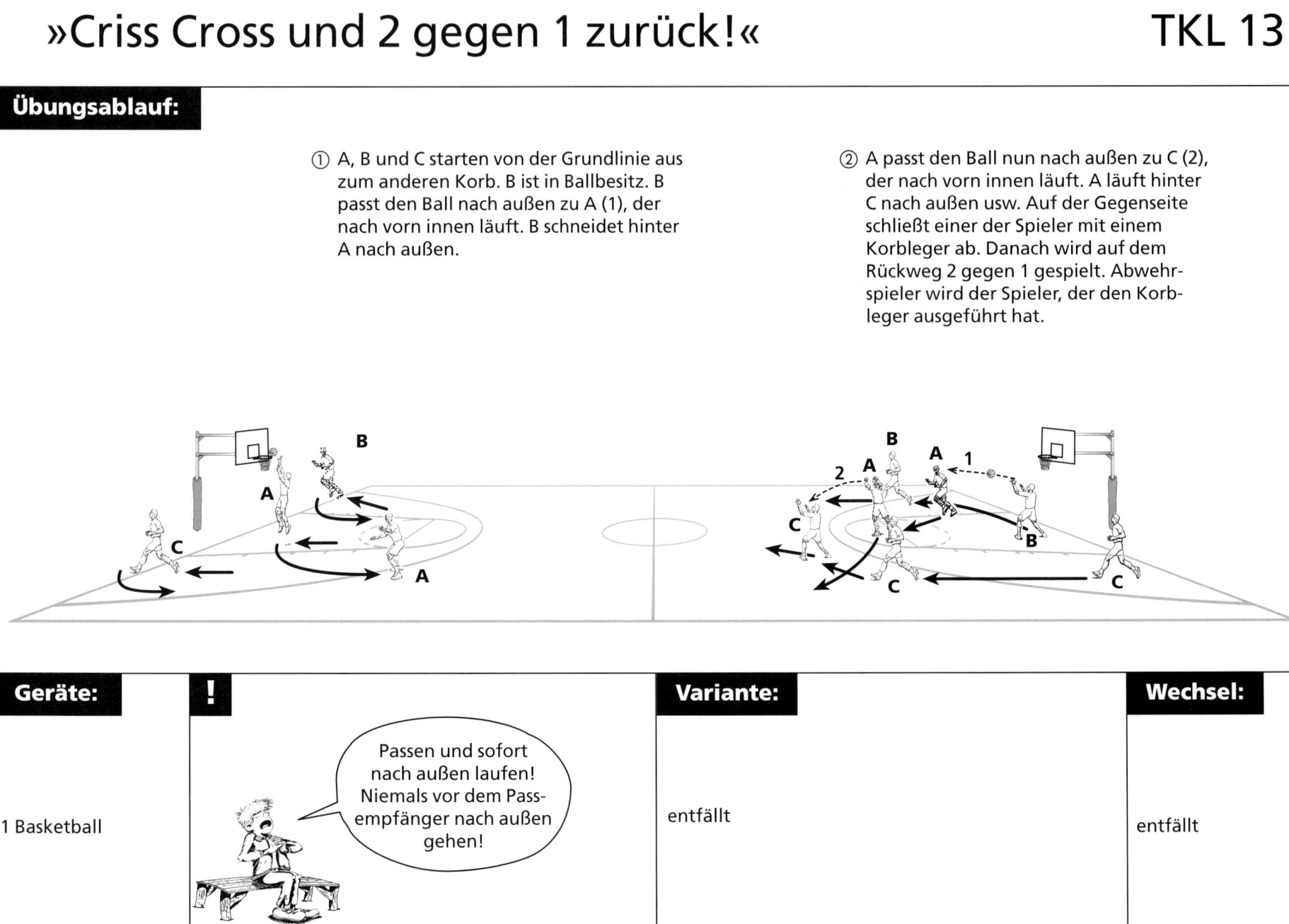

Geräte:

1 Basketball

!

Passen und sofort nach außen laufen! Niemals vor dem Passempfänger nach außen gehen!

Variante:

entfällt

Wechsel:

entfällt

»Einstieg Wurf!«

TW 1

50–60 | **>2** | **D ST W**

Übungsablauf:

☐ Grundform
☐ Variante Nr.:

Station 1:
Die Spieler sitzen paarweise gegenüber. Der Ballbesitzer wirft den Ball weich die über den Kopf gehaltenen Hände des Partners (Abstand 2–2,5 m). Es soll ein weicher Wurf durchgeführt werden (im Bogen werfen, Handgelenk abklappen, Arm nach dem Wurf gestreckt stehen lassen). Die Spieler sollen sich kontrollieren.

Station 2:
Spieler stehen paarweise gegenüber und führen die gleiche Übung nur im Stehen aus (Abstand ca. 3 m). Die Spieler sollen sich kontrollieren.

Station 3:
Spieler stehen paarweise gegenüber (Abstand ca. 5 m). Der Ballbesitzer dribbelt auf den Partner zu, stoppt ca. 3 m vor ihm und führt einen Wurf mit leichtem Absprung aus. Der Ball soll weich in den über den Kopf gehaltenen Händen des Partners landen.

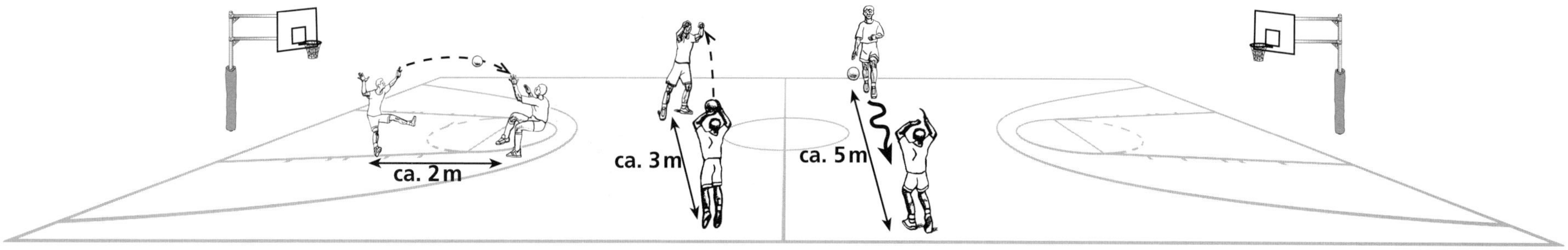

ca. 2 m | ca. 3 m | ca. 5 m

Geräte:
1 Basketball für 2 Schüler

!
Der Ball muss weich in eure Hände fliegen!

Variante:
1. Aus dem Linksdribbling werfen!
2. Aus Dribbling und Finte werfen!

Wechsel:
entfällt

»Wurfautomatik!«

TW 2

Übungsablauf:

☐ Grundform
☐ Variante

① Der Werfer A steht immer an der gleichen Position. A wirft auf den Korb (1). A kann sich durch die feste Position und die gleiche Passrichtung voll auf seine Wurfversuche konzentrieren.

② Der Rebounder B fängt die von A geworfenen Bälle unter dem Korb ab (2). Passgeber C hält einen zweiten Ball und passt diesen zu A (3), bevor B ihm den anderen Ball zuwirft (4). Auch C verändert seine Position nicht.

③ An einer Korbanlage können zwei Gruppen gleichzeitig üben, wenn die Werfer zeitlich versetzt werfen.

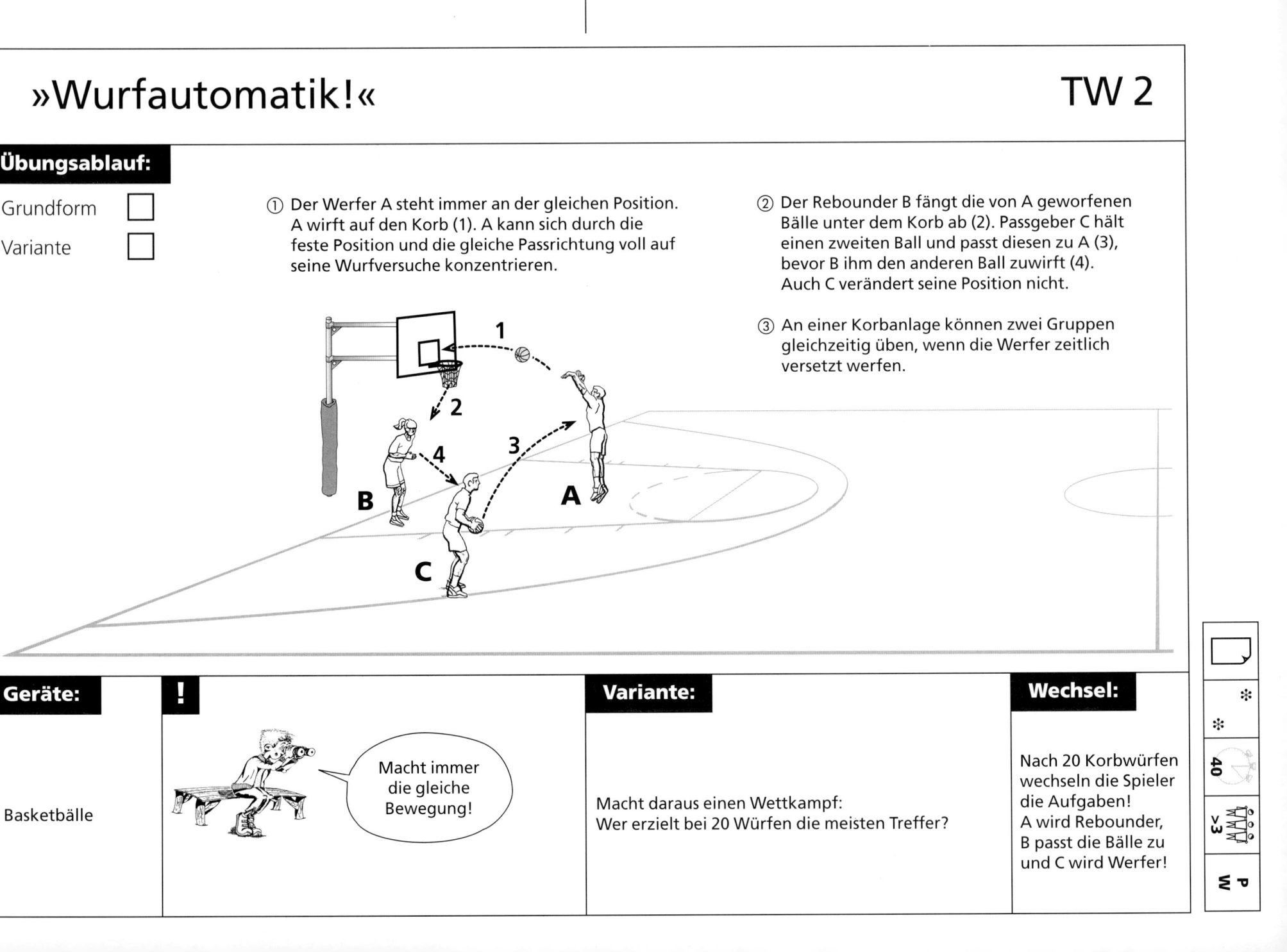

Variante:

Macht daraus einen Wettkampf: Wer erzielt bei 20 Würfen die meisten Treffer?

Wechsel:

Nach 20 Korbwürfen wechseln die Spieler die Aufgaben! A wird Rebounder, B passt die Bälle zu und C wird Werfer!

!

Macht immer die gleiche Bewegung!

Geräte:

2 Basketbälle

»Reise um die Welt!«

TW 3

Übungsablauf:

☐ Grundform
☐ Variante

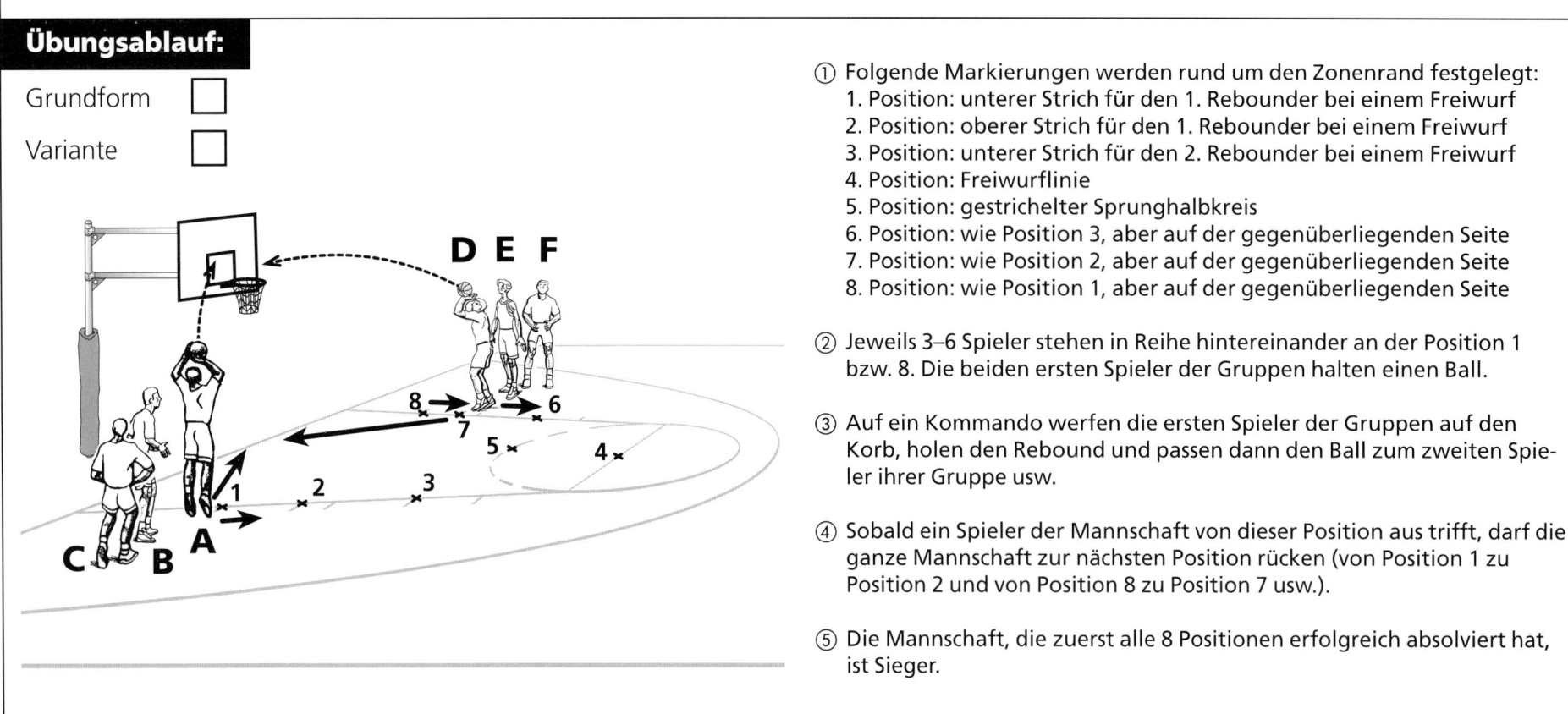

① Folgende Markierungen werden rund um den Zonenrand festgelegt:
  1. Position: unterer Strich für den 1. Rebounder bei einem Freiwurf
  2. Position: oberer Strich für den 1. Rebounder bei einem Freiwurf
  3. Position: unterer Strich für den 2. Rebounder bei einem Freiwurf
  4. Position: Freiwurflinie
  5. Position: gestrichelter Sprunghalbkreis
  6. Position: wie Position 3, aber auf der gegenüberliegenden Seite
  7. Position: wie Position 2, aber auf der gegenüberliegenden Seite
  8. Position: wie Position 1, aber auf der gegenüberliegenden Seite

② Jeweils 3–6 Spieler stehen in Reihe hintereinander an der Position 1 bzw. 8. Die beiden ersten Spieler der Gruppen halten einen Ball.

③ Auf ein Kommando werfen die ersten Spieler der Gruppen auf den Korb, holen den Rebound und passen dann den Ball zum zweiten Spieler ihrer Gruppe usw.

④ Sobald ein Spieler der Mannschaft von dieser Position aus trifft, darf die ganze Mannschaft zur nächsten Position rücken (von Position 1 zu Position 2 und von Position 8 zu Position 7 usw.).

⑤ Die Mannschaft, die zuerst alle 8 Positionen erfolgreich absolviert hat, ist Sieger.

Geräte:

1 Basketball für jede Mannschaft
evtl. Klebestreifen für Markierungen

!

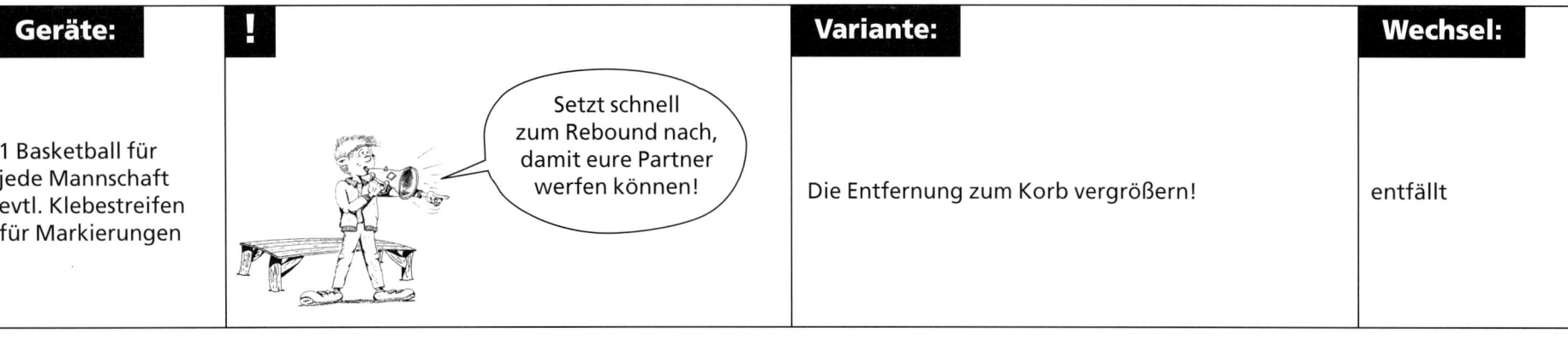

Setzt schnell zum Rebound nach, damit eure Partner werfen können!

Variante:

Die Entfernung zum Korb vergrößern!

Wechsel:

entfällt

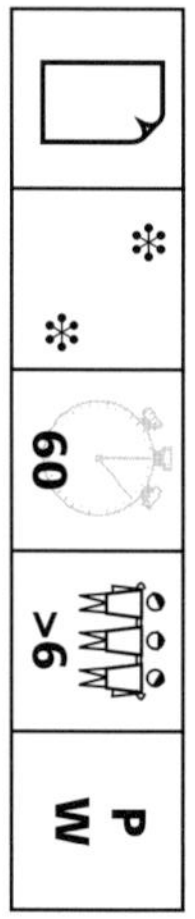

»Wurfspiel 21!«

TW 4

Übungsablauf:

☐ Grundform
☐ Variante

Aufstellungsform
Es werden Mannschaften mit 3–6 Spieler gebildet. An jeder Korbanlage sind maximal 3 Mannschaften, die gegeneinander spielen.

Spielregeln
- Die Mannschaften werfen abwechselnd auf den Korb, ohne sich dabei zu behindern.
- Ist der erste Wurf im Korb erhält die Mannschaft 2 Punkte. Fängt der Werfer den Ball aus dem Netz, ohne dass er auf den Boden gefallen ist, hat er noch einen Nachwurf. Trifft der Werfer mit dem Nachwurf erhält die Mannschaft einen weiteren Punkt.
- Geht der erste Wurf daneben und der Werfer holt den Ball, ohne dass dieser vorher den Boden berührt hat, darf er noch einmal werfen. Trifft der Werfer mit dem Nachwurf erhält die Mannschaft einen Punkt.
- Nach dem Nachwurf erfolgt ein Pass zum nächsten Mitspieler.
- Geht der erste Wurf daneben und fällt der Ball auf den Boden, erhält die Mannschaft keinen Punkt. Der Werfer passt den Ball zum nächsten Mitspieler.

Wertung
Die Mannschaft, die zuerst 21 Punkte erzielt, ist Sieger.

Geräte:

1 Basketball für jede Mannschaft

!

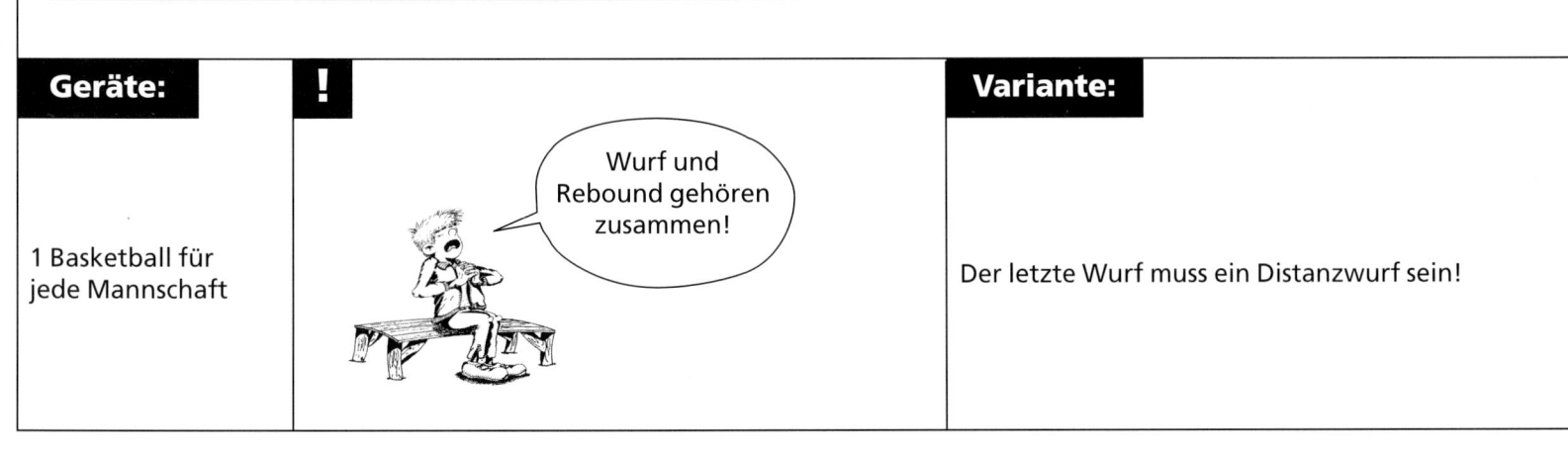

Wurf und Rebound gehören zusammen!

Variante:

Der letzte Wurf muss ein Distanzwurf sein!

Wechsel:

entfällt

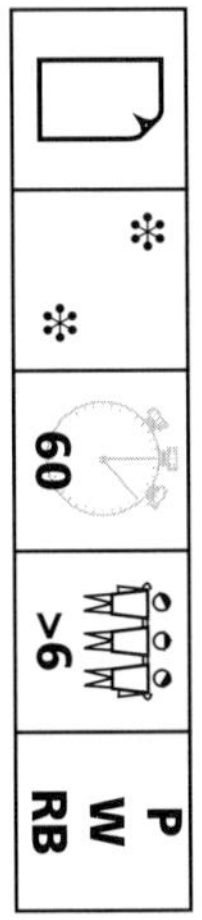

»Auswerfen!« TW 5

Übungsablauf:

Grundform ☐
Variante ☐

① Alle Spieler stehen in einer Reihe hinter der Freiwurflinie. A und B halten einen Ball.

② A wirft auf den Korb und setzt sofort nach. Er wirft so lange aus der Nahdistanz, bis er trifft. B darf auf den Korb werfen, nachdem A seinen ersten Wurf getätigt hat.

③ Trifft A, passt er den Ball zu C und stellt sich hinten an. Trifft B in den Korb bevor A getroffen hat, ist A ausgeschieden. Trifft C vor B, so ist B ausgeschieden usw.

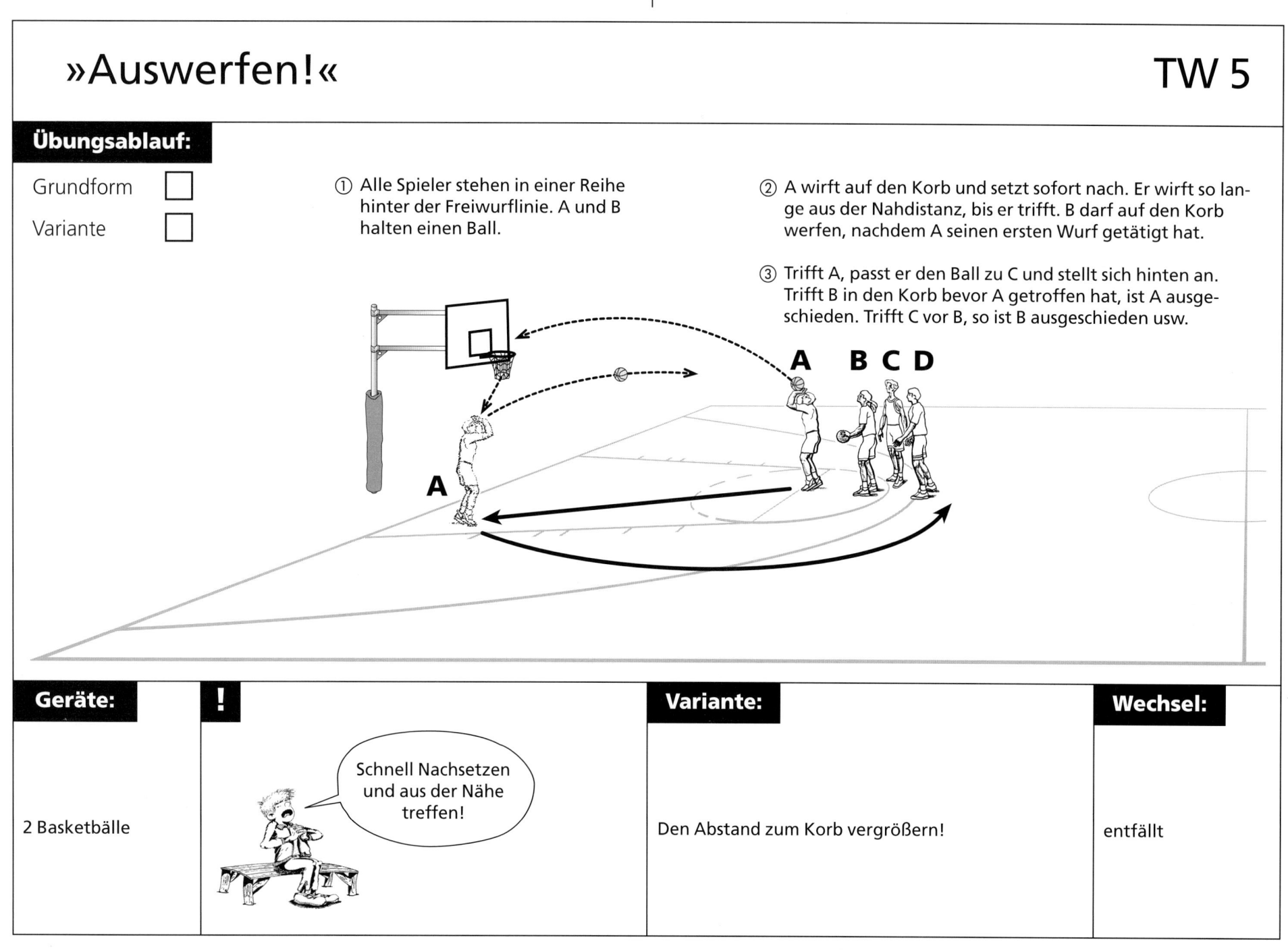

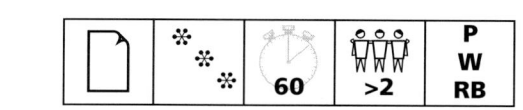

Wechsel:
entfällt

Variante:
Den Abstand zum Korb vergrößern!

!
Schnell Nachsetzen und aus der Nähe treffen!

Geräte:
2 Basketbälle

»Kontinuum mit Wurf aus Parallel- oder Schrittstopp!« TW 6

Übungsablauf:

☐ Grundform
☐ Variante

① Die Spieler 1, 2 und 3 passen sich den Ball zu. Sobald sie die Mittellinie überschreiten, dribbelt der Mittelmann bis zur Freiwurflinie, stoppt ab und wirft.

② 2 und 3 laufen in die Außenspuren nach vorn. Sie erhalten von 4 und 5 den Ball in der Mitteldistanz, stoppen ab und werfen.

③ 6 reboundet einen der Bälle. Danach führen 4, 5, 6 die Übung zur anderen Spielfeldseite aus.

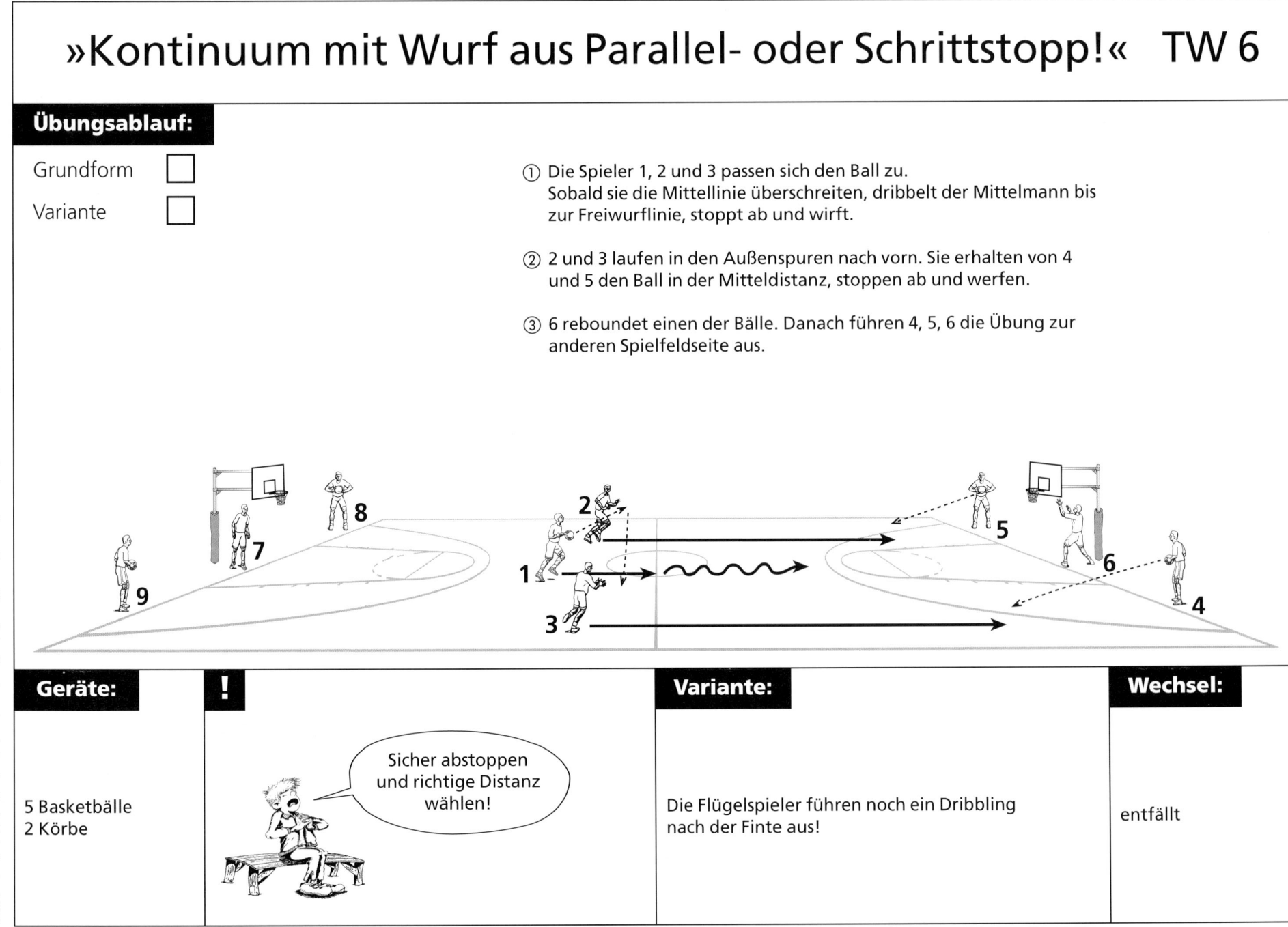

Geräte:

5 Basketbälle
2 Körbe

!

Sicher abstoppen und richtige Distanz wählen!

Variante:

Die Flügelspieler führen noch ein Dribbling nach der Finte aus!

Wechsel:

entfällt

TW 7

»Sprungwurf aus einem Dribbling!«

Übungsablauf:

Grundform ☐

Variante Nr.: ☐

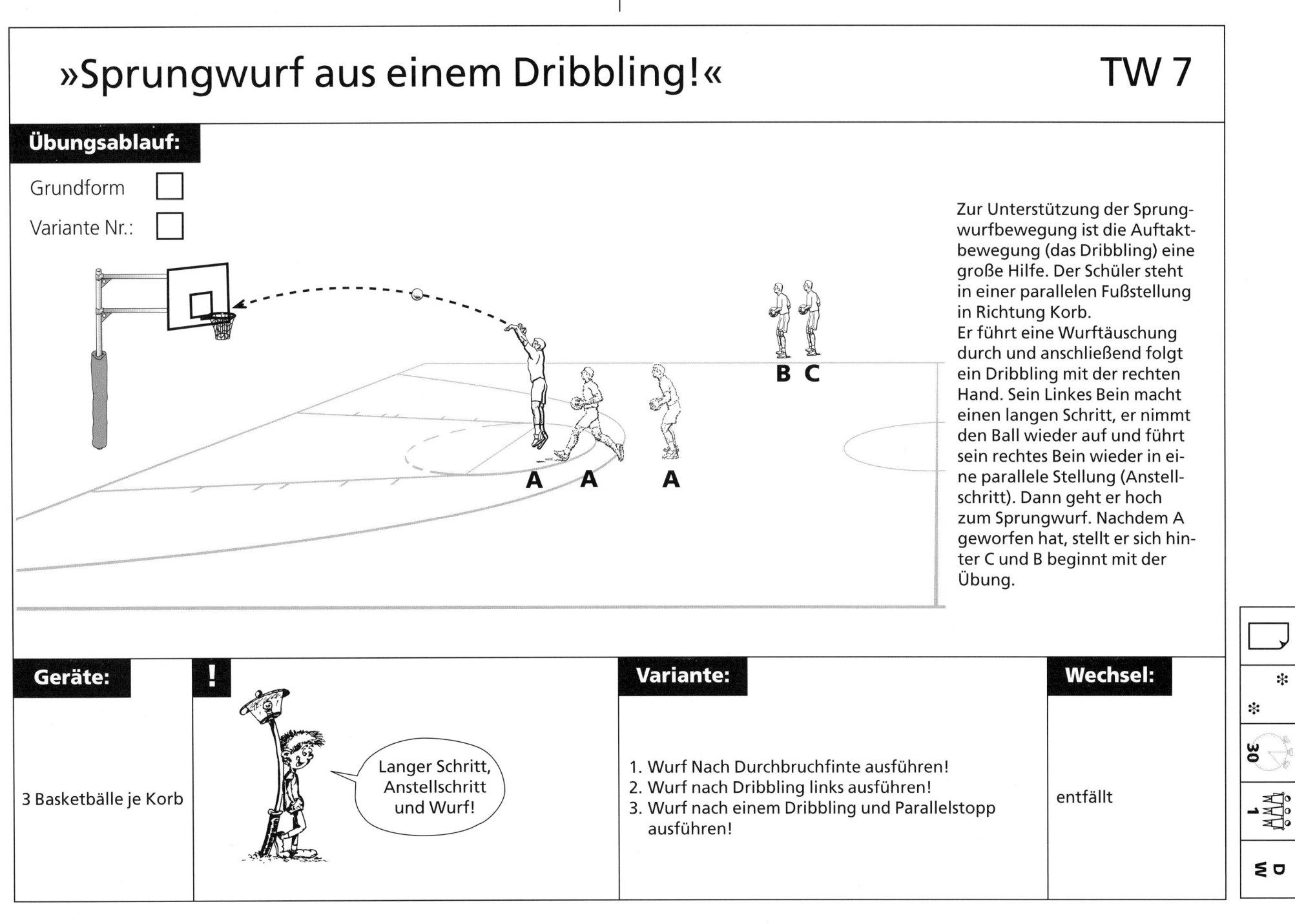

Zur Unterstützung der Sprungwurfbewegung ist die Auftaktbewegung (das Dribbling) eine große Hilfe. Der Schüler steht in einer parallelen Fußstellung in Richtung Korb.
Er führt eine Wurftäuschung durch und anschließend folgt ein Dribbling mit der rechten Hand. Sein Linkes Bein macht einen langen Schritt, er nimmt den Ball wieder auf und führt sein rechtes Bein wieder in eine parallele Stellung (Anstellschritt). Dann geht er hoch zum Sprungwurf. Nachdem A geworfen hat, stellt er sich hinter C und B beginnt mit der Übung.

Variante:

1. Wurf Nach Durchbruchfinte ausführen!
2. Wurf nach Dribbling links ausführen!
3. Wurf nach einem Dribbling und Parallelstopp ausführen!

Wechsel:

entfällt

!

Langer Schritt, Anstellschritt und Wurf!

Geräte:

3 Basketbälle je Korb

© Als Kopiervorlage freigegeben. Ernst Klett Schulbuchverlag Leipzig GmbH, Leipzig 2000

D W

»Rebound und Timing!«

TRB 1

Übungsablauf:
☐ Grundform
☐ Variante

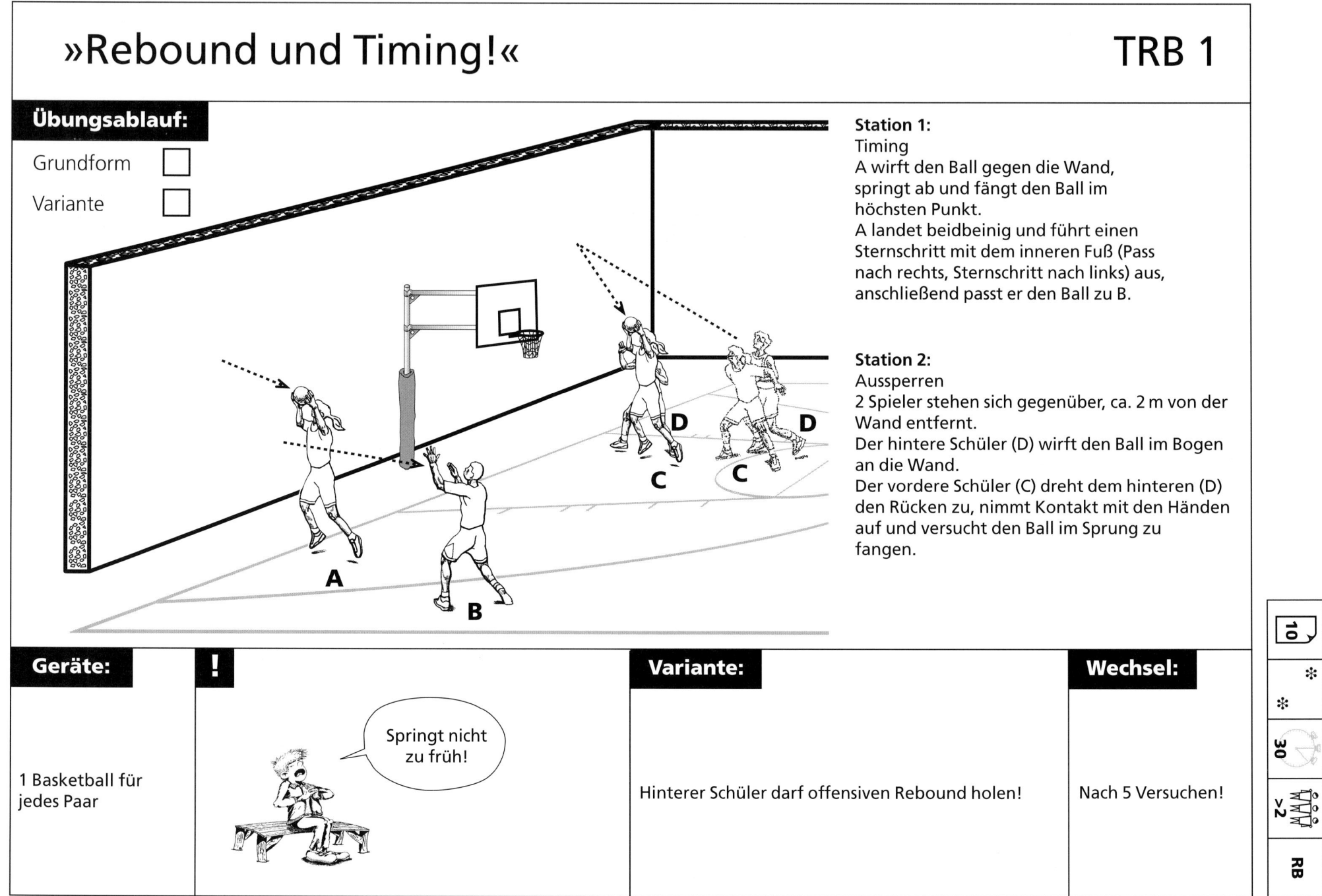

Station 1:
Timing
A wirft den Ball gegen die Wand, springt ab und fängt den Ball im höchsten Punkt.
A landet beidbeinig und führt einen Sternschritt mit dem inneren Fuß (Pass nach rechts, Sternschritt nach links) aus, anschließend passt er den Ball zu B.

Station 2:
Aussperren
2 Spieler stehen sich gegenüber, ca. 2 m von der Wand entfernt.
Der hintere Schüler (D) wirft den Ball im Bogen an die Wand.
Der vordere Schüler (C) dreht dem hinteren (D) den Rücken zu, nimmt Kontakt mit den Händen auf und versucht den Ball im Sprung zu fangen.

Wechsel:
Nach 5 Versuchen!

Variante:
Hinterer Schüler darf offensiven Rebound holen!

!
Springt nicht zu früh!

Geräte:
1 Basketball für jedes Paar

»Aussperren!«

TRB 2

Übungsablauf:

Grundform ☐
Variante Nr.: ☐

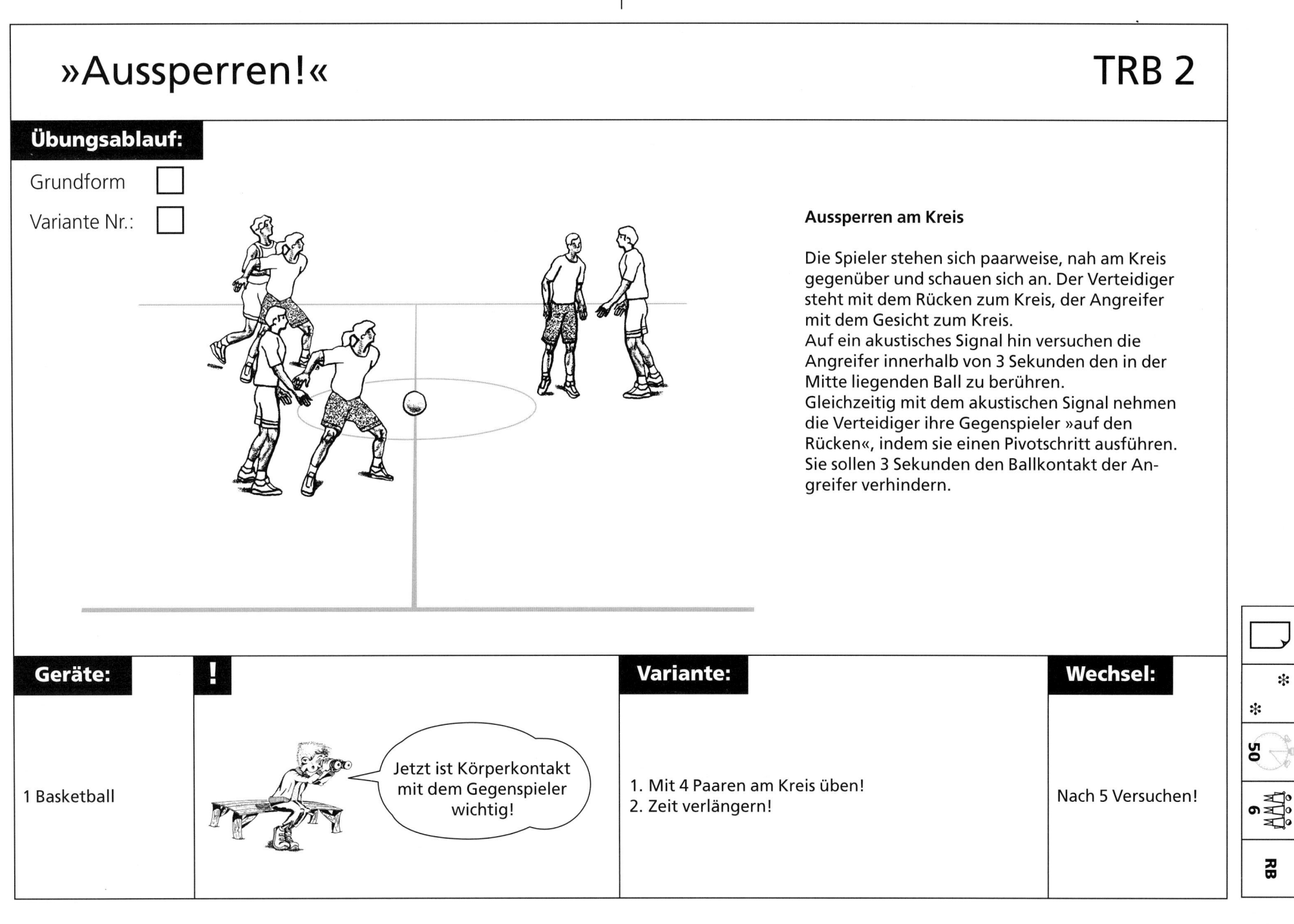

Aussperren am Kreis

Die Spieler stehen sich paarweise, nah am Kreis gegenüber und schauen sich an. Der Verteidiger steht mit dem Rücken zum Kreis, der Angreifer mit dem Gesicht zum Kreis.

Auf ein akustisches Signal hin versuchen die Angreifer innerhalb von 3 Sekunden den in der Mitte liegenden Ball zu berühren.

Gleichzeitig mit dem akustischen Signal nehmen die Verteidiger ihre Gegenspieler »auf den Rücken«, indem sie einen Pivotschritt ausführen. Sie sollen 3 Sekunden den Ballkontakt der Angreifer verhindern.

Geräte:
1 Basketball

!
Jetzt ist Körperkontakt mit dem Gegenspieler wichtig!

Variante:
1. Mit 4 Paaren am Kreis üben!
2. Zeit verlängern!

Wechsel:
Nach 5 Versuchen!

50 | 6 | RB

»Das Reboundspiel!«

TRB 3

				RB
📄	❄❄❄	⏱60	👥>6	W
				D, P

Übungsablauf:

☐ Grundform
☐ Variante Nr.:

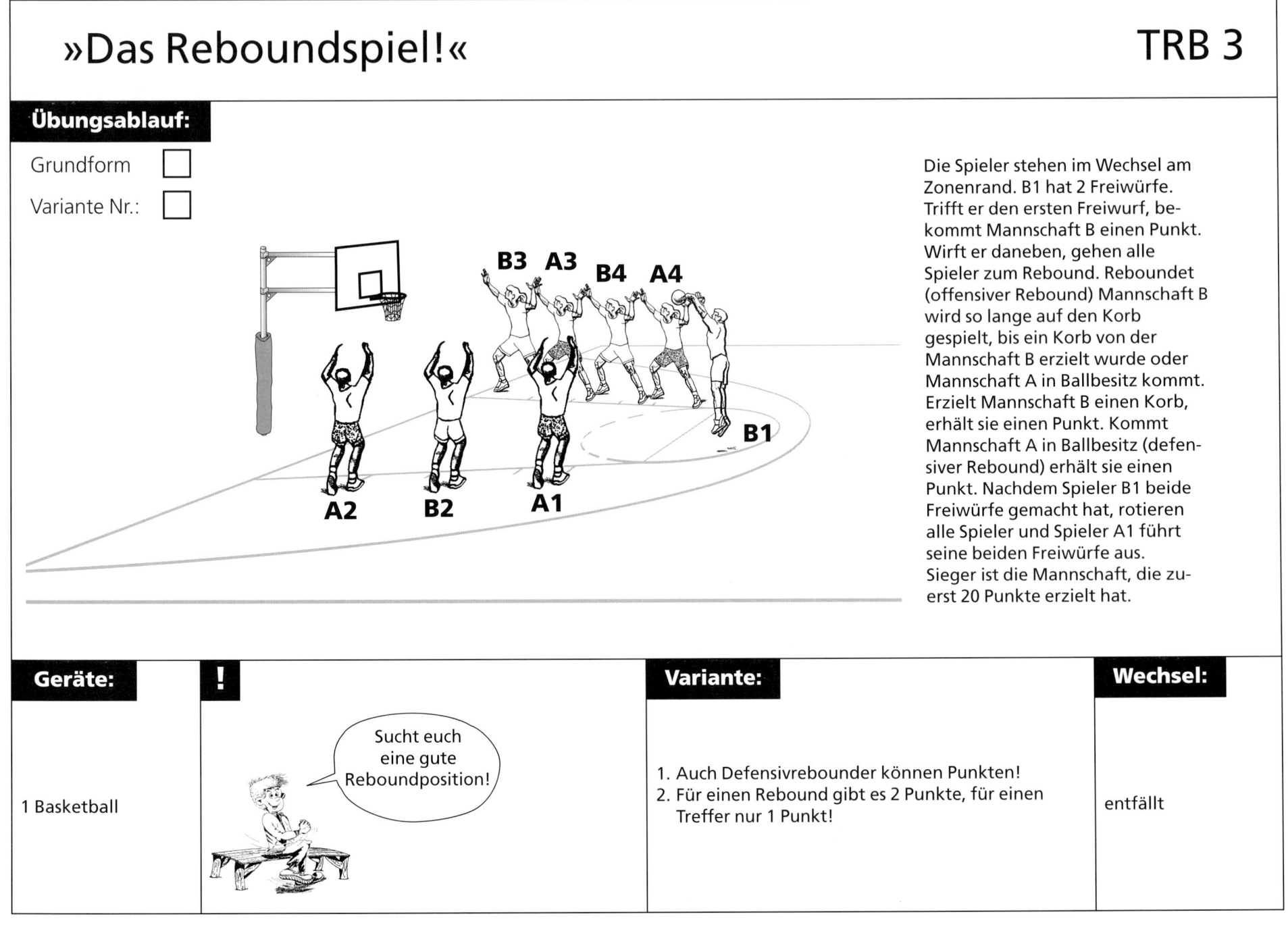

Die Spieler stehen im Wechsel am Zonenrand. B1 hat 2 Freiwürfe. Trifft er den ersten Freiwurf, bekommt Mannschaft B einen Punkt. Wirft er daneben, gehen alle Spieler zum Rebound. Reboundet (offensiver Rebound) Mannschaft B wird so lange auf den Korb gespielt, bis ein Korb von der Mannschaft B erzielt wurde oder Mannschaft A in Ballbesitz kommt. Erzielt Mannschaft B einen Korb, erhält sie einen Punkt. Kommt Mannschaft A in Ballbesitz (defensiver Rebound) erhält sie einen Punkt. Nachdem Spieler B1 beide Freiwürfe gemacht hat, rotieren alle Spieler und Spieler A1 führt seine beiden Freiwürfe aus. Sieger ist die Mannschaft, die zuerst 20 Punkte erzielt hat.

Geräte:

1 Basketball

!

Sucht euch eine gute Reboundposition!

Variante:

1. Auch Defensivrebounder können Punkten!
2. Für einen Rebound gibt es 2 Punkte, für einen Treffer nur 1 Punkt!

Wechsel:

entfällt

140

© Als Kopiervorlage freigegeben. Ernst Klett Schulbuchverlag Leipzig GmbH, Leipzig 2000

»Komplexübung zur Bewertung der Technikelemente!« TK 1

Übungsablauf:

☐ Grundform
☐ Variante

Die Spieler stehen an der Freiwurflinie. Begonnen wird mit einem Wurf an das Brett, danach folgt ein Verteidigungsrebound und ein Sternschritt mit dem inneren Fuß zur Grundlinie. Einen kurzen Pass nach außen zum PG ausführen. An PG vorbeilaufen und den Ball mit Pass erhalten. Danach zum anderen Korb dribbeln und mit Korbleger rechts abschließen. Es folgen ein Dribbling auf den anderen Korb zu und an der Mittellinie vor dem Hindernis eine Dribbelfinte. Mit der linken Hand bis zum 3-Sekunden-Raum dribbeln, Stopp durchführen und mit Sprungwurf abschließen.

Bewertungskriterien:

Timing, hohes Fangen, Landung auf beiden Beinen, Sicherung des Balls in Brusthöhe mit den Ellenbogen, kurzer Outletpass (Vorbereitung auf Fast Break), Fangen in der Bewegung, Dribbling ohne Schrittfehler, Tempo des Dribblings, regelgerechter Korbleger, Dribbling ohne auf den Ball zu schauen, Schnelligkeit und Schwierigkeit der Finte, Technik des Dribblings mit der schwachen Hand, Stopp ohne Schrittfehler, technisch sauberer Wurf (Treffer nicht unbedingt nötig)

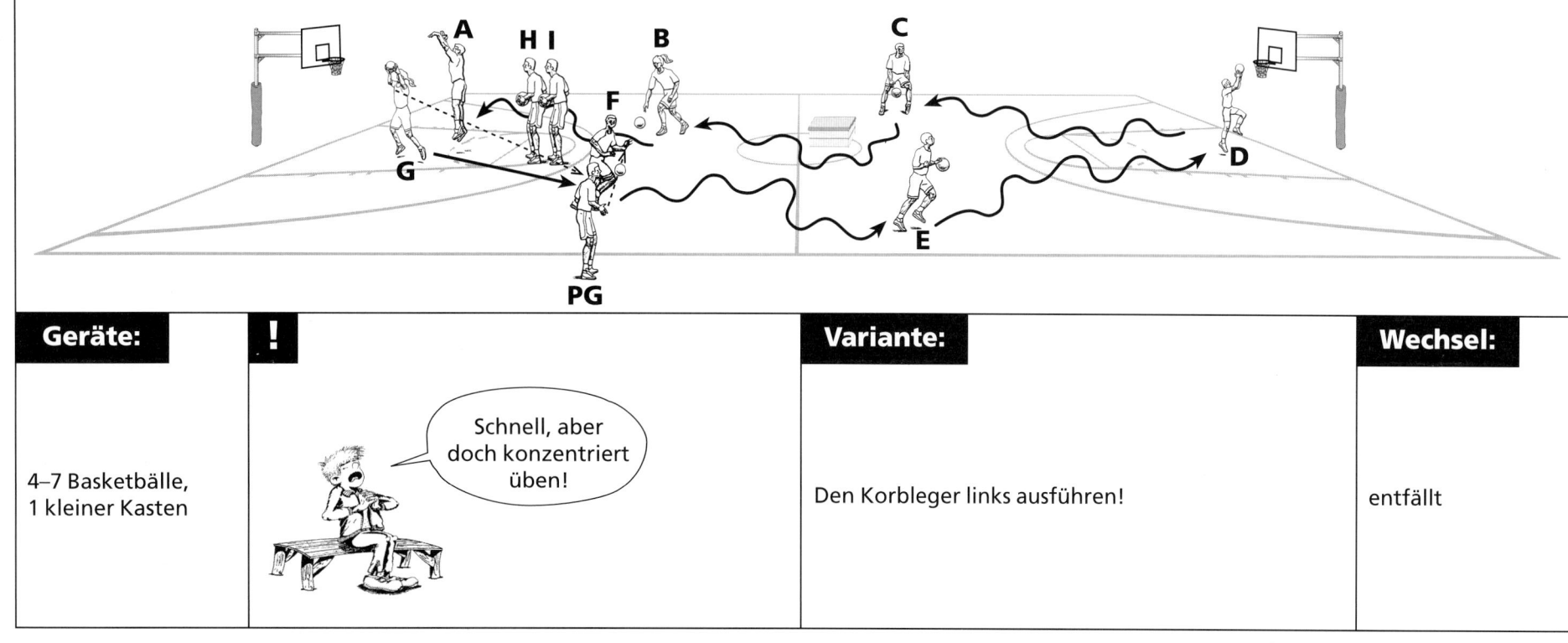

Variante:

Den Korbleger links ausführen!

Wechsel:

entfällt

!

Schnell, aber doch konzentriert üben!

Geräte:

4–7 Basketbälle,
1 kleiner Kasten

»Basketballzirkel Station 1 und 2!«

TK 2

Übungsablauf:

☐ Grundform
☐ Variante

Organisation:

Die Spieler gehen paarweise an die Stationen. Ein Spieler übt und der andere zählt die Punkte, die der Partner erreicht. An jeder Station wird 1 Minute geübt und in 30 Sekunden erfolgt der Wechsel zur nächsten Station. Nach 8 Stationen wechseln die Partner die Aufgaben.

Station 1:

A steht außerhalb des 3-Sekunden-Raumes. Er wirft auf den Korb und läuft sofort zum Rebound nach. Für jeden Treffer gibt es 3 Punkte.

Station 2:

6 Fahnenstangen stehen im gleichen Abstand hintereinander auf einer Linie. C dribbelt durch die Slalomstrecke. Es muss an jeder Stange die Hand gewechselt werden, so dass der Körper immer zwischen Stange und Ball ist. Für jedes passierte Tor gibt es 1 Punkt.

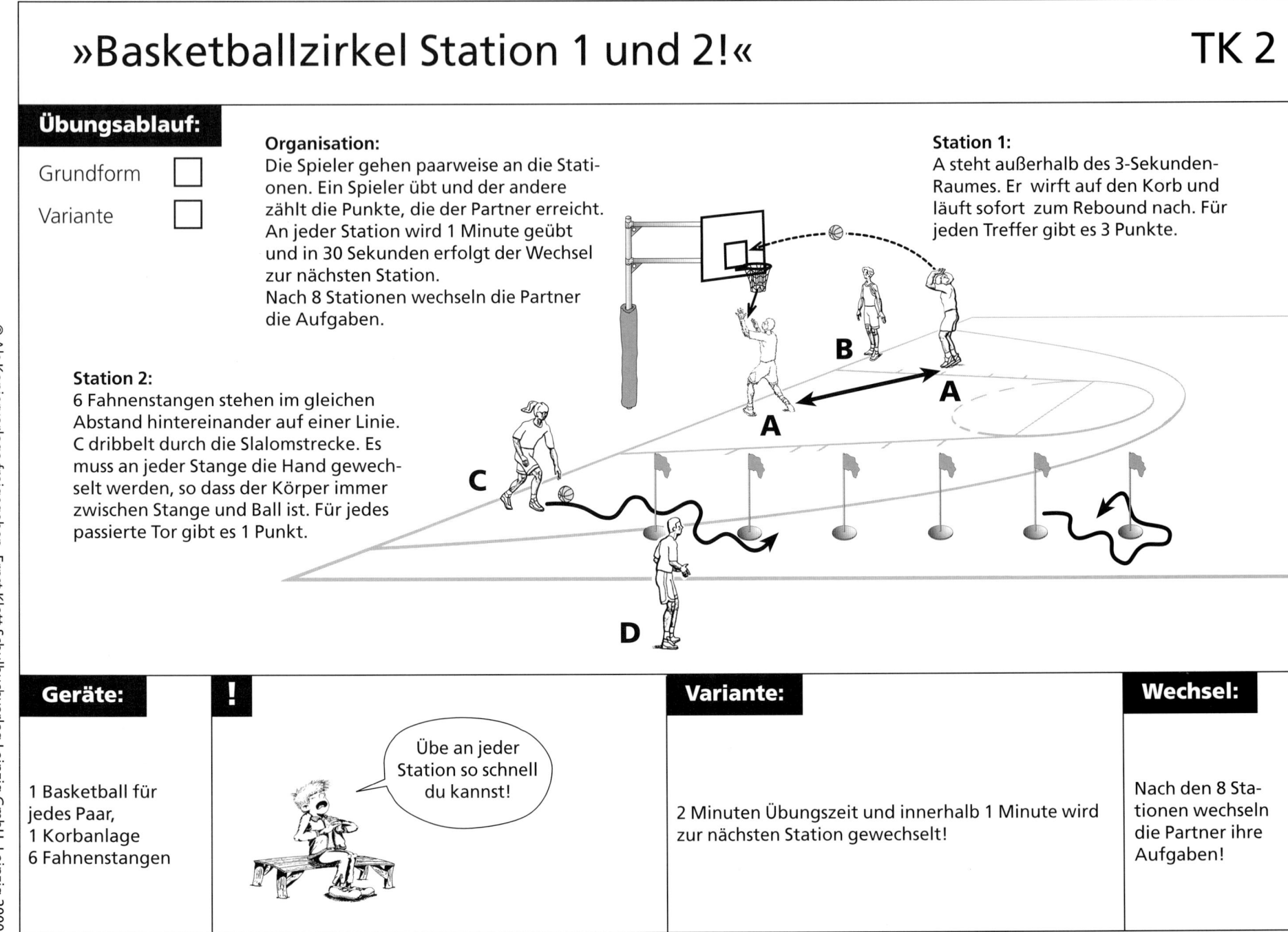

Geräte:

1 Basketball für jedes Paar,
1 Korbanlage
6 Fahnenstangen

!

Übe an jeder Station so schnell du kannst!

Variante:

2 Minuten Übungszeit und innerhalb 1 Minute wird zur nächsten Station gewechselt!

Wechsel:

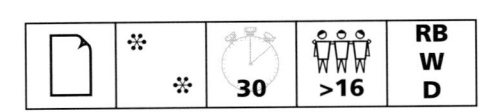

Nach den 8 Stationen wechseln die Partner ihre Aufgaben!

»Basketballzirkel Station 3 und 4!«

TK 3

Übungsablauf:

☐ Grundform
☐ Variante

Organisation:

Die Spieler gehen paarweise an die Stationen. Ein Spieler übt und der andere zählt die Punkte, die der Partner erreicht. An jeder Station wird 1 Minute geübt und in 30 Sekunden erfolgt der Wechsel zur nächsten Station. Nach 8 Stationen wechseln die Partner die Aufgaben.

Station 3:

E steht hinter einer Bank in etwa 2 m Entfernung vor der Wand. Er spielt ständig Brustpässe gegen die Wand und fängt den Ball wieder auf. Für jeden gefangenen Pass gibt es einen Punkt.

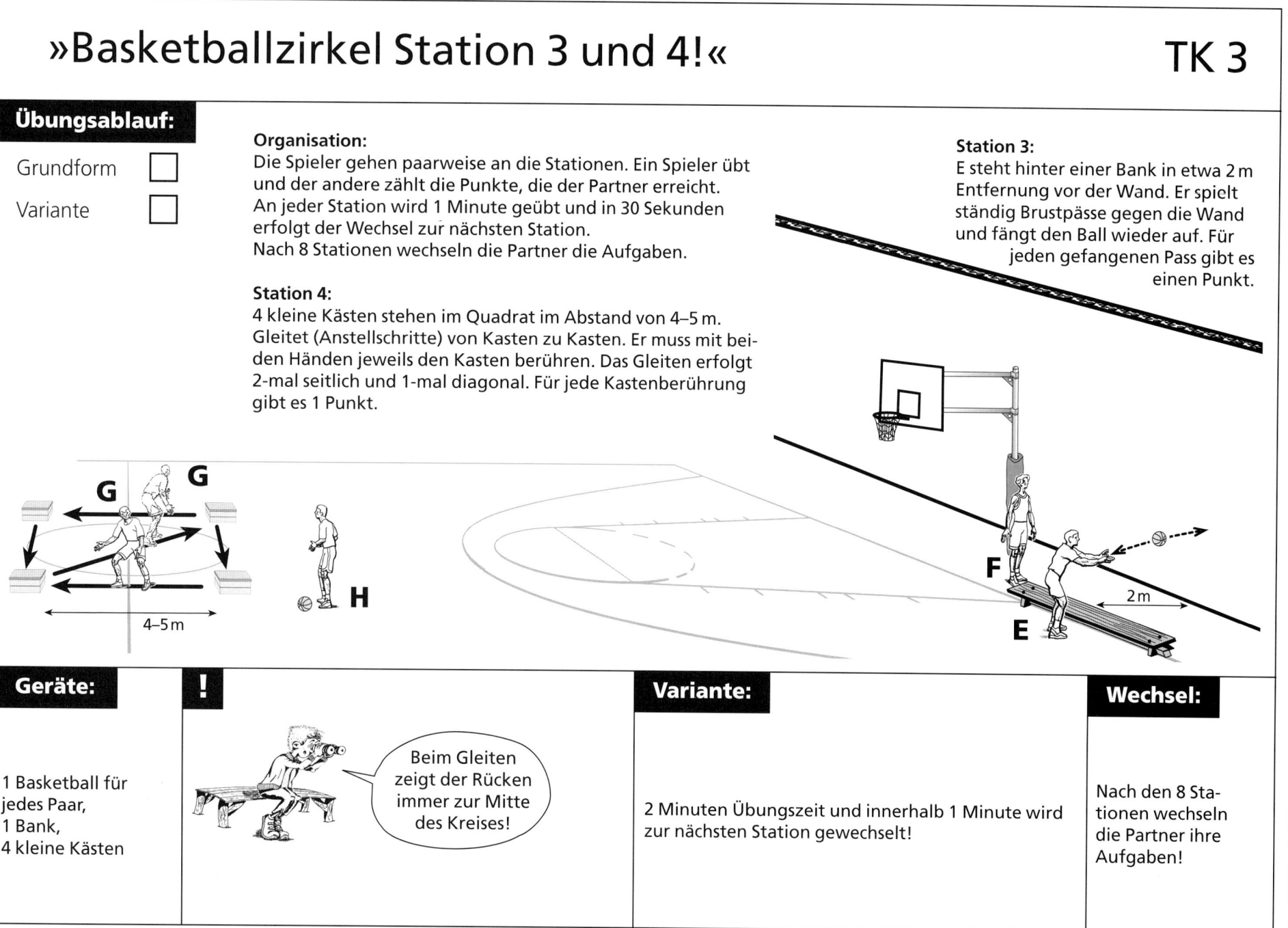

Station 4:

4 kleine Kästen stehen im Quadrat im Abstand von 4–5 m. Gleitet (Anstellschritte) von Kasten zu Kasten. Er muss mit beiden Händen jeweils den Kasten berühren. Das Gleiten erfolgt 2-mal seitlich und 1-mal diagonal. Für jede Kastenberührung gibt es 1 Punkt.

Geräte:

1 Basketball für jedes Paar,
1 Bank,
4 kleine Kästen

!

Beim Gleiten zeigt der Rücken immer zur Mitte des Kreises!

Variante:

2 Minuten Übungszeit und innerhalb 1 Minute wird zur nächsten Station gewechselt!

Wechsel:

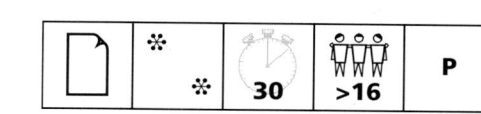

Nach den 8 Stationen wechseln die Partner ihre Aufgaben!

»Basketballzirkel Station 5 und 6!«

TK 4

Übungsablauf:

- [ ] Grundform
- [ ] Variante

Organisation:
Die Spieler gehen paarweise an die Stationen. Ein Spieler übt und der andere zählt die Punkte, die der Partner erreicht. An jeder Station wird 1 Minute geübt und in 30 Sekunden erfolgt der Wechsel zur nächsten Station.
Nach 8 Stationen wechseln die Partner die Aufgaben.

Station 6:
K steht in 3–5 m Entfernung vor der Wand. Er wirft den Ball so an die Wand, dass er ihn über Kopfhöhe im Sprung fangen muss (Rebound). Absprung und Landung erfolgen beidbeinig. Für jedes Fangen gibt es 1 Punkt.

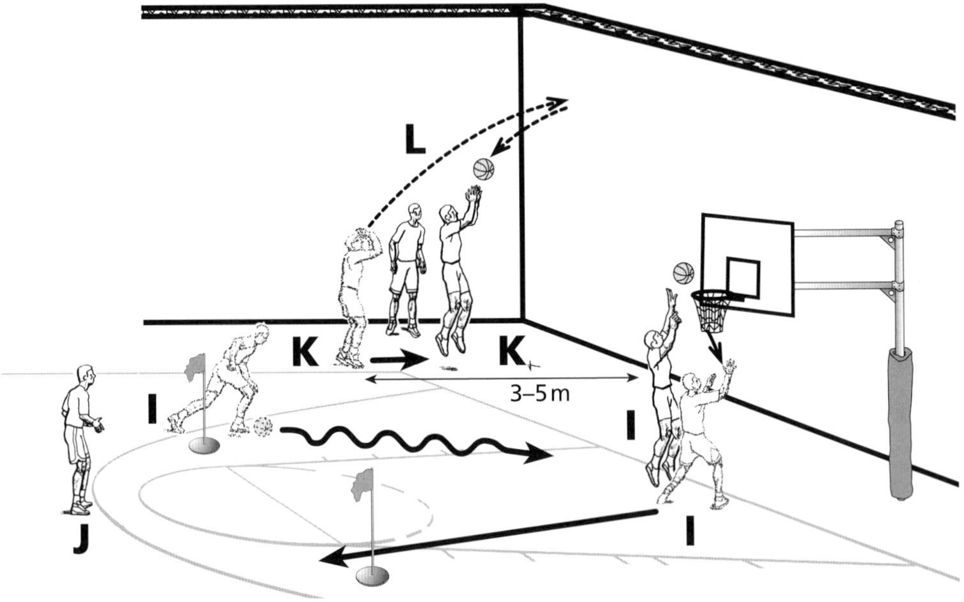

Station 5:
In Höhe der Freiwurflinie stehen zwei Fahnenstangen. I beginnt von dort aus mit dem Dribbling immer abwechselnd zum Korbleger rechts und links. Für jeden Treffer gibt es 3 Punkte.

Wechsel:
Nach den 8 Stationen wechseln die Partner ihre Aufgaben!

Variante:
2 Minuten Übungszeit und innerhalb 1 Minute wird zur nächsten Station gewechselt!

!
Übe an jeder Station so schnell du kannst!

Geräte:
1 Basketball für jedes Paar,
1 Korbanlage,
2 Fahnenstangen oder Markierungskegel

»Basketballzirkel Station 7 und 8!«

TK 5

Übungsablauf:

☐ Grundform
☐ Variante

Organisation:
Die Spieler gehen paarweise an die Stationen. Ein Spieler übt und der andere zählt die Punkte, die der Partner erreicht. An jeder Station wird 1 Minute geübt und in 30 Sekunden erfolgt der Wechsel zur nächsten Station.
Nach 8 Stationen wechseln die Partner die Aufgaben.

Station 7:
M steht auf der Freiwurflinie. Nach jedem Freiwurf holt er sich den Ball selbst. Für jeden Treffer gibt es 5 Punkte.

Station 8:
O steht an der Grundlinie. Es sind im Spielfeld 3 weitere Linien gekennzeichnet. Er dribbelt rechts bis zur ersten Linie und links wieder zurück zur Grundlinie. Danach dribbelt er wieder rechts bis zur zweiten Linie und links zurück usw. Für jeden Handwechsel an einer Linie gibt es 1 Punkt.

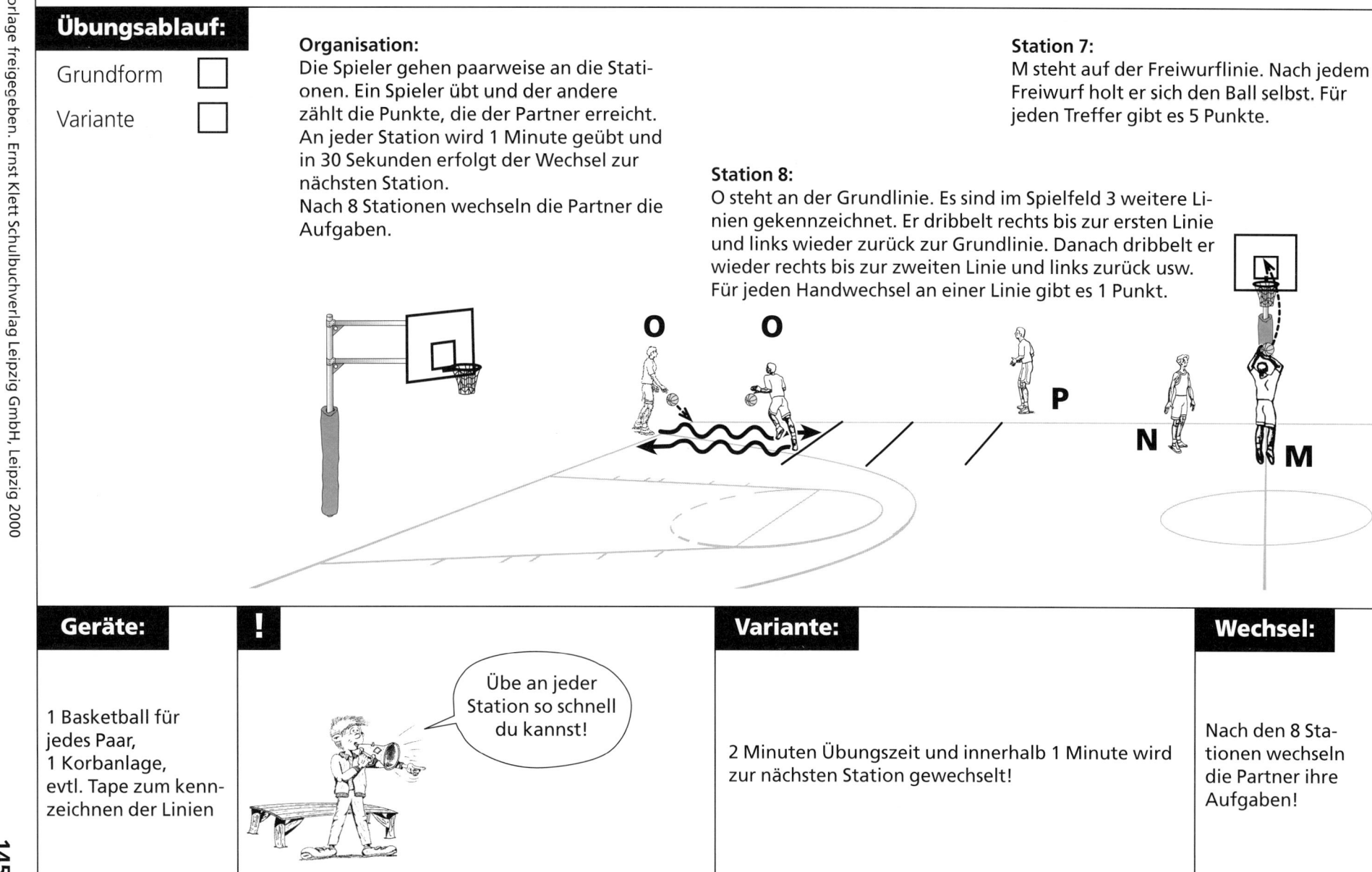

Geräte:
1 Basketball für jedes Paar, 1 Korbanlage, evtl. Tape zum kennzeichnen der Linien

! Übe an jeder Station so schnell du kannst!

Variante:
2 Minuten Übungszeit und innerhalb 1 Minute wird zur nächsten Station gewechselt!

Wechsel:
Nach den 8 Stationen wechseln die Partner ihre Aufgaben!

© Als Kopiervorlage freigegeben. Ernst Klett Schulbuchverlag Leipzig GmbH, Leipzig 2000

»Entscheidungshandeln im Spiel 1 gegen 1!«

GT 1

Übungsablauf:

Grundform ☐
Variante Nr.: ☐

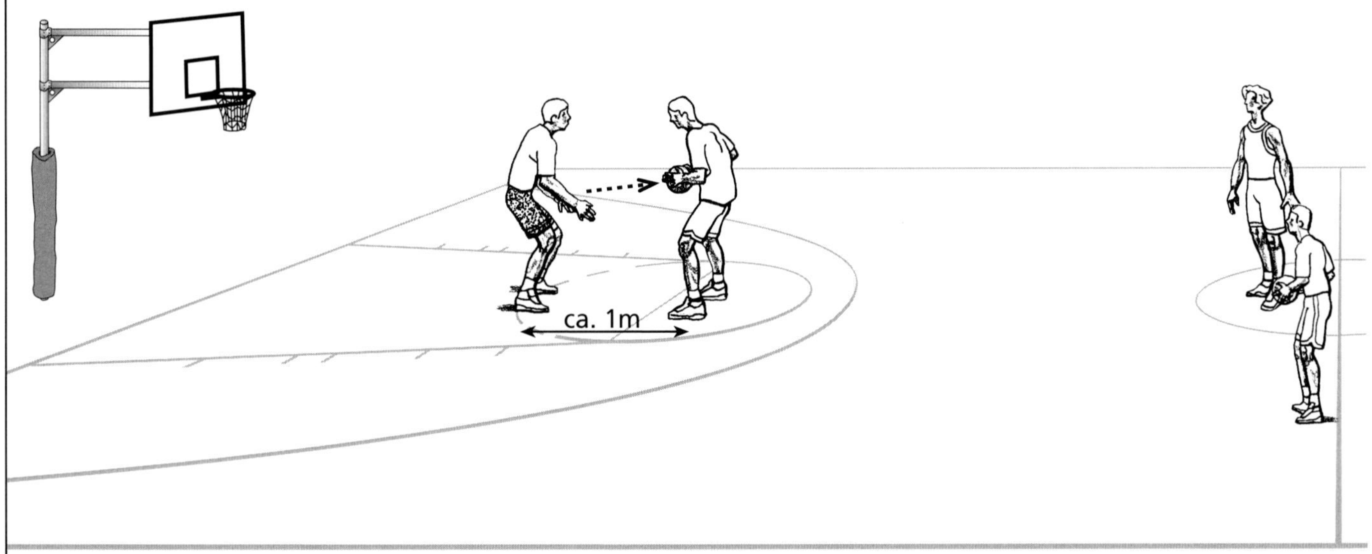

① Der Angreifer steht auf der Freiwurflinie. Der Verteidiger mit dem Ball ca. 1 m entfernt. Der Verteidiger passt den Ball zum Angreifer (»check«) und nimmt Verteidigungsposition ein.

② Der Angreifer handelt nach folgenden Kriterien:

– Hat der Verteidiger den linken Fuß vorn und steht nah, dann zieht er mit einem Dribbling rechts vorbei.
– Hat der Verteidiger den rechten Fuß vorn und steht nah, dann zieht er mit einem Dribbling links vorbei.
– Steht der Verteidiger nah parallel, dann mit starker Hand vobeiziehen.
– ist der Abstand groß, wirft der Angreifer auf den Korb.
– Der Angreifer versucht zu täuschen, um den Verteidiger aus dem Gleichgewicht zu bringen, um dann zum Korb zu ziehen.

Geräte:

1 Basketball je Paar

!

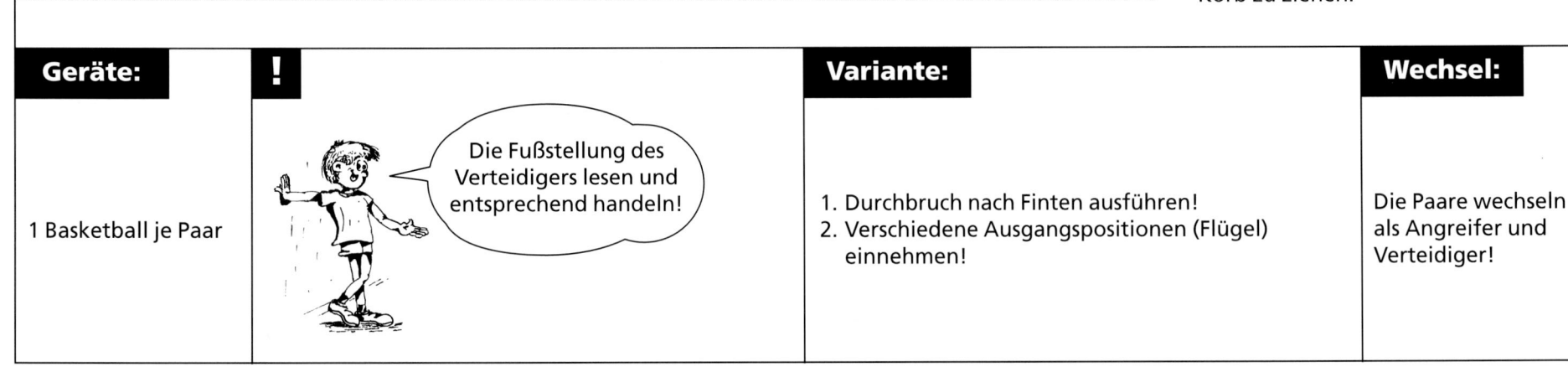

Die Fußstellung des Verteidigers lesen und entsprechend handeln!

Variante:

1. Durchbruch nach Finten ausführen!
2. Verschiedene Ausgangspositionen (Flügel) einnehmen!

Wechsel:

Die Paare wechseln als Angreifer und Verteidiger!

»1 gegen 1 aus dem Dribbling!« GT 2

Übungsablauf:

Grundform ☐
Variante Nr.: ☐

① Die Angreifer an der Mittellinie greifen im Dribbling nacheinander den Verteidiger am Korb an und versuchen sich im 1 gegen 1 Spiel durchzusetzen und einen Korb zu erzielen.

② Der Verteidiger versucht einen schlechten Wurf des Angreifers zu erzwingen und sich den Rebound zu sichern.

③ Die Angreifer dürfen nur zwischen der Ecke der Freiwurflinie und der Grundlinie auf der Ballseite zum Korb ziehen.

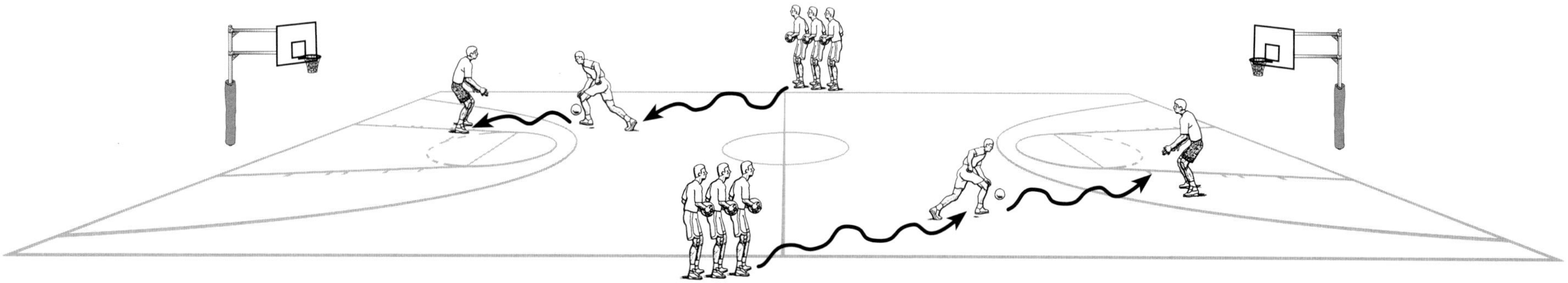

Wechsel:

Der erfolgreiche Spieler im 1 gegen 1 (Verteidiger bzw. Angreifer) erhält den Ball und stellt sich an der Mittellinie an! Der erfolglose Spieler muss weiter verteidigen!

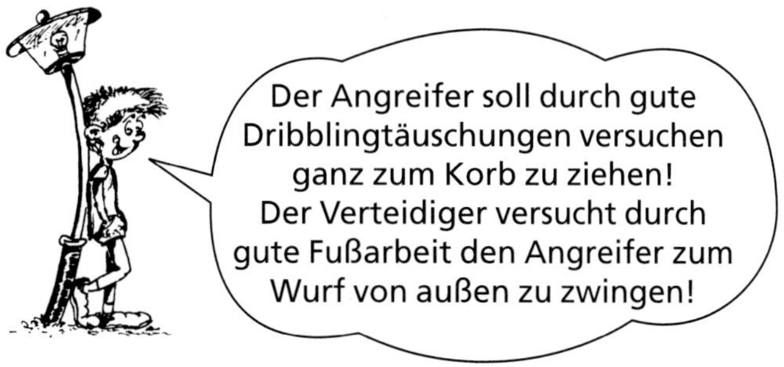

Variante:

1. Die ganze Übung links herum durchführen!
2. Die Angreifer dürfen nur über die Freiwurflinie zum Korb ziehen!

!

Der Angreifer soll durch gute Dribblingtäuschungen versuchen ganz zum Korb zu ziehen! Der Verteidiger versucht durch gute Fußarbeit den Angreifer zum Wurf von außen zu zwingen!

Geräte:

6–8 Basketbälle für die Angreifer an der Mittellinie

KOM

»1 gegen 1 aus der Ballübergabe (»Check«)!« GT 3

Übungsablauf:

Grundform ☐
Variante Nr.: ☐

① Der Angreifer übergibt dem Verteidiger den Ball, der diesen zurückpasst. Der Angreifer beginnt das Spiel 1 gegen 1.

② Der Angreifer versucht durch Täuschungen im Stand den Verteidiger aus dem Gleichgewicht zu bringen und somit eine Seite zum Dribbeldurchbruch zu öffnen.

③ Der Verteidiger versucht zu verhindern, dass der Angreifer zum Korb ziehen kann. Nach dem Korbwurf des Angreifers immer versuchen, den Rebound und zu sichern.

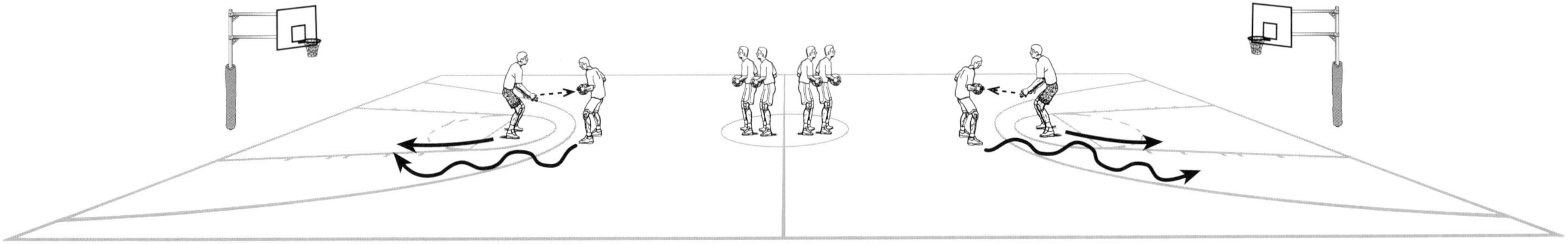

Geräte:

6–8 Basketbälle

!

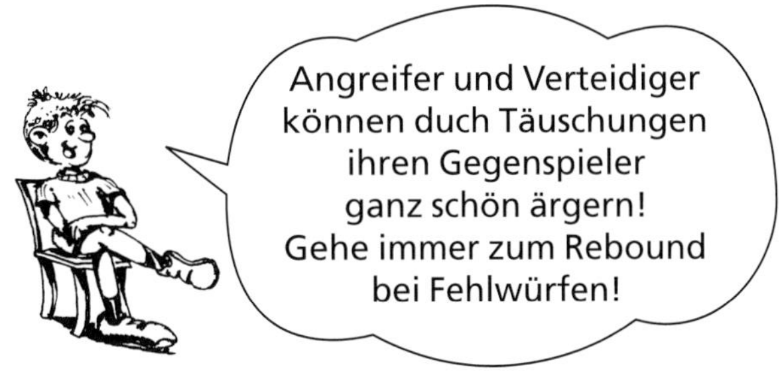

Angreifer und Verteidiger können duch Täuschungen ihren Gegenspieler ganz schön ärgern! Gehe immer zum Rebound bei Fehlwürfen!

Variante:

1. Wähle unterschiedliche Ausgangspositionen wie Flügel rechts und links!
2. Der Angreifer darf nur eine bestimmte Anzahl von Dribblings bis zum Wurf nutzen (z. B. 4 Dribblings)!

Wechsel:

Der erfolgreiche Spieler im 1 gegen 1 (Verteidiger bzw. Angreifer) erhält den Ball und stellt sich an der Mittellinie an! Der erfolglose Spieler muss weiter verteidigen!

148

© Als Kopiervorlage freigegeben. Ernst Klett Schulbuchverlag Leipzig GmbH, Leipzig 2000

»1 gegen 1 aus dem Zuspiel!«

GT 4

Übungsablauf:

Grundform ☐
Variante Nr.: ☐

① Der Angreifer auf der Flügelposition befreit sich durch Täuschungen von seinem Verteidiger und wird vom ersten Spieler in der Reihe angespielt. Sobald der Angreifer den Ball erhält beginnt das 1 gegen 1 Spiel.

② Der Angreifer versucht sich durch Täuschungen zu befreien und dann durch weitere Täuschungen den Verteidiger aus dem Gleichgewicht zu bringen, um somit eine Seite zum Dribbeldurchbruch zu öffnen.

③ Der Verteidiger versucht den Pass zum Angreifer zu stören oder eventuell abzufangen. Wenn der Angreifer angespielt wurde, versucht der Verteidiger zu verhindern, dass dieser zum Korb ziehen kann.
Nach dem Korbwurf des Angreifers immer den Rebound sichern.

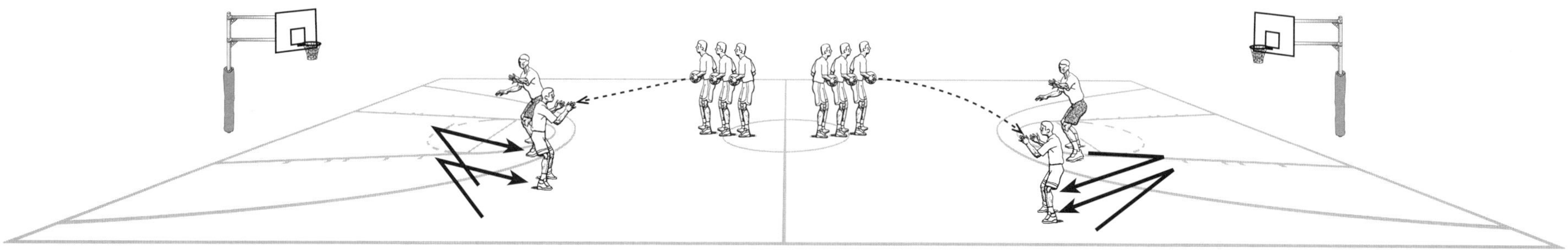

Wechsel:

Der erfolgreiche Spieler im 1 gegen 1 (Verteidiger bzw. Angreifer) erhält den Ball und stellt sich an der Mittellinie an! Der erfolglose Spieler muss weiter verteidigen!

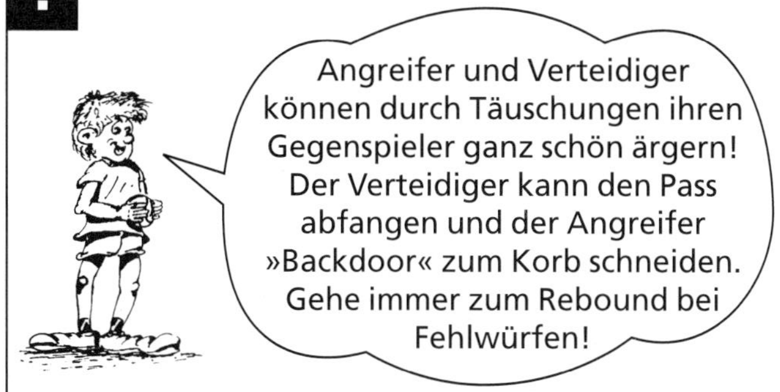

Variante:

1. Wähle unterschiedliche Ausgangspositionen wie Flügel rechts und links!
2. Der Angreifer darf nur eine bestimmte Anzahl von Dribblings bis zum Wurf nutzen (z. B. 4 Dribblings)!

!

Angreifer und Verteidiger können durch Täuschungen ihren Gegenspieler ganz schön ärgern! Der Verteidiger kann den Pass abfangen und der Angreifer »Backdoor« zum Korb schneiden. Gehe immer zum Rebound bei Fehlwürfen!

Geräte:

6–8 Basketbälle

»Einstieg Give and Go!« GT 5

Übungsablauf:

Grundform ☐

Variante Nr.: ☐

① Die Spieler stellen sich in zwei Reihen auf. Die Spieler in der Reihe an der Mittellinie haben alle einen Ball. Der erste Spieler in der Flügelspielerreihe macht eine Befreiungsbewegung und wird vom ersten Spieler mit Ball von der Mittellinie angespielt.

② Der Passgeber schneidet nach seinem Pass und mit einer Täuschung zum Korb. Hierbei zeigt er ein Ziel zum Anspiel, wird vom Flügelspieler angespielt und schließt mit einem Korbleger ab. Anschließend holt der Spieler in der Flügelspielerreihe den Rebound und beide wechseln die Reihe.

③ Auf den einen Korb wird »Give and Go« auf der linken und auf den anderen Korb auf der rechten Seite geübt.

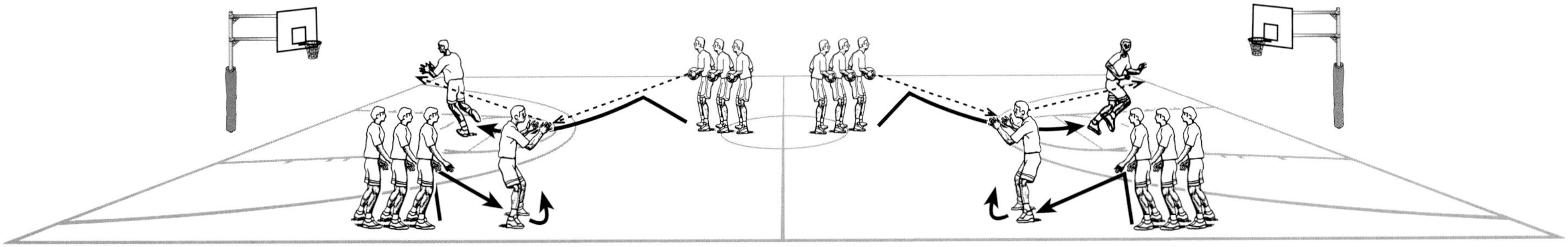

Variante:

1. Die Flügelspieler geben Bodenpässe!
2. Die Aufbauspieler schneiden direkt und schnell zum Korb, ohne eine Täuschung nach ihrem Pass!

Wechsel:

Nach 5 Würfen von jedem Schüler wechseln beide Gruppen den Korb!

!

Täusche gut, um eine Lücke zum Korb zu öffnen! Zeige ein gutes Ziel zum Anspiel! Gehe immer zum Rebound bei Fehlwürfen!

Geräte:

6 bis 12 Basketbälle

© Als Kopiervorlage freigegeben. Ernst Klett Schulbuchverlag Leipzig GmbH, Leipzig 2000

»Einstieg Backdoor!« GT 6

Übungsablauf:

Grundform ☐
Variante Nr.: ☐

① Die Spieler stellen sich in zwei Reihen auf. Die Aufbauspieler in der Reihe an der Mittellinie haben alle einen Ball. Der erste Spieler in der Flügelspielerreihe macht eine Befreiungsbewegung zur Aufbauspielerposition und führt einen explosiven Richtungswechsel »Backdoor« zum Korb aus. Er zeigt ein Ziel für ein Zuspiel und wird vom ersten Spieler mit Ball von der Mittellinie angespielt. Er schließt mit einem Korbleger ab.

② Der Passgeber schneidet nach seinem Pass direkt zum Korb und holt den Rebound und beide wechseln die Reihe.

③ Auf den linken Korb wird »Backdoor« auf der linken Seite und auf den anderen Korb auf der rechten Seite geübt.

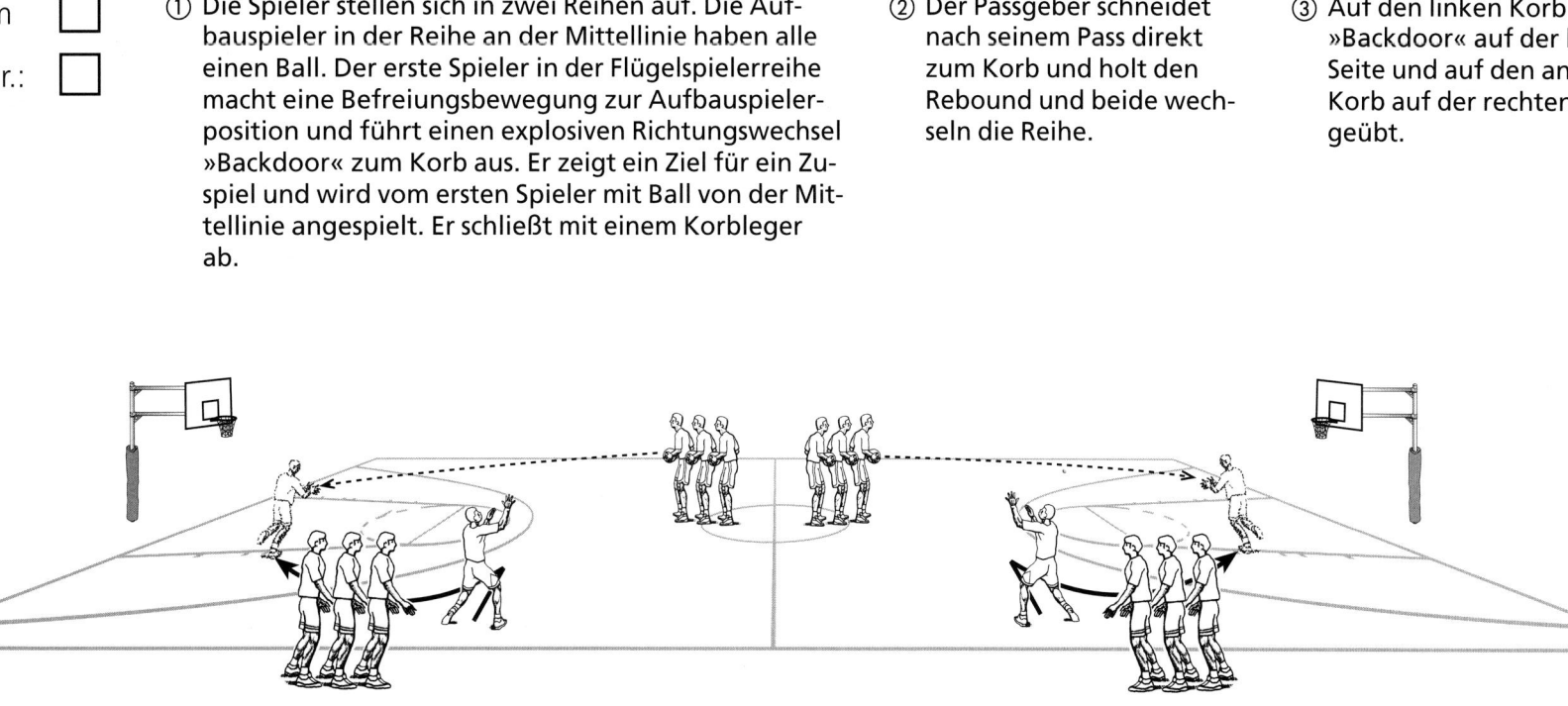

> Täusche gut, und drücke dich explosiv vom Außenbein zum Korb hin ab! Zeige ein gutes Ziel zum Anspiel! Gehe immer zum Rebound bei Fehlwürfen!

Variante:

1. Die Aufbauspieler geben Bodenpässe!
2. Die Flügelspieler schneiden direkt und schnell zum Korb, ohne eine Täuschung!

Wechsel:

Nach 5 Würfen von jedem Schüler wechseln beide Gruppen den Korb!

Geräte:

6 bis 12 Basketbälle

© Als Kopiervorlage freigegeben. Ernst Klett Schulbuchverlag Leipzig GmbH, Leipzig 2000

»1 gegen 1 plus 1 (1 zusätzlicher passiver Angreifer)!« GT 7

Übungsablauf:

Grundform ☐

Variante Nr.: ☐

① Der Angreifer spielt 1 gegen 1 und hat einen Mitspieler der sich an der Freiwurflinie für ein Zuspiel anbietet. Der Angreifer kann seinen Mitspieler anspielen wenn er sich nicht erfolgreich gegen seinen Verteidiger durchsetzen kann. Nach dem Pass zum Mitspieler kann er sich erneut durch »Give and Go« für ein Zuspiel anbieten.

② Der Angreifer versucht durch Täuschungen den Verteidiger aus dem Gleichgewicht zu bringen, um somit eine Seite zum Dribbeldurchbruch zu öffnen. Durch seinen Mitspieler kann er dann den Ball abspielen und sich erneut befreien, anspielen lassen und wiederholt 1 gegen 1 spielen.

③ Der Verteidiger versucht zu verhindern, dass der Angreifer zum Korb ziehen kann. Bei einem Pass zum zweiten Angreifer versucht der Verteidiger das Anspiel auf seinen Gegenspieler zu verhindern oder den Pass abzufangen. Nach dem Korbwurf des Angreifers immer den Rebound sichern.

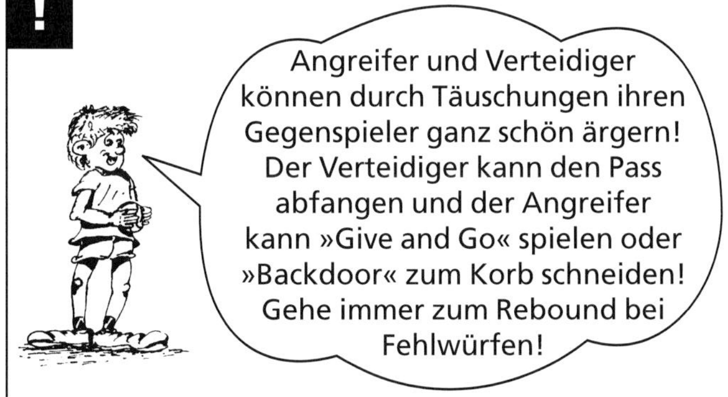

Variante:

1. Der Angreifer muss mindestens einmal zum Mitspieler passen, bevor er 1 gegen 1 zum Korb spielen darf!
2. Der Angreifer kann seinen Mitspieler als Block benutzen und seinen Verteidiger am Mitspieler abstreifen!
3. Der Angreifer darf nur eine bestimmte Anzahl von Dribblings bis zum Wurf nutzen (z. B. 4 Dribblings)!

Wechsel:

Der Sieger im Spiel 1 gegen 1 wird neuer Angreifer! Der Angreifer an der Freiwurflinie erhält den Ball und stellt sich wieder an! Der erfolglose Spieler muss weiter verteidigen!

!

Angreifer und Verteidiger können durch Täuschungen ihren Gegenspieler ganz schön ärgern! Der Verteidiger kann den Pass abfangen und der Angreifer kann »Give and Go« spielen oder »Backdoor« zum Korb schneiden! Gehe immer zum Rebound bei Fehlwürfen!

Geräte:

6–8 Basketbälle

»1 gegen 1 plus 2 (2 zusätzliche passive Angreifer)!« GT 8

Übungsablauf:

Grundform ☐

Variante Nr.: ☐

① Der Angreifer spielt 1 gegen 1 und hat zwei Mitspieler die sich in den Spielfeldecken für ein Zuspiel anbieten. Der Angreifer kann einen seiner Mitspieler anspielen, wenn er sich nicht erfolgreich gegen seinen Verteidiger durchsetzen kann. Nach dem Pass zum Mitspieler kann er sich erneut durch »Give and Go« für ein Zuspiel anbieten.

② Der Angreifer versucht durch Täuschungen den Verteidiger aus dem Gleichgewicht zu bringen, um somit eine Seite zum Dribbeldurchbruch zu öffnen. Durch seine Mitspieler kann er den Ball abspielen und sich erneut befreien, anspielen lassen und wiederholt 1 gegen 1 spielen.

③ Der Verteidiger versucht zu verhindern, dass der Angreifer zum Korb ziehen kann. Bei einem Pass zu einem der passiven Angreifer versucht der Verteidiger das Anspiel zu verhindern oder den Pass abzufangen. Nach dem Korbwurf des Angreifers immer den Rebound sichern.

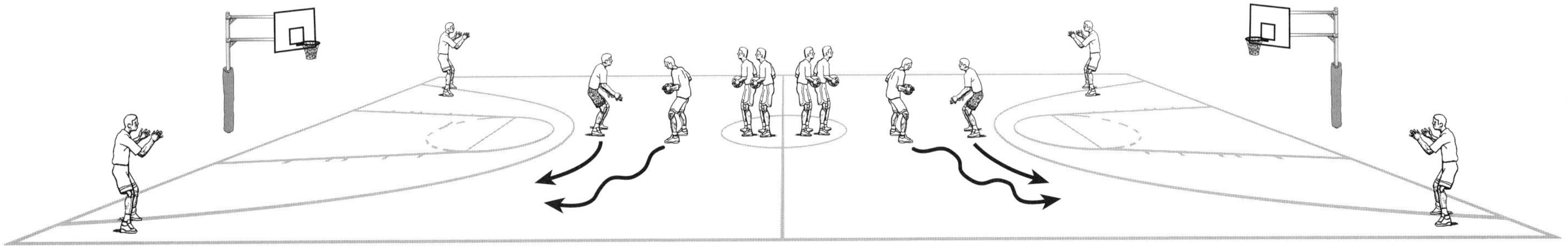

Wechsel:

Beide Spieler aus dem Spiel 1 gegen 1 werden die neuen passiven Angreifer in den Spielfeldecken! Die beiden passiven Angreifer stellen sich wieder in der Reihe an!

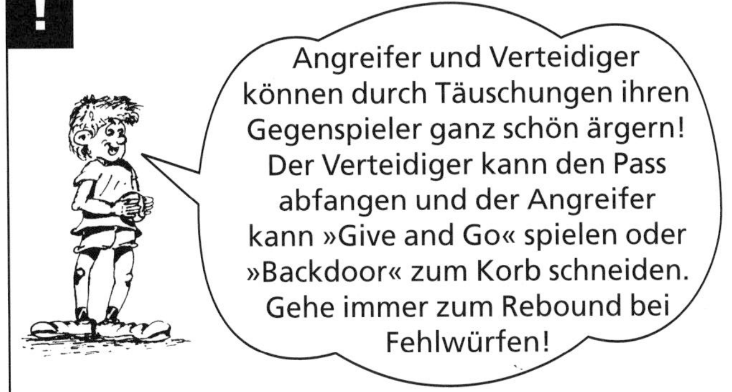

Variante:

1. Der Angreifer muss mindestens einmal zum Mitspieler passen, bevor er 1 gegen 1 zum Korb spielen darf!
2. Der Angreifer darf nur eine bestimmte Anzahl von Dribblings bis zum Wurf nutzen (z. B. 4 Dribblings)!

!

Angreifer und Verteidiger können durch Täuschungen ihren Gegenspieler ganz schön ärgern! Der Verteidiger kann den Pass abfangen und der Angreifer kann »Give and Go« spielen oder »Backdoor« zum Korb schneiden. Gehe immer zum Rebound bei Fehlwürfen!

Geräte:

6–8 Basketbälle

© Als Kopiervorlage freigegeben. Ernst Klett Schulbuchverlag Leipzig GmbH, Leipzig 2000

»Eingeschränktes 2 gegen 2!«

GT 9

Übungsablauf:

☐ Grundform
☐ Variante

① Zwei aktive Angreifer spielen 2 gegen 2 auf einen Korb. Die Angreifer dürfen die Ball- und Ballgegenseite nicht wechseln. Die Angreifer versuchen sich weit genug auseinander aufzustellen und sich anzubieten (immer Raumaufteilung beachten).

② Der Angreifer mit Ball versucht nach Täuschungen zum Korb zu ziehen und somit den helfenden Verteidiger zu binden und seinen Mitspieler freizuspielen. Die Angreifer gehen immer zum Offensivrebound.

③ Die Verteidiger versuchen zu verhindern, dass der Angreifer mit Ball zum Korb ziehen kann. Bei Pässen zwischen den Angreifern versuchen die Verteidiger das Anspiel auf ihre Gegenspieler zu verhindern oder den Pass abzufangen. Trotzdem muss geholfen werden, wenn dies erforderlich ist. Nach dem Korbwurf des Angreifers immer den Rebound sichern!

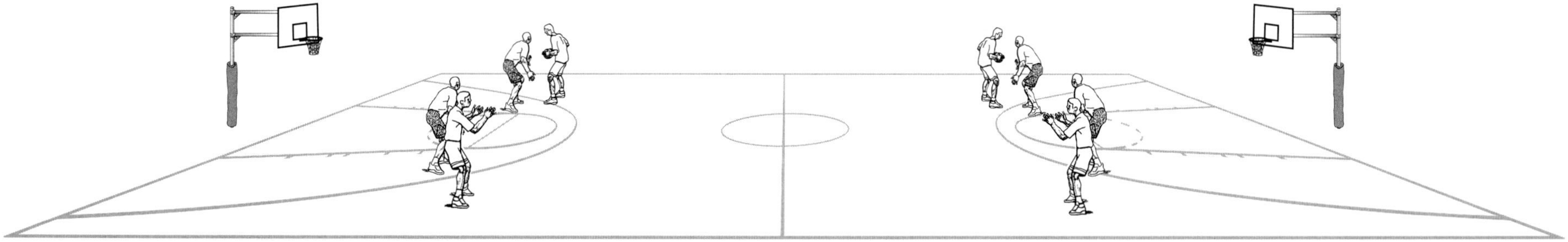

> Öffnet das Feld! Nutzt eure individuellen Moves!

Geräte:
2 Basketbälle

Variante:
Die Angreifer dürfen nur eine bestimmte Anzahl von Dribblings bis zum Wurf nutzen, z. B. 4 Dribblings!

Wechsel:
Die Teams spielen »Make it, take it«, d. h. wer den Korb macht, erhält den Ball wieder!

»Einstieg direkter Block!« GT 10

Übungsablauf:

Grundform ☐

Variante Nr.: ☐

① Die Reihe in der Spielfeldmitte ist die Passgeberreihe (PG), die den Ball an einen sich anbietenden Flügelspieler aus der Flügelspielerreihe (FS) zuspielt. Sobald der Ball beim Flügelspieler nach seiner Befreiungsbewegung ankommt, kommt der erste Spieler aus der Blockstellerreihe (BS) und stellt einen direkten Block für den Flügelspieler. Der Flügelspieler täuscht, zieht eng am Block vorbei zum Korb und schließt mit einem Korbleger ab. Der Blocksteller rollt scherenförmig zum Korb ab und bietet sich für ein Zuspiel an.

② Der Flügelspieler soll darauf achten, dass er wartet, bis der Block sauber steht. Erst dann beginnt er zu täuschen. Immer zum Offensivrebound gehen.

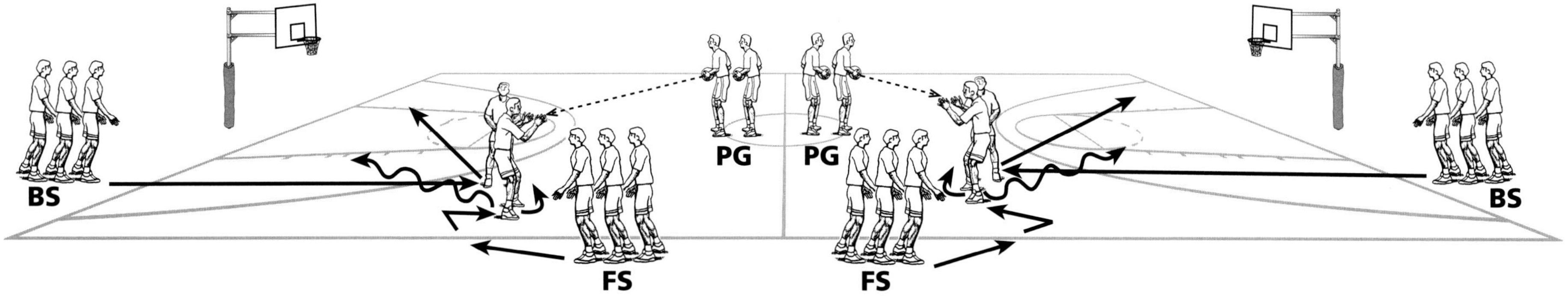

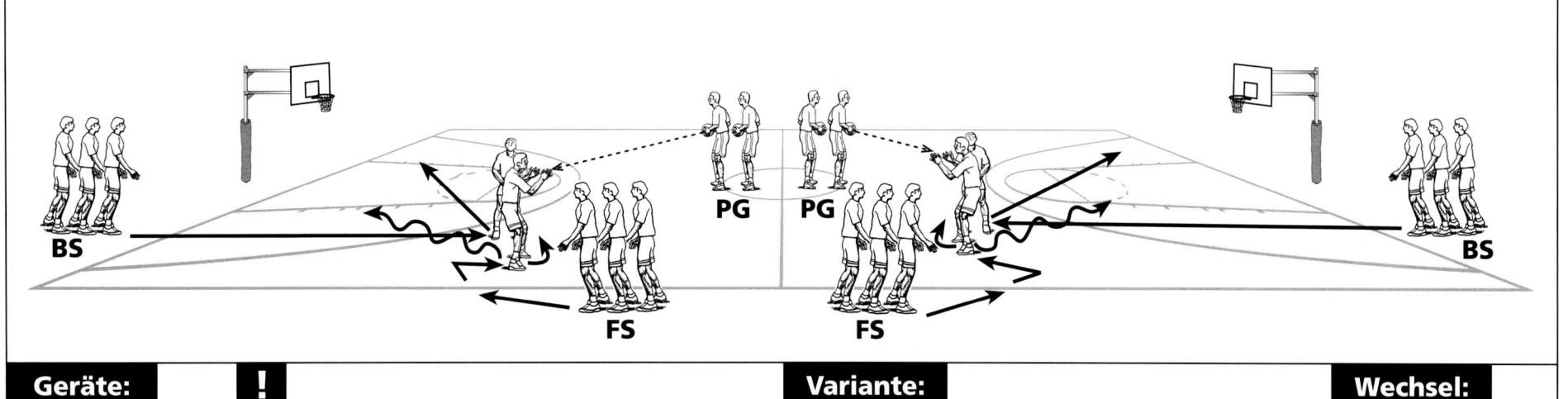

Geräte:

4 Basketbälle

! Öffnet das Feld! Nutzt eure individuellen Moves!

Variante:

1. Die Angreifer dürfen nur eine bestimmte Anzahl von Dribblings bis zum Wurf nutzen (z. B. 2 Dribblings)!
2. Der Flügelspieler passt den Ball zum abrollenden Blocksteller!
3. Einen Kasten als simulierten Verteidiger auf die Flügelspielerposition stellen! So hat der Blocksteller ein Objekt, an dem er den Block stellen kann!

Wechsel:

Die Spieler in den 3 Reihen wechseln von Passgeberreihe zur Flügelspielerreihe zur Blockstellerreihe!

KOM

© Als Kopiervorlage freigegeben. Ernst Klett Schulbuchverlag Leipzig GmbH, Leipzig 2000

155

»Einstieg Gegenblock!« GT 11

Übungsablauf:

Grundform ☐

Variante Nr.: ☐

① Die Reihe in der Spielfeldmitte ist die Passgeber-/Blockstellerreihe, die den Ball einem sich anbietenden Flügelspieler aus der Flügelspielerreihe zuspielt. Nach seinem Pass stellt der Passgeber beim Flügelspieler auf der Gegenseite einen Gegenblock. Der Flügelspieler, der den Block ausnutzt täuscht und schneidet eng am Block vorbei und bietet sich für ein Zuspiel an. Der Blocksteller rollt scherenförmig zum Korb ab und bietet sich für ein Zuspiel an. Einer der Spieler erhält den Pass und schließt mit einem Korbleger ab.

② Der Flügelspieler, der den Block ausnutzt, soll darauf achten, dass er wartet, bis der Block sauber steht. Erst dann beginnt er zu täuschen.
Immer zum Offensivrebound gehen.

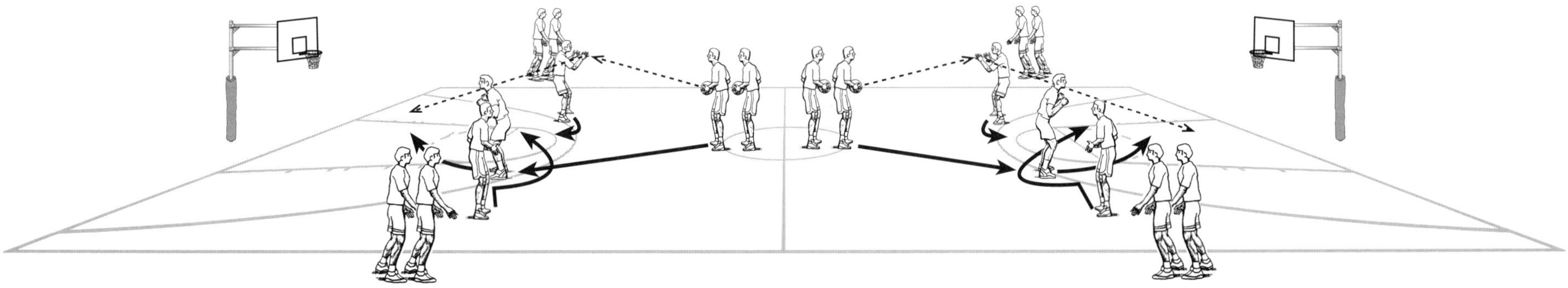

Variante:

1. Die Angreifer dürfen nur eine bestimmte Anzahl von Dribblings bis zum Wurf nutzen (z. B. 2 Dribblings)!
2. Der Flügelspieler passt den Ball zum abrollenden Blocksteller!
3. Einen Kasten als simulierten Verteidiger auf die Flügelspielerposition stellen! So hat der Blocksteller ein Objekt an dem er den Block stellen kann!

Wechsel:

Die Spieler in den 3 Reihen wechseln von der Passgeber-/Blockstellerreihe zur Blockausnutzerreihe zur Flügelpassgeberreihe!

!

Anbieten!
Guten Block stellen!
Abrollen und Scheren!

Geräte:

4 Basketbälle

© Als Kopiervorlage freigegeben. Ernst Klett Schulbuchverlag Leipzig GmbH, Leipzig 2000

»Über die Nase gehen und durchgleiten!« GT 12

Übungsablauf:

☐ Grundform
☐ Variante

① Der Verteidiger am Ball versucht nach einem »Check« rechtzeitig den gestellten Block auszuweichen. Er lernt a) über den Block zu gehen und b) hinter den Block durchzugleiten. Nacheinander werden beide Verteidigungsformen gegen direkte und indirekte Blocks geübt.

② Ziel der Blockverteidigung ist es, entweder über die Nase eines Blocks zu gehen oder hinter dem Block durchzugleiten und so schnell wie möglich den eigenen Deckungsspieler wieder aufzunehmen. Der Verteidiger des Blockstellers ist bei dieser Übung nicht vorhanden.

Direkter Block: Durchgleiten

Indirekter Block: Durchgleiten

Direkter Block: Über die Nase gehen

Indirekter Block: Über die Nase gehen

Geräte:
4 Basketbälle

!
Richte dich auf und gehe über die Blocknase!

Variante:
Die Angreifer dürfen nur eine bestimmte Anzahl von Dribblings bis zum Wurf nutzen (z. B. 2 Dribblings)! Antizipiere den Dribbeldurchbruch des Angreifers!

Wechsel:
Nach 5 Wiederholungen Platzwechsel!

KOM — 4 Min. — >3

© Als Kopiervorlage freigegeben. Ernst Klett Schulbuchverlag Leipzig GmbH, Leipzig 2000

»Blockverteidigung Übernehmen (»Switch«)!«

GT 13

Übungsablauf:

☐ Grundform
☐ Variante

① In Zweierteams plus neutralem Passgeber (PG) versuchen die Verteidiger nach einem »Check« rechtzeitig nach dem gestellten Block bei Dribbelbeginn des Angreifers die Deckungsspieler zu wechseln und zu übernehmen. Nacheinander werden beide Verteidigungsformen gegen direkte und indirekte Blocks geübt.

② Ziel der Blockverteidigung ist es, so schnell wie möglich den Deckungsspieler zu wechseln und wieder aufzunehmen.

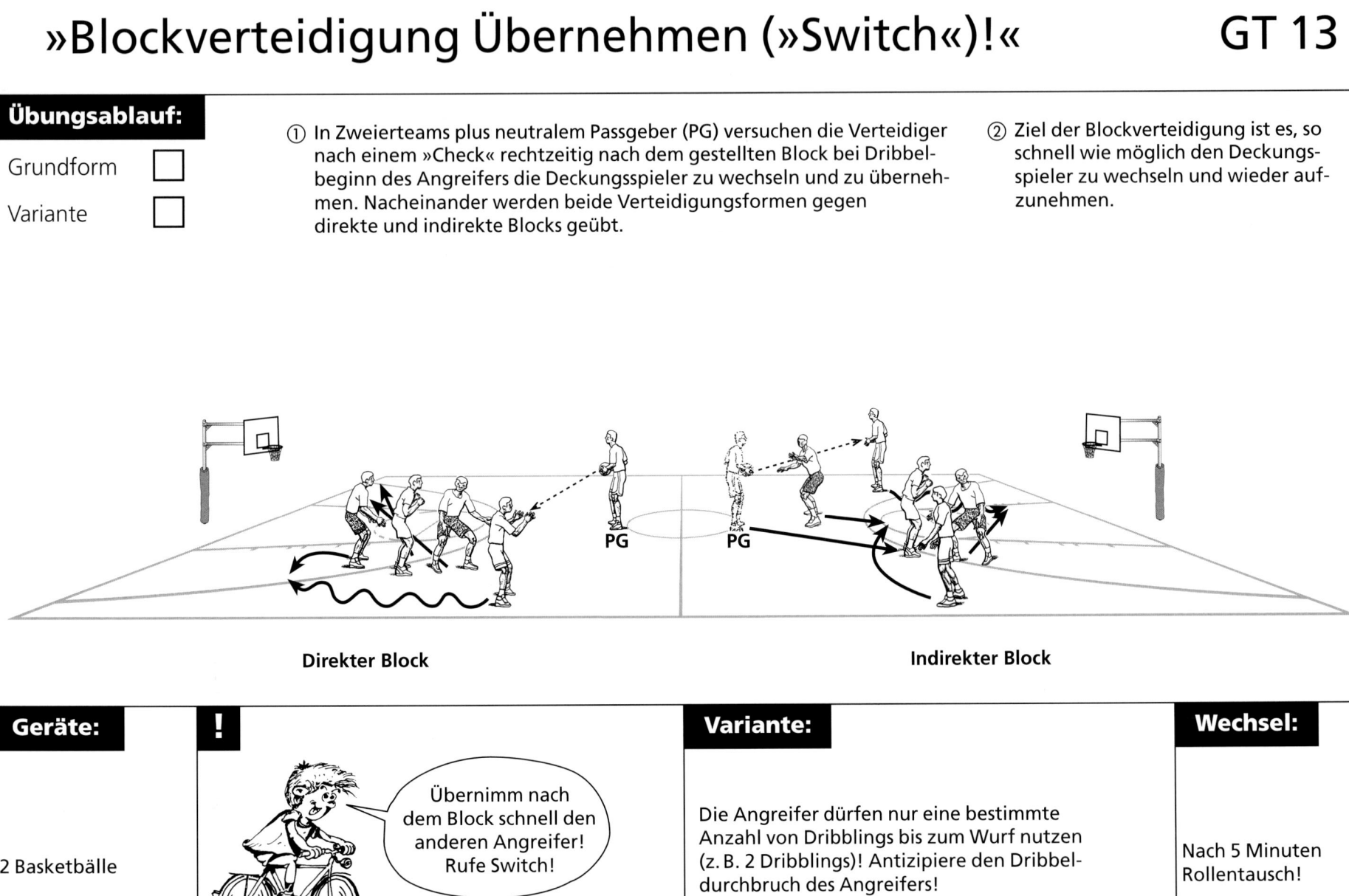

Direkter Block

Indirekter Block

!

Übernimm nach dem Block schnell den anderen Angreifer! Rufe Switch!

Geräte:

2 Basketbälle

Variante:

Die Angreifer dürfen nur eine bestimmte Anzahl von Dribblings bis zum Wurf nutzen (z. B. 2 Dribblings)! Antizipiere den Dribbeldurchbruch des Angreifers!

Wechsel:

Nach 5 Minuten Rollentausch!

»2 gegen 2 mit Blocken und Abrollen plus 1!«

GT 14

Übungsablauf:

Grundform ☐

Variante Nr.: ☐

① Zwei aktive Angreifer (A, A1) spielen 2 gegen 2 und haben einen halbaktiven Mitspieler(PG) (darf nur an der Freiwurflinie für ein Zuspiel zurückpassen) der sich an der Freiwurflinie für ein Zuspiel anbietet. Die zwei aktiven Angreifer spielen »Blocken und Abrollen« und können ihren Mitspieler anspielen wenn sie sich nicht erfolgreich gegen ihre Verteidiger durchsetzen können. Nach dem Pass zum Mitspieler können sie sich erneut durch »Give and Go« für ein Zuspiel anbieten.

② Die Angreifer versuchen durch Täuschungen und Ausnutzen des »Blocken und Abrollen« ihre Verteidiger auszuspielen und eine Seite zum Dribbeldurchbruch zu öffnen. Durch ihren halbaktiven Mitspieler können sie auch den Ball abspielen und sich erneut befreien, anspielen lassen und wiederholt 1 gegen 1 oder »Blocken und Abrollen« spielen.

③ Die Verteidiger (B, B1) versuchen zu verhindern, dass der Angreifer mit Ball zum Korb ziehen kann. Bei einem Pass zum zweiten Angreifer versucht der Verteidiger das Anspiel auf seinen Gegenspieler zu verhindern oder den Pass abzufangen. Nach dem Korbwurf des Angreifers immer den Rebound sichern.

> Die Spieler können durch Täuschungen und Ausnutzen des direkten Blocks ihre Gegenspieler ganz schön ärgern! Die Angreifer können weiterhin »Give and Go« spielen oder »Backdoor« zum Korb schneiden. Gehe immer zum Rebound bei Fehlwürfen!

Variante:

1. Die Angreifer müssen mindestens einmal zum Mitspieler passen, bevor sie »Blocken und Abrollen« spielen oder zum Korb spielen dürfen!
2. Die Angreifer können ihren halbaktiven Mitspieler als Block benutzen und ihre Verteidiger am Mitspieler abstreifen!
3. Die Angreifer dürfen nur eine bestimmte Anzahl von Dribblings bis zum Wurf nutzen (z. B. 4 Dribblings)!

Wechsel:

Die 2-Spieler-Teams sowie der halbaktive Angreifer an der Freiwurflinie werden durchgewechselt!

Geräte:

1 Basketball für 5 Spieler

© Als Kopiervorlage freigegeben. Ernst Klett Schulbuchverlag Leipzig GmbH, Leipzig 2000

»2 gegen 2 mit indirekten Blocks und Abrollen plus 1!« GT 15

Übungsablauf:

☐ Grundform
☐ Variante Nr.:

① Zwei aktive Angreifer (C, C1 und A, A1) spielen 2 gegen 2 und haben einen halbaktiven Mitspieler PG (darf nur an seine Mitspieler zurückpassen) der sich an der Freiwurflinie für ein Zuspiel anbietet. Der Ball wird zum halbaktiven Mitspieler gepasst und der eine aktive Angreifer stellt einen indirekten Block für seinen Mitspieler. Der den Block ausnutzende Mitspieler schneidet zum Korb (Abbildung »Backdoor«) oder zum Ball (Abbildung »Den Block nutzen«) und der Blocksteller rollt zum Korb ab. Beide bieten sich für ein Zuspiel an.

② Die Angreifer versuchen durch Täuschungen und Ausnutzen von indirektem Blocken und Abrollen ihre Verteidiger auszuspielen, um frei für ein Zuspiel zu sein. Durch Abspiel an ihren halbaktiven Mitspieler können sie den Ball immer wieder abspielen, sich erneut befreien, anspielen lassen und wiederholt 1 gegen 1 oder indirektes Blocken und Abrollen spielen.

③ Die Verteidiger (D, D1 und B, B1) versuchen den indirekten Blocks auszuweichen und zu verhindern, dass der Angreifer mit Ball zum Korb ziehen kann. Bei Pässen zwischen den Angreifern versuchen die Verteidiger das Anspiel auf ihre Gegenspieler zu verhindern oder den Pass abzufangen. Nach dem Korbwurf des Angreifers immer den Rebound sichern.

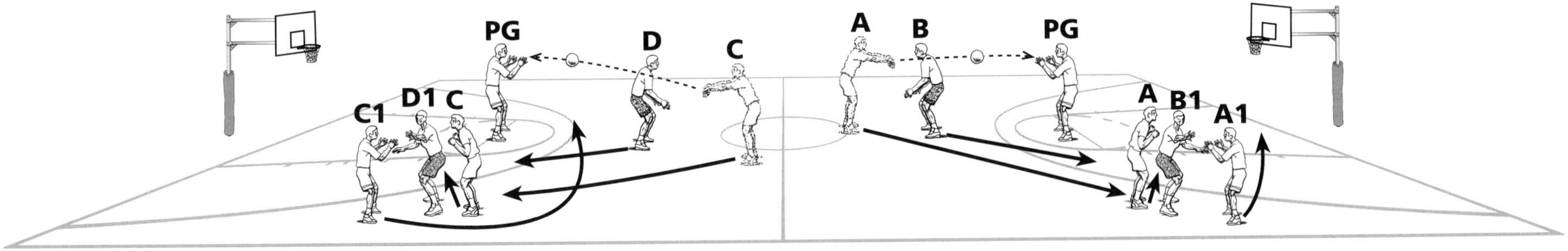

Den Block nutzen

Backdoor

Geräte:
1 Basketball für 5 Spieler

!
Die Spieler können durch gutes Ausnutzen des indirekten Blocks ihre Gegenspieler ganz schön ärgern! Die Angreifer können weiterhin »Give and Go« spielen oder »Backdoor« zum Korb schneiden! Gehe immer zum Rebound bei Fehlwürfen!

Variante:
1. Die Angreifer müssen mindestens einmal zum halbaktiven Mitspieler passen, bevor sie zum Korb spielen dürfen!
2. Die Angreifer können ihren halbaktiven Mitspieler als Block benutzen und ihre Verteidiger am Mitspieler abstreifen!
3. Die Angreifer dürfen nur eine bestimmte Anzahl von Dribblings bis zum Wurf nutzen (z. B. 4 Dribblings)!

Wechsel:
Die 2-Spieler-Teams sowie der halbaktive Angreifer auf der Freiwurflinie werden durchgewechselt!

2 Min. | >5 | KOM

»2 gegen 2 mit indirekten und direkten Blocks plus 2!« GT 16

Übungsablauf:

Grundform ☐
Variante Nr.: ☐

① Zwei aktive Angreifer (C, C1 und A, A1) spielen 2 gegen 2 und haben zwei halbaktive Mitspieler (PG) (dürfen nur an ihre Mitspieler zurückpassen) die sich in den Spielfeldecken für ein Zuspiel anbieten. Der Ball kann bei Bedarf zu den halbaktiven Mitspielern gepasst werden. Die aktiven Angreifer können indirekte und direkte Blocks nutzen.

② Die Angreifer versuchen durch Täuschungen und Ausnutzen von indirektem und direktem Blocken und Abrollen ihre Verteidiger auszuspielen. Durch Abspiel an ihren halbaktiven Mitspieler können sie den Ball immer wieder abspielen, sich erneut befreien, anspielen lassen und wiederholt 2 gegen 2 oder indirektes und direktes Blocken und Abrollen spielen.

③ Die Verteidiger (D, D1 und B, B1) versuchen den indirekten und direkten Blocks auszuweichen und zu verhindern, dass der Angreifer mit Ball zum Korb ziehen kann. Bei Pässen zwischen den Angreifern versuchen die Verteidiger das Anspiel auf ihre Gegenspieler zu verhindern oder den Pass abzufangen. Nach dem Korbwurf des Angreifers immer den Rebound sichern.

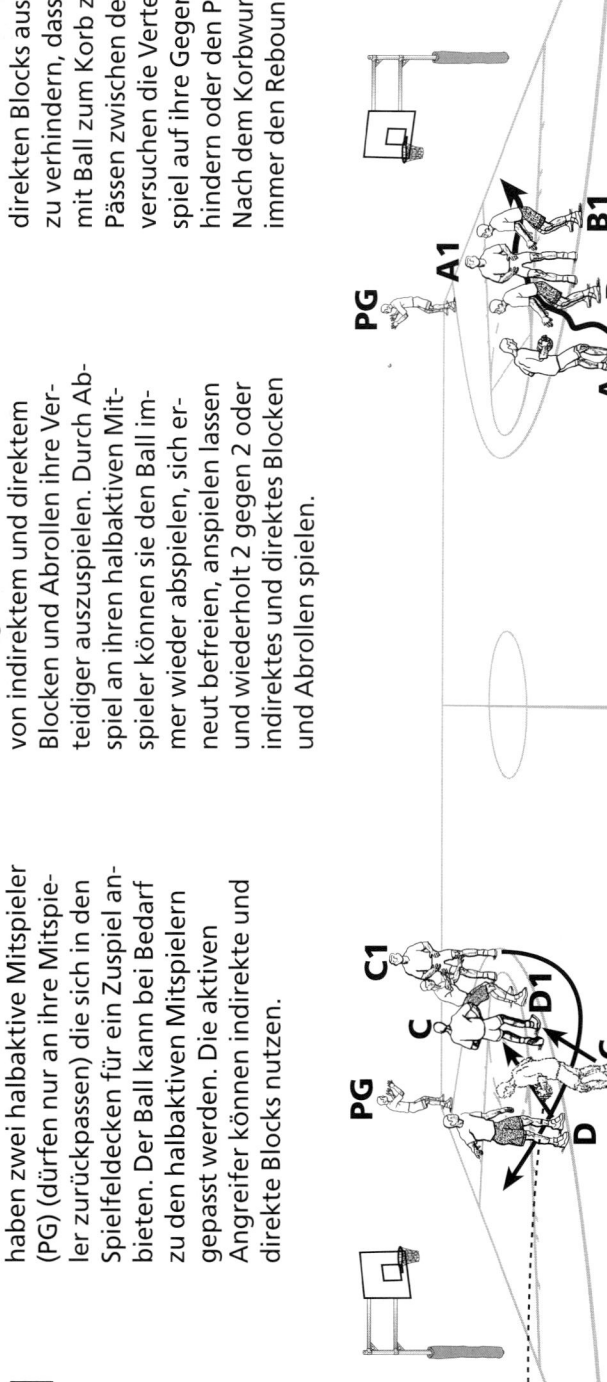

Indirekter Block

Direkter Block

!

Die Spieler können durch Ausnutzen des indirekten und direkten Blocks ihre Gegenspieler ganz schön ärgern! Die Angreifer können »Give and Go« spielen oder »Backdoor« zum Korb schneiden! Gehe immer zum Rebound bei Fehlwürfen!

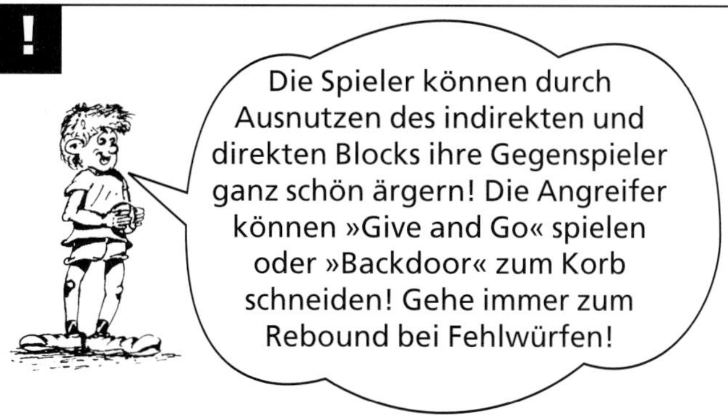

Variante:

1. Die Angreifer müssen mindestens einmal zum Mitspieler passen, bevor sie zum Korb spielen dürfen!
2. Die Angreifer dürfen nur eine bestimmte Anzahl von Dribblings bis zum Wurf nutzen (z. B. 4 Dribblings)!

Wechsel:

Die 2-Spieler-Teams sowie die halbaktiven Angreifer in den Spielfeldecken werden nach jedem Angriff durchgewechselt!

Geräte:

1 Basketball für 6 Spieler

© Als Kopiervorlage freigegeben. Ernst Klett Schulbuchverlag Leipzig GmbH, Leipzig 2000

»3 gegen 3 mit indirekten und direkten Blocks plus 1!« GT 17

📄	✱✱ ✱✱ ✱✱	⏱ 2 Min.	👥 >7	KOM

Übungsablauf:

Grundform ☐
Variante Nr.: ☐

① 3 aktive Angreifer (C, C1, C2 und A, A1, A2) spielen 3 gegen 3 und haben einen halbaktiven Mitspieler PG (darf nur an seine Mitspieler zurückpassen) der sich auf der Freiwurflinie für ein Zuspiel anbietet. Der Ball kann bei Bedarf zu dem halbaktiven Mitspieler gepasst werden. Die aktiven Angreifer können alle 1 gegen 1, indirekte und direkte Blocks spielen. Die Angreifer versuchen sich immer als Ausgangspunkt in einer Dreiecksaufstellung anzubieten (immer die Raumaufteilung beachten).

② Die Angreifer versuchen durch Täuschungen und Ausnutzen von indirektem und direktem Blocken und Abrollen ihre Verteidiger auszuspielen. Durch Abspiel an ihren halbaktiven Mitspieler können sie den Ball immer wieder abspielen, sich erneut befreien, anspielen lassen und wiederholt 1 gegen 1 oder indirektes und direktes Blocken und Abrollen spielen.

③ Die Verteidiger (D, D1, D2 und B, B1, B2) versuchen den indirekten und direkten Blocks auszuweichen und zu verhindern, dass der Angreifer mit Ball zum Korb ziehen kann. Bei Pässen zwischen den Angreifern versuchen die Verteidiger das Anspiel auf ihre Gegenspieler zu verhindern oder den Pass abzufangen. Nach dem Korbwurf des Angreifers immer den Rebound sichern.

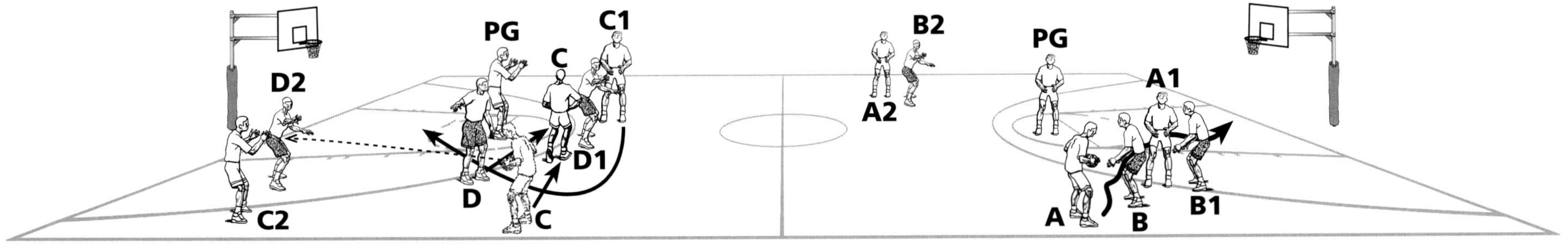

Indirekter Block

Direkter Block

Geräte:

1 Basketball für 7 Spieler

> Die Spieler können durch gutes Ausnutzen des indirekten und direkten Blocks ihre Gegenspieler ganz schön ärgern! Die Angreifer können »Give and Go« spielen oder »Backdoor« zum Korb schneiden! Gehe immer zum Rebound bei Fehlwürfen!

Variante:

1. Die Angreifer müssen mindestens einmal zum halbaktiven Mitspieler passen, bevor sie zum Korb spielen dürfen!
2. Die Angreifer dürfen nur eine bestimmte Anzahl von Dribblings bis zum Wurf nutzen (z. B. 4 Dribblings)!
3. Es können verschiedene Ausgangspositionen gewählt werden!

Wechsel:

Die 3-Spieler-Teams sowie der halbaktive Angreifer an der Freiwurflinie werden nach jedem Angriff durchgewechselt!

162

© Als Kopiervorlage freigegeben. Ernst Klett Schulbuchverlag Leipzig GmbH, Leipzig 2000

»3 gegen 3 (Streetball)!« GT 18

Übungsablauf:

Grundform ☐
Variante Nr.: ☐

① Auf einen Korb wird im freien Spiel 3 gegen 3 gespielt. Die Angreifer können alle 1 gegen 1, indirekte und direkte Blocks spielen. Die Angreifer versuchen sich immer als Ausgangspunkt in einer Dreiecksaufstellung anzubieten (immer die Raumaufteilung beachten).

② Die Angreifer versuchen durch Täuschungen und Ausnutzen von indirektem und direktem Blocken und Abrollen ihre Verteidiger auszuspielen. Nach Korberfolgen erhält die gegnerische Mannschaft den Ball an der 3-Punkte-Linie »Check«.
Nach Defensivrebounds muss die Mannschaft den Ball zur 3-Punkte-Linie hinausspielen, bevor sie angreifen darf. Wer zuerst 11 Punkte erreicht hat, ist Sieger.

③ Die Verteidiger versuchen den indirekten und direkten Blocks auszuweichen und zu verhindern, dass der Angreifer mit Ball zum Korb ziehen kann. Bei Pässen zwischen den Angreifern versuchen die Verteidiger das Anspiel auf ihre Gegenspieler zu verhindern oder den Pass abzufangen.
Nach dem Korbwurf des Angreifers immer den Rebound sichern.

!

Die Spieler können durch Ausnutzen des indirekten und direkten Blocks ihre Gegenspieler ganz schön ärgern! Die Angreifer können »Give and Go« spielen oder »Backdoor« zum Korb schneiden! Gehe immer zum Rebound bei Fehlwürfen!

Variante:

1. Die Angreifer dürfen nur eine bestimmte Anzahl von Dribblings bis zum Wurf nutzen (z. B. 4 Dribblings)!
2. Die Teams spielen »Make it, take it«, d. h. wer den Korb macht, erhält den Ball wieder an der 3-Punkte-Linie!

Wechsel:

Die gewinnende Mannschaft bleibt auf dem Feld und der nächste Gegner vordert sie heraus!

Geräte:

1 Basketball für Spieler an jedem Korb (insgesamt 2 Bälle)

»3 gegen 3 im Kontinuum«!

GT 19

Übungsablauf:

Grundform ☐
Variante Nr.: ☐

① Auf 1 Korb wird im freien Spiel 3 gegen 3 gespielt. Die Angreifer können alle 1 gegen 1, indirekte und direkte Blocks spielen. Die Angreifer versuchen sich immer als Ausgangspunkt in einer Dreiecksaufstellung anzubieten (immer die Raumaufteilung beachten). Bei Korberfolg oder Defensivrebound greift die verteidigende Mannschaft auf den anderen Korb an. Ab der Mittellinie wartet die nächste Mannschaft in der Verteidigung. Nun erfolgt das gleiche Spiel wieder zurück.

② Die Angreifer versuchen durch Täuschungen und Ausnutzen von indirektem und direktem Blocken und Abrollen ihre Verteidiger auszuspielen. Wer zuerst 11 Punkte erreicht hat, ist Sieger.

③ Die Verteidiger versuchen den indirekten und direkten Blocks auszuweichen und zu verhindern, dass der Angreifer mit Ball zum Korb ziehen kann. Bei Pässen zwischen den Angreifern versuchen die Verteidiger das Anspiel auf ihre Gegenspieler zu verhindern oder den Pass abzufangen. Nach dem Korbwurf des Angreifers immer den Rebound sichern.

> Die Spieler können durch Ausnutzen des indirekten und direkten Blocks ihre Gegenspieler ganz schön ärgern! Die Angreifer können »Give and Go« spielen oder »Backdoor« zum Korb schneiden! Gehe immer zum Rebound bei Fehlwürfen!

Geräte:

1 Basketball

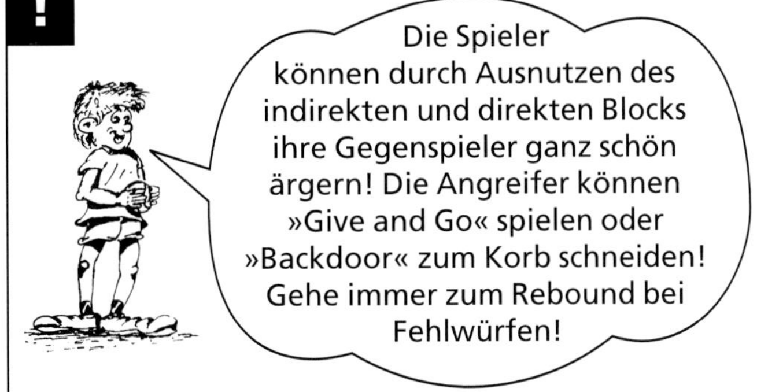

Variante:

1. Die Angreifer dürfen nur eine bestimmte Anzahl von Dribblings bis zum Wurf nutzen (z. B. 4 Dribblings)!
2. Die Teams spielen »Make it, take it«, d. h. wer den Korb macht erhält den Ball wieder und greift den anderen Korb an!

Wechsel:

Bei mehr als 3 Teams wechselt jedes Team nach dem Angriff mit einer wartenden Mannschaft!

KOM

»Fast Break 2 gegen 0!«

SA 1

Übungsablauf:

Grundform ☐
Variante Nr.: ☐

① Durch schnelles Passspiel wird das Feld paarweise zügig überbrückt.

② Einer der beiden Spieler muss mit einem Korbleger abschließen. Danach laufen beide außerhalb des Spielfeldes zurück und stellen sich hinten wieder an.

③ Wenn das erste Paar die Mittellinie erreicht hat, startet das nächste Paar usw.

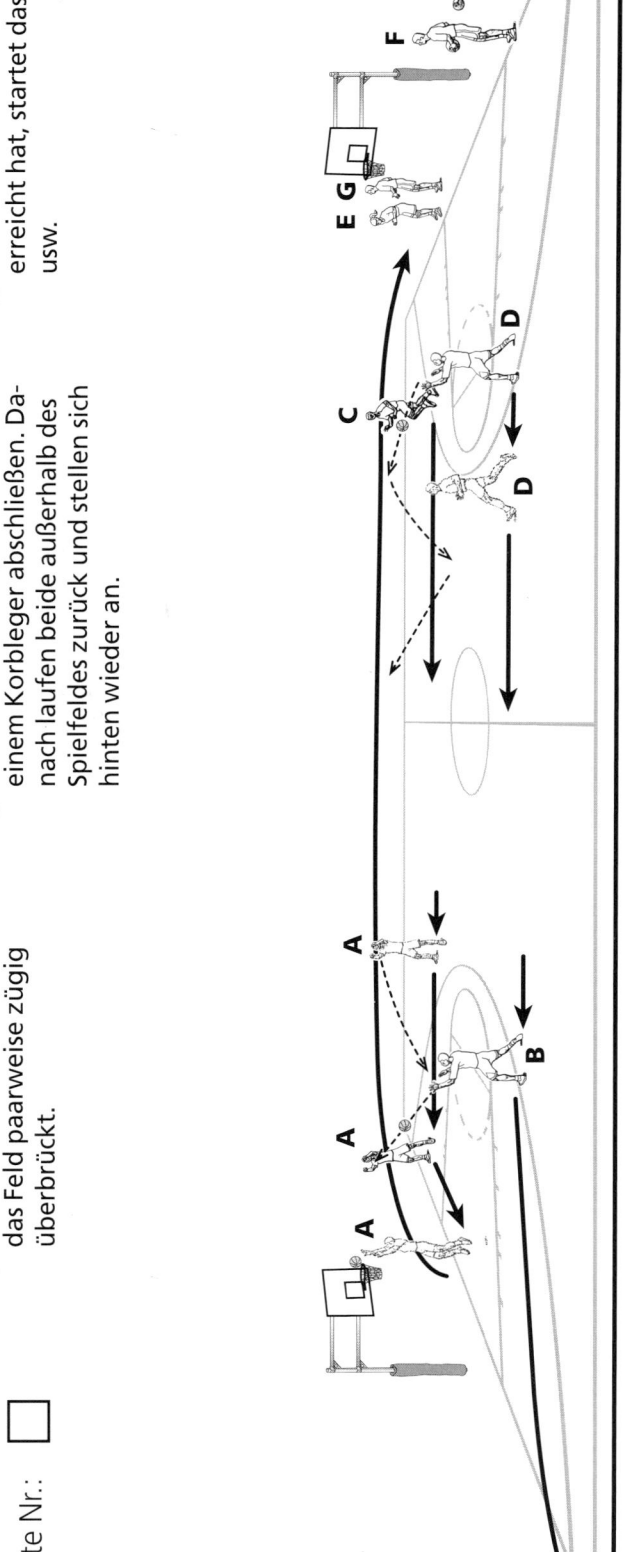

Geräte:

1 Basketball für jedes Paar

!

Laufe so schnell wie möglich und passe den Ball direkt nach dem Fangen wieder zurück!

Variante:

1. Nur Bodenpässe spielen!
2. Nur Einhandpässe spielen!
3. Zum Abschluss Sprungwurf ausführen!

Wechsel:

entfällt

© Als Kopiervorlage freigegeben. Ernst Klett Schulbuchverlag Leipzig GmbH, Leipzig 2000

»Fast Break 2 gegen 1!«   SA 2

Übungsablauf:

Grundform ☐
Variante Nr.: ☐

① Die Angreifer A und B versuchen den Verteidiger C auszuspielen und einen Korb zu erzielen.

② B passt zu A und A spielt auf den Korb.

③ Der Verteidiger C und der Angreifer B laufen außerhalb des Spielfeldes zurück und stellen sich an. Danach beginnen D und E zu spielen usw.

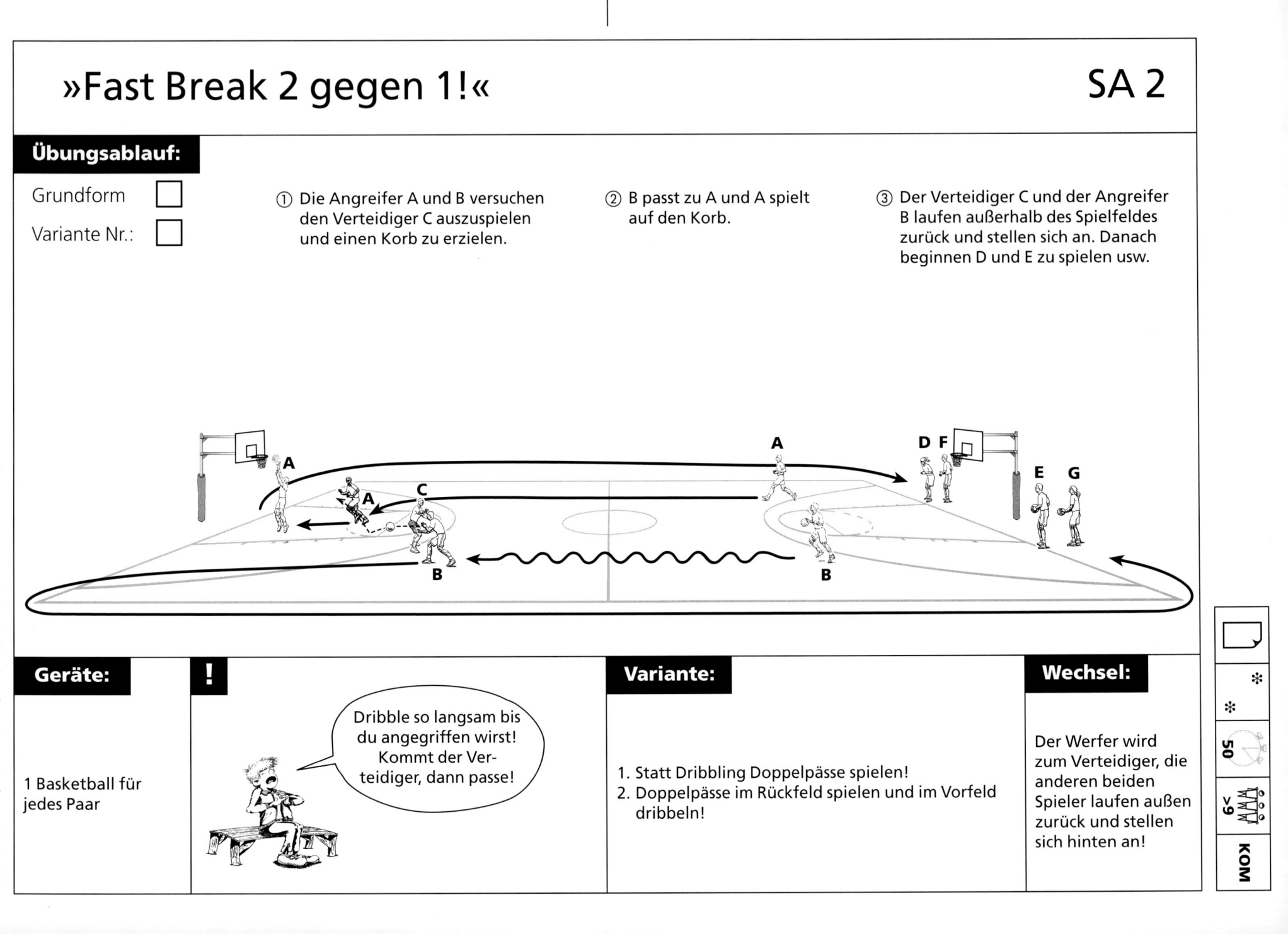

Geräte:

1 Basketball für jedes Paar

!

Dribble so langsam bis du angegriffen wirst! Kommt der Verteidiger, dann passe!

Variante:

1. Statt Dribbling Doppelpässe spielen!
2. Doppelpässe im Rückfeld spielen und im Vorfeld dribbeln!

Wechsel:

Der Werfer wird zum Verteidiger, die anderen beiden Spieler laufen außen zurück und stellen sich hinten an!

166

© Als Kopiervorlage freigegeben. Ernst Klett Schulbuchverlag Leipzig GmbH, Leipzig 2000

»Fast Break 2 gegen 1 im Kontinuum!« SA 3

Übungsablauf:

☐ Grundform
☐ Variante

① A und B spielen gegen einen Verteidiger C. A passt zu B (1) und B wirft auf den Korb (2).

② Nach Rebound oder Korberfolg passt C (3) den Ball zum wartenden Mitspieler D an der Seitenauslinie in Höhe der verlängerten Freiwurflinie.

③ C und D spielen jetzt gegen den Verteidiger F auf den anderen Korb usw.

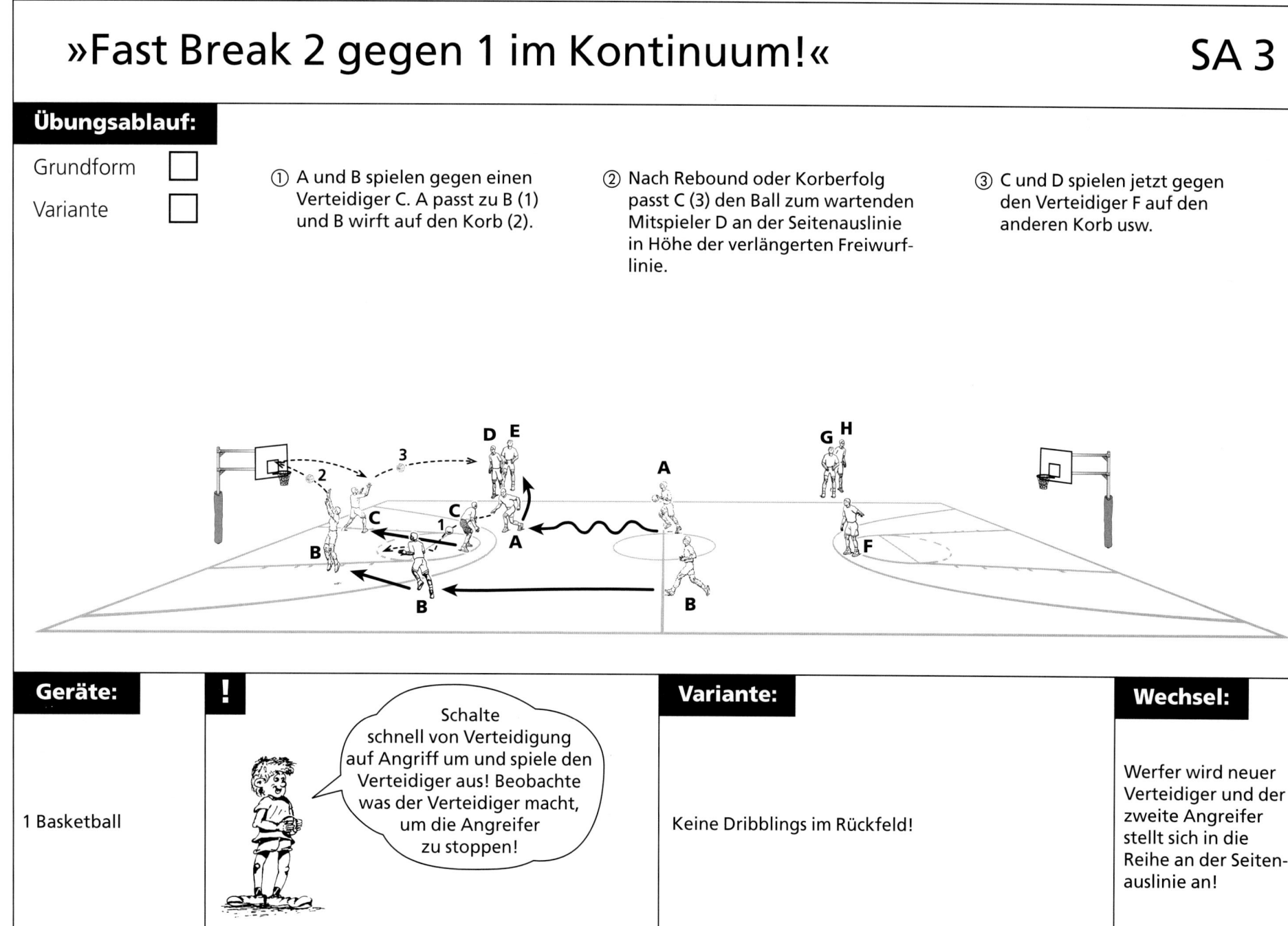

Geräte:

1 Basketball

! Schalte schnell von Verteidigung auf Angriff um und spiele den Verteidiger aus! Beobachte was der Verteidiger macht, um die Angreifer zu stoppen!

Variante:

Keine Dribblings im Rückfeld!

Wechsel:

Werfer wird neuer Verteidiger und der zweite Angreifer stellt sich in die Reihe an der Seitenauslinie an!

»3 gegen 0 hin und 2 gegen 1 zurück im Kontinuum!« SA 4

Übungsablauf:

☐ Grundform
☐ Variante

① A, B und C sprinten in ihren Spuren über das gesamte Spielfeld und spielen sich in Form von Doppelpässen den Ball zu. A oder C schließt mit einem Korbleger ab.

② Der Spieler, der mit einem Korbleger abschließt, wird jetzt Verteidiger und die beiden anderen Spieler greifen im 2 gegen 1 über das gesamte Feld zurück an.

③ Wenn der Ball beim 2 gegen 1 auf den Ausgangskorb gespielt wurde, nimmt Spieler E den Ball und spielt mit D und F weiter. A, B und C stellen sich hinten an den Reihen wieder an.

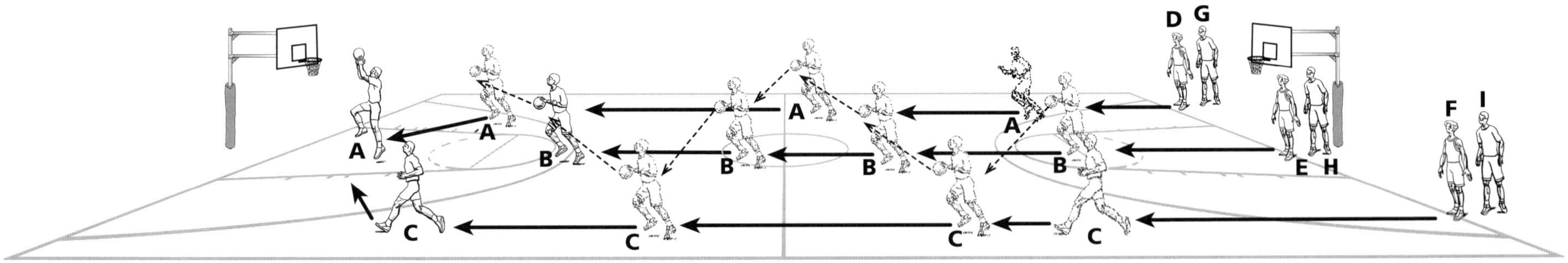

!

Passe immer fest und gerade in den Lauf des Mitspielers! Schalte schnell von Angriff auf Verteidigung und erneuten Angriff um!

Variante:

Die Spieler dürfen beim 3 gegen 0 nur Bodenpässe spielen!

Wechsel:

entfällt

Geräte:

1 Basketball

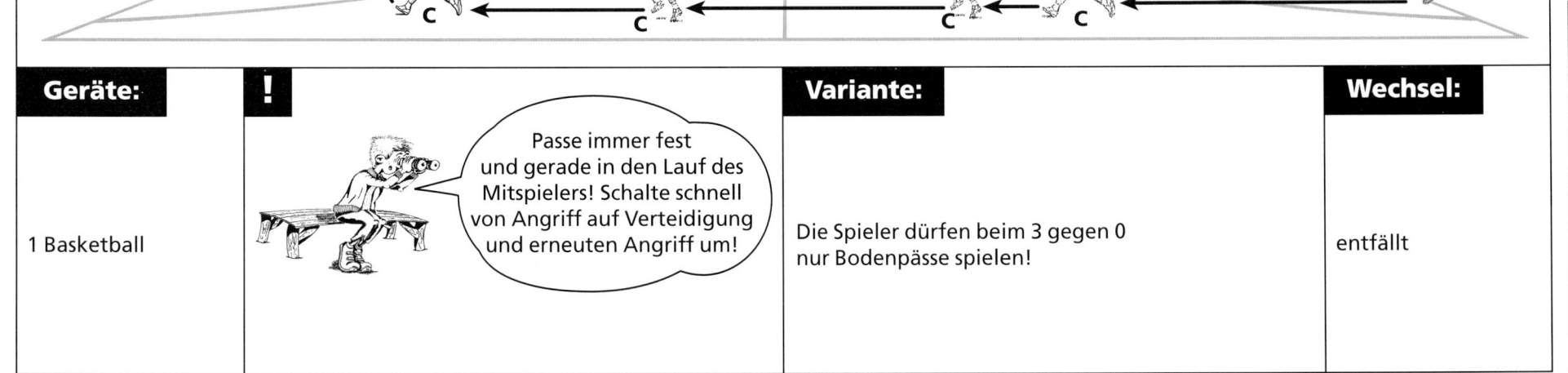

»3 gegen 2 hin und 2 gegen 1 zurück im Kontinuum!«   SA 5

Übungsablauf:

- Grundform ☐
- Variante ☐

① A, B und C sprinten in ihren Spuren über das gesamte Spielfeld und spielen sich in Form von Doppelpässen den Ball zu. Im Vorfeld greift der Angreifer mit Ball den Korb an, bis er von einem Verteidiger angegriffen wird. Wenn der Angriff erfolgt, sucht er den freien Mitspieler, der weiterhin in seiner Spur sprintet und sich für ein Zuspiel anbietet. Dieser greift bei einem Anspiel wiederum den Korb an.

② A, B oder C versucht, mit einem Korbleger abzuschließen. Der Spieler der mit Korbleger abschließt wird jetzt der neue Verteidiger und spielt mit D und E nun im 2 gegen 1 über das gesamte Feld zurück. Die Angreifer die nicht auf den Korb geworfen haben, nehmen die Plätze von D und E ein.

③ Wenn der Ball beim 2 gegen 1 auf den Ausgangskorb gespielt wurde, nimmt der Spieler G den Ball und spielt mit F und H auf den anderen Korb 3 gegen 2. Nach dem Spiel 2 gegen 1 stellen sich A, B und C wieder hinten an.

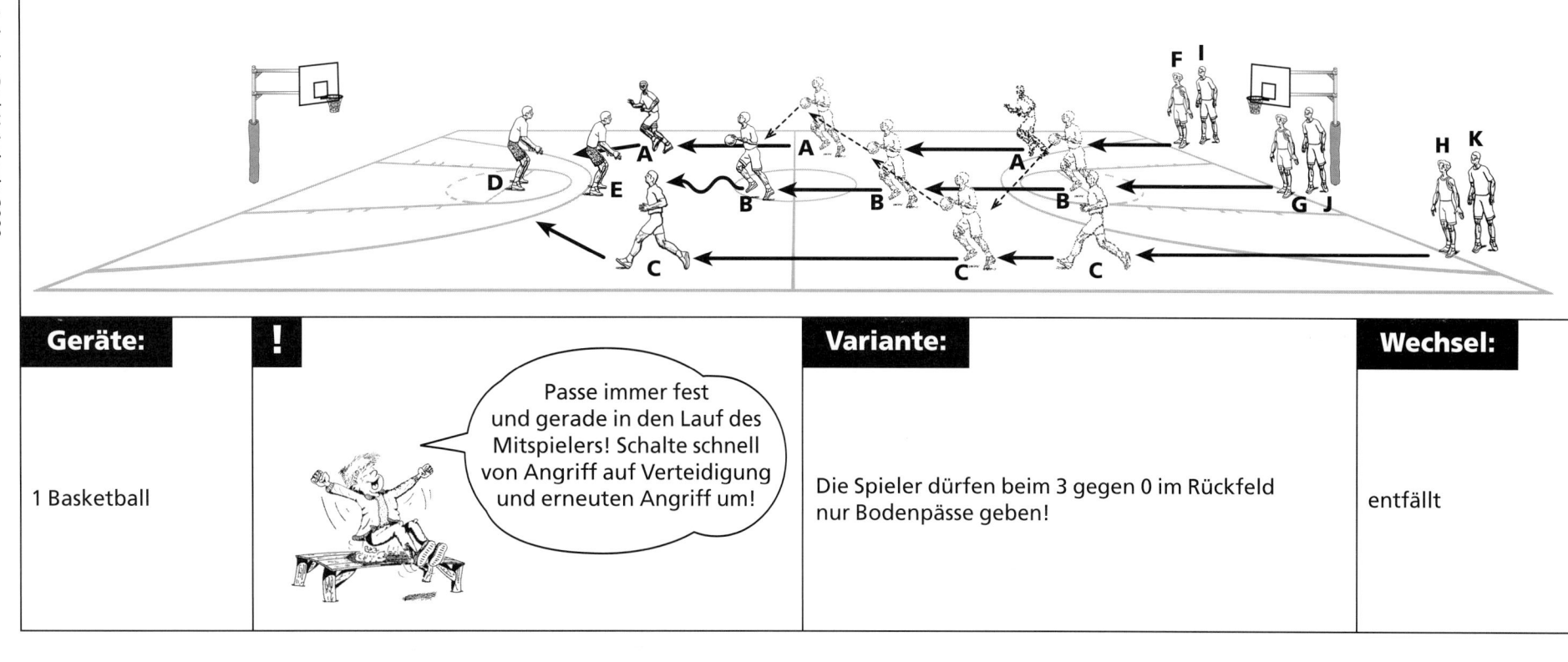

Geräte:

1 Basketball

!

Passe immer fest und gerade in den Lauf des Mitspielers! Schalte schnell von Angriff auf Verteidigung und erneuten Angriff um!

Variante:

Die Spieler dürfen beim 3 gegen 0 im Rückfeld nur Bodenpässe geben!

Wechsel:

entfällt

169

»3 gegen 2 im Kontinuum!«

SA 6

Übungsablauf:

Grundform ☐
Variante Nr.: ☐

① A, B und C sprinten in ihren Spuren über das gesamte Spielfeld und spielen sich in Form von Doppelpässen den Ball zu. Im Vorfeld greift der Angreifer mit Ball den Korb an, bis er von einem der beiden Verteidiger (D, E) angegriffen wird. Wenn der Angriff erfolgt, sucht er den freien Mitspieler, der weiterhin in seiner Spur sprintet und sich für ein Zuspiel anbietet. Der Passempfänger greift nun den Korb an.

② A, B oder C versucht, mit einem Korbleger abzuschließen. Die Verteidigungsspieler D und E geben nach ihrer Verteidigungsphase einen Outletpass zu F, der in einer Reihe an der Seitenauslinie wartet. F läuft nun mit D und E zurück zum anderen Korb. Sie greifen gegen die zwei wartenden Verteidiger G und H an. Der Spieler der den Korbleger ausgeführt hat, stellt sich hinter I an. Die beiden anderen Angreifer werden jetzt die neuen Verteidiger. So wird nun ständig im Kontinuum 3 gegen 2 hin und zurück gespielt.

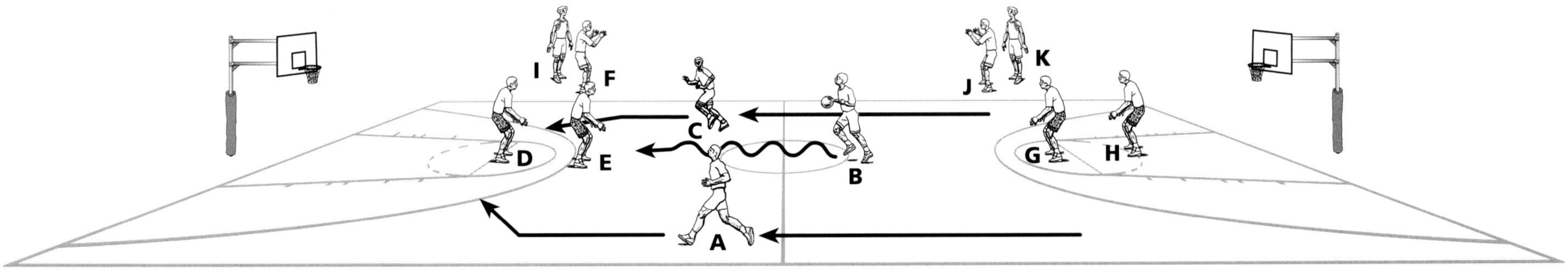

Wechsel:

entfällt

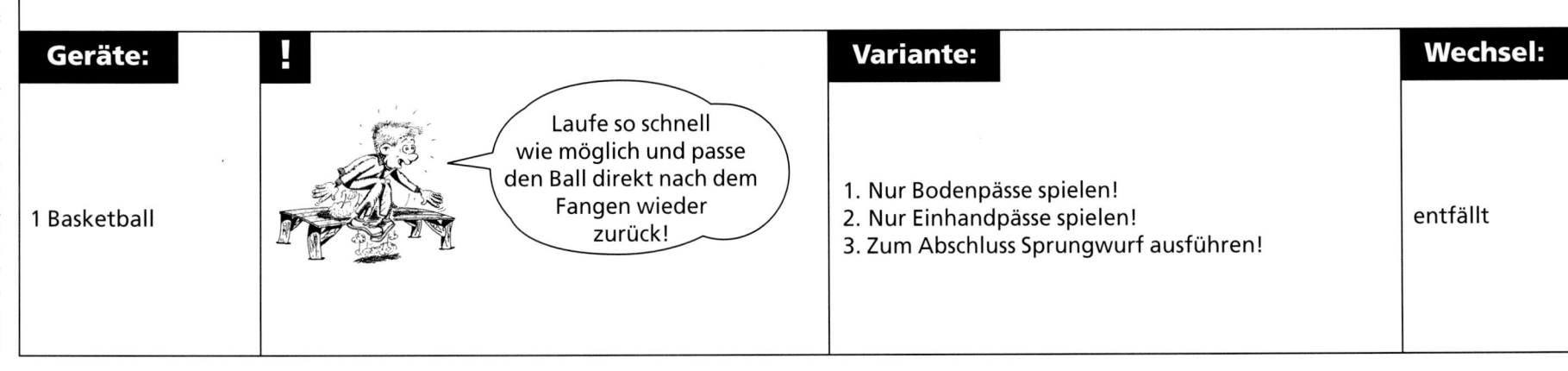

Variante:

1. Nur Bodenpässe spielen!
2. Nur Einhandpässe spielen!
3. Zum Abschluss Sprungwurf ausführen!

!

Laufe so schnell wie möglich und passe den Ball direkt nach dem Fangen wieder zurück!

Geräte:

1 Basketball

KOM · 2 Min. · >9

»3 gegen 2 plus 1 im Kontinuum!«

SA 7

Übungsablauf:

☐ Grundform
☐ Variante Nr.:

① Die Angreifer A, B und C greifen gegen D und E als Spiel 3 gegen 2 an. Der zusätzliche Verteidiger F (der erste Spieler in der Reihe an der Mittellinie) greift als dritter Verteidiger ins Spiel ein, wenn der Ball die Mittellinie überquert. F muss jedoch mit einem Fuß den Mittelkreis berühren, bevor er als Verteidiger mithelfen darf.

② Mit Abschluss des Angriffsspiels von A, B und C werden D, E und F die neuen Angreifer, die den anderen Korb angreifen. Hier warten G und H plus der zusätzliche Verteidiger I, der an der Mittellinie wartet bis der Ball die Mittellinie überquert. Der Spieler, der den Angriff mit einem Wurf abgeschlossen hat, stellt sich hinter J an. Die beiden anderen Angreifer werden jetzt die neuen Verteidiger. So wird nun ständig im Kontinuum 3 gegen 2 plus 1 hin und zurück gespielt.

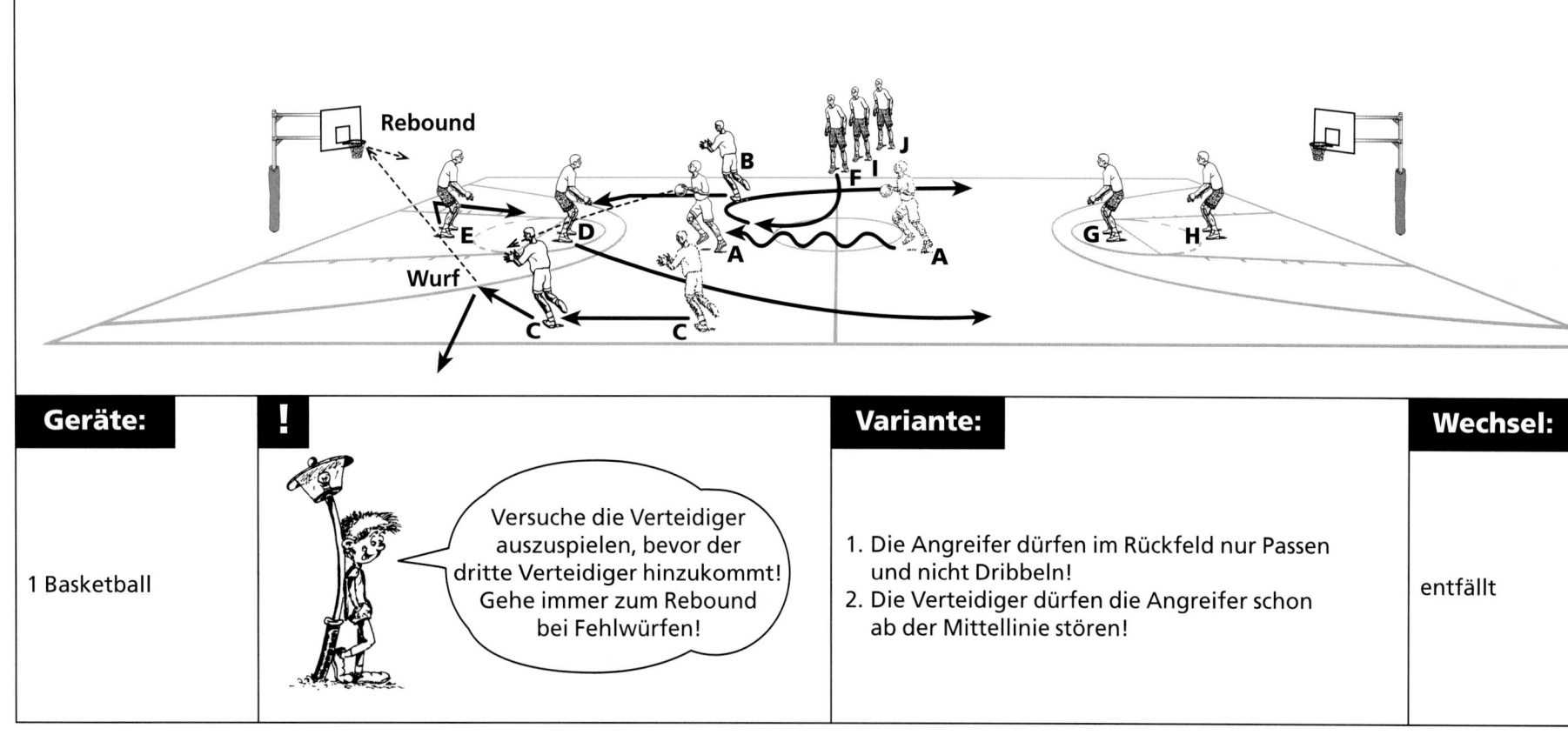

!

Versuche die Verteidiger auszuspielen, bevor der dritte Verteidiger hinzukommt! Gehe immer zum Rebound bei Fehlwürfen!

Variante:

1. Die Angreifer dürfen im Rückfeld nur Passen und nicht Dribbeln!
2. Die Verteidiger dürfen die Angreifer schon ab der Mittellinie stören!

Wechsel:

entfällt

Geräte:

1 Basketball

KOM

2 Min.   >9

»Kastenball!«

SFD 1

Übungsablauf:

☐ Grundform
☐ Variante Nr.:

Die Spieler transportieren alle Bälle in den großen Kasten. Der Kasten steht im Mittelkreis.
Die Spieler dürfen nur von außerhalb des Kreises in den Kasten werfen.
Die Gruppe versucht in möglichst geringer Zeit alle Bälle in den Kasten zu werfen.
Nach dem Durchgang verteilt die Gruppe die Bälle wieder in der Halle für die nächste Gruppe.

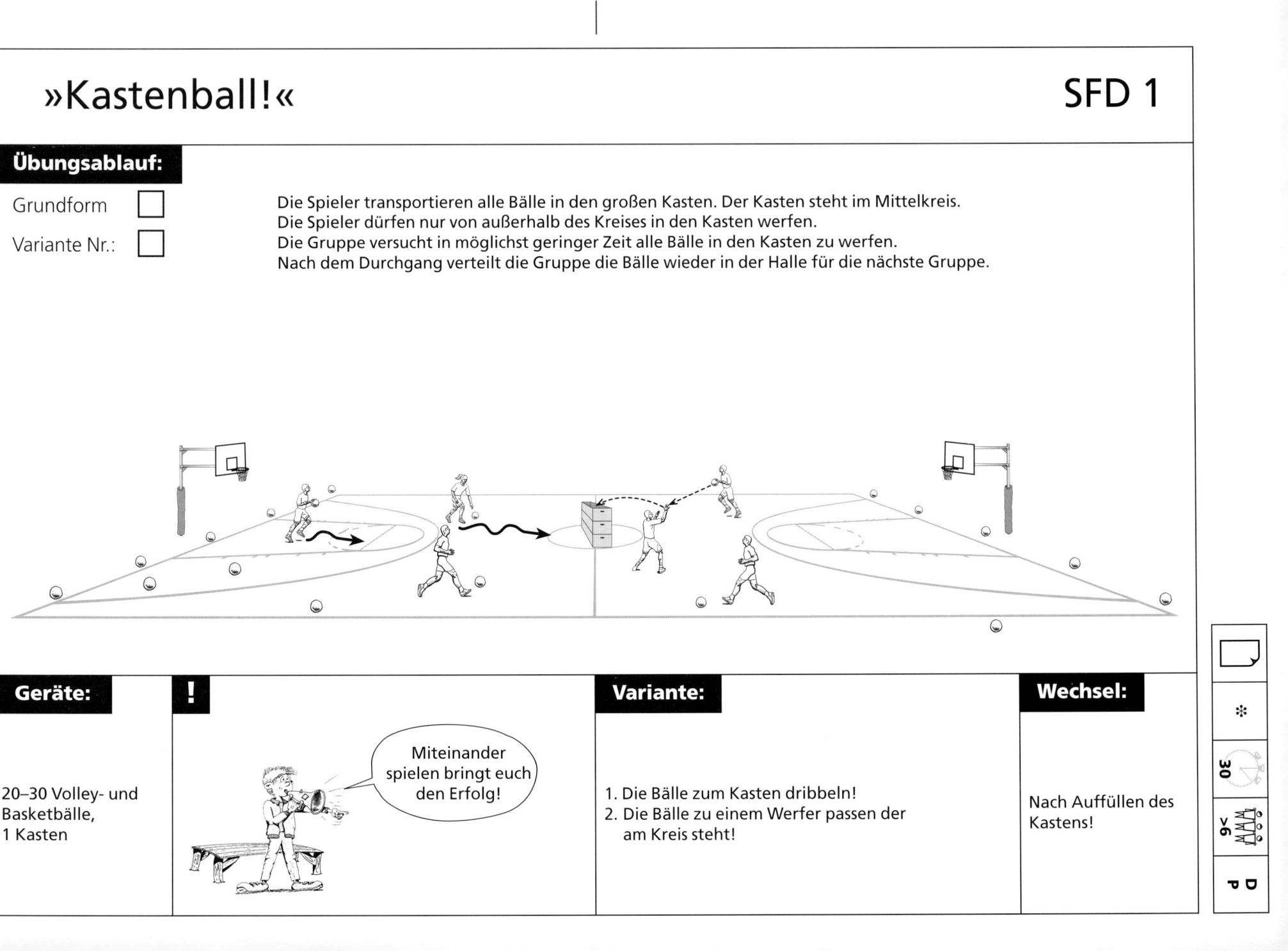

Geräte:

20–30 Volley- und Basketbälle, 1 Kasten

!

Miteinander spielen bringt euch den Erfolg!

Variante:

1. Die Bälle zum Kasten dribbeln!
2. Die Bälle zu einem Werfer passen der am Kreis steht!

Wechsel:

Nach Auffüllen des Kastens!

172

© Als Kopiervorlage freigegeben. Ernst Klett Schulbuchverlag Leipzig GmbH, Leipzig 2000

»Autoscooter!«

SFD 2

Übungsablauf:

☐ Grundform
☐ Variante

① Die ganze Gruppe bewegt sich im halben Basketballfeld frei durcheinander. Jeder Spieler hat einen Ball und dribbelt innerhalb des Feldes.

② Die Spieler dribbeln aufeinander zu. Im letzten Moment weichen sie aus und wechseln dabei die Dribbelhand. Es darf zu keinem Körperkontakt kommen.

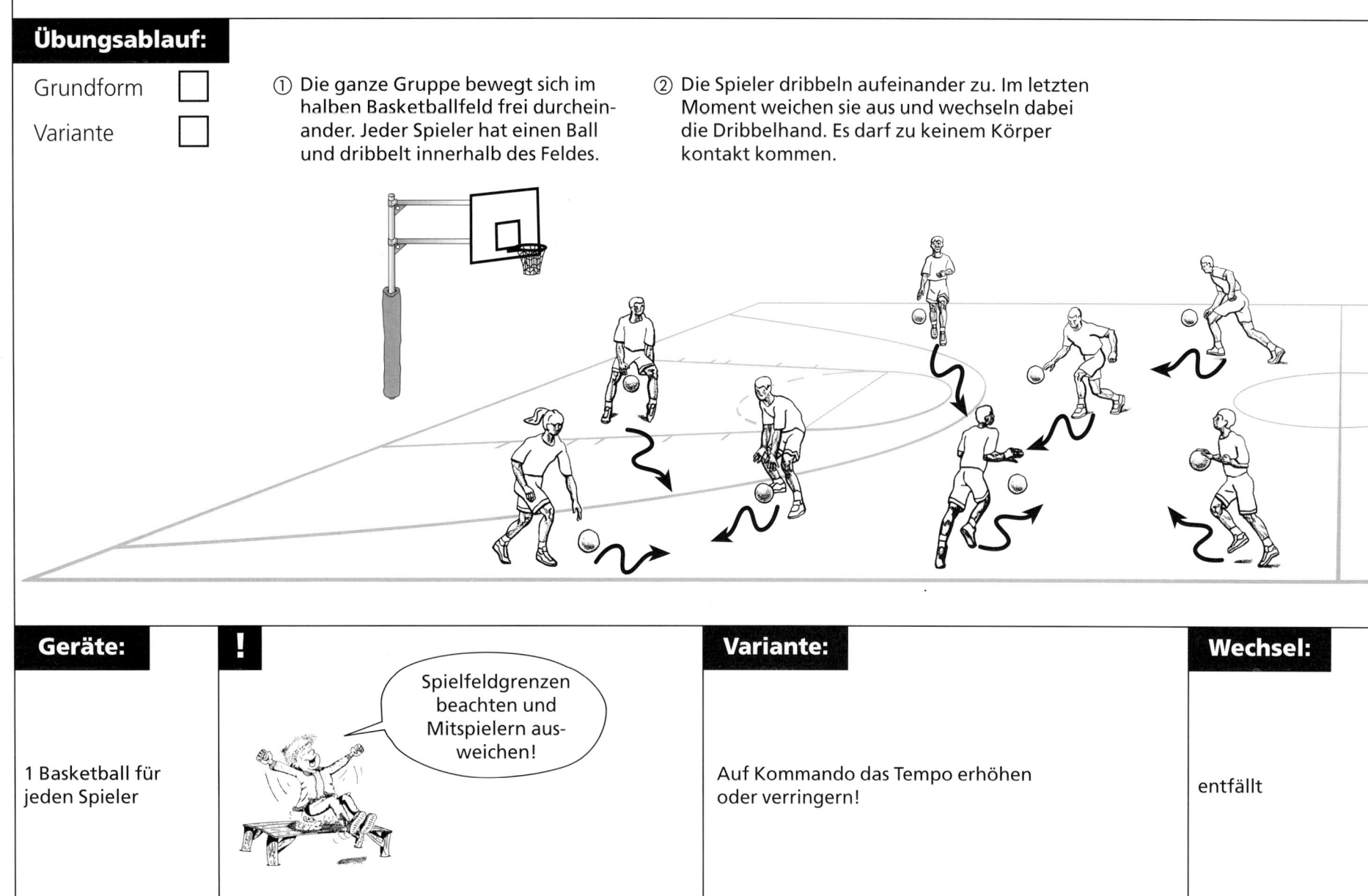

Geräte:

1 Basketball für jeden Spieler

!

Spielfeldgrenzen beachten und Mitspielern ausweichen!

Variante:

Auf Kommando das Tempo erhöhen oder verringern!

Wechsel:

entfällt

© Als Kopiervorlage freigegeben. Ernst Klett Schulbuchverlag Leipzig GmbH, Leipzig 2000

»Memorydribbling!«

SFD 3

📄	✱ ✱	⏱ 2 Min.	👥 >2	D

Übungsablauf:

☐ Grundform

☐ Variante Nr.:

Ein Spieler dribbelt im Viertel des Basketballfeldes. Er dreht immer 2 am Boden liegende Blätter einzeln um und verdeckt sie wieder. Hat er ein Pärchen gefunden, bekommt er einen Punkt und lässt das Kartenpärchen offen liegen.

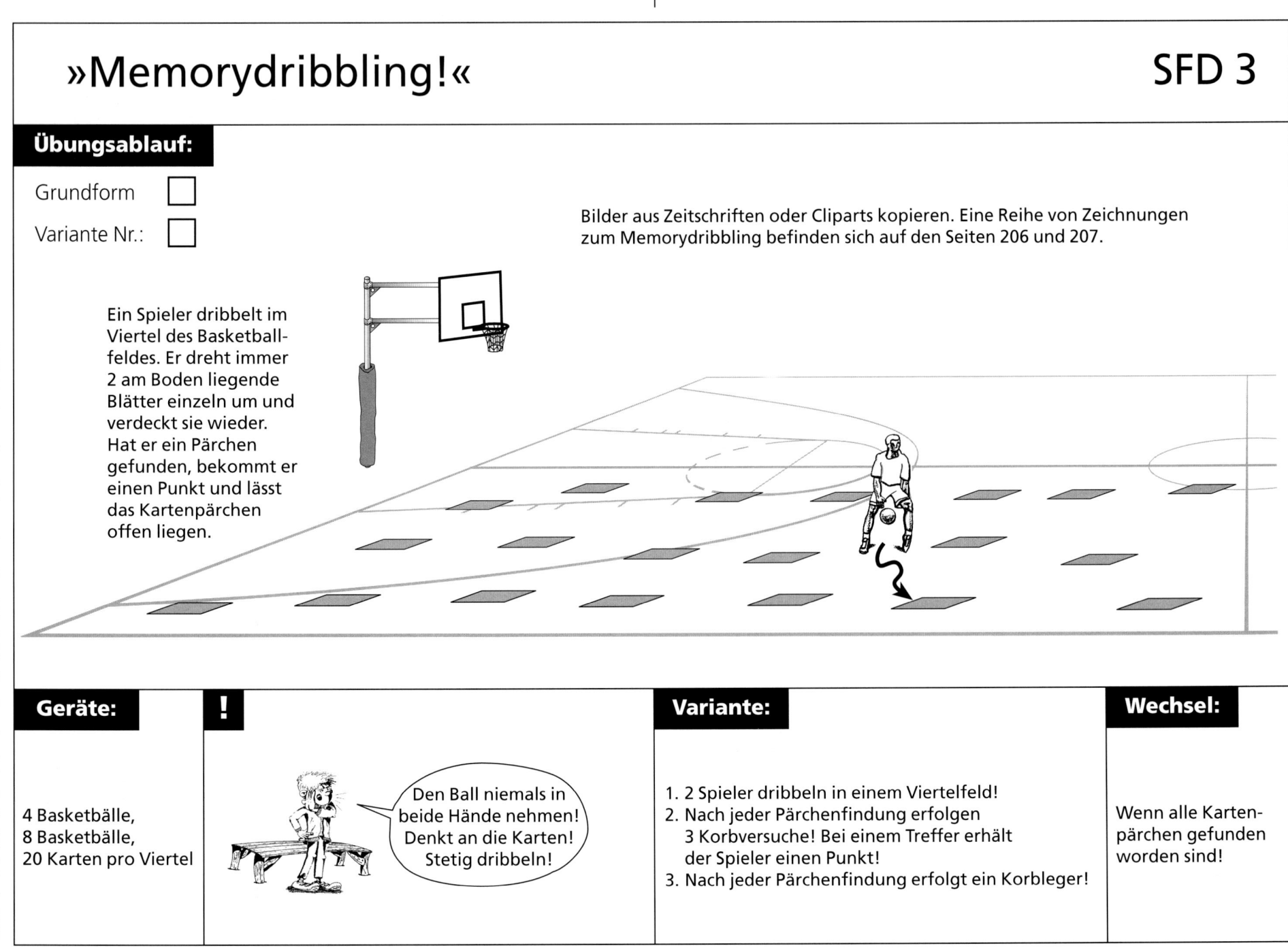

Bilder aus Zeitschriften oder Cliparts kopieren. Eine Reihe von Zeichnungen zum Memorydribbling befinden sich auf den Seiten 206 und 207.

!

Den Ball niemals in beide Hände nehmen! Denkt an die Karten! Stetig dribbeln!

Geräte:

4 Basketbälle,
8 Basketbälle,
20 Karten pro Viertel

Variante:

1. 2 Spieler dribbeln in einem Viertelfeld!
2. Nach jeder Pärchenfindung erfolgen 3 Korbversuche! Bei einem Treffer erhält der Spieler einen Punkt!
3. Nach jeder Pärchenfindung erfolgt ein Korbleger!

Wechsel:

Wenn alle Kartenpärchen gefunden worden sind!

174

© Als Kopiervorlage freigegeben. Ernst Klett Schulbuchverlag Leipzig GmbH, Leipzig 2000

»Brückenwächter!«

SFD 4

| | * | ⏱ 30 | 👥 >8 | D |

Übungsablauf:

☐ Grundform
☐ Variante

① 1–3 Spieler ohne Ball stehen als Brückenwächter in der Mitte des Basketballspielfeldes. Die Brücke wird durch Markierungskegel gekennzeichnet.

② Der Rest der Gruppe steht an einer Grundlinie. Jeder hat einen Ball und versucht über die Brücke zur anderen Grundlinie zu dribbeln. Die Brückenwächter versuchen jeweils einen Dribbler zu berühren.

③ Wer von einem Brückenwächter getippt wurde, muss diesen ablösen und den Ball übergeben.

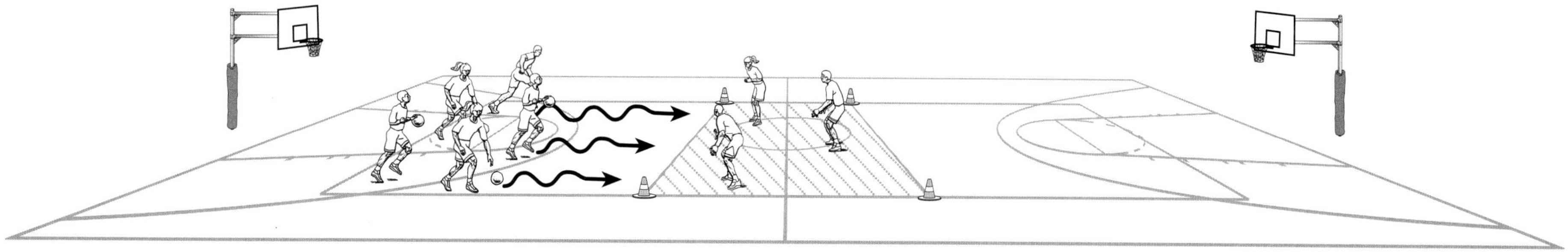

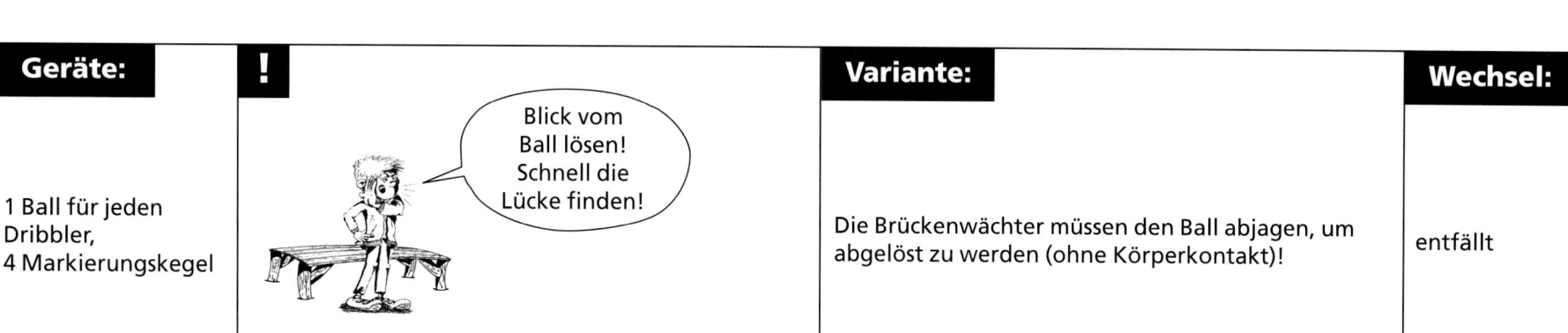

> Blick vom Ball lösen! Schnell die Lücke finden!

Geräte:

1 Ball für jeden Dribbler,
4 Markierungskegel

!

Die Brückenwächter müssen den Ball abjagen, um abgelöst zu werden (ohne Körperkontakt)!

Variante:

Wechsel:

entfällt

© Als Kopiervorlage freigegeben. Ernst Klett Schulbuchverlag Leipzig GmbH, Leipzig 2000

»Fangen und Befreien«!

SFD 5

Übungsablauf:
- Grundform ☐
- Variante Nr.: ☐

Aufstellungsform
Die ganze Gruppe verteilt sich in der Halle. Alle Spieler haben einen Ball und bewegen sich dribbelnd durch die Halle. Je nach Gruppengröße werden 1–4 Fänger festgelegt, die mit einem Band oder Spielerhemd gekennzeichnet werden. Auf ein Kommando versuchen die Fänger alle anderen Spieler zu berühren, dabei dribbeln sie ebenfalls einen Ball.

Spielregeln
Die Fänger starten gemeinsam von einer festgelegten Position (z. B. Grundlinie). Die Spieler, die von einem Fänger abgeschlagen werden, setzen sich auf den Boden. Freie Spieler können die sitzenden wieder befreien, indem sie diese berühren. Nach einer festgelegten Zeit wird das Spiel abgebrochen, wenn der Fänger noch nicht alle Spieler abgetippt haben.

Wertungsmöglichkeiten
Die Fängergruppe, welche die kürzeste Zeit benötigt bis alle Spieler am Boden sitzen, ist Sieger.
Die Fängergruppe, bei der nach einer festgelegten Zeit die meisten Spieler am Boden sitzen, ist Sieger.

Achtet auf alle Fänger und nehmt die Augen vom Ball!

Variante:
1. Ein abgeschlagener, sitzender Spieler ist befreit, wenn ihn ein Dribbler übersprungen hat!
2. Ein abgeschlagener, sitzender Spieler ist befreit, wenn ein Dribbler kurz vor ihm abstoppt (Ball in beide Hände nimmt), ihn mit dem Ball berührt und dann weiterdribbelt!

Wechsel:
Nach ___ Minuten wird die Fängergruppe ausgetauscht!

Geräte:
- 1 Basketball je Schüler,
- 1–4 Bänder oder Spielerhemden

30 | > 6 | D

176

© Als Kopiervorlage freigegeben. Ernst Klett Schulbuchverlag Leipzig GmbH, Leipzig 2000

»Verzaubern!«

SFD 6

| | | 30 | > 6 | D |

Übungsablauf:

Grundform ☐

Variante Nr.: ☐

Aufstellungsform
Die ganze Gruppe verteilt sich in der Halle. Alle Spieler haben einen Ball und bewegen sich dribbelnd durch die Halle. Je nach Gruppengröße werden 3–6 Fänger festgelegt, die mit einem Band oder Spielerhemd gekennzeichnet werden. Auf ein Kommando versuchen die Fänger alle anderen Spieler zu berühren, dabei dribbeln sie ebenfalls einen Ball.

Spielregeln
Die Spieler, die von einem Fänger berührt worden sind, stellen sich breitbeinig hin und halten den Ball hoch. Freie Spieler dürfen die stehenden Spieler befreien, indem sie zwischen den gegrätschten Beinen hindurchkriechen. Die Spieler dürfen dabei den Ball in beide Hände nehmen.

Wertungsmöglichkeiten
Die Fängergruppe, welche die kürzeste Zeit benötigt bis alle Spieler breitbeinig stehen, ist Sieger.
Die Fängergruppe, bei der nach einer festgelegten Zeit die meisten Spieler breitbeinig stehen, ist Sieger.

> Achtet auf alle Fänger und nehmt die Augen vom Ball!

Geräte:

1 Basketball je Schüler,
3–6 Bänder oder Spielerhemden

Variante:

1. Eine kleine Geschichte zum Verzaubern vor dem Abschlagen erzählen (die Fänger als Zauberer)!
2. Wenn die Spieler durch die Beine dribbeln, dürfen sie nicht abgeschlagen werden!

Wechsel:

Nach ___ Minuten wird die Fängergruppe ausgetauscht!

© Als Kopiervorlage freigegeben. Ernst Klett Schulbuchverlag Leipzig GmbH, Leipzig 2000

»Bälle stehlen!«

SFD 7

| | ❋ / ❋ | ⏱ 30 | 👥 >6 | D |

Übungsablauf:

Grundform ☐

Variante Nr.: ☐

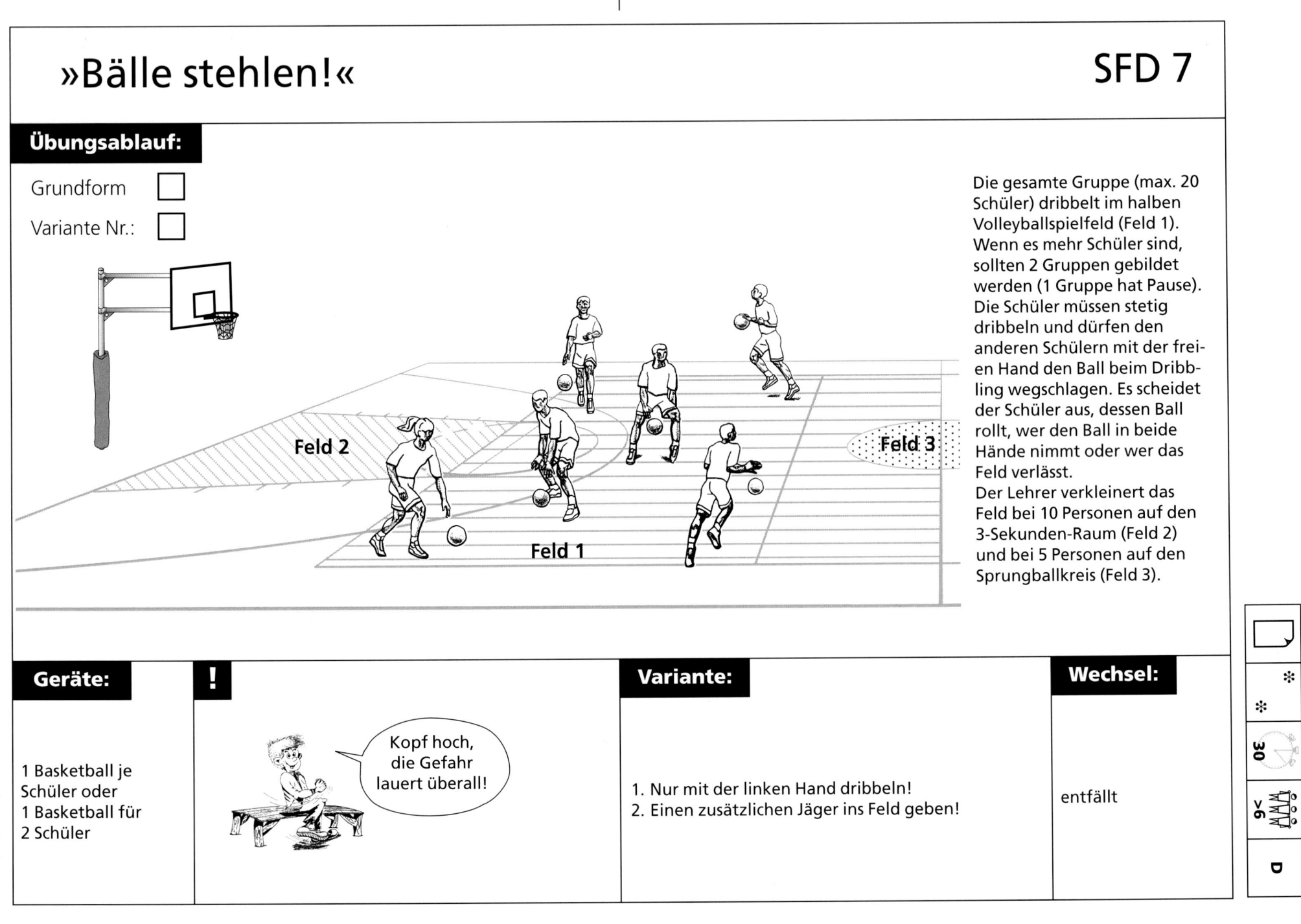

Die gesamte Gruppe (max. 20 Schüler) dribbelt im halben Volleyballspielfeld (Feld 1). Wenn es mehr Schüler sind, sollten 2 Gruppen gebildet werden (1 Gruppe hat Pause). Die Schüler müssen stetig dribbeln und dürfen den anderen Schülern mit der freien Hand den Ball beim Dribbling wegschlagen. Es scheidet der Schüler aus, dessen Ball rollt, wer den Ball in beide Hände nimmt oder wer das Feld verlässt.
Der Lehrer verkleinert das Feld bei 10 Personen auf den 3-Sekunden-Raum (Feld 2) und bei 5 Personen auf den Sprungballkreis (Feld 3).

Feld 3

Feld 2

Feld 1

Wechsel:

entfällt

Variante:

1. Nur mit der linken Hand dribbeln!
2. Einen zusätzlichen Jäger ins Feld geben!

!

Kopf hoch, die Gefahr lauert überall!

Geräte:

1 Basketball je Schüler oder
1 Basketball für 2 Schüler

© Als Kopiervorlage freigegeben. Ernst Klett Schulbuchverlag Leipzig GmbH, Leipzig 2000

»Bälle auf 4 Feldern stehlen!«

SFD 8

| | * / * | 1 Min. | >8 | D |

Übungsablauf:

Grundform ☐

Variante Nr.: ☐

Aufstellungsform:
Jeder Spieler hat einen Ball. Das Basketballfeld in 4 Kleinfelder aufteilen. Die Felder von 1–4 nummerieren und in jedem Feld ungefähr gleich viele Dribbler einsetzen.

Spielregeln:
In den Kleinfeldern versucht jeder jedem den Ball zu stehlen. Wer erfolgreich war, steigt ins nächstbessere Feld auf, z. B. von Feld 3 in Feld 2. Wer seinen Ball verloren hat, steigt ab, z. B. aus Feld 1 in Feld 2. Aus Feld 4 gibt es keinen Abstieg und aus Feld 1 keinen Aufstieg. Ziel ist es, als einziger Spieler im Feld 1 zu stehen.

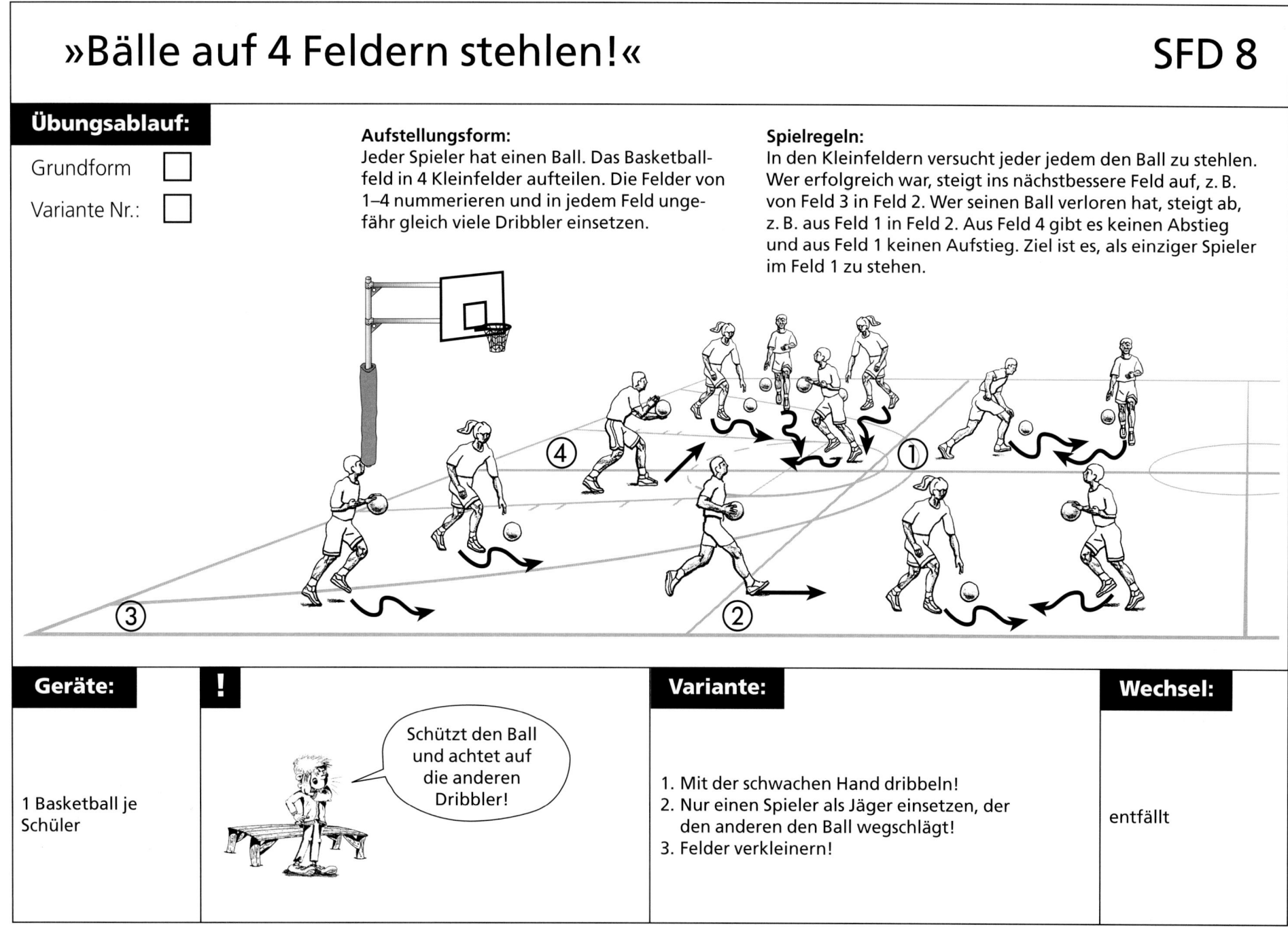

Wechsel:
entfällt

Variante:
1. Mit der schwachen Hand dribbeln!
2. Nur einen Spieler als Jäger einsetzen, der den anderen den Ball wegschlägt!
3. Felder verkleinern!

!
Schützt den Ball und achtet auf die anderen Dribbler!

Geräte:
1 Basketball je Schüler

»Nummernpass!«

SFP 1

Übungsablauf:

Grundform ☐
Variante Nr.: ☐

Die Schüler werden in Gruppen entweder zu 4, 5 oder 6 geteilt. Felder werden festgelegt, in denen sich die Gruppen aufhalten. Jeder Schüler erhält eine Nummer.
Zu Beginn passen sich die Schüler den Ball in der richtigen Reihenfolge lernen. Anschließend traben sie in ihren Feldern durcheinander und passen sich den Ball in der richtigen Reihenfolge zu. Dann ruft der Lehrer eine Nummer und die Schüler müssen den Spieler mit der richtigen Nummer anpassen.

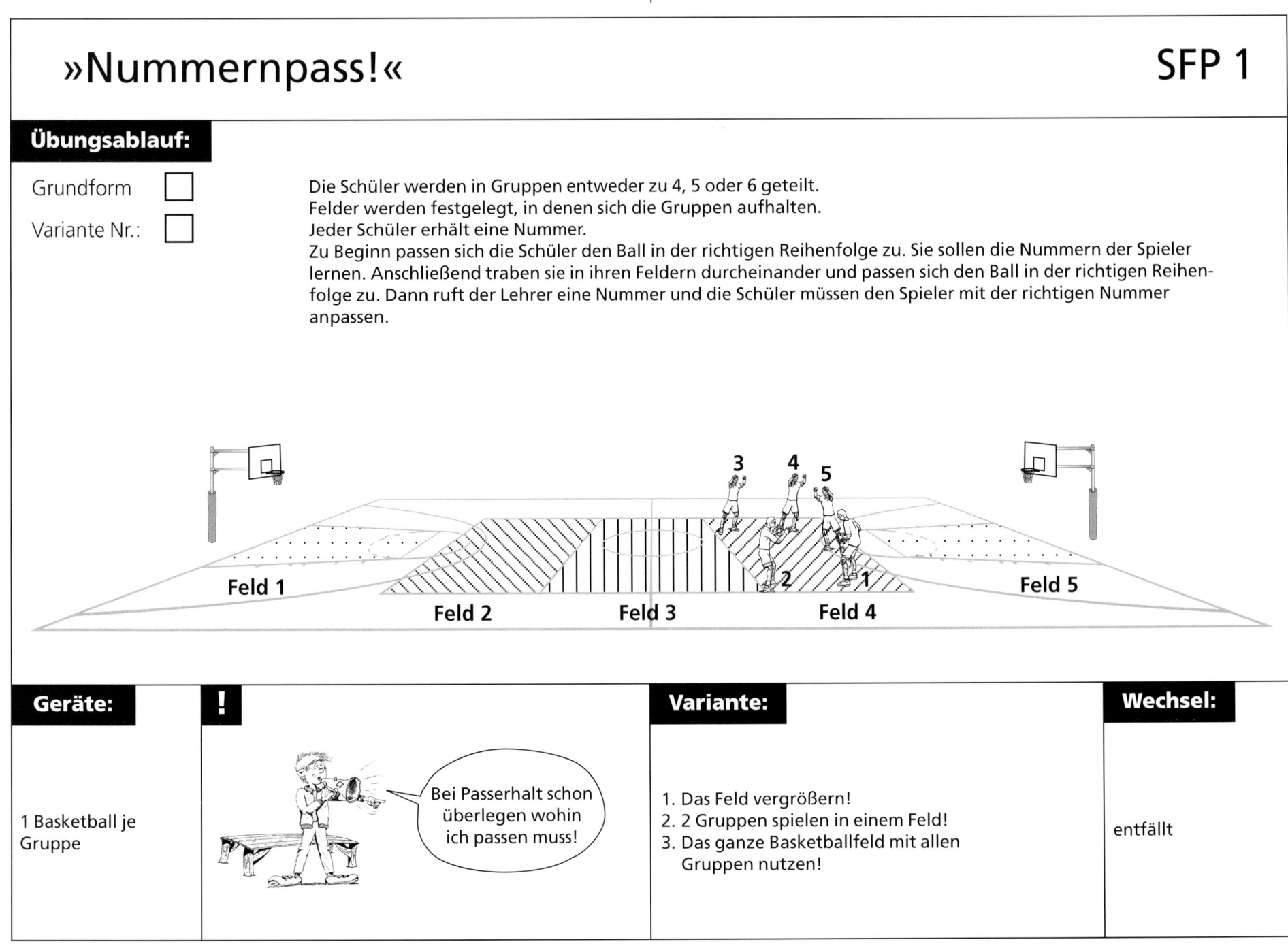

Feld 1 — Feld 2 — Feld 3 — Feld 4 — Feld 5

Variante:

1. Das Feld vergrößern!
2. 2 Gruppen spielen in einem Feld!
3. Das ganze Basketballfeld mit allen Gruppen nutzen!

Wechsel:

entfällt

!

Bei Passerhalt schon überlegen wohin ich passen muss!

Geräte:

1 Basketball je Gruppe

© Als Kopiervorlage freigegeben. Ernst Klett Schulbuchverlag Leipzig GmbH, Leipzig 2000

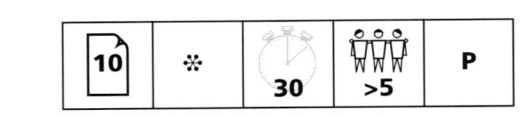

»Zehnerpass« SFP 2

| | ✳ ✳ | 🕐 60 | 👥 9 | P |

Übungsablauf:

Grundform ☐
Variante Nr.: ☐

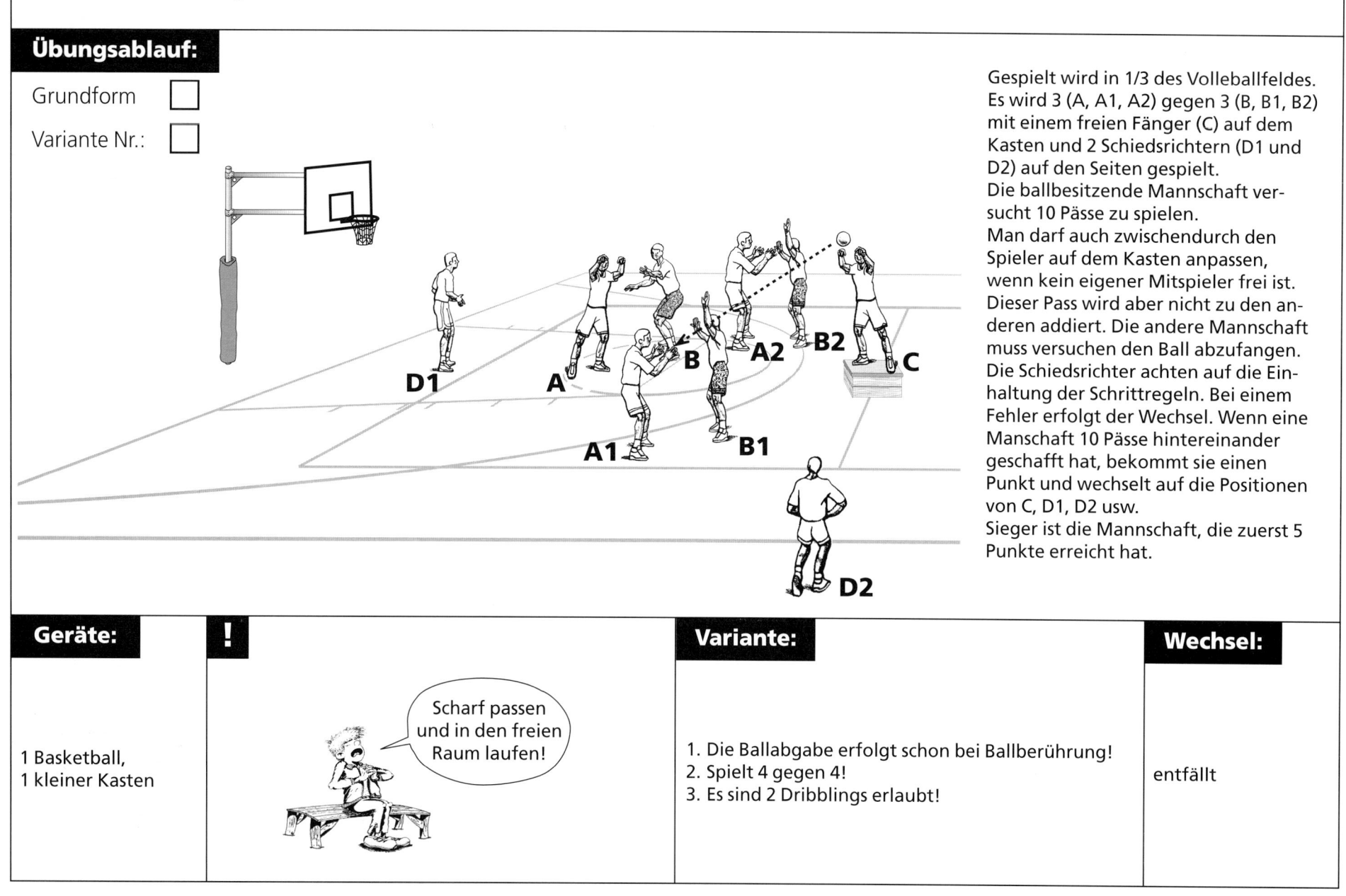

Gespielt wird in 1/3 des Volleballfeldes. Es wird 3 (A, A1, A2) gegen 3 (B, B1, B2) mit einem freien Fänger (C) auf dem Kasten und 2 Schiedsrichtern (D1 und D2) auf den Seiten gespielt.
Die ballbesitzende Mannschaft versucht 10 Pässe zu spielen.
Man darf auch zwischendurch den Spieler auf dem Kasten anpassen, wenn kein freier Mitspieler frei ist. Dieser Pass wird aber nicht zu den anderen Pässen addiert. Die andere Mannschaft muss versuchen den Ball abzufangen. Die Schiedsrichter achten auf die Einhaltung der Schrittregeln. Bei einem Fehler erfolgt der Wechsel. Wenn eine Mannschaft 10 Pässe hintereinander geschafft hat, bekommt sie einen Punkt und wechselt auf die Positionen von C, D1, D2 usw.
Sieger ist die Mannschaft, die zuerst 5 Punkte erreicht hat.

Geräte:

1 Basketball,
1 kleiner Kasten

! Scharf passen und in den freien Raum laufen!

Variante:

1. Die Ballabgabe erfolgt schon bei Ballberührung!
2. Spielt 4 gegen 4!
3. Es sind 2 Dribblings erlaubt!

Wechsel:

entfällt

© Als Kopiervorlage freigegeben. Ernst Klett Schulbuchverlag Leipzig GmbH, Leipzig 2000

»Turmspiel!«

SFPD 1

Übungsablauf:

☐ Grundform
☐ Variante Nr.:

2 Mannschaften von je 5–7 Spielern spielen auf 2 Körbe. Auf einem Kasten in der Nähe der Körbe steht ein Werfer (Turmspieler). Die Spieler im Feld versuchen auf ihren Turmspieler den Ball zu passen, damit dieser einen einfachen Korb erzielen kann. Bei Korberfolg wird das Spiel mit Einwurf an der Grundlinie fortgesetzt. Bei Fehlwurf geht das Spiel mit Rebound weiter. Es sind höchstens 3 Dribblings in Folge erlaubt. Der Ballbesitzer darf nicht berührt werden.

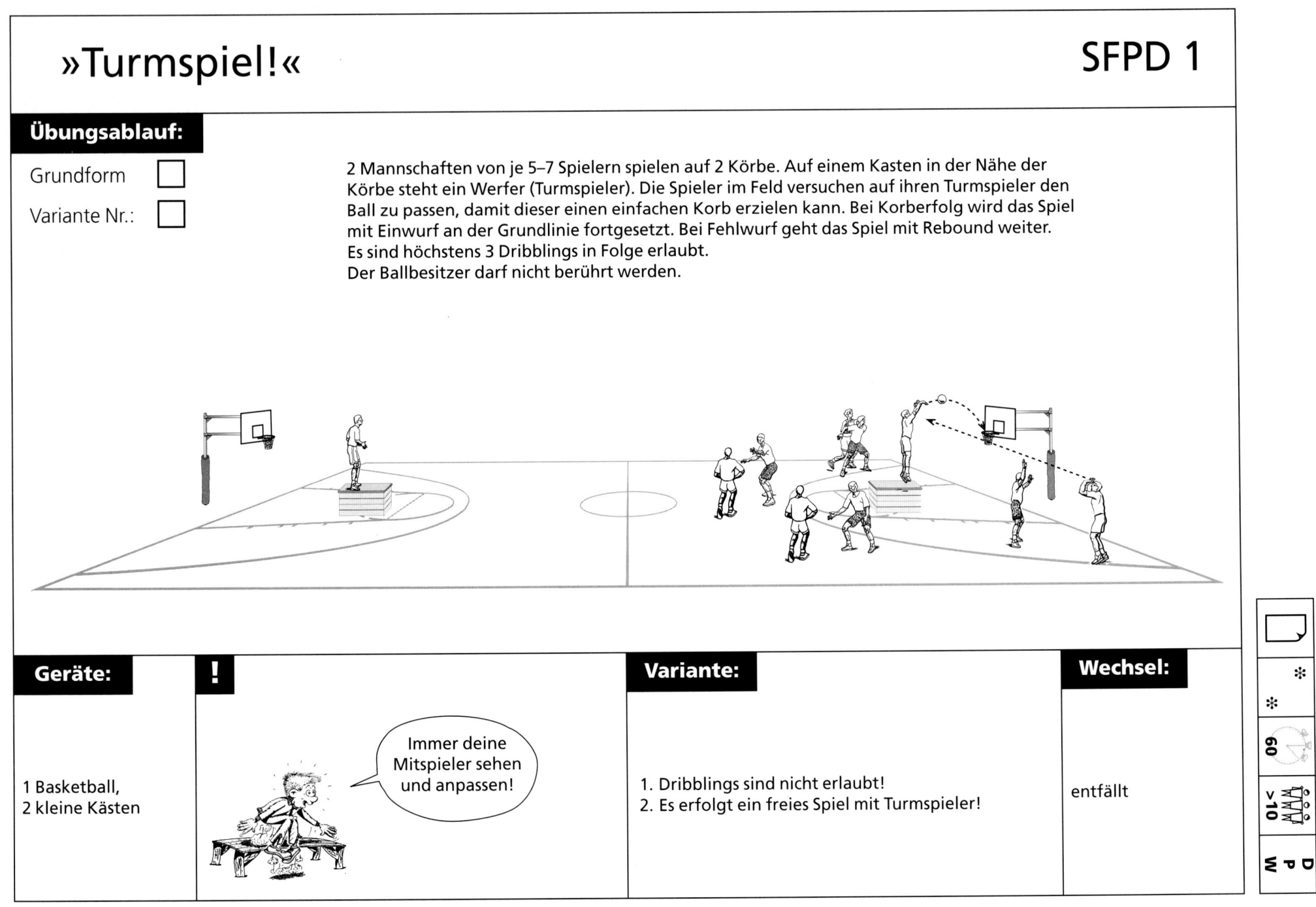

Wechsel:

entfällt

Variante:

1. Dribblings sind nicht erlaubt!
2. Es erfolgt ein freies Spiel mit Turmspieler!

!

Immer deine Mitspieler sehen und anpassen!

Geräte:

1 Basketball,
2 kleine Kästen

182

© Als Kopiervorlage freigegeben. Ernst Klett Schulbuchverlag Leipzig GmbH, Leipzig 2000

»Hütchenspiel«!

SFPD 2

| 10 | ❄ ❄ | 1 Min. | 8 | D P W |

Übungsablauf:

3 gegen 3 oder 4 gegen 4 Spieler bewegen sich frei in einem Drittel des Volleyballspielfeldes. An jeder Stirnseite steht ein Schüler mit einem Markierungskegel auf einem Kasten als Ballfänger. Jede Mannschaft versucht ihrem Fänger den Ball im Bogen zuzupassen, sodass der Ballfänger mit dem Hütchen den Ball fangen kann. Es darf nur in der Angriffshälfte der Ball zum Fänger gespielt werden. Im 1. Drittel sind nur Pässe und der Sternschritt erlaubt, keine Dribblings. Im 2. Drittel darf zusätzlich 1 Dribbling eingesetzt werden. Im letzten Drittel wird frei gespielt.

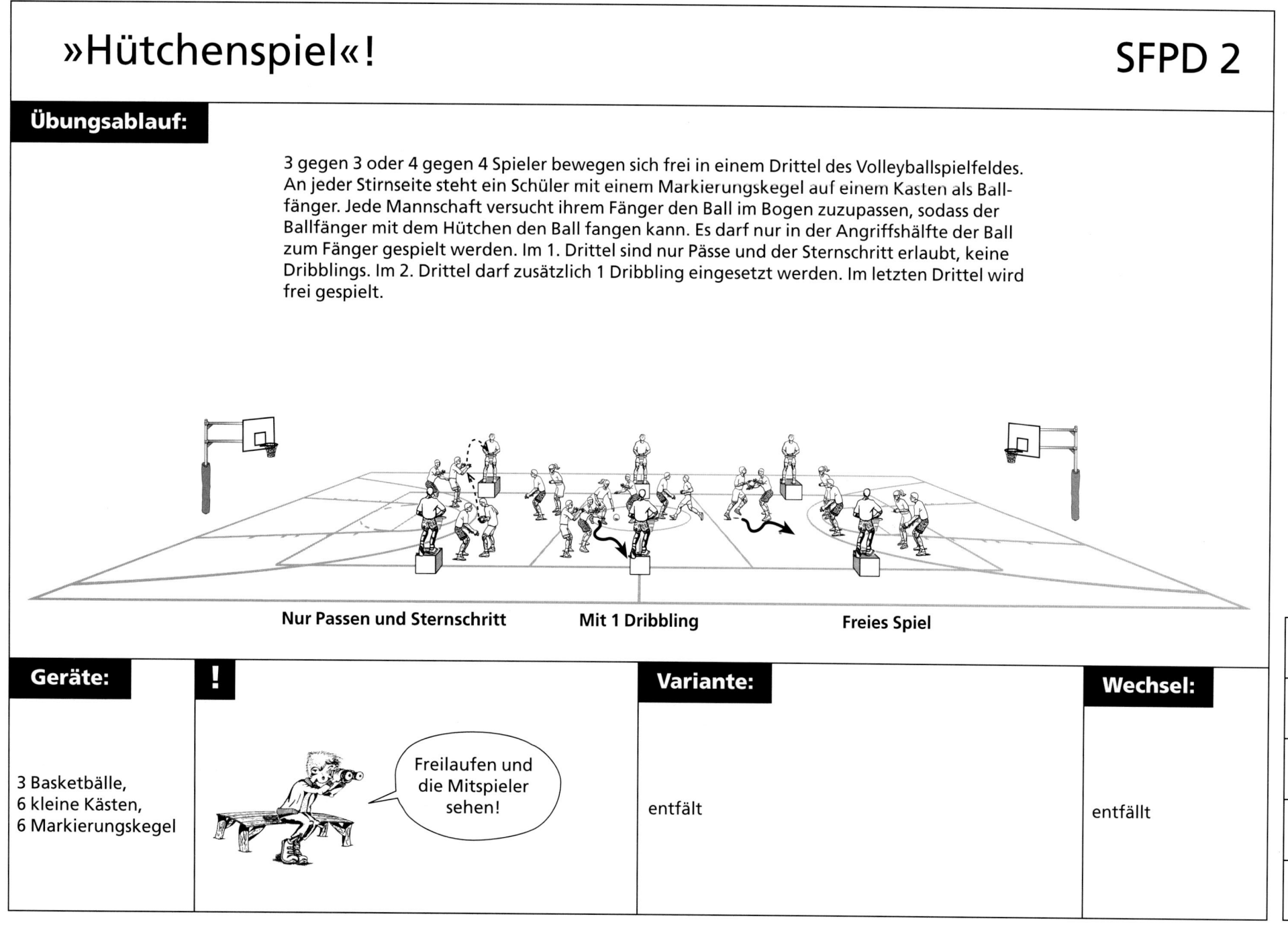

Nur Passen und Sternschritt — **Mit 1 Dribbling** — **Freies Spiel**

Wechsel:
entfällt

Variante:
entfällt

!
Freilaufen und die Mitspieler sehen!

Geräte:
3 Basketbälle,
6 kleine Kästen,
6 Markierungskegel

»Hütchenspiel über die Schnur!«

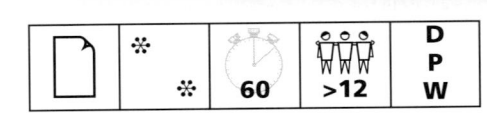

SFPD 3

Übungsablauf:

☐ Grundform
☐ Variante Nr.:

Das Volleyballfeld wird als Spielfeld genutzt (je nach Mannschaftsgröße). 2 kleine Kästen stehen an den Stirnseiten, auf denen je ein Ballfänger mit Hütchen steht. An den Längsseiten des Spielfeldes befinden sich in 2 m Entfernung zur Grundlinie 4 kleine Kästen auf denen jeweils ein Spieler steht. Diese 4 Spieler einer nicht spielenden Mannschaft halten quer zum Spielfeld über Kopfhöhe eine Schnur in jeder Spielfeldhälfte. Ziel ist es, im Spiel den Ball im hohen Bogen über die Schnur in das Hütchen des Fängers zu werfen. Im Spiel sind nur Pässe und der Sternschritt erlaubt.

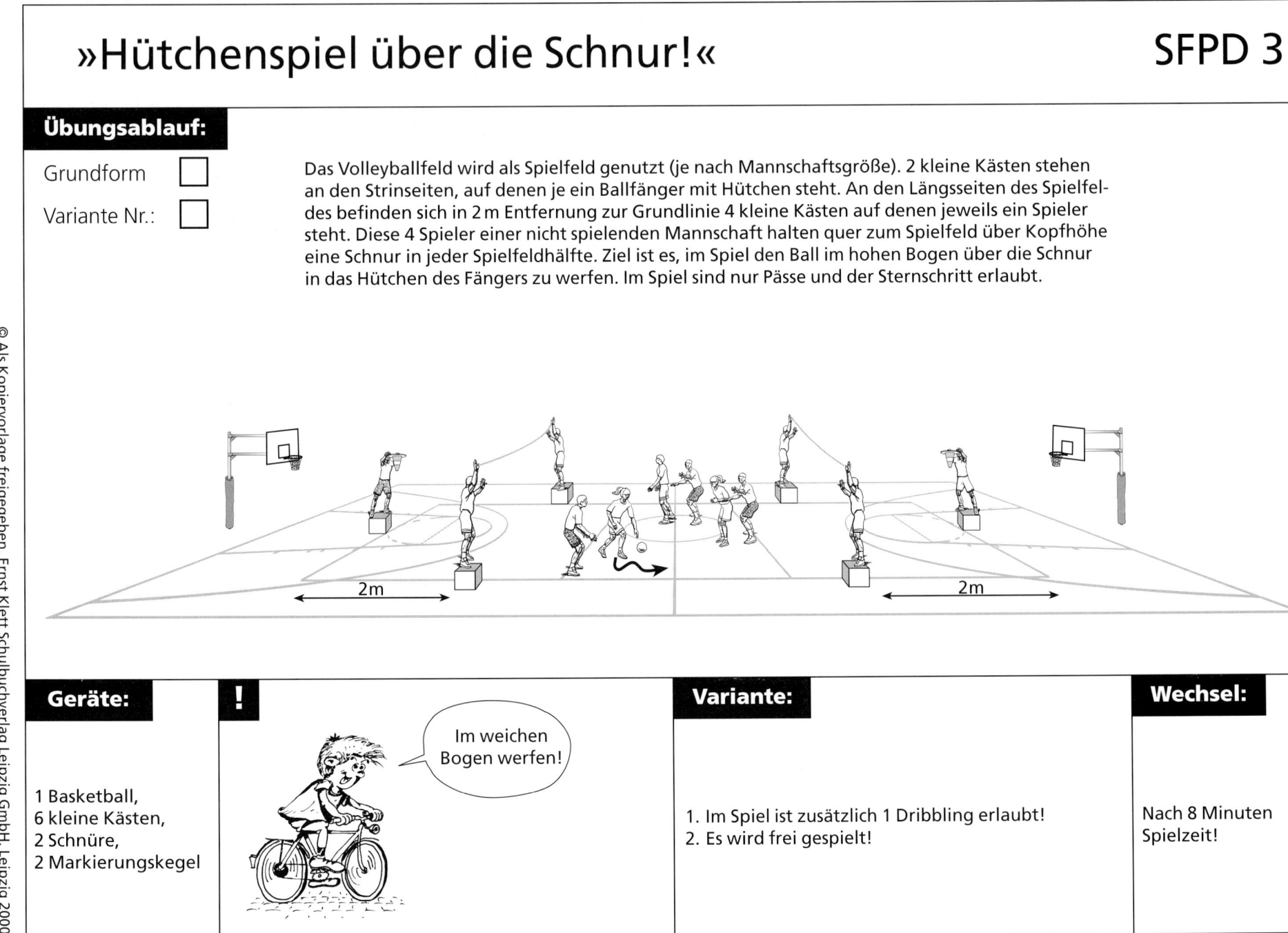

Variante:

1. Im Spiel ist zusätzlich 1 Dribbling erlaubt!
2. Es wird frei gespielt!

Wechsel:

Nach 8 Minuten Spielzeit!

!
Im weichen Bogen werfen!

Geräte:

1 Basketball,
6 kleine Kästen,
2 Schnüre,
2 Markierungskegel

© Als Kopiervorlage freigegeben. Ernst Klett Schulbuchverlag Leipzig GmbH, Leipzig 2000

»3 gegen 3 mit Anspieler!«

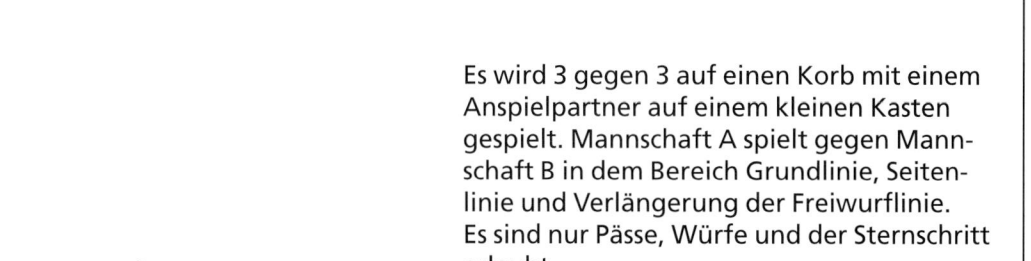

SFPD 4

Übungsablauf:

Grundform ☐

Variante Nr.: ☐

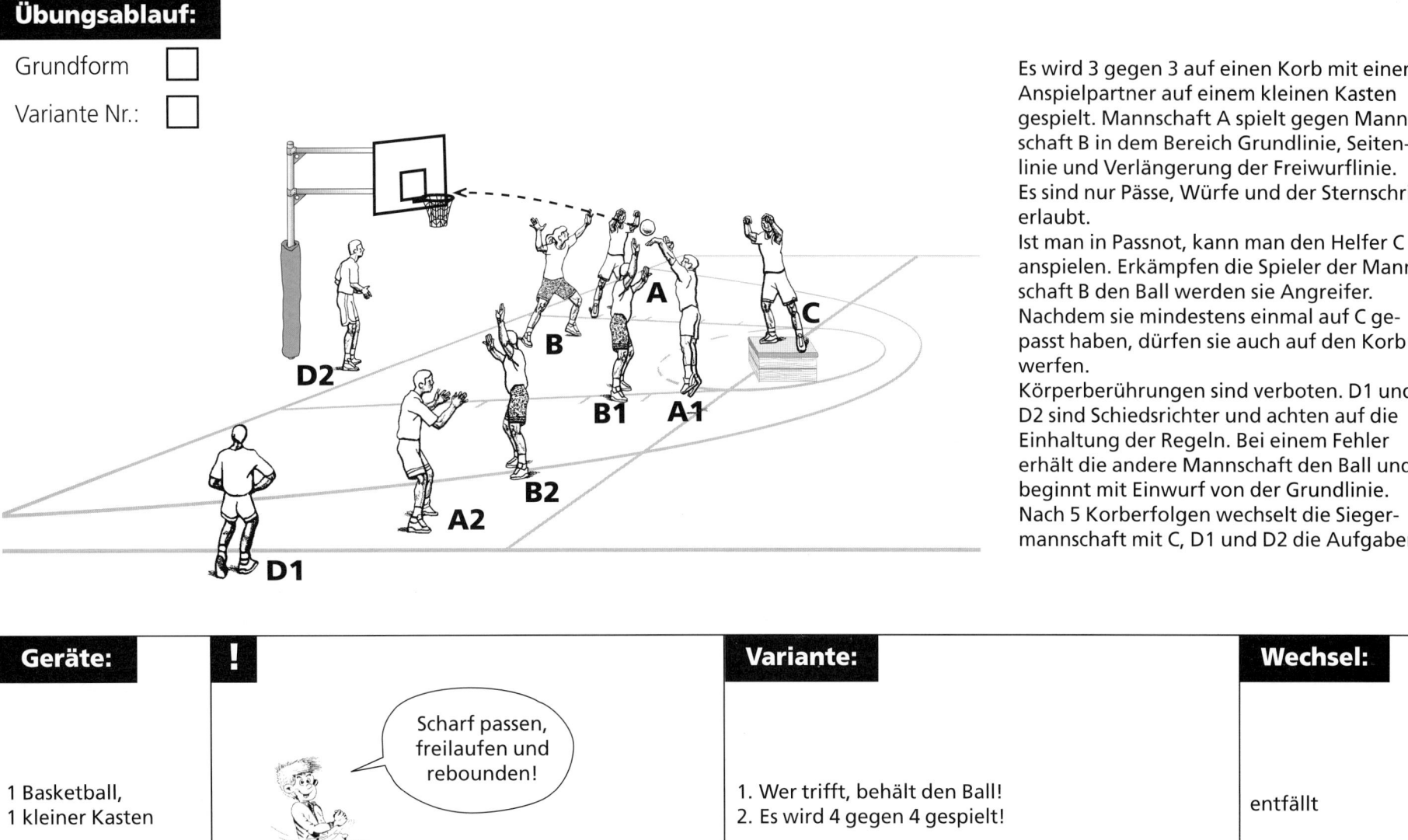

Es wird 3 gegen 3 auf einen Korb mit einem Anspielpartner auf einem kleinen Kasten gespielt. Mannschaft A spielt gegen Mannschaft B in dem Bereich Grundlinie, Seitenlinie und Verlängerung der Freiwurflinie.
Es sind nur Pässe, Würfe und der Sternschritt erlaubt.
Ist man in Passnot, kann man den Helfer C anspielen. Erkämpfen die Spieler der Mannschaft B den Ball werden sie Angreifer. Nachdem sie mindestens einmal auf C gepasst haben, dürfen sie auch auf den Korb werfen.
Körperberührungen sind verboten. D1 und D2 sind Schiedsrichter und achten auf die Einhaltung der Regeln. Bei einem Fehler erhält die andere Mannschaft den Ball und beginnt mit Einwurf von der Grundlinie.
Nach 5 Korberfolgen wechselt die Siegermannschaft mit C, D1 und D2 die Aufgaben.

Variante:

1. Wer trifft, behält den Ball!
2. Es wird 4 gegen 4 gespielt!

!

Scharf passen, freilaufen und rebounden!

Wechsel:

entfällt

Geräte:

1 Basketball,
1 kleiner Kasten

»Freies Spiel 3 gegen 3 mit Anspieler!«

SFPD 5

Übungsablauf:

Grundform ☐
Variante Nr.: ☐

Es wird Spiel 3 gegen 3 auf einen Korb mit einem Anspielpartner auf einem kleinen Kasten gespielt. Mannschaft A spielt gegen Mannschaft B in dem Bereich Grundlinie, Seitenlinie und Verlängerung der Freiwurflinie.
Pässe, Würfe, Dribblings und Rebounds werden von beiden Mannschaften verlangt. Ist man in Passnot, kann man den Helfer C anspielen. Die Spieler der Mannschaft B versuchen durch Defensivrebound oder Ballgewinn in Ballbesitz zu kommen, um anzugreifen. Bevor sie werfen dürfen, müssen sie mindestens einmal auf C gepasst haben.
Körperberührungen sind verboten. D1 und D2 sind Schiedsrichter und achten auf die Einhaltung der Regeln. Nach Ablauf der Spielzeit wechselt die Siegermannschaft mit C, D1 und D2 die Aufgaben.

Geräte:

1 Basketball,
1 kleiner Kasten

!

Gut passen und immer korbgefährlich sein!

Variante:

1. Wer trifft, behält den Ball!
2. Es wird 4 gegen 4 gespielt!

Wechsel:

Nach 10 Minuten Spielzeit wechseln die Mannschaften!

»Zonenverteidigung 3 gegen 2!«

SFZ 1

Übungsablauf:

Grundform ☐
Variante Nr.: ☐

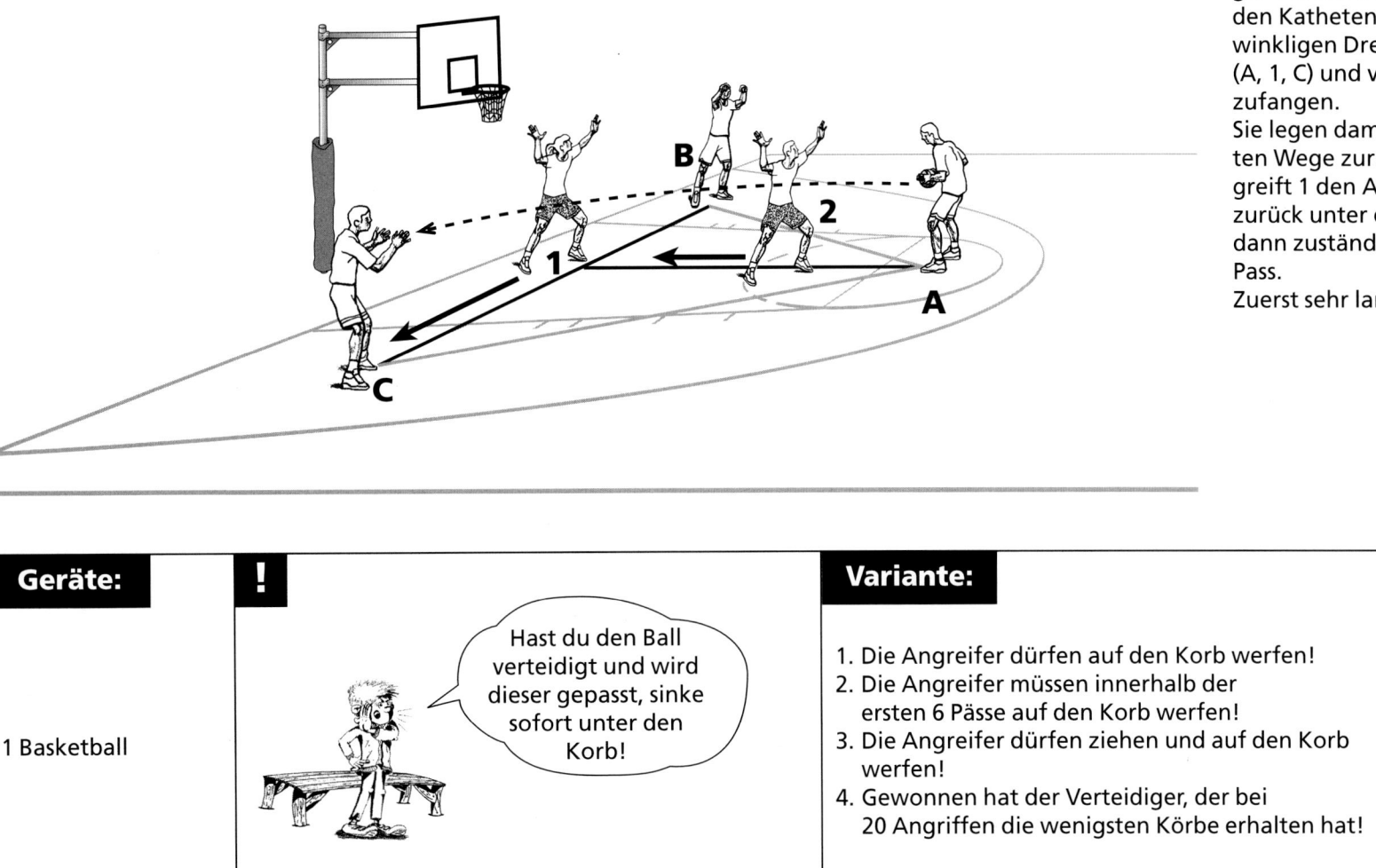

Die Angreifer A, B und C passen sich ständig den Ball zu, ohne auf den Korb zu werfen. Die Verteidiger 1 und 2 bewegen sich nur auf den Katheten der beiden rechtwinkligen Dreiecke (A, 1, B) oder (A, 1, C) und versuchen den Ball abzufangen.
Sie legen damit immer die kürzesten Wege zurück. Passt A zu C, greift 1 den Angreifer C an. 2 sinkt zurück unter den Korb und ist dann zuständig für den nächsten Pass.
Zuerst sehr langsam passen.

Geräte:
1 Basketball

!
Hast du den Ball verteidigt und wird dieser gepasst, sinke sofort unter den Korb!

Variante:
1. Die Angreifer dürfen auf den Korb werfen!
2. Die Angreifer müssen innerhalb der ersten 6 Pässe auf den Korb werfen!
3. Die Angreifer dürfen ziehen und auf den Korb werfen!
4. Gewonnen hat der Verteidiger, der bei 20 Angriffen die wenigsten Körbe erhalten hat!

Wechsel:
Nach 10 Pässen (Angriffen) 2 neue Verteidiger festlegen! Jeder Spieler muss 2-mal in die Verteidigung!

10 | 2 Min. | >5 | KOM

© Als Kopiervorlage freigegeben. Ernst Klett Schulbuchverlag Leipzig GmbH, Leipzig 2000

»Zonenverteidigung 4 gegen 3!«

SFZ 2

Übungsablauf:

Grundform ☐
Variante Nr.: ☐

Die Angreifer A, B, C und D passen sich im Viereck stehend den Ball zu. Die Verteidiger 1, 2 und 3 stehen in Dreiecksformation mit der Spitze zum Ballbesitzer.
Die Spitze deckt den Wurf und die beiden anderen Spieler das Ziehen rechts oder links zum Korb.
Passt A zu B, dann wird der Wurf durch den Verteidiger 3 verhindert und 1 und 2 stoppen das Ziehen zum Korb.
1 verhindert das Ziehen von B mit der rechten Hand. 2 verhindert das Ziehen von B mit der linken Hand. Nun haben wir wieder ein Dreieck mit der Spitze zum Ball.
Zuerst langsam passen.

Geräte:

1 Basketball

!

Du musst als Verteidiger nach jedem Pass die Position wechseln!

Variante:

1. Die Angreifer dürfen auf den Korb werfen!
2. Die Angreifer haben höchstens 10 Pässe für einen Angriff!
3. Die Angreifer dürfen ziehen und auf den Korb werfen!
4. Die Angreifer dürfen ziehen, auf den Korb werfen und rebounden!

Wechsel:

Nach 10 Pässen (Angriffen) 3 neue Verteidiger festlegen! Jeder Spieler muss 2-mal in die Verteidigung!

KOM | 2 Min. | 7

© Als Kopiervorlage freigegeben. Ernst Klett Schulbuchverlag Leipzig GmbH, Leipzig 2000

»Teamarbeit in der 2-1-2-Zonenverteidigung!«

SFZ 3

2 Min. | **7** | **KOM**

Übungsablauf:

☐ Grundform
☐ Variante Nr.:

Fünf Spieler haben um die Hüfte ein Sprungseil gebunden. Von dort sind sie wiederum mit Seilen an den anderen Spielern befestigt. Sie bilden, wenn alle Seile stramm sind, ein Rechteck (1–4) mit zentralem Mittelpunkt (5).
Sie müssen sich, wenn sie den Wurf verhindern wollen, gemeinsam in Ballrichtung bewegen.
Die Seile sollen dabei immer straff gehalten werden.
A und B passen sich den Ball langsam zu. Werden sie nicht attackiert, werfen sie auf den Korb.

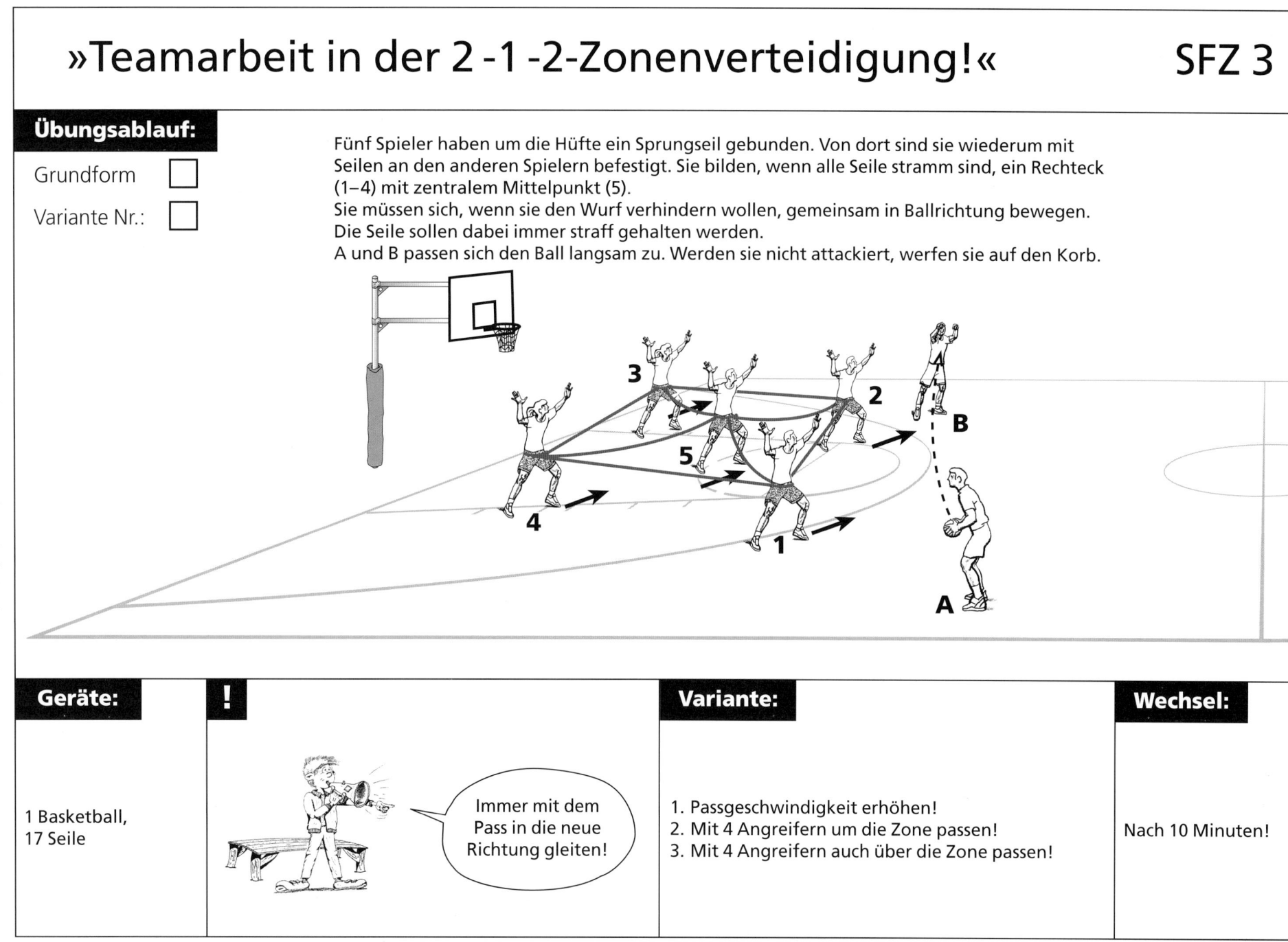

Geräte:

1 Basketball,
17 Seile

!

Immer mit dem Pass in die neue Richtung gleiten!

Variante:

1. Passgeschwindigkeit erhöhen!
2. Mit 4 Angreifern um die Zone passen!
3. Mit 4 Angreifern auch über die Zone passen!

Wechsel:

Nach 10 Minuten!

© Als Kopiervorlage freigegeben. Ernst Klett Schulbuchverlag Leipzig GmbH, Leipzig 2000

»Spiel 5 gegen 5 mit Zonenverteidigung!«

SFZ 4

Übungsablauf:

Grundform ☐
Variante Nr.: ☐

① Alle Spieler müssen ihre Aufgabe und Position in der vereinbarten Zonenverteidigung kennen. Immer wenn der Gegner den Ball erhält, sprinten alle Verteidiger so schnell wie möglich zurück, um den eigenen Korb abzusichern und nehmen dann so schnell wie möglich ihre Position in der vereinbarten Zonenverteidigung auf.

② Die Angreifer versuchen bei Ballerhalt immer einen Schnellangriff zu spielen. Ziel ist es, eine Überzahlsituation zu erzeugen, bevor die Verteidigung sich organisieren kann. Wenn keine Überzahlsituation entsteht, stellen sich die Spieler im Positionsangriff auf und versuchen den Gegner auszuspielen.

③ Im Positionsangriff ein vereinbartes Angriffssystem gegen die Zonenverteidigung spielen.

Geräte:

1 Basketball

!

Aggressiv verteidigen und explosiv angreifen!
Helfe deinem Mitspieler in der Verteidigung wenn dessen Gegner angespielt wurde!
Passe den Ball immer zum freien Mitspieler!

Variante:

1. Dribblings im Rückfeld sind nicht erlaubt!
2. Mindestens 3 Pässe geben, bevor auf den Korb geworfen werden darf!
3. Schnellangriff-Körbe geben einen Bonuspunkt!
4. Spiele »Make it, take it« (Bei Korberfolg erhält das Team nochmal den Ball.)!

Wechsel:

Mehrere Teams einteilen. Bis 5 Körbe oder 11 Punkte spielen und dann wechseln!

© Als Kopiervorlage freigegeben. Ernst Klett Schulbuchverlag Leipzig GmbH, Leipzig 2000

»4 gegen 4 auf einen Korb!«

SFM 1

Übungsablauf:

- [ ] Grundform
- [ ] Variante Nr.:

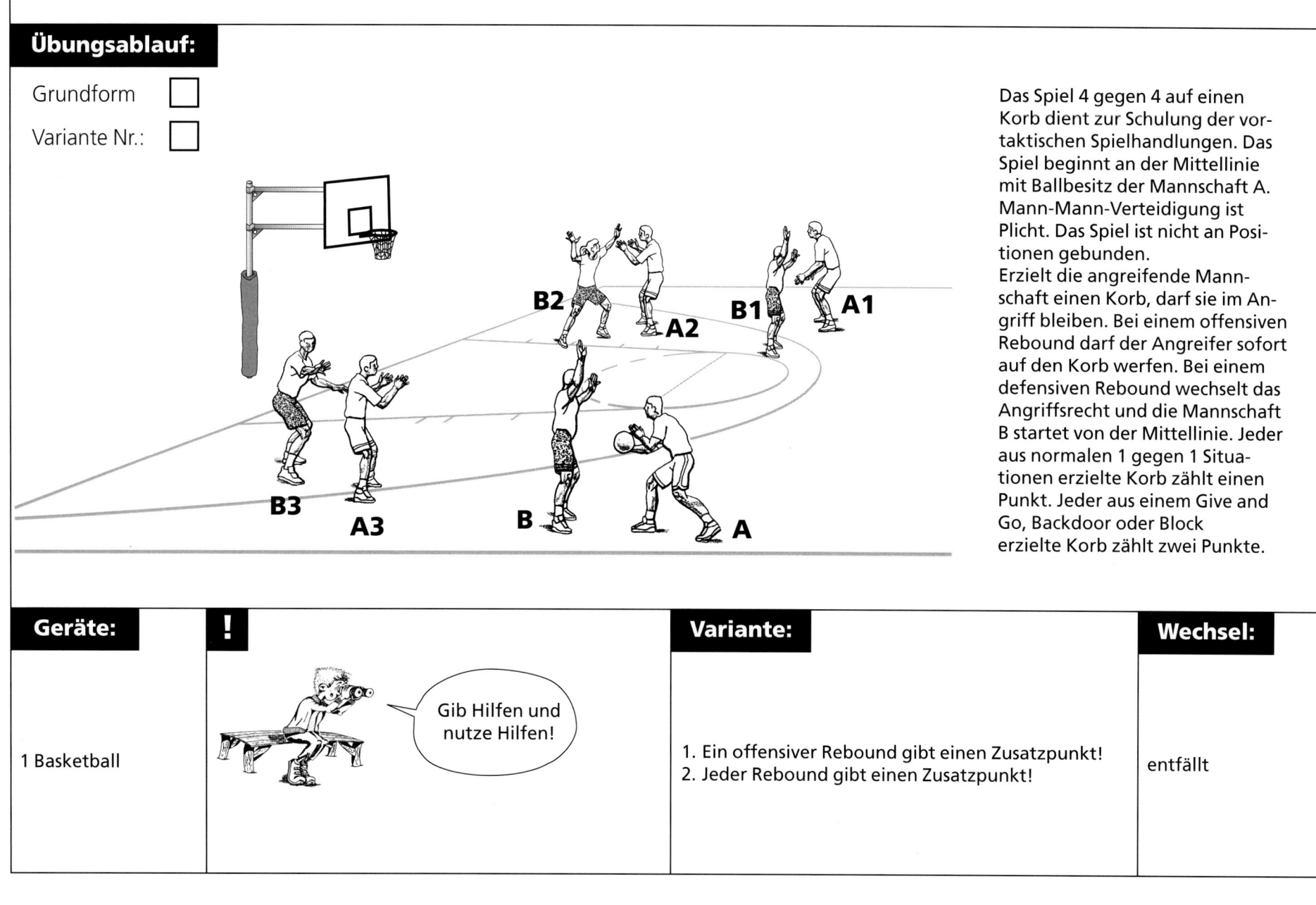

Das Spiel 4 gegen 4 auf einen Korb dient zur Schulung der vortaktischen Spielhandlungen. Das Spiel beginnt an der Mittellinie mit Ballbesitz der Mannschaft A. Mann-Mann-Verteidigung ist Pflicht. Das Spiel ist nicht an Positionen gebunden.
Erzielt die angreifende Mannschaft einen Korb, darf sie im Angriff bleiben. Bei einem offensiven Rebound darf der Angreifer sofort auf den Korb werfen. Bei einem defensiven Rebound wechselt das Angriffsrecht und die Mannschaft B startet von der Mittellinie. Jeder aus normalen 1 gegen 1 Situationen erzielte Korb zählt einen Punkt. Jeder aus einem Give and Go, Backdoor oder Block erzielte Korb zählt zwei Punkte.

Geräte:

1 Basketball

!

Gib Hilfen und nutze Hilfen!

Variante:

1. Ein offensiver Rebound gibt einen Zusatzpunkt!
2. Jeder Rebound gibt einen Zusatzpunkt!

Wechsel:

entfällt

»4 gegen 4 auf einen Korb positionsgebunden!« SFM 2

Übungsablauf:

Grundform ☐

Variante Nr.: ☐

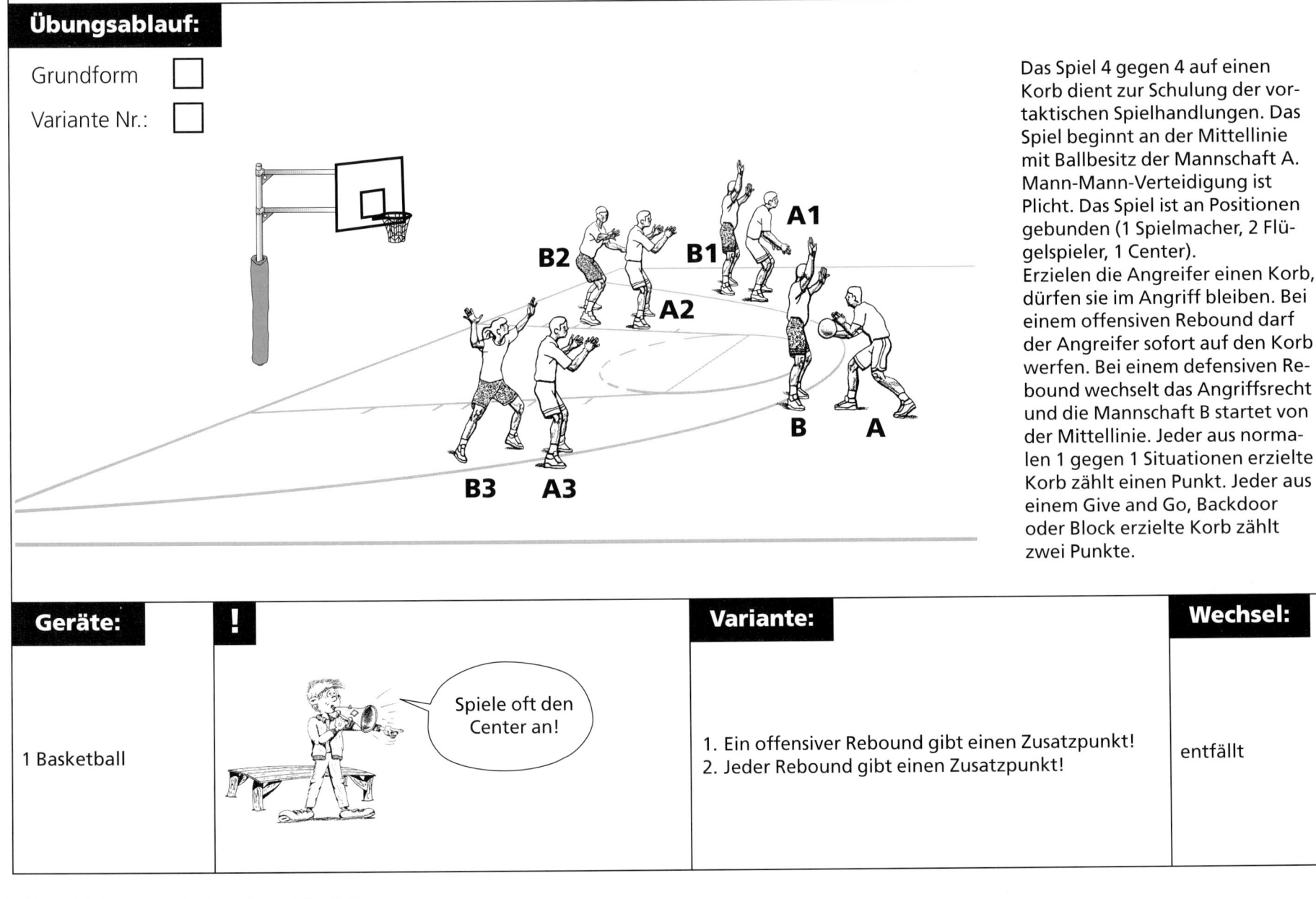

Das Spiel 4 gegen 4 auf einen Korb dient zur Schulung der vortaktischen Spielhandlungen. Das Spiel beginnt an der Mittellinie mit Ballbesitz der Mannschaft A. Mann-Mann-Verteidigung ist Pflicht. Das Spiel ist an Positionen gebunden (1 Spielmacher, 2 Flügelspieler, 1 Center).
Erzielen die Angreifer einen Korb, dürfen sie im Angriff bleiben. Bei einem offensiven Rebound darf der Angreifer sofort auf den Korb werfen. Bei einem defensiven Rebound wechselt das Angriffsrecht und die Mannschaft B startet von der Mittellinie. Jeder aus normalen 1 gegen 1 Situationen erzielte Korb zählt einen Punkt. Jeder aus einem Give and Go, Backdoor oder Block erzielte Korb zählt zwei Punkte.

Geräte:

1 Basketball

!

Spiele oft den Center an!

Variante:

1. Ein offensiver Rebound gibt einen Zusatzpunkt!
2. Jeder Rebound gibt einen Zusatzpunkt!

Wechsel:

entfällt

»5 gegen 5 auf einen Korb mit Dribbling!«

SFM 3

Übungsablauf:

☐ Grundform
☐ Variante Nr.:

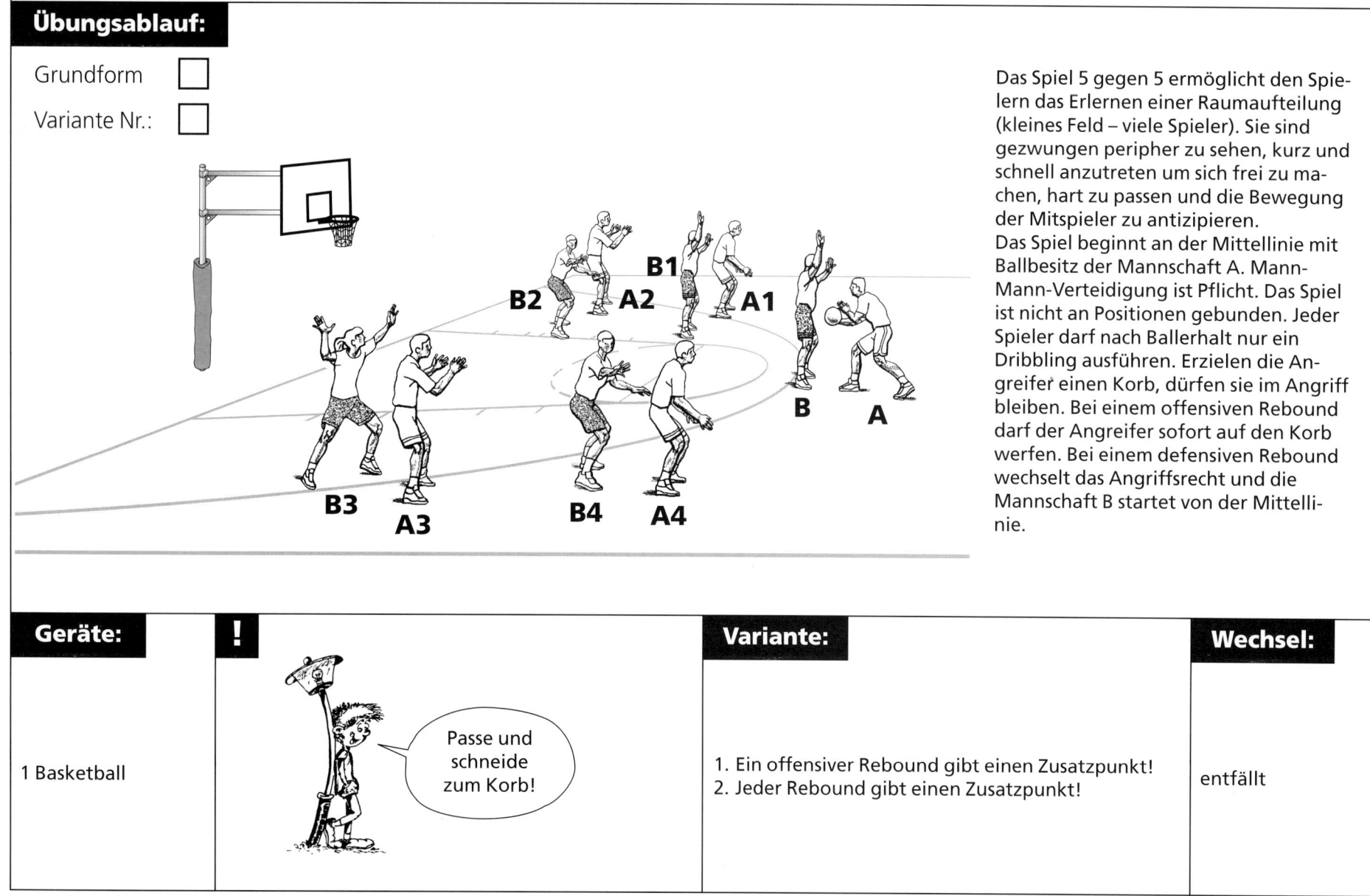

Das Spiel 5 gegen 5 ermöglicht den Spielern das Erlernen einer Raumaufteilung (kleines Feld – viele Spieler). Sie sind gezwungen peripher zu sehen, kurz und schnell anzutreten um sich frei zu machen, hart zu passen und die Bewegung der Mitspieler zu antizipieren.
Das Spiel beginnt an der Mittellinie mit Ballbesitz der Mannschaft A. Mann-Mann-Verteidigung ist Pflicht. Das Spiel ist nicht an Positionen gebunden. Jeder Spieler darf nach Ballerhalt nur ein Dribbling ausführen. Erzielen die Angreifer einen Korb, dürfen sie im Angriff bleiben. Bei einem offensiven Rebound darf der Angreifer sofort auf den Korb werfen. Bei einem defensiven Rebound wechselt das Angriffsrecht und die Mannschaft B startet von der Mittellinie.

Geräte:

1 Basketball

!

Passe und schneide zum Korb!

Variante:

1. Ein offensiver Rebound gibt einen Zusatzpunkt!
2. Jeder Rebound gibt einen Zusatzpunkt!

Wechsel:

entfällt

»5 gegen 5 auf einen Korb!«

SFM 4

Übungsablauf:

Grundform ☐
Variante Nr.: ☐

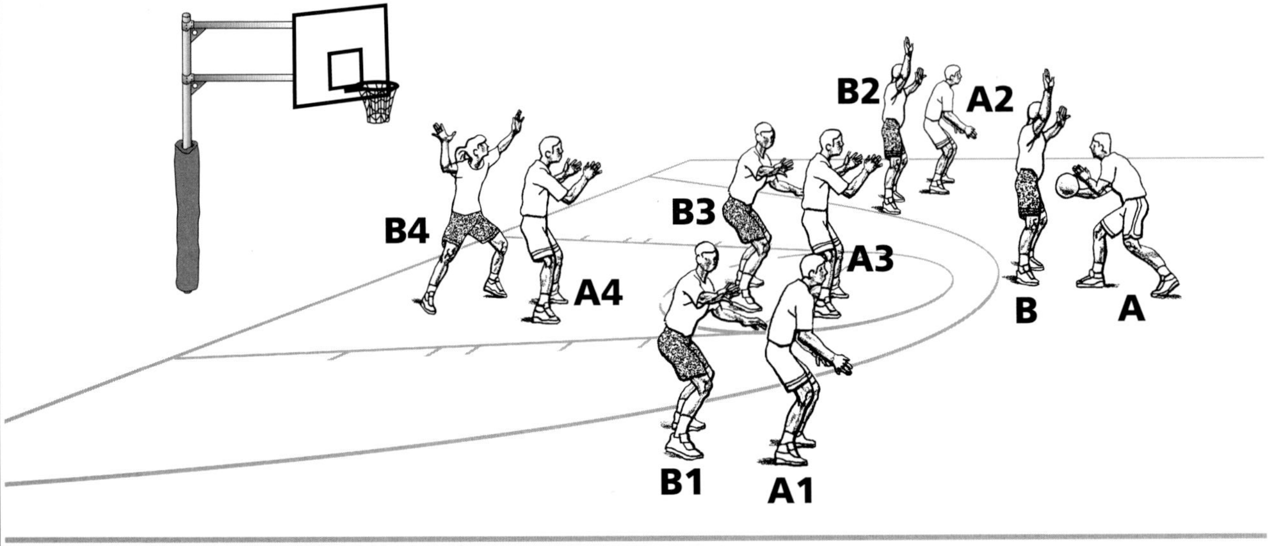

Das Spiel 5 gegen 5 ermöglicht den Spielern das Erlernen einer Raumaufteilung (kleines Feld – viele Spieler). Sie sind gezwungen peripher zu sehen, kurz und schnell anzutreten, um sich frei zu machen, hart zu passen und die Bewegung der Mitspieler zu antizipieren.

Das Spiel beginnt an der Mittellinie mit Ballbesitz der Mannschaft A. Mann-Mann-Verteidigung ist Pflicht. Das Spiel ist an Positionen gebunden. Man spielt mit zwei Spielern in Korbnähe (Ceter A5 und Power Forward A4) und drei Außenspielern (Point Guard A1, Shooting Guard A2 und Small Forward A3). Erzielen die Angreifer einen Korb, dürfen sie im Angriff bleiben. Bei einem offensiven Rebound darf der Angreifer sofort auf den Korb werfen. Bei einem defensiven Rebound wechselt das Angriffsrecht und die Mannschaft B startet von der Mittellinie.

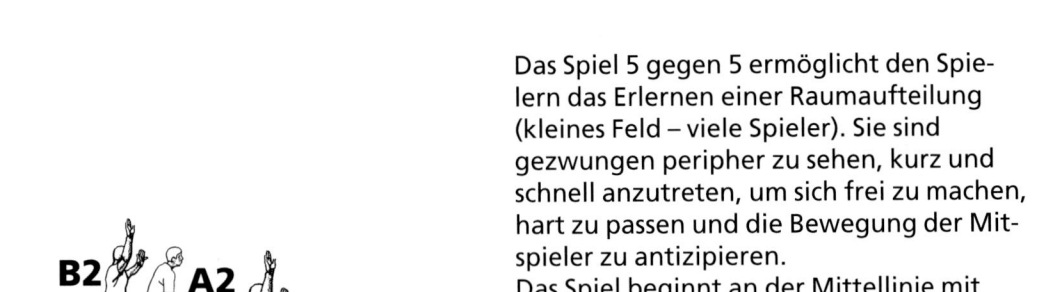

Geräte:
1 Basketball

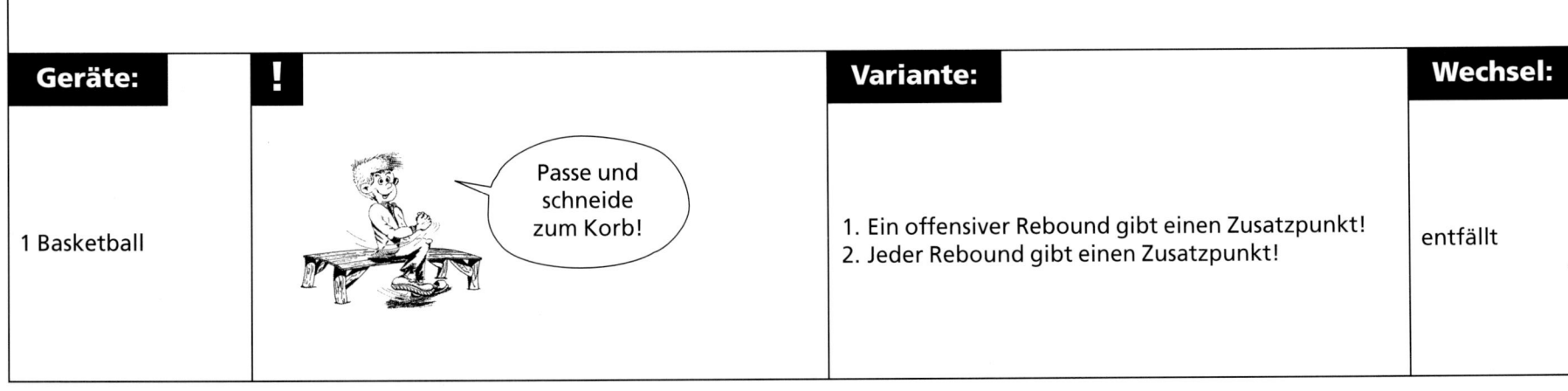

!
Passe und schneide zum Korb!

Variante:
1. Ein offensiver Rebound gibt einen Zusatzpunkt!
2. Jeder Rebound gibt einen Zusatzpunkt!

Wechsel:
entfällt

KOM

2 Min. >10

194

»Mixed-Spiel 5 gegen 5!«

SFM 5

Übungsablauf:

☐ Grundform
☐ Variante Nr.:

① Im Spiel 5 gegen 5 müssen immer mindestens zwei Spielerinnen auf dem Spielfeld sein. Von Mädchen erzielte Körbe ergeben immer einen Bonuspunkt (2 Punktekörbe »3« und 3 Punktekörbe »4« Punkte).

② Die Jungen dürfen die Wurfversuche der Mädchen nicht blocken oder stören.

③ Spiele in der Verteidigung und im Positionsangriff zusammen ein vereinbartes System.

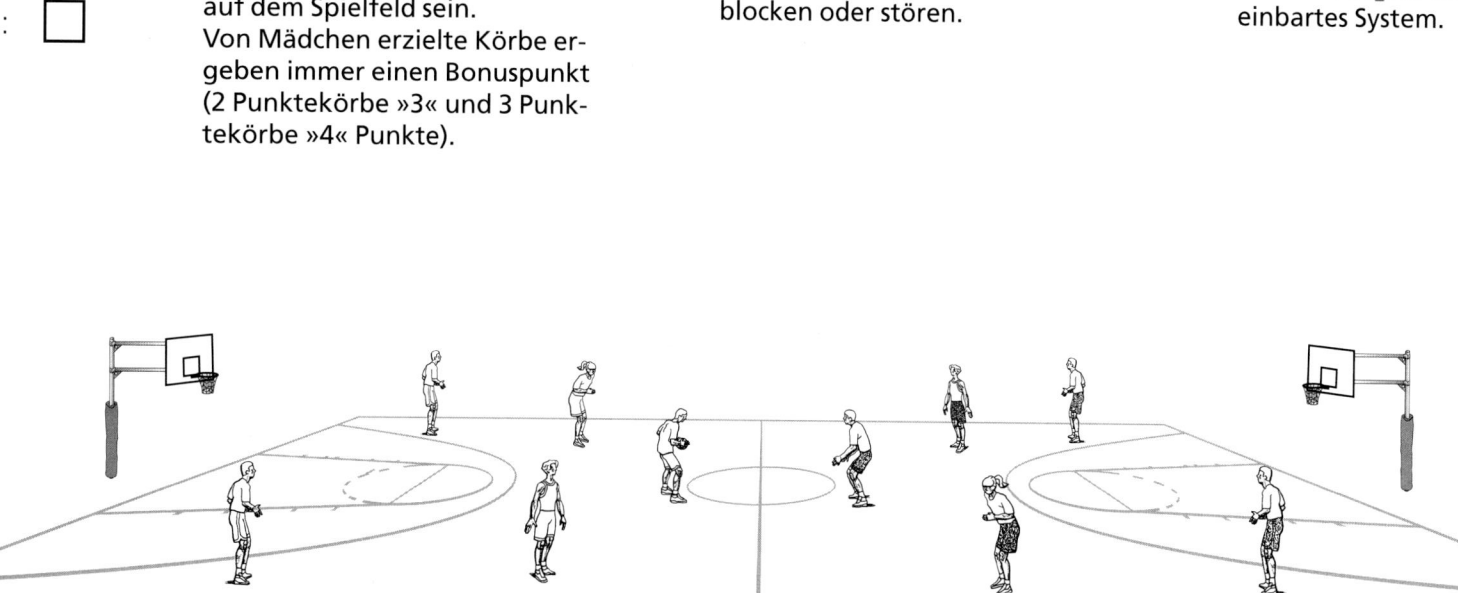

!

Aggressiv verteidigen und explosiv angreifen! Helfe deinem Mitspieler in der Verteidigung wenn dessen Gegner angespielt wurde! Passe den Ball immer zum freien Mitspieler!

Variante:

1. Dribblings im Rückfeld sind nicht erlaubt!
2. Mindestens 3 Pässe geben, bevor auf den Korb geworfen werden darf!
3. Schnellangriff-Körbe geben einen Bonuspunkt!
4. Spiele »Make it, take it« (Bei Korberfolg erhält das Team nochmal den Ball.)!

Wechsel:

Mehrere Teams einteilen. Bis 11 oder 21 Punkte spielen und dann wechseln!

Geräte:

1 Basketball

KOM

60   >10

»5 gegen 5 mit Mann-Mann-Verteidigung!«

SFM 6

Übungsablauf:

Grundform ☐

Variante Nr.: ☐

① Alle Spieler müssen wissen wen sie in der Verteidigung decken. Immer wenn der Gegner den Ball erhält, sprinten alle Verteidiger so schnell wie möglich zurück, um den eigenen Korb abzusichern und nehmen dann so schnell wie möglich ihre Deckungsspieler auf.

② Die Angreifer versuchen bei Ballerhalt immer einen Schnellangriff zu spielen. Wenn keine Überzahlsituation entsteht, wird im Positionsangriff aufgestellt und versucht den Gegner auszuspielen.

③ Spiele im Positionsangriff zusammen ein vereinbartes Angriffssystem gegen Manndeckung.

!

Aggressiv verteidigen und explosiv angreifen! Helfe deinem Mitspieler in der Verteidigung wenn sein Gegner angespielt wurde! Passe den Ball immer zum freien Mitspieler!

Variante:

1. Dribblings im Rückfeld sind nicht erlaubt!
2. Mindestens 3 Pässe geben, bevor auf den Korb geworfen werden darf!
3. Schnellangriff-Körbe geben einen Bonuspunkt!
4. Spiele »Make it, take it« (Bei Korberfolg erhält das Team nochmal den Ball)!

Wechsel:

Mehrere Teams einteilen. Bis 5 Körbe oder 11 Punkte spielen und dann wechseln!

Geräte:

1 Basketball

196

»3 gegen 3 gegen 3!«

SFM 7

📄	❄❄ ❄❄ ❄❄ ❄❄	⏱ 50–60	👥 9	**KOM**

Übungsablauf:

Grundform ☐

Variante Nr.: ☐

① Es spielen drei Dreiermannschaften gegeneinander. Zuerst spielt Mannschaft A gegen Mannschaft B auf einen Korb. Gespielt wird »Make it, take it«!

② Wenn Mannschaft A einen Korb erzielt erhalten sie den Ball wieder und greifen auf den anderen Korb an, wo Mannschaft C wartet. Wenn Mannschaft B den Rebound holt dürfen sie gegen Mannschaft C angreifen.

③ Gespielt wird bis eine Mannschaft 7 Körbe erzielt hat.

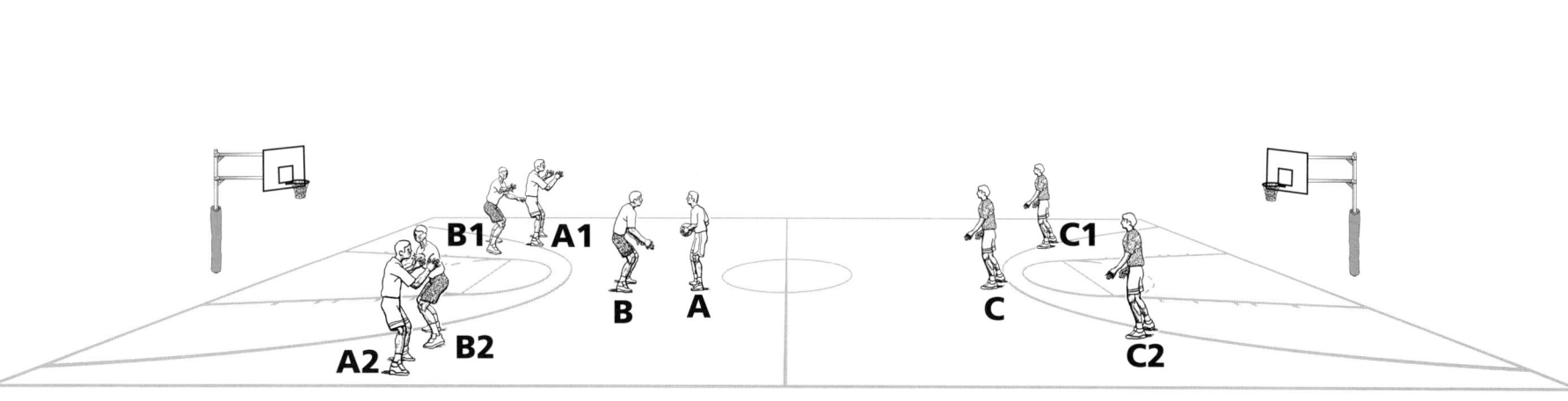

Geräte:

1 Basketball für mindestens 9 Schüler

!

Suche geduldig gute Würfe aus! Verteidige besonders engagiert sonst erhältst du den Ball nicht wieder!

Variante:

1. Das gleiche Spiel nur 4 gegen 4 gegen 4 spielen!
2. Die Mannschaft, die den Ball verliert darf bis zur Mittellinie verteidigen und sich den Ball zurückerobern!
3. Mit gezielt taktischen Maßnahmen spielen (z. B. Blocken und Abrollen)!

Wechsel:

entfällt

© Als Kopiervorlage freigegeben. Ernst Klett Schulbuchverlag Leipzig GmbH, Leipzig 2000

»5 gegen 5 Schnellangriff!«

SFM 8

Übungsablauf:

Grundform ☐
Variante Nr.: ☐

① Es spielen zwei Mannschaften 5 gegen 5 gegeneinander. Der Angreifer der einen Korbwurf erzielt, muss anschließend zur Grundlinie ins Vorfeld sprinten und dort 5 Liegestütze oder Sit-ups ausführen, bevor er zum Verteidigen zurücklaufen darf.

② Somit haben die Mannschaften im Angriff kurzzeitig eine 5 gegen 4 Überzahlsituation, die sie ausnutzen sollten.

③ Gespielt wird bis eine Mannschaft 11 Punkte erzielt hat.

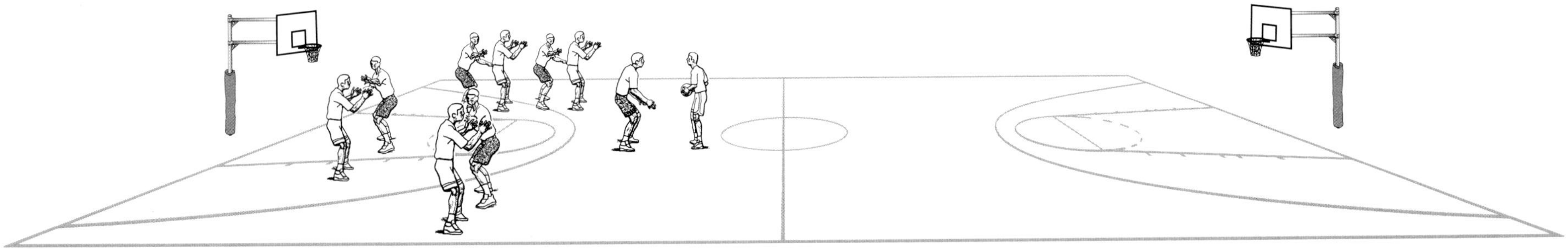

Geräte:

1 Basketball

!

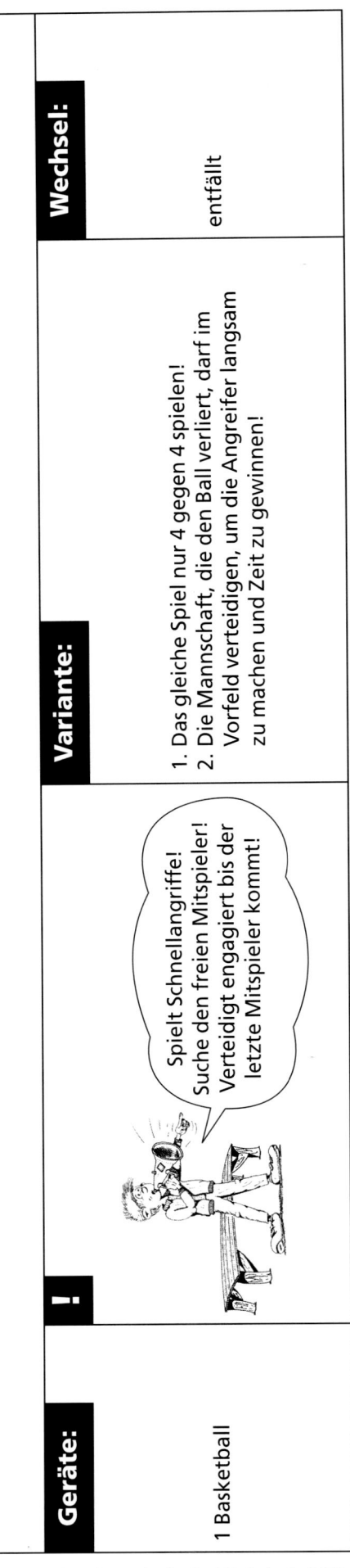

Spielt Schnellangriffe! Suche den freien Mitspieler! Verteidigt engagiert bis der letzte Mitspieler kommt!

Variante:

1. Das gleiche Spiel nur 4 gegen 4 spielen!
2. Die Mannschaft, die den Ball verliert, darf im Vorfeld verteidigen, um die Angreifer langsam zu machen und Zeit zu gewinnen!

Wechsel:

entfällt

© Als Kopiervorlage freigegeben. Ernst Klett Schulbuchverlag Leipzig GmbH, Leipzig 2000

»5 gegen 5 Bonus-Schnellangriffsspiel!«

SFM 9

Übungsablauf:

Grundform ☐
Variante Nr.: ☐

① Es spielen zwei Mannschaften 5 gegen 5 gegeneinander.

② Zweipunktewürfe beim Schnellangriff zählen 3 Punkte und 3 Punktewürfe zählen 4 Punkte. Der Lehrer entscheidet, wann die Schnellangriffsphase abgeschlossen ist.

③ Gespielt wird bis eine Mannschaft 11 Punkte erzielt hat.

!

Versuche immer einen Korb beim Schnellangriff zu erzielen! Finde den freien Mitspieler! Suche geduldig gute Würfe aus!

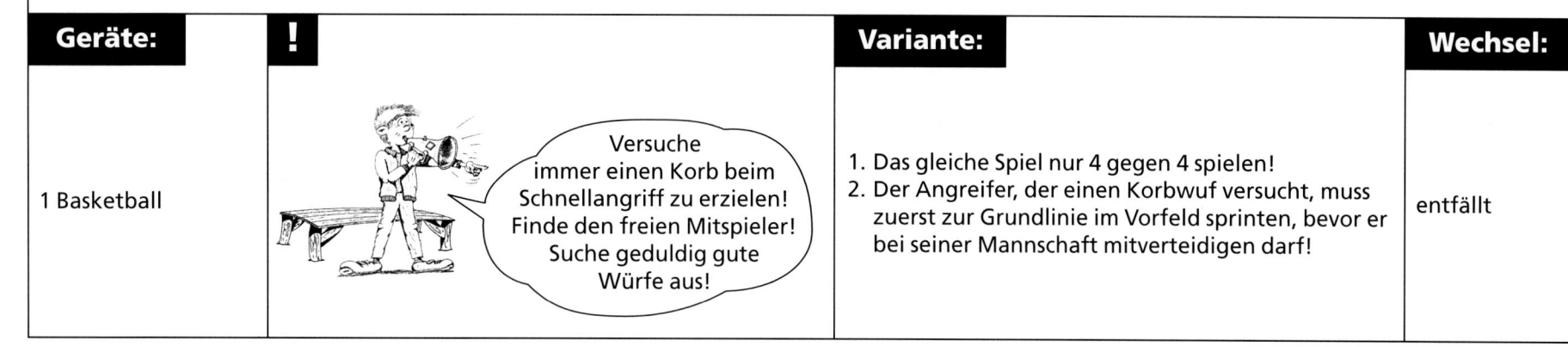

Variante:

1. Das gleiche Spiel nur 4 gegen 4 spielen!
2. Der Angreifer, der einen Korbwurf versucht, muss zuerst zur Grundlinie im Vorfeld sprinten, bevor er bei seiner Mannschaft mitverteidigen darf!

Wechsel:

entfällt

Geräte:

1 Basketball

50–60 | 10 | KOM

© Als Kopiervorlage freigegeben. Ernst Klett Schulbuchverlag Leipzig GmbH, Leipzig 2000

»Streetball – Spielregeln!«

ORG 1

Spielregeln

- **Gespielt wird 3 gegen 3.** Ein Team besteht aus 4 Spielern (einschließlich Ersatzspieler). Ersatzspieler dürfen beliebig oft ein- und ausgewechselt werden. Gewechselt werden darf bei jedem Ballbesitzwechsel.
- Der Mannschaftskapitän ist Ansprechpartner für die Spielleitung oder die Courtbeobachter.
- Die Spiele müssen zu dritt begonnen und können zu zweit beendet werden. Die 4 Spieler eines Teams dürfen während des Turniers nicht gewechselt werden.
- Der erste Ballbesitz wird durch Münzwurf entschieden. Nach jedem Korberfolg wechselt der Ballbesitz – also kein »Make it, take it!«.
- Nach jedem Ballbesitzwechsel (auch Defensiv-Rebound) beginnt das Spiel hinter der 3-Punkte-Linie.
- Die nun verteidigende Mannschaft übergibt den Ball an die Angreifer (»Check«).
- Vor einem Korberfolg muss der Ball von mindestens zwei Spielern des angreifenden Teams berührt werden.
- Bei Sprungballsituationen erhält die Defense den Ball.
- Berührt der Ball das Korbgestänge, so gilt er als im »Aus«. Dunkings sind weder während des Aufwärmens noch im Spiel erlaubt.
- Jedes Team kann bei laufender Zeit eine 30-Sekunden-Auszeit nehmen. In den letzten beiden Spielminuten ist für beide Teams keine Auszeit mehr möglich.
- Zeitspiel verstößt gegen das Fairnessprinzip. Der Courtbeobachter kontrolliert, dass jeder Angriff spätestens nach 30 Sekunden mit einem Korbversuch abgeschlossen wird. Spielverzögerungen beim Ballbesitzwechsel werden mit Ballverlust bestraft.
- Ein Feldkorb oder ein Freiwurf zählen je 1 Punkt. Erfolgreiche Würfe hinter der 6,25-Meter-Linie zählen zwei Punkte.
- Ein Spiel endet, wenn ein Team 12 Punkte erreicht hat. Die Spieldauer beträgt maximal 15 Minuten. Sollte innerhalb der 15 Minuten kein Team 12 Punkte erreichen, so wird der Spielstand am Ende der regulären Spielzeit übernommen. Bei Gleichstand entscheidet der nächste Korb (»Sudden Death«). Der erste Ballbesitz wird auch hier durch Münzwurf entschieden.
- Alle Fouls werden vom foulenden Spieler selbst angezeigt – Fairness wird erwartet. Das Spiel wird mit Ballbesitz für das gefoulte Team fortgesetzt, auch wenn der Spieler im Wurf gefoult wurde. Wenn ein Spieler bei einem erfolgreichen Wurf gefoult wird, zählt der Korb und der Ballbesitz wechselt. Nach dem 6. Teamfoul wird jedes weitere Foul mit einem Freiwurf für den gefoulten Spieler fortgesetzt. Nach dem Freiwurf wechselt der Ballbesitz, unabhängig davon, ob der Freiwurf erfolgreich war oder nicht.
- Absichtliche Fouls werden mit einem Freiwurf für den gefoulten Spieler und Ballbesitz für dessen Mannschaft bestraft. Zwei absichtliche Fouls eines Spielers haben den Ausschluss aus dem laufenden Spiel zur Folge.
- Handgreiflichkeiten ziehen den Turnierausschluss für beide beteiligten Teams nach sich.

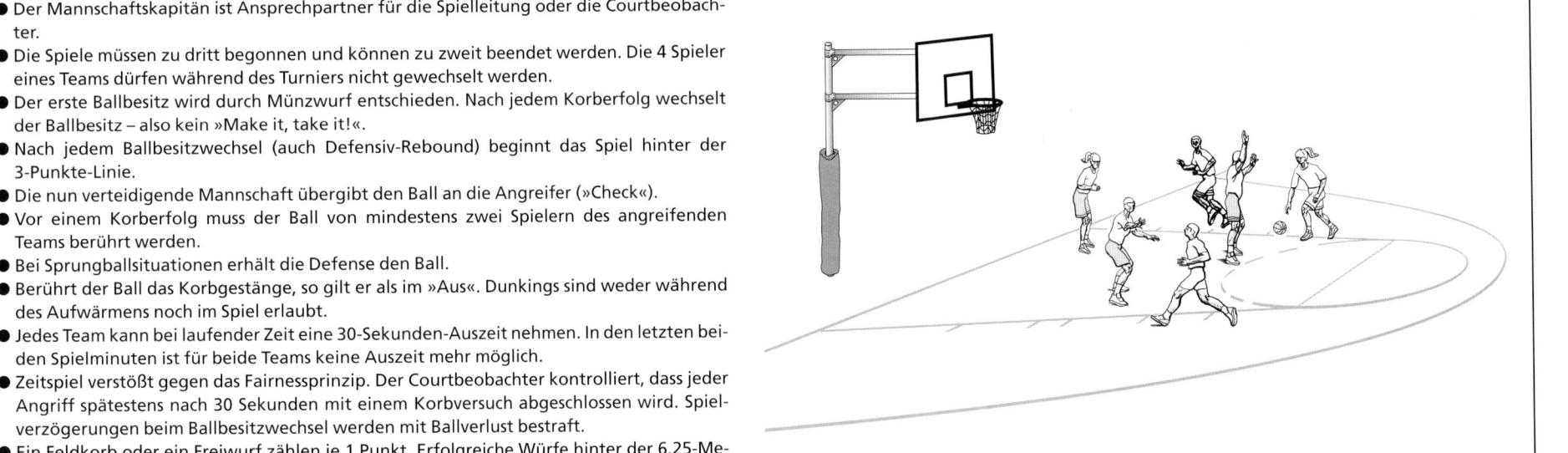

Hinweis:

Wenn man ein Streetballturnier ausrichten möchte, kann für ca. 200 DM pro Wochenende das Basketballspielmobil beim Deutschen Basketballbund angemietet werden. Das Basketballspielmobil enthält: 4 Korbanlagen, Stereoanlage mit Mikrofon, Infomaterial, Stellwände und Basketbälle

Weitere Informationen unter:
Deutscher Basketballbund e. V.
Schwanenstraße 6–10
58089 Hagen
Tel. 0 23 31/10 60

ORG 2

»Turnier Doppel KO mit 8 Mannschaften!«

Turnierdauer:
14 Spiele mit jeweils 10 Minuten Spielzeit,
2 Minuten Wechselpause,
2 x 5 Minuten Pause in Runde III und IV,
5 Minuten Siegerehrung,
Gesamtzeit: 3 Stunden

Legende:
V – Verlierer
S – Sieger
S I – Siegerrunde 1
usw.
V I – Verliererrunde 1
usw.

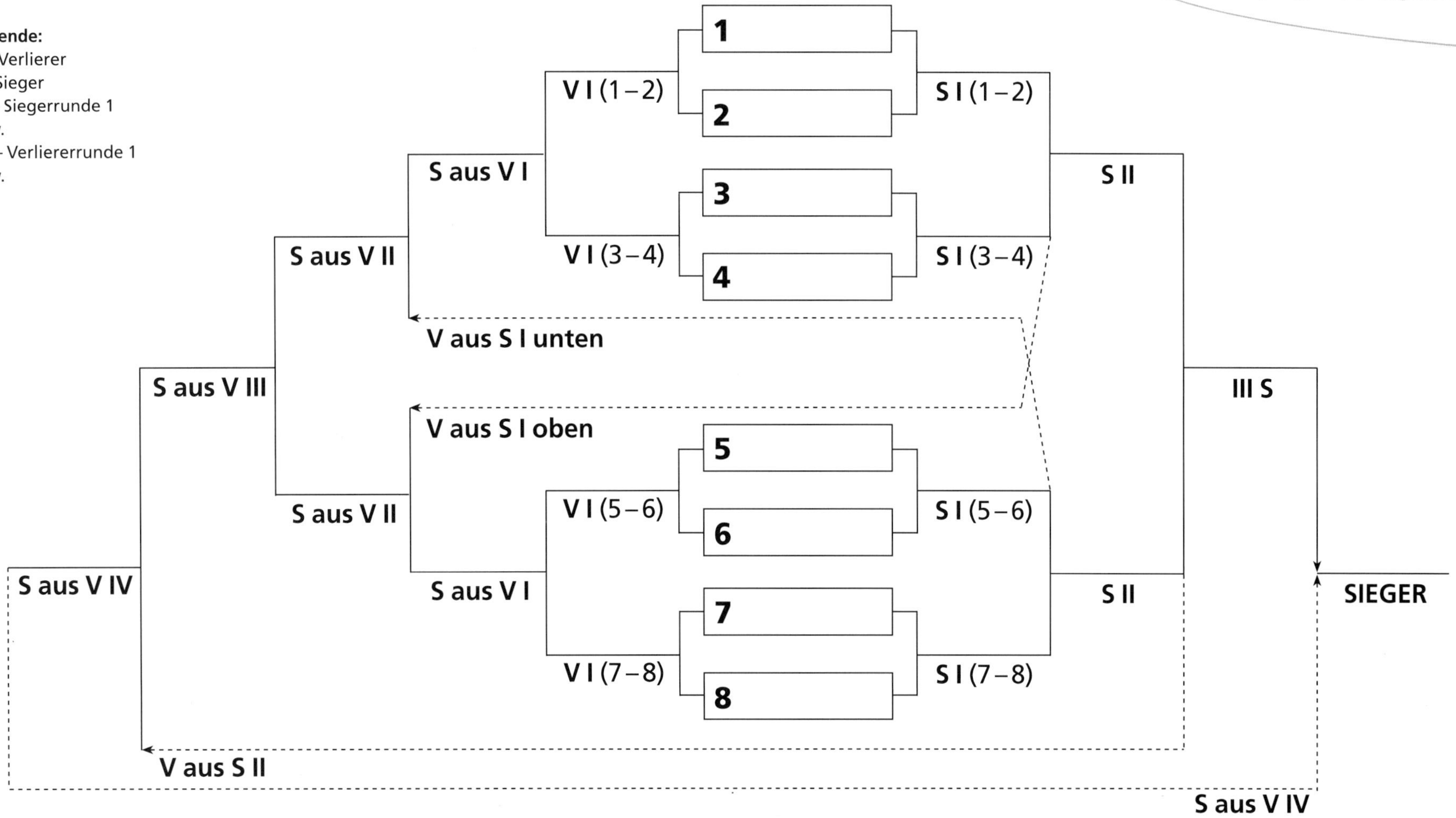

© Als Kopiervorlage freigegeben. Ernst Klett Schulbuchverlag Leipzig GmbH, Leipzig 2000

»Turnier mit 4–5 Mannschaften!«

ORG 3

Turnierdauer bei 4 Mannschaften:
6 Spiele mit jeweils 15 Minuten Spielzeit,
5 x 2 Minuten Pause zwischen den Spielen,
10 Minuten Siegerehrung,
Gesamtzeit: 110 Minuten

	A	B	C	D	Körbe	Punkte	Platz
A	▓						
B		▓					
C			▓				
D				▓			

Spielabfolge: Ergebnis:
1. A – B   :
2. C – D   :
3. A – C   :
4. D – B   :
5. A – D   :
6. B – C   :

Turnierdauer bei 5 Mannschaften:
10 Spiele mit jeweils 15 Minuten Spielzeit,
9 x 2 Minuten Pause zwischen den Spielen,
12 Minuten Siegerehrung,
Gesamtzeit: 3 Stunden

	A	B	C	D	E	Körbe	Punkte	Platz
A	▓							
B		▓						
C			▓					
D				▓				
E					▓			

Spielabfolge: Ergebnis:
1. A – B   :
2. C – D   :
3. A – E   :
4. B – D   :
5. C – E   :
6. A – D   :
7. B – E   :
8. A – C   :
9. D – E   :
10. B – C   :

»Organisation eines Turniers oder Streetballevents 1!«   ORG 4

Im Vorfeld einer Veranstaltung sollten wichtige Planungs- und Veranstaltungspunkte geklärt werden.

Angebot einer Checkliste Basketballturnier:
Diese Checkliste erhebt keinen Anspruch auf Vollständigkeit, jeder Veranstalter möge die für ihn wichtigen Punkte beachten oder noch eigene hinzufügen.

12 Wochen vor der Veranstaltung

- Entscheidung über Durchführung eines Turniers in der Schule oder im Verein herbeiführen.
- Bildung eines Arbeitsteams:
  1. Gesamtleiter
  2. Finanzwart
  3. Verantwortlicher für Öffentlichkeitsarbeit
  4. Verantwortlicher für Wettkampfgeräte, Sportgeräte, Turnierausschreibung und sportlichen Ablauf
  5. Verantwortlicher für Verpflegung der Teilnehmer, die Preise, die Siegerehrungen und das Rahmenprogramm
- Festlegung eines Veranstaltungsortes

Folgende Kriterien sollten beachtet werden:
1. Anbindung an das öffentliche Verkehrsnetz
2. Parkmöglichkeiten
3. Vorhandensein von sanitären Einrichtungen
4. Gegebenenfalls Vorhandensein von Duschkabinen und Umkleideräumen

- Es bieten sich als attraktive Veranstaltungsorte an:

  Im Sommer
  1. Basketballfreiplätze
  2. Schulhöfe
  3. Fußgängerzonen
  4. Parkplätze (Innenstadt)
  5. Parkanlagen

  Im Winter
  1. Hallen mit Bewirtungsmöglichkeiten
  2. Fabrikhallen
  3. Hallen mit flexiblen Hausmeistern
  4. Jugendstrafanstalten
  5. Bierzelte

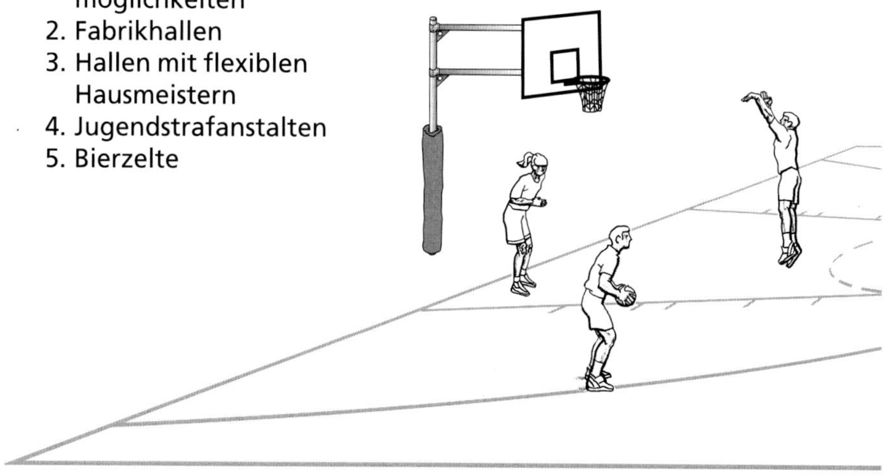

© Als Kopiervorlage freigegeben. Ernst Klett Schulbuchverlag Leipzig GmbH, Leipzig 2000

»Organisation eines Turniers oder Streetballevents 2!« ORG 5

● Festlegung eines Veranstaltungstermins

1. Lokale Konkurrenzveranstaltungen
2. Klassenfahrten
3. Klausurtermine
4. Ferientermine
5. Überregionale Ereignisse
6. Gesetz zum Schutz von Sonn- und Feiertagen
7. Anmeldung und Genehmigung zur Nutzung des Veranstaltungsortes einholen

● Sonstiges

1. Benachrichtigung und Kontakt mit Behörden
2. Sportamt, Schulamt, Polizei, Sanitätsdienst
3. Überprüfung, ob für die Teilnehmer der Veranstaltung ein Versicherungsschutz besteht (Veranstaltungshaftpflicht)
4. Festlegung der Anzahl von Teams, die maximal am Turnier teilnehmen können
5. Turnierformulare zur Anmeldung von Teams erstellen
6. Verteilung in den Klassen, an Schulen, Sportvereine und Sportgeschäfte

4–6 Wochen vor der Veranstaltung

1. Detaillierte Turnierausschreibung (Ablauf/Modus) erstellen
2. Festlegung der Spielkategorien
   – Teams
   – Klassen
   – Jahrgangsklassen
   – Ligaformate
   – Jugend
   – Senioren
   – Oldies
   – Damen
   – Herren
   – Mixed
   – Behinderte
3. Festlegung eines Startgeldes
4. Plakat erstellen und aufhängen
5. Anzahl der Spielfelder
6. Anmeldestellen einrichten
7. Teamanmeldung bis 1 Woche vor Turnierbeginn
8. Teams den Kategorien zuordnen
9. GEMA Anmeldung vornehmen
10. Helfertreffen
11. Aufgabenverteilung an die Helfer
12. Einweisung für Helfer und Schiedsrichter
13. Einladung an Prominente für Rahmenveranstaltungen
14. Auflistung der benötigten Geräte
    – Lautsprecheranlagen
    – Stoppuhren
    – Bälle
    – Anschreibebögen
    – Schreibmaterial
    – Scouting
    – Tische
    – 30-Sekunden-Anlagen
15. Festlegung der Gerätebeschaffung durch die Helfer
16. Möglichkeiten zur Beschaffung von transportablen Korbanlagen erkunden
17. Örtliche Sponsoren ansprechen
18. Erste Presseinformationen

»Organisation eines Turniers oder Streetballevents 3!« ORG 6

- Informationen über die Veranstaltung an folgende Stellen
  – Veranstaltungskalender der Stadt
  – Fachverband
  – Lokaler Rundfunk
  – Mitteilungsblatt der Gemeinde
  – Werbezeitungen
  – Lokalzeitungen
  – Schulen
  – Klassen

In der Woche vor der Veranstaltung

– Abschlussbesprechung mit Helfern, Mitarbeitern, Kollegen und Vertretern der Stadt
– Endgültige Wettkampffolge festlegen
– Kampfgerichte bestellen
– Spiel- und Zeitplan festlegen
– Transport für die Korbanlagen festlegen
– Ergebnissammelstelle einrichten
– Gestaltung der Siegerehrung festlegen
– Wegweiser vorbereiten
– Räume für Sanitätsdienst, Essenausgabe und Rahmenprogramm festlegen
– Information an die Presse
– Fotoreporter bestellen

Am Veranstaltungstag

– Aufbau der Korbanlagen bzw. Hallenaufbau
– Bälle bereithalten
– Abkreiden-/kleben der Felder und nummerieren
– Informationsstand und Ergebnissammelstelle aufbauen
– Lautsprecheranlage installieren
– Uhren bereithalten
– Anschreibeblöcke bereithalten
– Schreibstifte bereithalten
– Tischbesetzung bereithalten
– Ansager einweisen
– Spielpläne an zentralen Stellen aushängen
– Wegweiser aufhängen
– Mannschaftsanmeldungen kontrollieren
– Helfer über Turnierverlauf unterrichten
– Hallenverantwortliche genau einweisen
– Auf Einhaltung des Zeitplans achten

Nach der Veranstaltung

– Abbau der Geräte
– Abschlussbericht
– Reinigung der Wettkampfstätten
– Abfallbeseitigung
– Manöverkritik
– Helferparty

Abschließende Tipps und Gedanken

– Den Spielplan so gestalten, dass jedes Team mindestens 3 Spiele bestreitet.
– Um den Zeitplan einzuhalten, sollten die Spiele gleichzeitig über Lautsprecher gestartet und beendet werden.
– Die Spielfelder sind für die nicht aktiven Spieler gesperrt.
– Das Spielfeld darf erst 5 Minuten vor Spielbeginn betreten werden.
– Eine Aufwärmanlage sollte eingerichtet werden.
– Um leichtfertige Meldungen zu vermeiden, ein höheres Startgeld erheben und einen Teil des Geldes wieder zurückerstatten.
– Als Spielbeobachter möglichst erfahrene Basketballer einsetzen.
– Ein gutes Rahmenprogramm ist sehr wichtig.
– Möglichst nicht kürzer als 2 x 12 Minuten spielen.

© Als Kopiervorlage freigegeben. Ernst Klett Schulbuchverlag Leipzig GmbH, Leipzig 2000

ORG 7

»Vorlage 1 – Memorydribbling!«

ORG 8

»Vorlage 2 – Memorydribbling!«

Literaturverzeichnis

Anrich, Ch.: Sportiv Thema – Rückenschule in Theorie und Praxis. Leipzig 2000.
Bartow, G./Smith, Ch.: Winning Basketball. Saint Louis 1978.
Baumann, N.: Streetball gehört in die Schulen. Lehrhilfen für den Sportunterricht. In: sportunterricht. 43. Jg. H. 6. Schorndorf 1994. S. 81–84.
Bergmann, W.: Sport Sekundarstufe 2. Basketball. Teil 1. Düsseldorf 1984.
Bergmann, W.: Sport Sekundarstufe 2. Basketball. Teil 2. Düsseldorf 1985.
Betzler, J./Paganetti, Th.: Streetball. Technik, Taktik, Spiel. Niedernhausen/Ts. 1994.
Colbeck, A. L.: Modern Basketball. London 1958.
Daugs, R./Blischke, K./Olivier, N./Marschall, F.: Beiträge zum visuomotorischen Lernen. Schorndorf 1989.
Deutscher Basketballbund (Hrsg.): Offizielle Basketball-Regeln. Karlsruhe 1998.
Deutscher Basketballbund (Hrsg.): Basketball Lernen. Das multimediale Lernprogramm für Schule und Verein. Karlsruhe 1999.
Fischer, U./Zoglowek, H./Eisenberger, K.: Sportiv Volleyball – Kopiervorlagen für den Volleyballunterricht. Leipzig 1999.
Fischer, U./Wolff, U./Hidajat, R.: Sportiv Badminton – Kopiervorlagen für den Badmintonunterricht. Leipzig 1999.
Hagedorn, G./Niedlich, D./Schmidt, G.: Basketball-Handbuch. Reinbek bei Hamburg 1996.
Horsch, R.: Sportiv Tischtennis – Kopiervorlagen für den Tischtennisunterricht. Leipzig 1997.
Horsch, R./Heinicke, K.: Sportiv Tennis – Kopiervorlagen für den Tennisunterricht. Leipzig 2000.
Landessportbund Nordrhein-Westfalen: Band 9: Basketball. Rahmentrainingskonzeption für Kinder und Jugendliche im Leistungssport. Duisburg 1999.
Lobsiger-Brugger, L./Schmid, A.: 1000 Spiel- und Übungsformen zum Aufwärmen. Schorndorf 1997.
Medler, M./Schuster, A.: Basketball. Teil 1: Hinführung durch kleine Sportspiele. Neumünster 1999.
Medler, M./Miehlke, M./Schuster, A.: Basketball. Teil 2: Spielreihen zur Gruppentaktik. Neumünster 1998.
Mikes, J.: Basketball FundaMENTALs. A complete mental training guide. Champaign 1987.
Mikes, J.: Handbuch für Basketball. Fundamentales Training. Aachen 1990.
Ministerium Wissenschaft und Forschung (Hrsg.): Richtlinien und Lehrpläne für die Sekundarstufe II in Nordrhein-Westfalen. Düsseldorf 1999.
Neumann, H.: Basketballtraining. Taktik – Technik – Kondition. Aachen 1994.
Neumann, H.: Richtig Basketball. München 2000.
Nicklaus, H.: Praxis Basketball. Ausgewählte Themen für Training und Spiel. Bochum 1995.
Nicklaus, H.: Minis lernen spielend Basketball. Information, Organisation, Übungen, Spiele. Bochum 1994.
Nicklaus, H.: Taktik im Jugend-Basketball. Methodische Hinführung zu einfachen Systemen in Angriff und Verteidigung. Bochum 1995.
Priebe: Basketball ein Sportspiel im Wandel. Lernhilfen für den Sportunterricht. In: sportunterricht. 45. Jg. H. 8. Schorndorf 1996. S. 121–128.
Regner, M.: Erfolgstraining. Mentale und körperliche Vorbereitung sportlicher Höchstleistungen. Niedernhausen/Ts. 1991.
Reim, H./Krüger, W.: Sportiv Basketball – Theorie zur Praxis. Leipzig 1996.
Schröder, J./Bauer, Ch.: Basketball trainieren und spielen. Programme für Verein, Schule, Freizeit. Hamburg 1996.
Steinhöfer, D./Remmert, H.: Basketball in der Schule. Spielerisch und spielgemäß. Münster 1998.
Thissen, G.: Sportiv Fußball – Kopiervorlagen für den Fußballunterricht. Leipzig 1999.
Vary, P.: 1006 Spiel- und Übungsformen im Basketball. Schorndorf 1998.
Wooden, J. R.: Practical modern Basketball. New York 1988.